北山四先生全書

黃靈庚　李聖華　主編

王柏卷

魯齋王文憲公文集
書疑（外三種）

〔宋〕王柏／撰
宋清秀　李鳳立　方媛／整理

下

上海古籍出版社

對也。有政大疑〔二〕不能自決，必卜之而后吉凶見。庶徵者，五紀之直對也。庶徵之休咎，五紀之所以逆順也。福極者，五行之直對也。人禀五行之氣，有善惡焉，有厚薄焉，此福極之所由分也。三德者，又庶徵之横對也。休咎之形，剛柔過不及之偏也。五紀者，又五事之横對也。五事中節而后天地位，四時行焉。三縮三衡，九疇之數昭昭然一定而不可易如此，以十數推之而可以如是乎？

皇極説

五居中者，統體一太極也。八位皆有五數者，物物各具一太極也。五行、五事、五紀之五，此顯然可見者也。八政之有五，何也？食、貨、祀、賓、師，五政而已，三司者，所以統五政，故曰八耳。三德之有五，何也？一正直、二剛克、三柔克也。七之五，用卜是也。八之五時，九之五福，是八位之中，五無不在。五行雖五，大分則二，實陰陽之所互生也。天生水，本乎陽，位于北，陰也。地生火，本乎陰，位于南，陽也。木爲水之穉陽，而實生火；金爲火之穉陰，而實生水。土則貫四行而無不資焉。五事雖五，總之以貌，惟一二始生之數，陰陽互宅。蓋陽中有陰，陰中有陽。三數雖曰八政，而實統乎三，食、貨，司空之職也；祀、賓，司徒之職也；師則司寇之事也。八出乎三，此八政之所以次三也。五紀雖五，而歲、月、日、星、辰，實總乎曆數，星、辰雖可析爲二，合而言之星之辰也，實爲一紀，此五紀之所以次四也。卜筮雖二而體則七。庶徵雖五體則八，曰雨，曰暘，曰燠，曰寒，曰風，曰時，曰休，曰咎也。一二始生之數，陰陽互寒，九六老數則互變。六老陰也，退而變陽，故有三德。九老陽也，退而變陰，故有六極。此則隱而難知者也。大抵九疇以奇數爲主，故十不見，以對待而全。《洛書》終不出《河圖》範圍之外者也。奇主中而位四正，偶退而居四隅。一二三四，《河圖》之生數也。此皇極之所以立，蓋有此四者方可以建極也。六七八九，《河圖》之成數也。此皇極之所由行，蓋此四者皆自皇極中生也。惟皇之極有建不建焉，故四成數各有兩端。三德之有剛柔，卜筮之有從逆，八之有休咎，九之有福極是也。人君治天下之道，固已備于此矣。武王之訪、箕子之陳，直與危微精一之傳相爲終始于一書之中，其條理縝密不可易也。此所以謂之大法與？故朱子曰：「此是人君爲治之心法，皇極之奧義。」朱子言之詳矣，其餘所未言者，敢與同志共講之。

獲麟説

事有出于人之所共喜，莫之致而至者，謂之祥；亦有出于人之所不識，卒然而遇者，謂之異。是以麒麟、鳳凰自昔亦以爲祥且異也，何哉？蓋其爲物也，世不常有，誦其名，咏其德，誇其瑞，而不識其形，見于詩書傳記，寥寂希闊于三千六百年之間，謂之異亦宜哉！然其性之靈也，未嘗輕出，必有至治文明之世，覽德輝而後來乂安，得不謂之祥乎？惟聖人之門，其理素明，其論素講，而不以爲疑也。故有子曰：「麒麟之于走獸，鳳凰之于飛鳥，類也；聖人之于人，亦類也。但出乎其類，拔乎其萃而已。」予嘗深味其言，而竊嘆夫天地清明純一之氣不常會而不易遇也。方其幸而交會，則鍾于人也爲聖爲賢，鍾之于走獸也爲麒爲麟，鍾之于飛鳥也爲鳳爲凰。至于景星甘露之見于天，醴泉寶玉之見于地，嘉禾紫芝之見于草木，龍馬之圖、神龜之書，其名狀雖或不同，理則一而已矣。然則麒麟、鳳凰非爲聖人而生也，特與聖人同值夫清明純一之會，同生乎聖人之世也。故聖人之時必有麒麟，必有鳳凰，隱顯之間，特因人之見不見耳。愚嘗謂鳳凰者，有感于陽之靈者也；麒麟者，有感于陰之靈者也。陽者，天之道，君之象也；陰者，地之道，臣之象也。當其天地交泰，君臣同德，麒麟、鳳凰所以畢至。有聖君而或無聖臣，此鳳凰之所以獨至也；有聖臣而或無聖君，此麒麟之所以獨至也。夫子嘆鳳鳥之不至，感聖王之不作，天下不得被中和之化。夫子感西狩之獲麟，固嘆夫麟出非其時，與我相似，然既出而見傷，又豈不知其非己之嘉瑞也乎！夫子之感麟，感麟之出也，亦感麟之見傷也。逍遙曳杖之歌，不待夢兩楹之奠而後決，其非久于斯世也矣。夫子憂患後世之心未嘗少衰，于是始修二百四十二年之事，立百王之大法，爲後世之軌度，豈得已哉？説《公羊》者，乃謂文成而致麟，胡文定公祖之，以爲與《簫》《韶》作而鳳凰來儀者同一理，爲先天而天弗違、志壹而動氣之驗，言亦淵奥矣。然文成而麟至，固足以大《春秋》之作，麟至而見傷，又何《春秋》之不祥也乎！以夫子憂患天下後世之心，垂爲萬世之法程，夫豈小事？文成而反致不祥之應，豈理也哉？但先儒之論，既曰麟自聖人而出，乃又曰麟出非其時，虚其應，此爲悖理。善乎，子程子之言見于劉質夫《入關録》者，足以破千古之惑。文定祖述程子，而于此獨異焉，新奇之病，賢者亦有所不免，可不慎哉！

蜀先主託孤説

每愛〔一〕劉先主訪孔明之言曰：「漢室傾頽，奸臣竊命，孤不度德量力，欲伸大義于天下。」詞義正大，凛乎有三代之風，此孔明所以幡然而起，爲之鞠躬盡力，死而後已者也。當其梁、益粗定，鼎立勢成，至于即位漢中，經營剋復，幾五十年，春秋于是亦老矣。使玄德誠有興復漢室之心，必能擇宗室之賢以託國，俾之繼志述事，以成吾平生之志願，豈不始終光明哉！惜乎計不出此，臨終數語，君子以爲漢祖、唐宗皆有媿色，是固然矣。識者精考密察，以爲玄德平生心事，於是俱敗，言若甚公而心甚私。庸闇之禪，不足以了乃翁家享，豈不甚明？玄德既不能擇賢宗以授國，則當公天下以爲心，盍于精爽未憊之時，播告天下，以行堯舜之事，以孔明而代？玄德授受，自可無愧，豈不卓超千古？今乃不勝老牛舐犢之愛，謾爲不得已之詞，豈情也哉！是知平時魚水之歡，皆虛文也。

明帝告馬后説

明帝之告馬后，可謂理到之言，若可以感動其良心者。然使忌嫉者聞之，未必不愈增其怨怒，尚何望其果能聽從也邪？史曰后于是盡心拊育，又有若果因此言而後生綏愛之心者，皆史臣之病詞〔三〕，非知馬后者也。后常以儲嗣未廣，憂形于色，薦進左右，每加隆遇，則其無妬忌之行，有均一之德，固已久矣。所以聞明帝之言欣然領會，蓋其素心也。而況兩漢之君未有如明帝，頗修宮教，登建后嬪，必先令德，内無出閫之言，權無私謁之授，所以正嫡庶之分，全母子之恩者，固出于平日之誠意，非一時之言可以僥倖而轉移也。是知齊家之道，先在擇賢配，此《關雎》所以爲《詩》之首也。

矯齋説

夫人之氣質不齊。自陰陽五行紛綸雜揉，有清濁焉，有美惡焉，有厚薄焉，而清明純一之會，千百載不一遇也。雖聖人亦不能一人之所秉，而能和人之所偏。是故舜命夔典樂教胄子曰：直而温，寬〔四〕而栗，剛而無虐，簡而無傲，所以扶其不足而抑其有餘也。教化不作于上，而吾夫子講道洙泗，私淑諸徒，群弟子雖愚魯喭辟之不齊，吾夫子不過進其退而退其兼人者而已。世衰教弛，人自爲學，苟欲矯揉其所偏，其將何以爲準的哉？亦曰求之于學問之中乎。誠能求之于學問，必知無過不及之謂中。默計吾之氣質，于何爲過，于何爲不及。不及者企而及之，過者抑而反之，必至于中而後已。矯揉云者，即變化細密之工；變化云者，亦矯揉成就之驗。矯之爲言，治其偏而歸于正之謂也。苟能矯枉而過于正，則反爲矯之累矣。或失之激，或失之亢，則皆非所以當學也。然中非易至也，亦難識也，學問之功，非一日所能成就也。君子之學，不爲則已，爲必要其成，非百倍其功不可也。《中庸》曰「有弗學，學之弗能，弗措也」，正「雖柔必强」。朱子曰：「明者擇善之功，强者固執之効。」吁，是非矯揉變化之準的歟？

三姪字義説〔五〕

寶祐癸丑之季冬十有一日乙卯，奉伯氏命挈諸姪來歸教養。越五日，進而告之曰：天之生是人也，莫不付之以仁義禮智之性，不以聖賢而加多，亦不以愚不肖而故少也。然托于人者，爲氣禀所拘，故有晦有明；爲物欲所蔽，故或絶或續。人之可以全其付託之初，而不爲氣質物欲所勝者，其學問之功歟？是以《大學》教人明明德，必曰「如切如磋，如琢如磨」，所以指其得之之由也；曰「瑟兮僩兮，赫兮喧兮」者，言學問之成，德容之盛，而嘆美之也。其餘義理詳密，予將次第爲汝等言之。思昔汝諸父之孤，大畧亦汝等之年，其間聚散盛衰，禍患事變，不堪回首，今何忍言之哉！自是以來，予日夜望汝等有所成立，以承門户之付託。長姪當以學問率之，蓋有所執持，則自有毅然不可犯之威，故朱子亦以毅釋僩字。長姪先已名「僩」，今字之以「子毅」；次名曰「付」，字之以「子全」；幼曰「伲」，字之以「子可」。三子思其命名之義，而勉之敬之，以副予望云。

㽙孫字説

壬申之秋八月壬辰，太常寺簿王君爰稽古典，肅賓友儐介冠其子㽙于庭，而命某字之。竊嘗聞㽙之爲字即節也。周之官有掌節者，以五節授使者，輔王命，執以行爲信，守邦國者用玉節，山國用虎節，即漢之銅虎符也。君之世祖侯東陽，有玉節久矣，君行將授虎節也。㽙之冠適開其端，可無言以勉之夫！信者理也，節者器也。有此器必有此理，保此信所以全此節，必敬以體之，順以達之而後可。程子謂敬爲體信達順之道，敢以體信侑爾名，子其懋敬之哉！

姪孫進父字説

天秩之禮有五，曰吉、凶、軍、賓、嘉。禮之首曰冠，是之謂重禮。夫禮之所以重者，將責以成人之行。爲人子責之以盡其孝；爲人弟責之以盡其悌；爲人臣責之以盡其忠；爲人下責之以盡其順，豈徒曰元其冠而已哉！今月吉辰良，族孫以禮冠其子，名之曰垚，其師字之以進。迺請問進之義于予。予耄矣，烏足以推明之？抑嘗聞垚者土之高也，土之高固非一日之積矣。夫子曰：譬如爲山，未成一簣，止吾止也；譬如平地，雖覆一簣，進吾往也。爲學蓋如是然。《詩》曰：「高山仰止，景行行止。」土必進而積之以爲高，山必行而升之以爲至，此進之義也。若登高必自下，若陟遐必自邇，此進之方也。子之所知者如是而已，子其勉之！

時哲夫字説

甥孫時塏將冠，其宗長爲之謁字。予嘗聞齊景公謂晏子曰：「子之宅湫隘囂塵，請更諸爽塏者。」釋者曰：爽，明也。塏，燥也。後之人又從而釋塏之誼曰高爽也。惟高則燥且明矣，故近世名卿，亦以爽侑塏。夫人之得于天者虚靈知覺，妙衆理而應萬事，未嘗不明也。拘于氣質，誘于物欲，則吾之本明者始昏矣。揚子雲曰「天降生民，倥侗顓蒙，恣于情性，聰明不開」，可謂誣矣。聖人之教，亦因人之固有，俾復其本明而已。人生八歲皆入小學，教之以灑埽應對進退之節，禮樂射御書數之文。及其十有五年，乃入大學，教之以明明德、新民而止于至善，教之以致知格物、誠意正心、脩身齊家治國平天下之道。吁，學之體用備矣，此學古之大本也。今塏既冠，固將責以成人，非百倍其力于三綱八目之中，則何以明善而復其初哉，況敢望其治國平天下。《書》曰：「爽邦由哲。」哲智也，此吾之固有也。請字以哲夫，子其勉之。

葉涵字説

咸淳庚午二月吉日，通齋葉先生命其友人王某冠其子涵。既筵矣，宿矣，期矣，而某以微恙不果就列，敢推涵之義以字之。曰：涵者，清明之藴也。夫天地以生物爲心，人得天地之心以爲心，虚靈知覺，所以妙衆理而應萬事，此所謂清明之藴所以能涵者，得此氣之靈也，其所涵者即此性之善也。仁義禮智乃爲之綱，百行萬善皆從此出，必使之寂然、凝然、湛然、粲然于方寸之中，感而遂應，則不失其所涵之善。不然則聲色或得以誘之，利欲或得以撓之，貧賤富貴或得以移之，百念動摇，則吾之所涵者昏矣。今子既冠，成人之責自此始。必開之以學問之道，澄之以静定之功，俾所藴者常清明而不昧，醻酢萬變，泛應曲當，始可以爲成人。周子曰：「山下出泉，静而清也，汩則亂。」朱子曰：「山静泉清，所以全其未發之善，故其行可果。」請字之以無垢，過庭次，幸以此説求正焉。

吴弱翁字説

括蒼友人吴弱翁冠，來會北山何先生之葬，訪予于陋巷，求其字之説。予讀《曲禮》「二十曰弱」，陸農師絶句，朱子然之，「冠」自爲一句。弱言其時，冠言其事，文雖相連而義不相足也。今弱既壯而又有室矣，朋友猶以弱翁稱之，以是自怠，非相勉之意也。夫冠者將責以成人之道，故其目有二十，曰筮日云云，始加曰順爾成德，三加曰以成厥德，未嘗不以成祝之。請字之曰成。

箴

本齋箴

錢府博修史榮滿造朝

天道發育，本于一誠。其心生生，其德孔仁。人得此仁〔六〕，具此全美。本然之性，曰善而已。聖人之本，斯誠獨全。真實無妄，其動也天。人秉五常，萬善渾渾。其惟誠者，五常之本。吾郡博士，齋以本名。鶴山筆舌，久焉服膺。如木之根，培養封埴。蔚乎蒼蒼，干雲蔽日。國本在家，家本在身。一身之本，方寸虛明。明德新民，先覺後覺，推以教人，勉之實學。深衣講席，音吐琅琅，乃製關鑰，乃闢津梁。齋必有規，兩碑對立，題必有義，浮華者黜。鼓之弗躍，揮之弗前，士心已蠹，四顧茫然。利欲雖深，天理不泯。豈無覺者，曾未旋軫。作之不已，久久必成。三載一瞬，簡書有程。得師百年，泮水能幾，爭長虛文，誰示義理？立國之本，恃此人才。學不務實，吁其殆哉！世道日消，永矢一默，有感斯言，難免世嫉。我居陋巷，閉門讀書，高軒數過，不鄙其愚。冷舍竹林，載言載笑，雖未深購，肝膽相照。秋風既老，行色駸駸，別袂一判，翔泳勢分。我思古人，行必有贈，贈君以言，情文弗稱。知君之字，知學之源，何以體之，亦惟誠焉。君之言行，何有不實？誠貫始終，不誠無物。須臾有間，私欲乘之。其爲用者，大本已虧。薄物細故，願君毋忽。相期實深，共保無斁。

古鏡箴

子意何厚，惠我古鏡。有鼎斯模，有容斯正。思人之生，心德本明，如彼鏡然，萬理具呈。物欲交侵，甘受塵穢。弗磨弗治，自暴自棄。疇子古書，爲磨鏡方，用力之久，炯然其光。聖賢雖遠，如目斯覩，以心照心，無間今古。惟子勉之，致知是先，人欲消矣，天理湛然。惟子勉之，力行勿止，天理湛然，人欲消矣。

外孫字箴

文王之《易》，惟《震》在東，一陽既動，勢可亨通。爲德之仁，爲男之長，奮于二陰，有雷之象。洊雷既厲，孰不震驚？守之以正，法度是循。夫子傳《彖》，乃曰有則，恐懼脩省，保其安吉。惟汝外孫，汝父汝名，蚤失所怙，煢然一身。伶俜重闈，何以色養，文獻三世，莫不汝望。百蠹汝伺，百邪汝窺，一失其則，嗚乎殆而！汝毋妄動，動必由禮。汝毋妄言，言必知耻。手足耳目，皆有常規，毫釐之繆，百行之虧。震無咎者，實存乎悔。震所以亨，惟則罔悖。在昔汝冠，欒欒棘心，三加之祝，既不得聞。仲春令日，吉服在御，字汝保則，敬戒毋斁！

考德問業箴并序

昔聖人自謂「五十有五而志于學」，且約其進德之序，爲學者立自考之法。後世所學無所志，所志非所學，故終身猶未至于聖人之立也。予生三十六年，始知爲學之方，今又三十年矣，可以考德問業矣，其所至僅如斯而已矣。惕然内懼而爲之箴曰：

夷考爾生，不志于學。三十六年，如夢斯覺。當其覺時，有惰有勤，或甘爾誘，或膠爾程。有赫聖經，猶昧厥旨，有卓至善，莫得所止。振爾墜緒，以會其歸，竭爾餘力，以研其幾。孰云日莫，而以道遠？求仁得仁，在乎自勉。

敬修齋箴爲天台周平之作

天命爾性，其綱有五：義禮智信，仁爲之主。氣質内錮，物欲外攻，其所存者，鄙哉空空。

脩已之學，心必先正，其正惟何，曰毋不敬。衣冠必肅，無惰爾容，視聽必謹，無汩爾衷。一語不妄，誠斯可入，一動不審，行斯有失。曰存曰養，造次無違。曰省曰察，無間其幾。在昔仲由，嘗問君子，孔聖告之，已精厥旨。脩己以敬，確乎一辭。如斯已乎，反致其疑。再疑再告，曰安百姓。究其大用，堯舜猶病。惟聖有教，本末具陳。惟敬之功，其心孔仁。仁有專言，統乎四德，以是而脩，實爲學則。有揭斯扁，相爾齋居。我箴匪耄，丕哉聖謨！

中處箴爲汪元思作

維天巍巍，維地回回，人于其中，參爲三才。雖曰三才，同一太極，渾合無間，是謂理一。乾父坤母，維人子如，各循其性，是謂分殊。生生不息，均此一理。動静屈伸，猶魚在水。頭圓足方，外體其形，滿腔惻隱，内得其仁。君子存存，俯仰無媿。惟踐爾形，斯奠厥位。須臾不謹，物〔七〕欲乘之，其與禽獸，相去幾希。卓爾元思，聿來胥宇，揭以觀省，有曰中處。我其箴之，俾格此名。上帝臨汝，毋貳爾心。

宜齋箴爲胡子升作

天道發育，有萬斯類，得氣正通，惟人爲貴。立人之道，曰仁曰義。乾坤父母，四海兄弟。兄弟一門，父母乾坤。分殊爲義，理一爲仁。良知良能，莫不敬兄。兄兄弟弟，是乃愛親。同此遺體，如足如手，違曰悖德，孝亦何有？夙夜匪懈，是保是守。惟子升父，翼翼怡怡，宜兄宜弟，伯仲塤篪。以宜名齋，以善相規，以養壽母，以貽孫枝。尚期力學，窮理致知，知宜之義，得義之宜。齊于一家，推而一國。必有事焉，神明厥德。

汲齋箴并序

昔嘗爲葉聖予賦《汲齋詩》，有云「當知汲井如克己，汲去污濁清自回」之句。今又索箴，再辭弗獲，愧學識之不進，無以異于前日之見也，復理舊語，爲之言曰：

天賦人受，有物有則。湛然良心，萬化攸出。欲動情勝，既堙既塞，趨彼末流，浸以没溺。迺激其湍，迺窮其力，以濁天下，以穢邦國。曷澄其源，曷達其室？惟學有要，于己先克。制外養中，非禮者勿。本體清明，有未嘗息。我觀《易》象，如井濟物，寒洌淵澄，本源之德。有泥其污，人將焉食？渫治既清，然後可汲。惟聖予甫，觀象體《易》，昭揭斯名，用警朝夕。澡滌天君，勿受形役，豈汲于用，爲我心惻。勿幕而收，勿斷而繘，左右逢原，要在自得。成汲之功，博施無極。

贊

河圖贊

河之圖兮開天地隤，五十有五兮陰陽相索。惟皇昊羲兮肇端乎神畫，心妙契兮不知其千萬年之隔。

洛書贊

洛有龜兮負文，錫神禹兮彝倫。夏商之季兮汩堙，箕子載陳兮皇極爲之一新，萬世之大範兮存乎其人。

漢高祖像贊

世道大變，異哉漢祖！不階尺寸，而有天下。三章之約，偶中時機。董公仁義，安識精微？

唐太宗像贊

世道再變，太宗有國。終始胡風，歷年三百。萬乘不足，一將之雄。仁義果效，何止歲豐！

徐伯光道廪贊

道滿天地，萬物浩浩。道非可廪，廪則有道。中虛而實，日用之寶。嘉穀稊稗，辨之貴早。

甲寅畫像贊

石笋岩岩，曷培而崇？繡湖洋洋，曷浚而通？茫茫遺緒，耿耿爾衷。孰融爾氣，孰肅爾容？稜稜霜月，習習春風。匪範爾德，用警爾慵。

乾道御書贊

皇矣孝宗，聖德天縱，翼翼小心，親承大統。監觀王國，宗廟黍離，讎耻未復，版圖未歸。寤寐英材，弘濟大業。昧爽丕顯，孜孜聽納。爰究爰度，是經是營。鳶飛魚躍，遐不作人。有赫其明，或黜或陟。破削拘攣，萬里咫尺。于弼于輔，于蕃于宣，百辟是憲，人物藹然。中興之際，于斯爲盛。維我先臣，恭承眷命。昔在乾道，試邑長沙，政聲上徹，召節亟加。入覲于庭，天顔開豫，股肱之郡，汝其綏撫。于嚴于信，宣化兩期。帝曰來汝，郎省經帷。晝既訪問，夜出奎畫，貂璫駿奔，衣冠駭咁。帝意若曰，汝言有章，既及治具，然猶未詳。盍罄汝忠，裨我政體，毋替朕命，媚于天子。雲漢昭回，臣拜稽首，對揚天休，昌言敢後。帝心亹亹，帝謨洋洋，求治之切，度越百工。威靈在天，遺烈在下，日月于邁，邈然今古。君臣之契，自昔所難，有進有退，惟義之安。驪珠陸離，三十有九，既勒堅珉，永鎮塋阜。神光發笥，匪金厥籯，惟忠惟孝，百世其承。匪忠曷勸，匪孝奚則？匪臣之榮，惟皇之極！

截斷提起贊

上饒克齋陳先生以「截斷」「提起」四字接引後進，亦喫緊教人之要法也。金華王某因爲之贊曰：

美質難值，人欲易昏。意必固我，四者相因。纏繞馳騖，綱常日淪。孰能勇決，痛絶其根？毋滋而蔓，毋容而存。惟清惟一，萬境通明。

右截斷

心本虚靈，天理昭晰。一敬不存，明命斯遏。日究汗下，淪陷没滅。孰能幡然，奮發振挈？毋間而斷，毋作而輟。必常惺惺，萬事中節。

右提起

乾道九贊

强圉敦牂，乃正元日。觀族孫珙《乾道》之章，志淳而理該，差彊人意。猶懼其體之未切也，爲之推衍先儒之説，或可爲進學之助，知道者不足觀也。

於穆乾道，其德曰元。萬物之始，萬化之端。氣行在東，于時爲春。天命人受，于性爲仁。君子體之，衆善之歸。

於穆乾道，其德曰亨。萬物之通，達元之生。嘉百會南，陽極而陰。恭敬退讓，禮云禮云。君子體之，抑抑威儀。

於穆乾道，其德曰利。利匪己私，生物之遂。斂華就實，禾黍嶷嶷。義以制心，大分斯得。君子體之，萬事之宜。

於穆乾道，其德曰貞。物理備具，物生之成。天紀回復，爲時之冬。爲性之智，藏始于終。君子體之，正固弗移。

於穆乾道，德曰剛健。一息不停，萬古旋轉。維健維行，剛斯可見。雲行雨施，乃化乃變。君子體之，有强無斁。

於穆乾道，德曰中正。寒暑代謝，無有偏勝。當消而消，當晠而晠。正或未中，惟中無病。君子體之，卓然有定。於穆乾道，德曰純粹。體用渾然，具美全懿。邪惡莫干，陰柔莫媚。時曰至誠，真實不僞。君子體之，精一無二。於穆乾道，是曰三陽。爲夫爲父，爲君之常。是曰父天，是曰子綱〔八〕。下濟而泰，光明四方。君子體之，吾道斯昌。於穆乾道，君子體之。終日乾乾，烏可已而。勇猛精進，窮理致和。獵險摧剛，萬里載馳。須臾不力，明命斯隳。

古賢像贊并序

先祖侍講平時無玩好，守鄱陽日于洪丞相家摹傳古賢像六十餘軸，皆紙本也，其原出于祕府，有手澤題其上。不幸收藏太密，蟻蠹幾盡，得全者無幾，而又散留它位。某舊嘗傳寫二十餘本，初未之奇也，舊本既失，益可寶愛。近囑潘伯遠篆題其姓名，暇時因各贊數語，懸之素壁，典刑凛然。六一居士嘗謂《七賢圖》歐陽氏之舊物也，且使子孫不忘先世之清風。某質凡學陋，固不足以發揮往哲，抑以寓「高山仰止」之咏，尚庶幾來者識先世之清風云。

郭汾陽

巍巍令公，再造唐室。膽量包海，赤忠貫日。大姦莫間，大兵莫危。名將接武，皆帳下兒。

陸宣公

年少得君，同濟大難。朝奏夕疏，仁義炳焕。山東聽詔，感泣諸〔九〕叛。前魏後陸，時不貞〔一〇〕觀。

韓昌黎

唐文三變，至公而止。日光玉潔，八代披靡。諫佛骨疏，上時相書。千載是非，其〔一一〕嚴矣乎！

柳河東

文盛貞〔一二〕元，鏗鏘皇雅。絶壑峻崖，古匜玉斝。從游一惧，再斥不歸。羅池之上，秋鶴與飛。

趙韓王普

五閏將曉，大明赫然。抑抑人傑，佐命之元。功銘玉鉉，名注金縢。風雪夜計，一新乾坤。

曹周王彬

帝王之將，翼義羽仁。汛埽氛祲，湛布陽春。雷歸電熄，天宇清明。不矜不伐，流慶殷殷。

李文靖沆

風範端凝，《魯論》翼治。識遠慮深，鎮浮遏鋭。時雖昇平，日陳灾異。殁久言存，君猶追記。

王文公旦

欝欝三槐，陰覆萬宇。直榦承天，屹然八柱。棲鸞停鵠，蓄雲洩雨。穆如清風，作宋申甫。

寇忠愍準

有倬萊國，恢恢廟謨。濟川之志，到海之符。青衫瘴雨，竹柏靈敷。澶淵一擲，千載偉夫。

張忠定咏

雲出華山，雷厲西土。以奇制變，以神鎮撫。猶恨承平，閑殺尚書。勁節獨步，冰霜凛如。

王沂公曾

温温沂公，大志厚德。桃李成蹊，春風無迹。計折姦回，理化后戚。宗廟之器，揚休山立。

吕文靖夷簡

賓日天聖，政闢簾帷。起賢弭黨，慮遠防微。月殿濟權，玉棺破惑。舒卷屈伸，深哉仁術。

范文正仲淹

雪壓孤根，斷虀力學。危言正色，謇謇諤諤。靈府兵精，氊裘膽落。先天下憂，後天下樂。

韓魏公琦

堂堂魏公，受天間氣。赫奕孤忠，鎮定大器。手扶日月，身佩安危。大沛霖雨，寂然神機。

富鄭公弼

慶曆人望，元豐老成。片言折虜，訪落戒兵。恩浸南北，壽配岡陵。鶴降星殞，始終之靈。

文潞公彦博

元祐黄耇，翼日導乾。出將入相，餘五十年。虎老風壯，松壽節堅。厖眉瑞世，遐福不騫。

曹武穆瑋

侍中内舉，器識迥殊。預勉樞輔，逆料胡雛。風熄狼烟，霜凝金鉞。襲慶將壇，矯矯聲烈。

狄武襄青

太平名將，偉哉氣節。卻梁公像，留鬢邊涅。西折元昊，南摧智高。童謡方息，角大成妖。

歐陽文忠脩

學授孟母，一代文宗。追琢大雅，剗滌澆蹤。諫疏直筆，雪壑霜空。全節蚤退，潁水清風。

蘇武公軾

奎宿精神，烏臺縲絏。神龍追電，天馬汗血。世外文章，筆頭風月。航海而南，平生奇絶。

林和靖

野人雲卧，孤山蒼蒼。梅侑逸興，香滿詩囊。湖邊竹户，猿鶴徜徉。寒泉秋菊，千載耿光。

醉吟先生 白居易

江州司馬，元和諍臣。鶴林聲價，鑾殿規箴。蠻素去矣，詩酒陶情。西湖浩渺，雲水流馨。

宗忠簡

雙龍遐驤，風埃帝邑。秉鉞齋壇，揮涕戮力。天聲外揚，臣姦内抑。忠憤莫紓，孔明祖逖。

岳王

赫赫武穆，天開駿功。聲震河洛，威吞犬戎。梟檜忌武，烏臺勘忠。齊名諸將，愧死英風。

張魏公

中原雲擾，閫外專征。東潰淮楚，西敗富平。勢裂南北，天摧大勳。千載公議，一點忠誠。

【校記】

〔一〕「有政大疑」，馮本、阮本、四庫本作「有政有疑」。

〔二〕「愛」，四庫本作「讀」。

〔三〕「之病詞」，原作「病之詞」，據四庫本乙。

〔四〕此後至篇末，原脱，據《續金華叢書》、四庫本補。

〔五〕本篇自開始至「字之以子可」原脱，據《續金華叢書》、四庫本補。

〔六〕「仁」，原作「人」，據四庫本改。

〔七〕「物」，原脱，據《續金華叢書》補，四庫本作「私」。

〔八〕「綱」，原作「剛」，據四庫本改。

〔九〕「諸」，原作「詩」，據馮本、《續金華叢書》、四庫本改。

〔一〇〕「貞」，原作「正」，據四庫本改。

〔一一〕「其」，《續金華叢書》作「真」。

〔一二〕「貞」，原作「正」，據四庫本改。

魯齋王文憲公文集卷之七

廬陵銅溪劉同編輯
鄱陽三臺劉傑校正

銘

醫銘

立志必仁，察脉必明。見證毋忽，用藥毋輕。惟仁則明，惟審則精。全此四德，尤難其人。其庶幾乎，拙窟王君。有真實見，無苟利心。我作是語，匪誇爾能。守之勿倦，毋愧斯銘。

日新齋銘

上帝降衷，無有不仁。剛柔雜揉，智愚是分。惟欲易汙，惟己難克。改過遷善，惟學之力。疏瀹澡雪，如垢消亡。存養省察，無時敢忘。與日俱新，與天不息。月異歲殊，昭然明德。

夜存齋銘

性無不善，同此良心。苟得其養，氣定神清。持守一懈，倏焉放失。休息之餘，求則復得。物欲逐逐，旦晝遑遑。有濁斯寐，無補梏亡。學苟日新，存不待夜。一言蔽之，謹厥操舍。

求志銘

志學志道，聞諸聖人。尚志持志，鄒孟亦云。心之所之，求然後得。必有事焉，講之貴力。同曰此志，有淺有深，亦有不遂，非氣不任。立在求先，志至氣次。至與不至，爾敬爾肆。隱居行義，達其所求。二者能兼，伊吕之儔。昔吾夫子，猶曰未見。乃揭乃扁，夫豈自僭！斷章取義，敢求兩全。我心有感，託字而傳。在昔大父，丱角賦竹，願保歲寒，默成矚目。求我先志，幾五十年。夙夜凛凛，恐或顛連。左詩右書，相我陋巷，有闢斯室，神融境暢。卓爾前後，竹柏蕭森。仰止精畫，有赫其臨。默成之書，大父之操，小子識之，胡不慥慥！大父之操，默成之書，宜爾子孫，永表吾廬。

拱辰爵銘

屹屹蔡公，手授茲爵。曰的其傳，惟劉寶學。乃俾爾佀，以祈康勺。執虚如盈，爾念爾慤。乃承乃盤，乃銘乃斵。允契厥初，惟德其託。

善則堂銘爲黄巖楊幼學作

民有物則，懿德是彝。私欲一蔽，萬善斯虧。猗歟周子，有精其思。著書覺後，百世〔一〕之師。謂本必端，謂則必善。親疏難易，言簡而辨。維揚行父，揭爲堂扁。涵泳四卦，其則不遠。我觀其要，心存乎誠。朋友責善，無怠斯銘。

文定公家藏淳化帖銘

於皇太宗，偃武修文，游心翰墨，古蹟効珍。入神入妙，發〔二〕潛振堙。邃閣翼翼，墨板鱗鱗，氣完體裕，波點姸精。引卷周覽，人物彬彬。攷事鑑書，如影隨形。正邪忠佞，實根厥心。心正筆正，千古良箴。自時厥後，翻勒紛紛。神昏體瘠，浸失本真。搶攘南渡，故物罕聞。博古君子，撫几馳神。維我文定，澹然無營。有寶斯帖，有暐于籯。紫宸仗退，靈府淵澄。槐庭景轉，寓目典刑。題識雅密，印款鮮榮。肅拜啓玩，手澤炳明。所寶非帖，清風是承。詔爾後裔，聿彰厥聲。

默成賜硯銘

維皇大父，幼師默成，授此玉質，曰端之珍。相彼兩翁，對于帝庭，玄雲膚寸，澤潤斯民。清風寂寞，畀于支孫。于以寶之，究此令名。

新聘端石銘

有紫而腴，有潤而密。就礪砥之新功，啓山川之老色。中星炯然，聿彰爾質。發揮聖言，神明厥德。

淳祐歙石銘

有縠其理，有規其形。聘歙江之舊德，締魯齋之新盟。吟風弄月，露湛雲蒸。毋涸毋泐，毋替斯銘。

瀘石銘

闇而彰，縝而密，有砥其平，表裏如一。直内方外，君子之德。殆若忘年之友，朝夕相親于几席。

清端石銘

不瑕于飾，有質粹如。含章于内，以時發舒。不必鮮仁之語，不濡干禄之書。相在爾室，汝爲君子之儒。

饋臺銘

禮饋膰肉，有金有幣。交際之恭，君子所貴。生鵝烝豚，匪戒匪贐。是曰貨取，君子所病。我非用禦，享是多儀。毋摽使者，審此令詞。

愛日銘

天地之化，一息不停。歲不我與，日月駿奔。是以君子，自强不息，審己乾乾，夕焉斯惕。禹惜寸陰，周公待旦。矧是聖人，罔敢或倦。出作入息，衆人蚩蚩。自暴自棄，老人傷悲。我年嘗少，我學不力。明德昧昧，噬臍無及。嗟爾小子，毋曰妙齡。髫齔幾何，頎頎而巾。爾寒襲裘，爾飢重味。師友琢磨，家庭訓誨。窗牖明潔，硯席是夷。於焉不學，鳥獸鬚眉。相期爾深，爾勵爾勉。毋視他人，我鑒不遠。一善一惡，夢覺之關。一喜一懼，父母之年。于斯二者，兢兢業業。毋怠而忘，毋作而輟。東方明矣，圖書滿前。視此名扁，千程一鞭。日云莫矣，默計爾工。歌此銘詩，冰炭爾衷。

存齋銘 爲唐實之作

惟皇上帝，降此良心。總攝萬化，其德孔仁。虛靈不昧，神妙不測。養而勿害，則靡有忒。爲聖爲賢，立此人極。誘交于前，倏變而遷。凝冰焦火，飛天淪淵。乃獸乃禽，徒習人言。驗厥操捨，實未嘗妄。欲知所存，先求其放。膏車秣馬，不皇厥居。馳騖如是，欲存可乎？利欲轇轕，是究是圖。所樂在此，欲存可乎？肌膚弗會，筋骸弗束。言肆則誕，行巇則蹄。自旦及晝，梏之反覆。雖有夜氣，亦惟不足。我視斯扁，萬里來歸。禽獸是醜，聖賢是依。方其未發，當養其微；及其將發，當察其機。賓主有辨，□□□□。表表玉立，貞元所鍾。邁邁時運，凜然高風。月落霜飛，冰凝雪霽。一點清芬，足酬天地。心事誰知？圖不盡意。

充實齋銘爲劉叔崇作

惟人之性，原于一善。欲動情勝，惡然後見。人之好之，我所固有。若存若亡，好未必久。利害可移，外物可改。昔也所好，今也何在。君子爲學，必有諸己。其所謂信，實而已矣。彼樂正子，以好善稱。從遊子敖，有不足論。二中四下，毫釐不差。其或未實，充無以加。既實而充，於斯爲美。雖至聖人，上下一理。孟子之言，具有等級。充實一關，最當用力。萬善必備，缺一不可。過此以往，幾非在我。惟叔崇父，有揭斯扁。詔我銘之，愧此蕪淺。

遺書銘

石笥文獻，歲月浸荒。爰輯墮簡，於焉永藏。有曄其光，乾道奎畫。有味其言，名賢遺帖。翼翼卷帙，典則尚存。願言寶之，百世其承。

懷古厨銘

好古博雅，學在其中。玩物喪志，式病于躬。是碑是碣，篆籀款識。爾圖是書，典刑思致。我懷古人，世遠言堙。如或見之，實慰我心。

四友厨銘

端歙之珍，雲烟郁郁。爾毛如錐，爾楮如玉。天相四友，得與斯文。曰聖曰賢，有翼其臨。舍之則藏，用斯不忒。一與心會，神明厥德。

界則銘

縱横妙用，三百六十。如碁之方，無閏是積。一紙一年，百千萬億。是曰絜矩，永爲書式。

手板銘

言必忠信，行必篤敬。在輿倚衡，聖人有言。

頌

陳奧頌爲天台施處士作

人之一心，滿腔曰仁。義禮智信，雖各有名。總而專之，以生道存。推所由生，造化之根。心之不仁，病于私欲。孳孳爲利，惟日不足。天倫斲喪，大本殘衄。民之顛連，曾何能淑。有偉處士，此仁不虧。非資于學，不失秉彝。逆天理事，揮而去之。推此一念，俯業于醫。五十餘年，躬脩炮炙。劬劬濟世，不爲利屈。有感其誠，或報之德。急義好施，隨入隨出。不問親疏，視吾有無。匪恩之市，匪名之沽。有惻其隱，弗遏弗渝。何待觀過，始曰仁乎。維天降祥，自鍾于善。子孫衆多，厥鑒不遠。咨爾子孫，循循勉勉。名世者出，必大且顯。

橘榮頌

羌爾錫貢，似之服兮。頌爾素榮，鬻熊之國兮。與春無競，嘉爾之志兮。表裏純白，抑予之所嘉兮。各一太極，顆顆圓兮。陰合陽開，五行爛兮。玉質金相，方有道兮。寂寂紅紫，自知其醜兮。銅彝涵泳，色香異兮。國風不采，非世人喜兮。皜皜獨立，夫何求兮。德聲而且實俟，梅之流兮。觀爾儀刑，毋自失兮。培之溜之，數弓之地兮。率性不變，真畏友兮。踰則爲枳，秉天之理兮。願我德業，與爾俱長兮。柯葉茂茂，無彫零之像兮。

知樂仁壽二頌

人心本虛靈，纔昏便失脚。一理苟昭融，群疑自揮卻。物物有精義，事事有歸著。一智了萬變，昜哉有餘樂。

衆星環北辰，微月墮西岫。夜氣澄中襟，梏亡保旦晝。存存净人欲，生生體天授。一仁無間少，曷哉有餘壽。

書

上王右司書伯大

在昔嘉定壬午，得侍伯兄瞻拜于秋闈撤棘之後，便蒙開述先契，篤隆夙好，情義藹然。既而賜之迂顧，衡茅至今有光。倒指十有六載矣，藐無再見之期，未嘗一日不起「高山仰止」之思。凡親舊之經由治所者，每問起居，多傳執事亦時有齒及某兄弟之意，又知孤露之蹤所以被眷存者，始終不替如此。兹聞召冠星郎，密毗上宰，直前奏事，上沃帝心，尤增慶贊。伏念某生四十有一載矣，先君棄諸孤今已二十有七載。幼孤失學，顛倒沈迷，浸浸乎小人之歸矣。一旦幡然感悟，棄其舊習，杜門謝客，一意讀書，屏絶科舉之業，克去禄仕之念，日夜探討洙泗伊洛之淵源，與聖賢相與周旋于簡册者，今幾十載。然而氣質昏惰，而未有人十己千之功，以至于必明必剛〔三〕之地。而又拙于謀生，家事日就彫落，雖有先人之故廬，亦將有飄蕩摇兀之勢。困窮至此足矣，而終不自悔者，每謂受父母至善之元，得天地正通之氣，所以命我者仁義禮智之性，飽滿充足，其初本無一毫瑕缺也。今乃斲喪殘壞，反汲汲乎外物之是保，亦已過矣。是以洞洞屬屬乎操存持守之方，戰戰兢兢于動静語默之際，不敢遺本而逐末，不敢狥利以忘義，于世味淡泊，無一毫妄想也。故平時書牘不題要官，姓名不入修門。今日之書，雖非有求而來，然亦有爲而發。痛念先君仕塗坎壈，百未一伸，尚有蚤識英器一事，炯炯猶生。某雖居山林，友鷗鷺，幸故人之得政，幸朝廷之得人，幸先君知人之効。此意勃勃上浮而不可泯，則其所以見于書者，豈一時之私情哉？雖然，以十有六載間闊之久，五百里水陸之遥，一紙之敬，道古今而譽盛德，非所以答故人記存之厚也。某竊惟吾儒之學，有體有用。其體則堯、舜、禹、湯、文、武、周、孔、孟氏之書，皆格物、致知、誠意、正心、脩身之要；其用則齊家、治國、平天下之道。齊家固在我所自盡也，治國、平天下蓋有不得已起而從之者，非可自求，非可苟得，皆天之所命也。雖官無崇卑，皆可以行所學而見于用。然職小者所施有限，任微者所及不廣。列郡之政不越于一州，外臺之政不踰于一路，内而九卿之不相侵，六部之不相及，必也。其職無所不統，而所施無有限量者，其惟宰相乎；習爲宰相之事，而佐其所不逮者，其惟都司乎？嘗謂君相者出治之原也，君德之進不進，經筵之責也；相業之成不成，都司之責也。左右司雖曰宰相之屬，三槐之下、黄閣之中，必得德量器識之才，彌綸得失，裨贊庶務。宰相曰是，都司曰非，宰相曰可，都司曰不可，必使廟堂無過舉，四海無冤民，内而君子小人之各得其所，外而夷狄姦宄之各安其分，是皆都司職事之當然也。國家數十載以來，士大夫戕賊于利欲之塗，良心熏染于貪濁之習，滔滔流蕩，無所底止。其間能自拔于頹波之中者，蓋不可以多數矣。有如執事，中立不倚，氣節凛然，精神風采，赫赫于符竹之間，聲名聞望，衮衮于薦紳之口。召環之初，天下共徯之曰：必横經虎觀矣，必執法霜臺矣。執事方徘徊退避兩載而後進，豈徒然哉，必有一定之見矣。今日之來，豈不熟觀天下之大勢，必以爲世道尚可扶持，化原尚可輔佐乎？然而天下之勢日壞，國家之勢日輕，亂根日壯，命脈日微，如之何其可爲也？天下所共知者，内而民生日艱而楮幣無策，外而夷狄日强而兵力單弱。任今日之事者，皆知其尤難。夫生民之休戚，固係于守令之賢否。監司者守令之綱也，朝廷者又豈非監司之綱乎？兵力之弱强，固係于將校之能否。帥閫者將校之綱，朝廷者又豈非帥閫之綱乎？合内外治之原既係朝廷，總朝廷之政，又關于都司，其任豈不爲尤難？端平更化以來，朝廷治効，其略可見。雖都司潛毗密贊于幾微隱約之間，而不見其跡，異時識者考治道之得失，曰此時此政爲當，此時此政爲不然，宰相猶若人也，而政有異焉，何哉？則必于都司證之矣，可不謹哉！執事培壇之久，閲歷之深，學正義明，志定氣飽，當必有以處此矣。然吾儒之學，雖曰有體有用，必體立而後用有以行，又必體無不具而後能用無不周也。世衰道微，學絶教舛，士氣不振，風俗不淑，正以士大夫體不立而急于用，借濟時行道之言，以蓋其富貴利欲之私意。近世一二賢者，固有以異乎今之人矣。進而未能盡副海内之望，亦以其體未至于無不具，所以用亦有所未周歟？此古今之通患也。而況都司之任，尤非它司比〔四〕也。霖雨之原也，舟楫之具也，麴蘖之資也，鹽梅之根也。若夫天下之事變，其來不一也，國家之安危非輕也。幾微之間，節奏之會，呼吸進退于毫髮之間，得〔五〕失利害之相去，已有霄壤之異矣。惟講學然後有以明夫心之制，得夫事之宜。昔王梅溪聲名節行爲時巨人，晦庵朱先生猶晚進也，乃拳拳以尊德性道問學勉之，而不以爲僭。于湖張公文章風采爲時俊才，其去荆州也，南軒張先生送之，亦告以講學之説，而不以爲嫌。以是知無貴賤，無老幼，皆不可一日不講學也。人之美質有限，而歲月亦有限，學問無窮，而事業亦與之無窮。講學者豈有它哉，亦窮理以致知也。惟能隨事以觀理，故于天下之理無有不察，又能即理以應事，故于天下之事無有不明。如鑑照人，如衡稱物，自有以盡其公且平之德矣。今執事上欲答主知，次欲參廟謨，下欲副人望，不知以何事爲當先，何事爲可後？推本尋原，萬弊蟠結，蓋有不勝其可憂者，執事其何以處之哉？願執事審時度勢，熟慮精思。薰蕕同器，決無久馨之理，君臣際會，從古所難。日月逝矣，歲不我與，毋爲小人所先發也。不審高明以爲如何？謹齋沐裁書，以道此拳拳之誠。淺陋僭率，不勝愧懼。

上呂寺丞延年

某幼孤失學，退處陋巷，日知收斂身心于簡冊間，殊未有毫髮進也。幸于仞牆有先世師門之舊，雖聞養痾卻客，亦未嘗一再晉謁而不獲瞻侍。既而令表傳道尊意，乃知不肖如某，亦未蒙擯棄，而在齒録一人之數。感佩興起，念不可無一言仰答隆知，用敢僭陳，尚丐垂察。某竊惟平治天下之道莫急于人才，教養人才之地莫急于學校。後世教養之方固已大異于古，而學校之政不修，未有甚于今日，則其化民成俗之驗，固已昭然可見也。南渡以來，三先生鼎峙東南，倡明正學，浚衍淵源，成就人才，爲國家數十年之用，可謂盛矣。年來師友凋落，義理堙蕪，後生小子倀倀然無所適從，以其意之所便者爲學。雖有氣質之美，不過没溺于進取之塗而已。至于汲引後進，收拾晚生，開導訓迪，封埴培養，以續不絶如綫之氣脉，捨麗澤書院何賴焉！尊契丈負家世嵩嶽萬鈞之重，誠宜充養氣體，保毓神明，恢崇德業，開拓規橅，尊禮有德，招引善類，夙夜相與講磨實學，以復還先世之舊也。某得之友朋之餘，謂尊意欲更文會之約久矣，悠悠日月，謀畫未定。切慮旦夕宦轍驅馳，不容久駐，此事必至因循廢弛，終于不振而後已也。今幸天啓深衷，凡聲氣所同，曲意諏訪，俾有志之士咸挹麗澤之風而陶泳講習之樂，此其意豈徒然，而其事豈可苟哉？某切謂朔望片時，徒會亟散，切偲之論不浹，輔仁之意不孚，則恐于高明所以篤念先猷，紹復師友之盛，未〔六〕足有稱。妄意及此弭〔七〕節里居之暇，早定規橅，請一老成有行義、善講説、爲衆所敬者爲之長，嚴其尊崇體貌之禮，優其飲食供給之需，使真有志于講學者，三五人相與左右之。汎潔齋宇，增置床榻，接納後學，不限其來，許其寄爨止宿，不以虛文利禄之誘入其心，使之一意講明義理，涵養德性。果能如此，則旁郡聞風而至，四方視傚而起，咸知麗澤遺規久而復振。作成磨礪，日衍歲豐，有以輔學校教養之所不逮，而培植斯文之壽脉，以爲國家無窮計，益以顯揚成公先生以道私淑之功，而于尊契丈繼志述事之孝，孰大于此？而于愛君報國之忠，又孰大如此！僭越犯分，不勝震恐，惟執事進退之。

社倉利害書

社倉之法，人皆謂始于朱文公，而不知始于魏國録元履。魏公初行于建陽之招賢，文公傚而行之于崇安之五夫。然文公之法與魏公少異。招賢之倉遇歲不登則告發，及秋斂之，無貸息也。五夫之倉春貸秋斂，收息二分，小歉則蠲其半，大飢則盡蠲之。此爲小異。魏公之法雖疎而簡，文公之法雖密而煩。二公同門友也，盃酒從容之間，未嘗不交病之。魏公病文公曰：「不當祖荆舒聚斂之餘謀。」文公病魏公曰：「不當久儲速腐，惠既狹而將不名也。」當時亦莫能決其是非。要皆常得如二公之賢，則法俱無弊，奈二公之不常有也。東萊先生常謂文公曰：「子之穀取之有司，而諸公之賢不易遭也。」南軒先生則曰：「立法無其本，用法無其人。」雖指荆舒，實爲朱先生發也。此其深長之慮，有朱先生所未及思者。蓋仁人急于愛人利物，念有生之類莫非同體，其忍坐視其飢餓，轉于溝壑，化爲盗賊哉？惻隱之發，如救焚拯溺，何暇逆計其後日之不得人而遂已乎？此朱先生之盛心也。若夫二分之法與青苗異者，蓋荆舒託濟人之名，罔其利以供上之用；朱先生因濟人之實，儲其利以復爲民水旱之防。心之所發，惠之所及，何啻霄壤？以青苗議社倉，其不審亦甚矣。及朱先生異日自悔其法之未盡善，故謂元履之言雖疏，而其忠厚懇惻之意，藹然有三代王政之餘風，豈予一時苟以便事者之説所能及哉？後日之請，所以必曰息有年數以免者，則猶以不忘吾友之遺教也。逮其晚年，又自憂其無守法之人，故曰「有治人，有治法」。此雖老生常談，然其實不可易之至論也。蓋無人以守之，則法爲徒法而不能以自行。況于所謂社倉者，苟非常得聰明仁愛之令、忠信明察之士，相與并心一力，以謹其出入而杜其姦欺，則其法之難守，不待已日而見之矣。此又予之所身試者。吁，朱先生晚年之意，即張先生昔日之言也。大抵後之好名者不深求朱先生晚年之意，不深思張先生昔日之言，自其立法之初，考覈不精，周防不密，則已與二先生之意異矣，謂之好名可也。由是婺女之社倉，始終沿革，有可得而言者。恭覩淳熙八年朱先生申請社倉指揮，若曰：「其斂散之事，與本鄉耆老公共措置，州縣並不須干預抑勒。」至哉言乎！此行法者所當共守也。今也不然，領以縣官，主以案吏，各鄉又非有德望之人爲官吏之所畏敬者，俯首聽命，苟且逃責，利害不敢專決，姦弊不敢自懲。玩舞虛文，壅塞實意，吏既慕于前；權宜伸縮，隨時輕重，吏則議其後。故賢者不屑與之相牴牾也。此立法之不審一也。昔之法也，先給以米，貸以米，斂亦以米。今也不然，斂以錢，科以糴。若能薄增厥直，亦何患民之不樂輸哉？價既不平，穀不時至，勢必〔八〕至于敷擾以抑勒，人情之所不堪，小民未受其利，中產先被其害，此立法之不審二也。後之繼者慮既貸而民不盡償，則社倉之惠窮而追呼之害起。故朱先生之法一轉而爲魏公之法。但儲于鄉以備歲之不登，及其歲之小歉也，又不以貸而以糶，則魏公之法又轉而爲廣惠之法矣。然而積之既久，則化爲浮埃腐土，果如朱先生之憂。夫以天地生民之寶，百姓日用之天，棄之于陳朽敗壞之域而不顧，是誠何心哉？及其發之也，雖痛損其直，而民不以爲惠，有至不得已而食之者，反不如糟糠之鮮潔，直不以人類待之矣，是又何心哉？其未發之時，主者謹視封鑰，不敢以新易陳。或差官檢視盤量，既有酒食徵〔九〕需之供，又有人從偷竊之耗，主之者凜凜度日，有破家蕩產之懼。此所以鄉之善士不願委請而多方脫免，詞訟反至紛紛。其甘心任責者，率是豪霸之人，即時移易私用，空其封鐍，及至撿覈，不過旋賂官吏。當連年旱傷，米價頓踴，慮其賑給見底，反巧爲說辭，以蔽當路，寧科抑而不敢盡發也。則社倉立法之本意，果如是乎？所可大慮者不特此也。當其再糴而償之價不逮時，例行敷抑，或增會價，或添斛面，或責以上色之米，或有數十里擔夯之費，猶云可也。

有産者惴惴然，恐後日之不給錢而白敷米，如和買羅絹之類，此亦不得不慮及此。而況今日常平義倉之米，即昔日敷科備水旱之米也。原亦自鄉而移于邑，自邑而移于州。今若重敷，民不堪命。故當一番敷糴之時，吏持其柄以爲乞取之資，其害尤不小。是豈治世之良法哉？切謂有愛人利物之誠心，又須有無我之盛德，既足以來天下之善言，而後后可以行天下之公法。求名者不足以行法，自是者不足以行法，泥古者亦不足以行法。然圖利者不可以奉法，避事者不可以奉法，不知民吾同胞者亦不足以奉法。非特上之行法者未遇，而下之奉法者尤不易得也。所謂立法無其本，用法無其人，至是而益驗矣。古人有言：「穀賤則傷農，穀貴則傷民。」今之農與古之農異，秋成之時，百逋叢身，解償之餘，儲積無幾，往往負販傭工，以謀朝夕之贏者，比比皆是也。農人以終歲服勤之勞，于逋負擬償之時，則穀賤而倍費。及其不憚經營之艱苦，糴于青黄未接之時，則穀貴而有倍費。是穀貴穀賤，俱爲民病也。昔人既有廣惠之法，穀貴則損價以出之，穀賤則高價以入之，一出一入，低昂適平，其法至簡，其事易行，無社倉前者之弊，法亦良矣。自朱先生之法三轉而下同于廣惠者，此所謂不泥古而善繼前人之志者矣。然而前日出價既損，而後〔一〇〕日入價反高，原額不無有虧折。今欲望台慈一以愛人利物爲心，而不計其原額之虧盈，庶不失諸老先生之遺意。苟以原出價敷抑人户糴償，非特今日之重困，是爲異日白敷之漸也。爲民父母，以若保赤子存心，必不忍作俑于此。或以原額爲不可虧折，乞就本州權暫關錢撥助，以俟後日盈價輸償，亦甚易行也。僭越出位，不勝震恐。

賑濟利害書

恭聞孝宗皇帝「後時失實」之訓，言簡而意周，萬里民瘼，如在目前，真帝王之軌範也。伏自某官開藩之初，首舉是訓以警僚寀，可謂得爲政之要。見于施行者，今三閱月，又似未有成效，其故何哉？孟子曰：「有不忍人之心，斯有不忍人之政。」今執事訪求民隱，虚己納善，孳孳不倦，舉行荒政，焦心勞思，此百姓之所共知也，不可謂無不忍人之心矣。然官吏奉行，不足以識執事愛民之盛心，文移旁午而膏澤不下，流移日甚，而糴價日昂。或者議其政而并疑其心，愚獨以爲不然。四方之風土不同，田里之休戚不一。以執事博詢群議如此之勤，而應之者泛然唯諾，一無以仰助執事愛民之政，此吾鄉士大夫之責也。今不揆愚陋，敢先陳吾鄉風俗之大畧，繼之以愚説二條，恐或可以裨贊荒政之萬分，敢祈采覽！切惟兩浙概號富饒，而東浙之貧不可與西浙並稱也，人或有知之者；婺女之貧不可與浙東諸郡並稱，則人鮮有知之者；金華今日之貧，與三十年前，亦不可以並稱，人無有知之者矣。夫均此郡縣也，肥瘠頓異，必有其故。何者？昔之爲民害者，版籍荒落而已，雖胥吏持虧盈之數，舞出入之權，而猶有遺利在民也。自經界以來，版籍具在，而有無虚實，固不可隱。其奈經界之時，縣令朱中直匿鄉都之舊額，勒保伍增添新數，先爲姦吏之地，民受其欺而不能辨，不特無遺利而民以暗被苛取矣，其害豈不大哉！況自南渡以來，科配之數越爲重，婺即次之。婺之七邑，金華爲尤重，夏税之輸，十有三種，雖間有蠲租之令，而此賦自若。及袁韶之長版曹也，增羅絹重厚之數，而民力始困。加以十數年以來，絲枲之價頓踴，穀粟之價頓輕，知民力始困矣。富家巨室僅僅自保，用度稍廣，質鬻隨至。中産之家，往往一歲之入不足以支一歲之用，日降月下，而窘色不舒。每至秋成，如解倒懸，烏有餘粟以待穹價？是以勸分之政固荒政之所先，而非金華之所急。大抵勸分之政，爲富而積粟者設，爲愚而嗜利者設。今穀價既隆，數十年之所未有，于此時而猶閉藏，尚復何待？嗜利者雖無厭，而如是之愚者亦鮮。蓋〔一一〕金華所謂富家巨室，實不足以當江西、浙西困弱最下之户。昔之爲富家巨室者，尚有數年之儲，今無兼歲之蓄矣。雖有閉糶之心，而左支右吾，其勢自相煎迫，益不容于不糶，故曰勸分之令非今日之所急也。以今日勸分之令，隨時直之低昂而無裁抑之患，則富家所宜樂從。然終未有欣然應上之令者，蓋縣官奉行，不察有無，不審虚實，持版籍之虚數，例行告諭，紛紛四馳，反如白科，上下相疑，糶者束手而糴者無措。是未足以濟民，適先有以害民矣。書生私憂過計，不慮富家巨室之閉糶也，方慮其喜于得價，傾囷倒廩而盡泄之矣。天命靡常，豐凶難必，萬一不幸嗣歲復以旱告，雖有良、平之智，不知善其後矣，可勝寒心！然則爲今之策奈何？曰：賑荒之體，先公庾而後私家；賑荒之要，抑有餘而補不足。嗟夫！田不井授，王政堙蕪，官不養民，而民養官矣。農夫資巨室之土，巨家資農夫之力，彼此自相資，有無自相恤，而官不與也，故曰官不養民。農夫輸于巨室，巨室輸于州縣，州縣輸于朝廷，以之禄士，以之餉軍，經費萬端，其始盡出于農也，故曰民養官矣。不幸凶年饑歲，在上者不得已散財發粟而賑恤之，使之得免于流離溝壑之憂，尚有是可以寓其愛民之心耳。春省畊而補不足，秋省斂而助不給，此王政之所先也。切惟今日義倉創于慶曆初，令民上三等，每税米一斗輸二升，以備水旱。其後興廢不常，今不及小户矣。是官無以賑民，使民預輸以自相賑恤，已戾古意。今又移易它用，數額常虧，遇歉歲則復科巨室，此何義哉！其後又有倣社倉、廣惠之遺法，盡將前賢立法之美意顛倒紛亂，以爲沽名買譽之資。始也低價以强民之輸，先爲中户之困，既而官吏侵漁，所積朽壞，民得之而不可食。今幸新陳相易，而積日未遠，而州家顧乃深藏固閉，其所以備水旱者，一切倚辦于私儲，愛民之心何以敷于百姓？公聚朽蠹，三老凍餒，此晏子之所深嘆也。況今朝廷猶特發粟，而侯國殊無發粟之意，切恐百姓德巨室而不德官府，巨室怨官府而不怨朝廷，甚非所以承流而宣化也。昔成周荒政十有二，以聚萬民，一曰散利。縣都之委積以待凶荒者，恐不如此。今不若先發官庾，如常平、義倉、社倉、廣惠倉之類，盍盡數散之。官庾竭，然後及于私家，名正言順，義感仁暢，既足以廣君上愛民之心，又足以成州家愛民之政。百姓德官府，而巨室心服，亦庶乎王政之遺風。蓋設施先後之序，實意之所孚，義氣之所興起，故曰「賑荒之體，先官庾而後私儲」者，此也。昔成周之衰，王政不行，莫甚于戰國，梁惠王猶能移民、移粟于河東、河内，故孟子〔一二〕之所不取。以今觀之，能如惠王之用心者尤鮮。且糴價何爲而驟高也？以歲旱而無糴也。是糴價不高于豐稔之地，實高于旱歉之鄉。然高價之利不歸于旱歉之鄉，實歸于豐稔之地。彼歉者既歉矣，而又盡索其家具，積數倍而僅可易常年之一；彼豐者既豐矣，而又坐享高價。以常年之一，而可得數倍之利。是豐者再豐，而歉者再歉，甚非平準之意。夫天時豐稔之不同，地利厚薄之不一，此爲政者所當輔贊天地之化，裁制其輕重之宜，豈有坐視其偏倚之勢，而無以權其低昂之中？恐未可以言善政矣！今縣官勸分之令，乃隨時直，不與減損，此巨室之所喜而細民之所不樂。所徇者小而寡，所害者大而衆，不可不審也。然又不辨其鄉之豐凶，不察其家之有無，例令賑糶，其豐而有者固可以濟民之乏，彼凶而無者自謀且不給，又何分之可勸哉？是以富益富，貧益貧，勢不均平，人心不伏，互相推托，遷延日時，民將餓死，誰執其咎？今蠲租之數既定，而七邑之豐凶大略可見。有上熟之邑，有中熟之邑，有下熟之邑，又有最旱之邑、中旱之邑、不旱之邑。以上熟之邑自可以補最旱之邑，州家何不裁損其價直，求糴于上熟之邑，復裁損其直，以賑其最旱之邑也。其中熟、中旱之邑，又有最旱、中旱、不旱之鄉，亦有上熟、中熟、下熟之鄉，所以裁其直者，亦如邑焉。其庶乎無偏重偏倚之勢，無甚休甚戚之民。彼受抑者無怨詞，彼受濟者有實惠，豈不善哉！今最旱者當賑濟，而上熟者亦賑濟，上熟者當勸分，而最旱者亦勸分，恐未可以言善政矣。故曰「賑荒之要，損有餘而補不足」者，此也。愚之二説若迂闊，而實今日之急務，惟高明詳察而進退之。

答劉復之求行狀

某早歲疎慵，知學最晚，人所擯棄，乃蒙尊府撝堂先生一見偉視，進而教之，遂獲嗣交于下風。既得親炙典刑文獻于前，又得漸染芝馨竹韻于後，情均魯衛，義重金蘭，受知篆感，如海斯深。茲蒙札誨，諄喻先夫人行狀，尤見至孝顯親，所以期待不肖者，乃欲推而納之文章之籙。雖自信甚篤，不應犯此大不韙。然詳誦來教，情深禮隆，懇懇惻惻，即合痛鞭駑駘，奉命唯謹，其敢辭乎？但有一二委折交戰于中，有不容自嘿者，願略陳之。

某嘗謂行狀之作非古也，又嘗考之，衛公叔文子卒，其子戍請謚于君曰：「日月有時，將葬矣，請所以易其名者。」請謚之詞，意者今世行狀之始也。周士大夫以上葬必有謚，而勳德著見于時，人所共知，不待其子累累之言，故請謚之詞寂寥簡短，不能數語。後之大夫勳德不盡能表表于當時，而人子哀痛之中，難于自述，遂屬以門生故吏，具述行事，以狀其請。自唐以來，有官不應謚，亦爲行狀者，其説以爲將求名世之士爲之誌銘，而行狀之本意始失〔一三〕矣。夫觀昌黎、廬陵、東坡之集，銘人之墓最多，而行狀共不過五篇，而婦人不爲也，又知婦人之不爲行狀之意亦明矣。若以行狀而求銘，猶有説也。今先夫人已有墓銘，乃撝堂之門人述其師之語，理已當矣。若又爲行狀，不亦贅乎？愚謂行狀之不必作者，此也。況某幼失怙恃，而行狀、墓銘因循至今，而先世一時交游知心之士，零落淪謝，不復存者。此事往來胸中，日夜如坐鍼刺，豈自親未有狀其行而誌其墓，乃爲它人爲之，其忍乎？使某果粗有文彩可觀，而先夫人猶未有誌銘，則亦不敢爲也。然所以不克奉承者，誠非飾僞。若夫師生之稱，古人之所甚重，顧某何者，乃敢偃然居之？尤不敢當。所有家傳誌銘及所賜染札，併用納回。仰惟先夫人淑德懿範，苦節貞儀，固足以光耀女史，垂于無窮。然顯親之要，實在復之立身行道，日進日盛，而不在乎區區之文也。君子愛人以德，豈可麗于世俗之交？惟高明識察而恕之。

答何子恭

書來，諭某之病往往出于鄉原之口。彼鄉原者趣向卑陋，志識鄙淺，驟聞欲求聖賢之正學，欲聞先王之大道，方將驚視駭愕，以我爲狂爲妄，未能得其講學之淺深，且要吹毛求疵去點檢，教它立脚不定，此今日成材之所以難也。愚謂後生小子乍脱于荆棘坑塹之中，方欲著身于正大光明之道，未曾講得一事，行得一步，豈能每事盡善？縱有病痛，且要是大路上人，它日志向漸定，移步漸熟，然後可以逐旋敲點它，使之澄治未晚。今若遽然四面責備，束縛太緊，鉗鎚太酷，彼將疑爲君子如此之難，幡然退安于舊穴，却是吾輩爲淵敺魚，顏子所謂循循善誘，恐不如此。世衰道微，向此學絕少，只得且容它樂親吾輩，開其是非善惡之見，令其通透不惑，持守不遷，然後進以細密工夫可也。必切而後可瑳，必琢而後可磨，亦理也。高明以爲如何？

【校記】

〔一〕「世」，原作「師」，據四庫本改。
〔二〕「入神入妙發」，原作「入神入發妙」，據四庫本乙。
〔三〕「剛」，四庫本作「强」。
〔四〕「比」，原作「此」，據馮本、阮本、《續金華叢書》、四庫本改。
〔五〕「得」，原缺，據四庫本補。
〔六〕「未」，原作「才」，據四庫本改。
〔七〕「弭」，原作「珥」，據馮本、阮本、四庫本改。
〔八〕「必」，原作「不」，據四庫本改。
〔九〕「徵」，原作「微」，據四庫本改。
〔一〇〕「後」，原作「前」，據四庫本改。
〔一一〕「蓋」，原作「益」，據馮本、阮本、四庫本改。
〔一二〕「孟子」，原作「孔子」，據四庫本改。
〔一三〕「失」，原作「及」，據四庫本改。

魯齋王文憲公文集卷之八

廬陵銅溪劉同編輯
鄱陽三臺劉傑校正

書

上宗長書 論掃松

某竊謂人之所以爲萬物之靈者，以其明天理，秉禮義，不忘其本也。是故先王之制禮，自天子至于庶人，所以祭其先者，節以世代之數。今掃松之祭，野祭也，古無是祭也。古無是祭，而今世俗行之，無敢廢者。雖閭巷小人貧無立錐，當清明之時，一陌之紙、一豆之飯，猶徘徊于火葬之所，而寓其追思之誠，何也？所以約天下歸于厚，敬其所自出也。敬其所自出，則凡塋域之所可考識者，固不以世代爲限，此所謂報本反始之禮。禮者節文，此天理也。吾宗亦金華之望也，其聚族之會者有二：曰月旦之會，曰掃松之會。月旦之會，所以示長幼之序；掃松之會，所以致追慕之思。月旦或有時而缺，掃松則不可缺也。雖閭巷小人猶不敢缺，況吾宗，其可已乎？自始祖而下至于一府君，其塋不過七所。上世諸尊長約以三位輪掌，丞相位一年，十一府君派下共一年，三三府君與尚書派下共一年，大約所費不過用二十有餘貫。故尚書位計錢十有二貫，九中散位計錢六貫，十八承事位計錢六貫。此例行之非一年矣。十八承事位下，每次係三五叔三位主辦，前日蒙三五叔賜訪，以三七叔位窘乏辭。又蒙三九叔賜柬，欲行權免。然某人微行卑，非主宗盟者，何敢容喙？但以卑下奉承尊長之命，豈敢恝然而不報？退而念之，所費本不多，而此事之所關係甚大，不特有以啓鄉黨之譏議，而天理之在人心者，其可泯乎？則某之躐次而言，不爲無因。夫子孫之不能以皆盛也固也，亦幸而不至于皆衰，則盛者其可保乎？今族人咸曰三三府君派下之最盛者，莫如尊叔。今之人往往謙冲遜避，不敢以盛自居，然于此事，則不當不以盛自任也。咸欲屈尊重與三五叔合之，則每位不過用三貫而已。通以三年輪掌計之，則每年不過費一貫之貲，固尊叔之所不足計。然所以植立門户，持扶天理，誠非小補。諸族人不敢以此禀聞，某竊謂尊叔握空披荆，創造基業，親戚鄉黨，莫不推重，是豈僥倖所能及乎？而況二賢弟學問卓然，此理洞明，何待愚者一言之悟？正以每年循習舊例，不知此曲折也。誠使尊叔知之，豈不翻然驚奮？大抵不以此禀聞者，抑以待尊叔甚薄也。然某則不敢不禀，拱聽尊命。

答嚴陵史君書

比聞嚴之彫匱，甚以爲憂。辱書，乃知傳者之太過，深以爲慰。此無它，蓋它人不能措手，而賢者不勞游刃耳。若人人皆可爲，則又何以見大才、别利器乎？又聞史君入境，減騶從儀飾，去供帳浮費，大艘運米，尾尾隨至，仁聲仁聞，固已先入其心。教條一頒，自然樂從也，甚盛甚美。區區之見，以爲賢史君不常值也，朝廷之米未易常撥也，嚴之民未易頓裕。嚴不産米，其來已久，每視上游之商舟至否爲之豐歉。年來米禁既密，賑助不至，軍儲日窘，民食日難，嚴固有疾視婺人之意。今欲平其氣，厚其生，不若請于朝，乞蘭溪一縣撥隸于嚴，然後嚴可爲矣。蘭溪隸嚴，不特此縣之米饒裕，足以充嚴之虛，而衢、婺兩溪之米俱可通矣。使禁截極嚴密，不能俱絶也。嚴合六縣而不足當蘭溪一邑之輸，而尚可以爲州乎？議者不過謂嚴隸浙西，婺隸浙東，難以錯雜割地。殊不考嚴之建德，梁晉通嘗隸東陽矣；婺之浦江，亦嘗割富陽之地矣。二州雖屬兩路，均吴國之境土，或分或合，各得其宜，何拘攣之足徇？以今日行都言之，嚴猶王畿之内，豈應貧陋如此？甚非所以拱衛王室、藩屏京師之意。或不得請，只乞割蘭溪水西六鄉，又其次焉。以地言之，既與嚴接境，又居浙水之西，屬嚴尤便，更或不得請，則奏疏敷陳，不厭再三。或朝廷終不肯從，亦當列其利害及奏請始末，大書于石，植之郡治，以待有力者繼之可也。儻幸此請或行，永爲嚴之大利，邦人感史君之恩，世世無窮，松椿之祝，祠像之嚴，當不減范文正公之盛。自昔仁人君子膺民社之寄，不以一時之惠及人而自足也，必欲興大利除大害，要使其德澤深長，行于千百年之久，是可謂今之俗吏謀富貴者言哉！惟賢者平日抱負在此，故使如愚言，亦得以罄其繆。至于維持學校，振起儒風，旌賢勸善，亦必次第而舉矣，拭目以俟。

答倪孟德

來諭日月往矣，精力邁矣，雖有願强勉之志，而無可强勉之時，足見感慨之深，而某亦政坐此病。此言爲後生者勉固亦甚切，所以自爲之慮恐未然也。夫日月之已往、精神之已邁者，不可得而復追矣，在今日亦自有得力處。蓋血氣向衰則志慮定，更歷既多則識見明，即其欲强勉之志，便是可强勉之時，不必徒追悔于既往而自絶于將來。此吾人尚可著力也。未知高見以爲如何？

復吴太清書

某疏鹵之學至不足道，況當垂垂衰老之年，方切慚負平生之朋友，乃屢下顧，賜以長書，若施于所敬者。顧某何以辱此？惟有愧感！既而聞嘗登當今大人君子之門，而所得以平實古雅爲主，此爲學第一義。嘗謂平實是躬行工夫，古雅是講學工夫。躬行不可不平實，講學然後能古雅。若論輕重，則躬行重；若論後先，則講學先。則知已得造道入德之門，深切起敬。及觀所惠書，陳誼甚富，立志甚高，論孔顏之所樂及周程之傳授，又皆洞究大原，曲折詳密。自非深造自得，何以至此？斂衽三復，爲之躍然。某往年嘗與趙星渚議論，間問北山何先生何以教學者，某對：「北山不曾開門授徒，不曾立題自作話頭，接引後進。某登門之初，嘗蒙舉胡五峰之言曰：『立志以定其本，居敬以持其志。志立乎事物之表，敬行乎事物之內。』」星渚曰：「文公已病其頗傷急迫。」某曰：「急迫之病乃在下一句『知乃可精』上，此四句于初學似亦有益。」星渚曰然。某無以私淑同志，敢復以此爲足下獻。足下所以定其本者似亦古雅矣，至于以尋樂扁其讀書之室，恐未合乎平實之訓也，似覺求上達之意多，于下學之意少。竊謂苟無下學之工，決無上達之理。朱子于此一段公案，固曰：「學者但當從事于博文約禮，以至于欲罷不能，而既竭吾才，則庶乎有以得之。」吁，此千古不可易之教而傳之無弊者也。更望于博文約禮，居敬持志益加勉焉，何患不真見孔顏之樂也？惟高明察焉。

答葉都倉書

逖違偉度，轉目三載，東閣邃嚴，而枯冷姓名無路可達。雖聞恭膺醲渥，即拜異除，亦不能致一牋之慶。非慢也，翔泳之勢不同也，惟高明諒〔一〕之。某衰老待盡于窮櫩，奄奄泉下人耳，何心與時競哉！伏辱寶帖，諄諭勤劬，備感謙虛。此某之所望于足下者，而足下反以見囑，何耶？此事之造端，實出于足下篤念亡姪之良心，長顧却慮之美意，此亡姪之所感激，一一聽從，宗族之所以稱贊，正在于此。狂瀾激衝，惡猘狺噬，誠出于意料之外。當是時也，明目張膽，力辨其萋斐之誣，鎮定其摇杌之勢，使其家紀綱粗立，九原無有遺恨，豈非足下所當任之責乎？事變至此，可勝嘆哉！竊意足下事定心平，亦深悔前日之無情，必爲其思善後之計。今詳來諭，上委之于從臾者之過，下脱之以不足責之言，往往正名定分之意少，黨姦惠惡之意多，此則非所望于高明。所欲言者何限，要非筆舌可既。尚賴惠顧前好，不忘初心，以大公至正成始成終之，是猶有餘望也。匆匆謝先辱，毋罪率直。幸甚，不宣。

與何無適

昨令弟元鼎下訪，首傳雅意，出寶皮之古端，爲老境之重鎮，惠至渥也。某再三研磨，躬自滌濯，誠温淳明，粹如亞聖，爲妙品。但某書齋荒陋，平生未嘗有此受用。然其三益之友俱不在目，瑣瑣駑才，舉無足以慰其意，静而觀之，大有愠色。况其詞章之拙，點畫之謬，皆足以獻笑于大方。縱令含羞忍垢，不敢違主人之命，而某當垂盡之年，豈足以久淹此賢哉！其勢必至于埋没至寶，得罪造物。已勉承厚睠，挽留幾月，敬用復歸寶藏。非敢固守一廉，爲不情之遜，尚句矜體視收。如蒙篤叙先契，振其枯落，側聞編集古文甚精，却望賜借一録，庶可以廣私淑之教，乃不朽之大賜也。

通趙星渚

即日白露横江，黄雲棲畝，恭惟暫韜經濟，妙養中和，顧諟天明，相在爾室。某輕去誨範，七年于兹。自赤城無借留之路，而某亦夢斷于東湖。不謂崇情篤雅，有請于朝，給劄以驅其出，不免一再往回，有愧于山靈海若多矣。幸得草巢之肯來，遂因風變而謝絶也。瞻望道德之聲光，服習提警之精實，非不切切于衷，終不敢以山林之姓名驅馳于龍尾之道，門籍之下，幾至堙蕪。不自意懷人憂世之念深，欲以枯根朽質，置于造化爐中，誤玷鶚書，不勝驚懼。恐呂公之夾袋掌記，陳密學、司馬公之薦士槀編，無此樣人才也，未免爲知人之累，益重愧悚。惟是大賢君子之進退，足以卜時政之得失，足以驗世道之盛衰。雖聞暫收朝蹟，歸隱故山，陶鎔水石于世氣之外，醻酢聖賢于德履之中，行藏用舍，本非二致，皆所以敬天命而植民彜也。且聞屬車豹尾中，稀如晨星，切恐緑綈方底之詔，已飛下岞崿，起安石以副天下蒼生之望，恐終不可得而恝然也。某幽屏衡茅，過從絶少，舊學剥落幾盡，尚有一點真實，不隨血氣而消，殘編故書，時時涵泳。向侍坐隅，蒙舉陳克齋所記《暮春章》改本，緩誦稱嘆。某自昔亦以爲此甚端的也。近年來以今《集注》細細較之，深以爲疑，又以文集參考，則知其反爲未定之本，大不如今《集注》之精密也。近嘗再講此章，未及録呈，不知高明後來亦曾再入思慮否？某平生於〔二〕「無極而太極」一句，見得未透。朱子謂無形而有理，非不明白，但于周子命詞之意，嚼咀未破，故象山未能釋然。某不揆淺陋，妄窺〔三〕先儒之心，謂此是周子《太極圖説》，只當就圖上説此一句，不可懸虚説理，若又有所謂無極之理。蓋周子欲爲此圖以示人也，而太極無形無象，本不可以成圖。然非圖則造化之淵微又難于模寫，不得已畫爲圓象，擬天之形，指爲太極，又若有形有象。故于圖説首發此一語，不過先釋太極之本無此圓象也。後人殽亂疑惑，故朱子曰此只是無形而有理，言簡而盡。然必于圖上指此一語，方爲親切無疑。未審高見以爲然否？朱子之説《中庸》至矣精矣，而某妄有所疑。朱子平時謂《家語》爲《孔叢子》僞書，今于《集注》反取之以證《中庸》之悮，愚尤惑焉。「哀公問政，子曰」云云止「其政息」，竊意夫子之答只此數語，自「人道敏政」而下，止「及其成功，一也」，皆子思之言。又舉夫子三句以證之，故又著「子曰」字，恐非妄也。此下子思又自説去，《家語》中間又舉「哀公曰」，此恐不足信。其妄謂其中「仁者人也，義者宜也」，此非夫子平時語，自是孟子得于子思者，其爲子思之言明矣。未審高見以爲然否？某固陋之質，于經書疑處甚多，無筆吏抄寫，未能一一質于高明。先述此三條，以求開悟之方。敢乞始終提誨，庶不抱此鶻突道理歸全于父母天地，受賜大矣。某謹專人省候起居，其輕瀆賜之容留，不勝幸甚。未卜侍拜，更乞爲斯道自重，爲明時自愛，精調鼎食，佐吾君開萬世太平之基。某頓首忱禱，不宣。

回趙星渚書

即日冬令權輿，霜明風勁，恭惟勇退要塗，表儀世道，誠無間斷，神相後先，尊候動止萬福。某近者僭上□□〔四〕之教，以贖門籍之荒凉，旋領令嗣承奉賜書，知已上徹電覽。乃聞尊體偶違和裕，未敢繼馳尺牋，敬詷藥石之慶。方引領東望，日切泰山北斗之仰，專使遠臨，俯授寶帖，聯題累牘，蓬蓽生光，驚喜下拜，盥手剥緘，仰見郁郁情文，勤渠謙讓，如親侍函丈之間，恭聆金聲玉振之韻，感慰無斁。某崦嵫甚迫，衰病日侵，無由可以航一葦，躬拜于岞崿山下，請問平生所疑，以袪其固陋之見，而尺書之敬亦復曠闊，幾于自棄。重荷不鄙，矜其荒淺，賜之規正。又蒙振其廢惰，復以三目，俾入思慮，將有以儆策而陶鎔之，幸甚過望。敢以愚魯之見，陳于別楮。更乞始終提誨，誠所願望。某近得車玉峰書，賜報《大學致格傳》，未嘗忘也，欲以「知止而後有定」一段接「聽訟」一段，即是元致格傳。某聞之躍然，若不動斧鑿而元詞儼然，誠追亡之上功也。後又聞昔日嚴陵吳守槩亦有此說，見盧新之跋。嘗以此說請教于西山葉先生，先生云且去涵養，不知尊明曾聞之否，此說以爲如何？某又蒙玉峰以所編《道統録》稿見教，題目甚大，采摭甚詳。愚意以爲尚欠綱領也，未知曾達尊聽否。某竊嘆世衰道微，同志絶少，仰惟星渚先生海内範橅，歇歷且久，不知朝野中可以與之切磋論辨者誰歟？後生晚進有志于學，所以傳道授業者誰歟？某孤陋寡聞，待盡窮巷，了無聞知，敢告疏其一二，因便以開其昏蒙，尤所願幸。使介不敢久淹，謹拜餰牋，恭脩大覜之謝。氣候向寒，更乞謹護鼎茵，柱石斯道，大展經綸，以副四方善類之祝。某拳拳無任，不備。

一、《浴沂》一章，區區所疑，已蒙印可，足見大公無我，與人爲善之意。佩服，佩服。

一、「無極而太極」一句，某非敢妄疑先哲，但疑其既是無形而有理，則圖中圓象非形而何？此周子于《圖説》之首，不可無此一句也。然其精密微妙之旨，拓前聖之所未發，自在其中，初無牴牾也。某妄謂當時朱子若説入圖上來，則此句有著泊，未必起象山議〔五〕耳。

一、先賢以《家語》爲先秦古書，此句稍寬，竟不知爲何人所録。疑其爲子思以後子孫所編。如疑顔子竊飯之類，誠爲可鄙，决不出于子思之前明矣。若以子思之言證《家語》之失可也，以《家語》證子思之書，于義有所未妥。竊謂一部《論語》，門弟子問仁者多矣，夫子止語之求仁之方，未嘗有仁字親切之訓。至孟子方有「仁者人也，義者宜也」之語，則疑其得于子思，未必夫子之言也。尊見以爲然否？更乞不倦之教。

一、賜問張子言氣，周、程言理，旨意不同。某竊謂理氣未嘗相離，先儒不相沿襲，雖言不同而未嘗相悖。言氣者是以氣爲道之體，理已在其中；言理者是以理必乘氣而出，氣亦在其中。雖有形而上下之分，然道亦器也，器亦道也，二之則不是。張子言氣數段，朱子固嘗置于《近思録》道體門中，此意可見。朱子又曰：「張子説得是好，終是生受辛苦」是也。伏丐尊照。

一、賜問幾有吉凶，夫子與朱子之言不同。某竊謂周子曰「誠神幾，聖人也」，此言聖人之幾在誠神之間，自是有吉無凶。又曰「誠無爲，幾善惡」，此言衆人之幾既有善惡，安得無吉凶？若衆人之幾能動以正，亦無凶之可言。夫動以正者，天理之本然也；動不以正，此人欲之或然。言雖不同，實不相悖。伏乞尊察。

一、賜問伊川言奉祀之人是繼室所生，當以繼室配，爲不易之禮，固爲的確。所謂不易之理者，祭祀時母子一氣感通也。然于禮有所未盡，是或程子有爲而言也。或有謂《春秋》之法，以元妃配，而繼室不得配，故程子如前之云，未可知也。但今所謂繼室與古之繼室不同。古者諸侯一娶九女，若元妃薨，凡繼室皆其妾媵也。雖有子，不得並配。今之所謂繼室，亦皆禮聘，與元妃固等夷耳，但有先後長幼之分，所以不可不並配。今之庶母却合古者繼室之義，雖有子，死當祔于妾祖姑，别室以祀之。有此曲折未盡，未審尊見以爲如何，敢乞開曉。

謝得御書

某伏蒙分頒理宗皇帝親御筆畫旌表懿號墨本，某百拜敬觀，而天光發祥于蓽門圭竇之陋，草茅賤士，日瞻寵靈，以爲厚幸。伏讀下方跋語，獲知廣厦細氊之上，君臣都俞之中，天下于是蒙被大哉乾元之澤，雲龍風虎，真千載一時之遇，猗歟盛哉！又知清德精白，孚感上心如是，則百僚之貪廉，四海之肥瘠，舉莫逃于日月之明。推是心而往，太平豈不指日可冀？奈何氣運未回，聖志未遂，而天下百姓攀龍髯而莫及矣。嗚乎悲夫！慶元遺民對揚帝渥，下情無任欣幸追感之至。

回趙税院

某昧昧陋巷，掩關自守。曩者悮蒙尊翁星渚先生遠賜招聘，俾與聖則多士共陶賢師帥之德化，浩渺東湖，沾溉無極。雖聞詩禮親傳，淵源溥洽，未敢遽脩東閤之敬。歲莫告歸，竟不獲瞻際英標，實爲曠禮，徒深高仰。近者家奴歸自名門，恭捧手筆〔六〕，謙光曄曄，透出紙外，申誦睠雅，感激無斁。兹又辱尊翁專使下臨，教賚優渥，尤深感愧。謹勒短劄，以謝隆施，庸證契家齊盟之始。末由面覿，敢冀定省之暇，金玉厥躬，上承家學，以踵光大之業。遡風不勝拳拳，伏匄台照。

答車玉峰

陋巷無仙里便風，如隔滄溟，秋雨窮櫩，闃焉人跡。忽有持書立于黄葉堆裏，乃吾畏友軫綏枯朽，訪問安否，德甚渥也。敬審云云，英嗣神童，秀慧日裕，當已能讀父書矣。某伏蒙頒教《道統録》三巨編，盥手莊誦，大哉書乎！自昔聖賢，儼然臨乎其上，世間未有是書也。非有大學力，如何有此大制作？照曜萬古，與天地相爲終始無疑。昨見蔡九峰嘗編一本曰《至書》，次第亦如此，而不如此本之詳。敬巖姪亦曾有一書，名與此同，但止始自周子，至于黄勉齋，門目煩雜，皆不及此精當。愚見更得于逐門内，更與次第之爲尤佳。蓋此莫難于顔子、子思之詳，亦莫難于朱子之簡。若《孔叢子》《家語》之類，未可全用，要須揀擇。某自前歲已拜觀序文，無便，失于拜報。今始得見全書，尤以爲幸。願蚤入梓，開我後人拳拳之望。然蒙賜諭《大學》「致知」章不亡，尤見洞照千古，錯簡紛糾，不能逃焉，已經二程、朱子，各有定本，而尤未盡，甚矣考古之難也。某亦嘗見人説「聽訟」章爲「致格傳」，不敢以爲然。今若合此一段共爲一章，却自分明。程伯子改本亦以「知止」接「至善」，但首章三傳亦在前，次方及八目。以此觀之，「知止」爲傳詞，亦是一證。「知止」既是經文而後無傳，此尤分曉。使朱子得聞此語，豈不莞爾一笑。今若以程伯子本移「知止」于八目之後，「誠意」章傳之前，尤爲省力。前三綱自爲經傳，後八目自爲經傳，未知高見以爲如何？《河圖》分合説見加倍法之始，亦佳。若一、三、五爲天數，二、四爲地數，朱子謂此積數也，非倚數也，要將參天兩地，倚出此數。今來説却有此意，開發多矣。若謂因何畫卦，只是奇偶而已，此不必疑。但曰四者之變，不知何所指，更望賜教。省吾挽詩高古，非某所及，珍重之言過矣。區區之愚，猶有所未盡。嘗觀朱子編書，必先立一規模，未嘗涣散無收拾，或立綱目，或立經傳，或曰嘉言善行，或分内外篇。一時易成，恐不能久。蓋道統之名大，學者人人要看，須是一條一件，不可移易，不可有無，方爲盡善。固陋之見，猶未能識編次之大略，敢望開曉。某奄奄晚景，瞻侍無期，惟有一心尊嚮，不問朝夕。一年之間，尺書往復曾幾，所欲言者何限？臨紙耿耿。

答王粟山

某幼孤失學，晚親有道，曾未知嚮方。卷藏不謹，姓名誤落于人間，遂爲當路牽挽一出。不自意陟峻嶺，臨東海之濱，冒登聖則講席，獲友諸賢，一洗平生之寡陋。所恨不能久旅于莊人雅士，未及摳衣叩請。此皆質弱氣餒，求道不勇之過，至今愧悔無已。憶昔齋扉暇日，聞月旦之公評，固已知粟山之聲望久矣。性拙且懶，未能奉咫尺之書，致殷勤于左右，反使粟山以書先之，其爲慚負，何可量也！竊計春秋亦已高，而所施于某者，反若後生之于長上，小官之于達官，然此則非某之所敢當也。某讟焉枯朽，無用于世，蒙不鄙棄，辱以講篇諸作，遠賜雅教。肅容端拜，誦咏甚久，仰見君子之所養，發揮于辭章，老健簡古，不鑿不晦，實有以激衰惰而增高明也。每謂後世文章之所以不古者，止不本諸經而已。苟能于《大學》以求其用，于《論語》以求其教，于《孟子》以求其通，于《中庸》以求其原，如是則義理沛然，此文章之元氣也。此四書者，固非爲文章設也，乃經天緯地之具，治世立教之書，潛心涵泳，有自然之文故也。近世之文，大壞于舉業，浮而誕，鑿而誣；其次壞于駢儷，弱而鄙，麗而諛。間有厭今而嗜古者，不過求于奇詭艱澀，以揜其淺陋空虛。固亦有出入《史》《漢》，根蔕韓、柳者，終不免墮于博而寡要，勞而無功之中。此病沈痼，莫能藥也。昔王兵部創書堂于仙郡，此風頓變。每得朋友書，此意猶未泯。今栗山有職位于其間，領袖多士，更望左右扶持，以引以翼，俾勿壞是禱。不審近來新進有可者否？聞有黄巖杜則卿，誠佳士也，不知尚留否？如此君者更得數人常在堂中，則聲應氣求，不患不翕合矣，高見以爲如何？某一向以無書堂便，久不得仰答腴施，魯人之臯有如此者，惟高明察焉。某晻嗑景迫，無由可以承下風，奉餘論。願言留情鼎飪，謹護體府，藩維斯文，棟榦吾道，不勝忱禱。

復天台陳司户 天瑞字景祥

某頃辱下訪，不憚數百里之遠，意亦勤矣。寵以長書，示以巨帙，禮甚度，德甚謙，已足以藥世俗自滿之病。顧衰耄殘息，何足稱此？至于奬譽過情，擬非其等，此則謹不敢聞也。既而捧巨帙而敬觀，以蘇氏《古史》爲題，占地步以甚闊；以朱子《餘論》爲主，立門户以甚正。竦然異之曰，大哉書乎！此近世之所未見也，老眼爲之頓明。嘗謂漢當暴秦煨燼之餘，典籍滅亡，太史公作《史記》一部，上出唐虞，下包春秋戰國，羅網放逸，黜削稗野，開天下之盲聾。後世得之如至寶，尊之如聖人，孰敢議其非者？遷亦自謂厥協六經異傳，整齊百家雜語，藏之名山，副在京師，俟後世聖人君子，其自負至不輕也。至本朝歐陽公始譏之，其序帝王世次圖，先立一準的，曰孔子定《書》，斷自唐虞，所以略其遠而詳其近，謹其所不知也。司馬遷遠出孔子之後，述黃帝以來，詳悉其世次，不量力而務勝。及訂其繆，可以發千古之一笑，止以「惑世」二字斷之。蘇黃門師歐公者也，習聞其説，亦謂遷淺近而不學，疎略而輕信，切中其病，其詞已激昂，不如歐公之從容温潤也。至于自編《古史》，又叙三皇反加詳焉。豈臨文之際而忘之乎？抑不免于務勝而惑世也！朱子曰近世言史者，惟此書爲近理，而學者忽之，止于本紀中提出七章，以訂其未醇。今足下乃用朱子之意，削其世次，益以事實，黜秦伯而不污其紀，降三晋田齊而不作世家，增虞夏商周名臣于列傳，而春秋戰國之賢亦與焉，别立孔子及弟子傳，止于孟軻，斥老子、荀卿于異端。其立義凛然，其用力甚勇。其地步闊而又闊，復加以正；其門户正而又正，復濟之以闊。豈非欲推本于經，折衷以理邪？若以是爲識本原而可達于聖賢，則不可必。識本原可達于聖賢，而後能推本于經，折衷以理也。然雖非學者之先務，而程子所謂考古今，别是非，亦致知之一端。今此編考訂有證，綱目粲然，亦自可以名家矣。若曰著書垂後，有必于名家，恐爲計太蚤，而自待太凉。竊慮後之視今，亦猶今之視昔也，此則不敢不以忠告。某血氣既衰，學問枯落，記魄不强，掛一漏萬，不足以識足下纂輯之誤不誤，論議[七]之差不差，姑以愚見有疑于《古史》之一二，爲足下陳之。

歐陽公《春秋論》辨魯隱公非攝，如此之明，蘇學于歐，豈不聞之？今《魯世家》一信《左氏》語，豈忘之乎？蘇氏以管仲智有餘而德不足，亦過矣。當是之時，利欲汩没，人心已亡，其所謂智，亦只知得利欲一路，而于天理民彝未嘗知也。愚方病其不足，安得謂之有餘？獨蘇氏以《管子》之書，爲戰國之士假託其名而爲之，言治國則以智欺其民，言治外則以術傾鄰國，此則非習俗之所能識。視《國語》全本，管子無它語，豈不陋哉？然猶取内政之制，此爲可疑。夫子之于《春秋》，凡諸國變先王之法度，如爰田、兵甲、刑書之類，悉書之，不應于内政獨不書也。既無其證，何以信于後？至謂管仲既没，齊國因其遺業，常强于諸侯，此亦誣矣。蘇氏之叙微子也，未免徇左氏、太史公之無識，曾不少悟。夫子以微子「去之」爲殷之三仁，「去之」之「去」，是去紂而隱遁也，豈曰去商而歸周乎？紂雖無道，有必亡之勢，是時周猶服事殷也，不應微子遽畔其國，棄宗廟社稷而先降于周，不仁孰甚焉？設如其説，紂既追微子，又何爲面縛銜璧，衰絰輿櫬于軍門？于是時也，武王不以故都封微子，乃封武庚，所以待微子者亦甚薄也。以愚觀之，面縛輿櫬，正武庚祈哀請命之態，武王不忍絶其商祀，使復其所，此仁人之心。至武庚倏間倡亂而周公誅之，而商祀絶，微子不得已，始出而歸周。周公固知其賢久矣，亟封于宋。《有客》之詩，益可想也，「加封」二字，且無明證。此于事理曉然者，莫有辨其誣，是亦不免于輕信也。

至于《孔子傳》叙叔梁紇與顔氏女野合而生孔子，母諱之，不以告其父之墓，此又何爲輕信也？書聖人之家世而不典如此，何以謂之學者？合不以正而生聖人，天命必不如是之僭也。其書告陳恒弑其君之語，謂齊人不與者半，以魯之衆加齊之半可克也，此是以戰國縱横之士待聖人也。聖人以大義告其君，豈以利害動其聽哉？有曰孔子之歸魯，非求仕也，以爲父母之邦，蓋將老焉。此句大勝太史公。其爲論也，謂夫子于陳蔡無取焉。以楚昭葉公之賢，前後六年，徘徊以俟，及浩然有歸志，猶反于衛者，以須魯人之招也。是以世俗鄙夫之意論聖人，與前一語如出兩人之手。又言孔子以布衣養士，著籍三千人，其賢者凡十人而已，豈非輕信乎？其叙孟子也尤率心，借「不嗜殺人」之句，自發一段議論，又以指習爲性爲孟子之失。其論子夏開後世排僞學之端，其意亦有所指也。朱子雖謂其晚歲粗知省悟，終曰舊習已安，未易猝拔，而本原綱領終未明了。至哉言乎！今必有以細細剖擊之，使後世無惑，則吾之本原方明，而吾之學力亦可以自慰也。

然其議論之差，不勝其多，今不暇條列，更舉一二言之。自入春秋以來，鄭莊爲一大罪魁，天倫蕩滅殆盡，而蘇氏猶以賢稱之，此大惑也。自是之後，鄭國數困于兵，可亡而不亡者，亦有其故。齊、秦、晉、楚之争伯，而鄭居于中，遂爲戰場。惟其地爲中國之險要，得之者必强，是以兩欲得之，而非一國之所能獨有也，故雖甚敝而不至于亡。及子産當國，而伯業已衰，不然，則鄭覆亡已久〔八〕矣，安能待子産之出乎？子産之才，人孰不知？鄭國之所以存亡者未易知也。晉文公不汲汲于得國，在春秋時固未易多得，蘇氏遽以王者之事許之，則過矣，豈忘却聖人一「譎」字乎？至悼公頻起諸侯之師，以不戰困楚，此亦一譎之餘風，恐古之屈人兵者不如是也。其論樂毅也，不知身自墮于戰國之習，所言不根于義理，反指書生之論以爲笑，此其深病。前乎此，齊國伐燕矣，孟子教之曰「反其旄倪，止其重器，置君而後去之」，此則庶幾乎王者之事。齊宣不能用，不足責也。樂毅自謂數奉于君子，而亦不知出此。既已席卷八百年之積聚歸燕，顧乃久徘徊于二城之下，果何爲哉？烏在其爲奉君子之教？蘇氏以爲智勇相敵，勢固然耳，此爲實論乎？凡此之類，豈筆舌之所能既？足下潛心今古，識見迥特，議論淳正，比蘇氏尤爲峻潔。蘇氏之傳惟《伯夷傳》實以夫子之言，此爲最淳，其論亦簡明，抑揚頓挫，有餘味也。足下已載其論，而去其春秋兩辭，尤見高識。其間亦尚有些小徇蘇處，更望玩索，無急急于成，甚幸。

但名曰《古史要録》，未爲正大，蓋蘇氏門下不是著脚處。昔司馬温公嘗編《稽古録》，極爲簡要，稽古之義亦甚大。擬欲易爲《信古録》如何？夫子曰「述而不作，信而好古」，是夫子之謙辭，此名也；今此《録》是録其古之可信者，此實也。

又有一説，足下别録洙泗師友淵源，所以尊道統，闡聖學，淑人心，扶世教，揭民彝，此舉甚善，但不以帝王本紀統之，似失其所以上接堯、舜、禹、湯、文、武、周公之道。不若于春秋後自作洙泗師友一門，然後繼以隱逸、異端、功利、兵法、刑名、縱衡諸家，如何？後世封謚不足爲聖人輕重，盍去之，目録中歷代諸臣，恐須列其姓名，庶分曉易見。本中悮字〔九〕脱落，尚亦有之。荒陋無以復來教，有幸下問之勤，不敢不盡所願言。程子謂致知用力之方，凡一言考古今、别是非居其次，以讀書講明義理爲第一，此正是識本原，可達聖賢之正路也。足下已幸需次差久，得以究朱子之淵源，一行作吏，此事便廢。願急急更于《四書》中夙夜探討涵泳，其中義理無窮無盡。果能用力于此，則考古今、别是非，特餘事耳。更于應事接物得其當也。出而事君，小則承流宣化，大則謀王斷國，真可以闡聖學，淑人心，扶世教，揭民彝，不爲虚語矣。不審高見然之否？不宣。

答葉通齋

某餘日無幾，急于聞道，思友朋之誨教，如饑如渴，故不敢以頻瀆爲憚，况辱温詞誘進，而可甘于自棄乎！連拜金薤琳琅之章，喜甚慰甚，如獲弘璧，不忍釋手。所以藥其狂誕者至矣，非一感之可既。但某一時之言龐雜，有悮尊聽，既蒙導之以盡言，不敢自嘿。

切謂集《家語》者，固出于門人弟子也，于《家語》中集其精粹而爲《論語》者，疑子思也。尊兄亦以爲恐或有之，止是其下一「必」字太死殺爾。尊諭曰非子思所著亦明矣，然某未嘗言爲子思所著也。「集」字與「著」字大不同，集者合衆人之所長，著者明一已之所見。或恐高明偶未見察。某所謂著書自子思始者，指《中庸》而言，非謂《家語》也，措詞不明，皇恐。若古《家語》之不存，王肅引孔衍之言，曰「王肅反諸書，雜録以補其亡」，非《中庸》用王肅之詞，是王肅用《中庸》之言，妄加「哀公曰」之類甚明。此朱子所以言《家語》之多疵，是晚年之論無疑。朱子于《四書》至死脩改未畢，因門人之疑而修改者，歷歷可攷，此朱子遷善之盛德而不可泯没者。但學者不可妄有指議，苟有證據，不妨致疑于其間，是勉齋《通釋》之例云爾。今不曰可疑，而徑曰疵，此大病也。高明之賜宏矣，魯經之編固知犯大不韙，駭人觀聽，吾兄見愛之深，惟恐某得罪于名教，諄諄誨諭，懇惻真實至矣，愧感愧感。但尊諭尚有回護，未忍盡斥其非，則愚見猶有未能釋然者，不敢不更陳之，尚賴傾倒忠告。尊諭記録之書非經體也，移動未爲不可，是經體之當然明矣。謂夫子之微言，非可以緒分而類合，恐有所未盡。是書也，若夫子之所自著，前後次第有微意焉，是誠不可移動也。三聖之于《易》，夫子之於[一〇]《春秋》，各自成書，而輔嗣、杜預與之破碎，其罪大[一一]矣。此書雖集夫子之格言，初無前後次第之可考，又非上下貫通以相承，雜出于衆手之所紀，當前者或後，當後者反前，夫子之言與門人之言雜然失其倫次，顯然可見，未知其不可移也。尊諭謂句句自然，意味微妙無窮者，略無所損也。學者隨其逐條章指曲折，優柔饜飫者，亦無所妨也。南軒類聚言仁，此却是摘撮看文字，朱子病之，誠當也。此則于一部全書無少無餘，非摘撮比也。昔謂之語，不爲之類合，可也，今謂之經，恐不可不類合也。隨步换形，各有攸當，政所以上承毅齋先生尊經之意，未審尊明以爲如何？

區區之愚，以《尚書》一典叙事，二謨叙言，故欲以事先于言者，首以「温而厲」者，以此章包含夫子之德容，渾然全備，故欲冠于篇端，如《堯典》之「欽明文思」也。此義既未明，今當去之。尊諭謂雖記録之書，亦自各有意義。某亦嘗聞之，朱子固曰首篇多務本之意，《八佾》皆禮樂之事，《公冶長》論古今人物，《先進》評弟子之賢否，《微子》多記聖賢之出處，此亦因其近似可以推測者而言。使集《論語》者，果有此意，則篇篇有之，不應斑殘零亂如此。竊恐後學因此强推之，必立一説籠罩，傅會穿鑿，爲害不小。

又如《堯曰》以下，雖無「子曰」發端，亦恐夫子嘗言之，故録于此。若曰門人舉此以見聖人相傳之意，恐不應不分不曉，如此含糊也。若曰始以務本，繼以帝王之相傳，却是著爲此書，非記録也。《孟子》篇終却是此意分明，此政〔一二〕是著書之體。尹氏遂曰：以「子張問政」繼「堯曰」，以明夫子爲政，可知已蚤是有些傅會。苟如其言，則「克己復禮」章、「吾道一貫」章，又何慊于五美四惡乎？若以政爲急，則「爲政以德」章，又豈不勝于此？曰記録，則前後無序，非病也；曰著述，則步步可疑。尊明以爲如何？

《孟子》固一手之書也，本自有條理，政欲學《論語》，故亂其次序。惟趙岐解此意，總作三節説：一曰時君咸謂之迂闊，二曰與弟子答問，三曰又自撰其法度之言。雖曰不可移動，而朱子編《要略》已創例于前矣。尊見以爲如何？尊諭欲以格言大訓與答問爲經，餘則爲傳，此言簡徑明白，敢不佩服！然只此規橅，則亦不免移動矣。然《鄉黨》一書，體則經也，今當爲傳乎？「堯曰」至「公説」當爲傳乎？當爲經乎？更乞明賜提警。三陽之慶未遂，捧卮爲壽于通齋之下，仰止耆德，天錫難老，以柱石吾道。不勝東望頌禱之至，不宣。

【校記】

〔一〕「諒」，原作「亮」，據四庫本改。
〔二〕「於」，原缺，《續金華叢書》、馮本、阮本亦缺，據四庫本補。
〔三〕「窺」，馮本、阮本、四庫本作「揣」。
〔四〕缺二字，《續金華叢書》、馮本、阮本亦脱。
〔五〕此下至「今之庶母却合古者」，原脱，據《續金華叢書》、四庫本補。
〔六〕「筆」，原作「畢」，據四庫本改。
〔七〕「論議」，原作「論下」，據四庫本改。
〔八〕「鄭覆亡已久」，原作「鄭覆已亡久」，據四庫本乙。
〔九〕「字」，原作「家」，據四庫本改。
〔一〇〕「於」，原作「所」，據《續金華叢書》、四庫本改。
〔一一〕「大」，原作「之」，據馮本、阮本、四庫本改。
〔一二〕「政」，原作「致」，據四庫本改。

魯齋王文憲公文集卷之九

廬陵銅溪劉同編輯
鄱陽三臺劉傑校正

帖

朱子帖第七卷

先大父與朱子契誼之密，無如澧閩之時，先生亦奉祠里居，披示心腹，繾綣有加，見于諸帖，固可考也。然講學之帖理不應無，意者爲好事者所有，今不復得而見之矣。越十有二年，始得此卷。凡八帖，中一帖先生嘗以《易》書求證于大父，且欲蚤賜鐫誨，及今改定爲大幸。叔父時執經講下，故曰「伯禮所詢數條，具以鄙意報之，亦乞有以訂其失」，又言「沙隨《古易章句》之詳博，亦未知尊意以爲如何」。此尤見先生盛德無我，愳愳求善，如恐不及，然後知此等帖散失亦已多矣。若夫饋藥之感，信受奉行，其治心養氣之教，此特朱〔一〕子之常言，意其相與之情既真，津筆疇答，未必具稿，故文集亦無此帖也。嗚呼！既自幸新有所得，而復惜其多有所遺，而大父故稿亦無以互見，故特著其悲恨于卷尾云。

寺簿徐公帖一卷

在昔淳熙丁未，先大父將漕七閩，時公掌邵武學事。大父察其所安，真可以致遠，既以京剡舉之。又露章特薦，謂公學問該洽，操履端亮，自爲諸生，衆已推重，既登科第，聲譽益休。今掌教一邦，師道尊嚴，學校整肅，士子知所嚮慕。若置之周行，其謀議獻替，必有可取，誠足以上備旁招之列，故公有此除目。先是，大父檄公至司，而一路士子翕然風動，謂之得人。時撝堂劉公炎正在公講下，後寓婺女，爲某道當時氣象，感嘆久之。疑公往來尺牘必多散失。寶祐癸丑之冬，德夫弟忽以此紙來惠，某竦然玩誦，識古人淳簡真實之味，一洗近世浮諛不情之習。嗚呼，此風俗之所以厚，世道之所以隆也。公未幾遷寺簿，出知通州而終，蓋越人也。撝堂與徐東軒皆公之弟子云。

先友陳葉二公帖

昔先大父與文昌陳公、相國葉公爲丱角之友。未弱冠遭曾大父之喪，偶故籍之尚存，見賻儀獨厚于隣里者，有曰陳解元天與、葉解元夢錫、潘解元師元，各贈一貫足。此可以見變故之艱難，朋友之契好，先世之清風也。四君子皆相繼奮身儒科，爲世名人，一時交游人物之䂂如此。惟半山潘公之書帖無存，陳公、葉公之帖幼年所見至多，散逸之餘，存者僅僅此耳。陳公止七帖，公不歷州縣，一再轉徑登言路，持從橐，晋用甚峻，中遭貶謫。及起廢于新安，而大父適漕江東，同此一時，凡郡計有相關者，直言無隱情，尚以老兄稱之，可以見久要之不少變也。葉公所謂「鄉書相叙之樂」，正大父臨按新安之時。初，大父之赴番昜也，葉公適當軸，力留大父以自助。大父毅然不許，葉公至形于色，且言番昜初非佳郡，而必欲往，何也？大父領郡未幾，而葉公不幸貶矣。前一帖在荆南時，中三帖在謫所，後一帖乃奉祠里居之時。其言鄉邦農事之艱勤，糴價之低昂，詳悉無遺，益足以見相與之情真，不以體貌虚文而奪其務實之意，不以閒退剩語而忘其憂時之心。昔之大臣，亦異乎今之所謂大臣；昔之朋友，亦異乎今之所謂朋友矣。爲之慨嘆，識之卷末云。

同郡五公帖

昔大父嘗習詞科，求正于庚溪陳公侍郎，公稱之曰：「辭氣嚴密，無愧古作。」將就試，報賈夫人之疾，歸，竟焚其稿。後陳公法當舉自代，始終以大父一人應制，前輩所見固異于常人。晚年徜徉于西郊，得林泉之樂，里人敬之。此數帖在番閩時所得者，禮亦謙矣。說齋唐公與莊敏伯祖位爲婚姻，其守上饒也，在大父後兩政，故所言親密，不爲潤飾之辭。自香溪范公而下，未知其契好之厚。觀范之詞，知競進之可耻，而安其遲次之分。當時士大夫亦多以此自勵，而其筆札亦爲時所貴重也。興化劉公，雖爲南軒所斥，觀其筆意質實，措詞閒雅，終有古風。山堂鞏公，意勤詞簡，亦有典刑。是皆存其遺蹟，而未暇夷考其美德也。

紹興五公帖

予景慕前脩，好觀遺蹟，未必盡求其點畫之研也。所恨不能尚友遠古，猶得見乾道、淳熙諸賢之帖爲最盛。近年始得此紹興五公書，凡八紙。先伯祖莊敏公多子弟代書，而親筆絕少見，此爲晚年親作，雖覺筆力差弱，而恭謹謙厚之風，藹然可親。默成之字歲積漸多，此二帖筆遒神健，不可以世故束縛。忠定李公，字有典則，端重自在，而出處艱關之狀，微見一二。

北山鄭公筆逸情真，雖劇[二]繁劇而有餘才。太史范公意度嚴重，運鋒純熟，萬里訃聞之言，凛然忠憤，千古難平。即此五公之賢，推中興人物之盛。惜不得盡有其手筆[三]也。

默成十一帖

某自幼知敬默成先生，初得「應仲」、「豆豉」二帖，喜不自勝，寶藏餘四十年，始續得十有二帖，作二卷，亦既書歲月于後矣。寶祐丙辰之春，内兄伯遠攜四十有九帖授予，曰：「吾家不知愛，得好事者寶之足矣。」越數月，既成背軸，伯遠復來，展玩嘆息而去。未幾，伯遠竟凶。嗚呼，伯遠知予之素所敬愛，故以託其傳，其志亦可悲也。此十一帖，獨首帖爲少年之字，餘皆縱逸豪健而不踰軌則，宜伯臯余君之贊美嘆重也。伯臯亦以善書稱，故能參其筆意云。

默成十八帖

右默成十八帖，多南渡搶攘之時，禍亂交拏，人不安厥居，氣象益可想也。先生之出處大略，興致所寄，莫不灑然。至于奉親之歡，與人之厚，辭受之嚴，操守之固，亦可概見。此卷所得不既富矣乎！雖多非晚年老筆，真如鳳雛翔于丹山，雖未千仞，終不肯輕下云。

夏戴二公帖

竹軒先生夏公少嘗師先大父，晚留書塾，而諸叔父復師之，聲望甚偉。既而登鼎甲，趨幕府，大父捐館，而亦丁内艱而歸。後以十詩哭于石筍墓下，用東萊先生哭芮祭酒體也。詩律温潤謹嚴，而述情忠厚篤實。蓋于大父出處之際，知之也深，是以頌之也無浮辭焉。博士戴公，麗澤之上第，先君同門之好爲最深，有賦御書石刻之詩，激昂慷慨，而議論宏遠。二公皆篤學清苦，今豈復得見斯人乎！世衰道微，人物益眇，而某之家世亦已就於堙微，懼遺書之散逸，後之子孫或有立者，將不得知先世之雅道，故拜手書於卷後。

雜著

通鑑託始論

聖賢吾不得而見之矣，而得見聖賢于書；治亂吾不得而見之矣，而得知治亂于史。事紀于言，理寓于事，非事則理不可見，非言則事不可傳。大哉，書與史之功乎！所以開萬世之光明，立人心之好惡也。《書》曰：「天叙有典。」典者，君臣、父子、長幼、夫婦、朋友之倫也。因其生而分之以其所當處者，謂之叙。又曰：「天秩有禮。」禮者，尊卑貴賤等級隆殺之品也。因〔四〕其叙而與之以其所當得者，謂之秩。德者得也，得其道于心而不失之謂也。是以表章而榮顯之于車服、名器之内，故曰「天命有德，五服五章哉」！夫命者，天之令也，人主體之而代天行化也。唐虞之世，面命之而已，雖堯之命舜，舜之命禹，皆命之以天下，亦不過執中之數語。至于命九官，咨二十有二人，往往見之于「都俞吁咈」之間。及殷高宗之命傅説，亦不出于一時之訓誡，必皆叮嚀于「欽哉」之一詞。周之治尚文，然後有策命之禮，命微子，命蔡仲，命君陳，命畢公，命君牙，凡五篇，皆成周盛時之文。穆王之二命已不可同年而語。平王之命文侯，悲嘆感傷，氣象索然，聖人存于《周書》之後，于以著王轍之所以東也。逮其末年，歸惠公仲子之賵，聖人存于《春秋》之首，于以傷王轍之所以不復西也。甚矣，王之昏也！褒姒之難，廢后黜適，王之所親嘗也。今乃以天王之尊，命冢宰之貴，下賵諸侯之妾，若禮所當然而不愧，此聖人絶望于平王，而《春秋》之所自始也。策命，蓋非常典，授之以土，授之以民，撫之以彝器，旌之以車服，明之以詞章，司徒書命，司馬與士書服，司空書勳，將之以太宰，侑之以内史，卿逆于境，侯郊勞，館諸宗廟，饋九牢，設庭燎。及期設主，布几筵，太宰涖之，侯端委而入，太宰以王命命冕服，内史贊之，三辭三命，而後即冕服。既畢，賓饗贈餞，加之以宴好。

吁,周之舊典禮經如此之重,授受其可不謹乎!

春秋之國,咸沈酣于戰争攘奪之中,綱淪法壞,朝貢聘告之使,希闊寂寥于天子〔五〕之庭者,正以王命之輕也。秉周禮者莫如魯,請以隱公觀之。平王之崩,魯無吊使,又不供王喪,致武氏子來求賻。後四年,王使樊伯來聘。後二年,南季又聘,而未聞魯之玉帛入于洛也。威公弑隱而立,簒賊也,魯之所當諱也,固不敢命一介之使以告王。王乃使宰渠伯糾來聘,繼之以仍叔之子,又繼之以求車之使。威公薨于齊,始終不以禮,王乃使榮叔追命之,夫何王命之褻也!又以晋國大略言之,曲沃奪宗,叛王屢矣,不惟不之罪,反使虢公命曲沃一軍爲晋侯,其後侵併諸國,日益强大。文公伐楚,獻俘于王,王享醴命宥,命尹氏及王子虎、内史叔興父策命重耳爲侯伯,賜之車服、弓矢、秬鬯、虎賁,曰:「王謂叔父,敬服王命,以綏四國,糾逖王慝。」重耳三辭,再拜稽首,奉揚天子之丕顯休命,受策而出,出入三覲,其儀如此之恭也。惟此一命,于史有光。其次則衛之二命,一追命襄公,一答命蒯聵,皆有辭。自是不復再聞王命。後當威烈王二十有三年,忽有命三晋大夫爲諸侯之辭,使人驚喜東周之勃興,何爲有是曠禮也。然既無備物典策,又無王人下臨,若之何而命之哉?此又春秋之一變。僕深疑之。

我朝治平初,司馬温國公奉旨論次歷代君臣事蹟,錫命曰《資治通鑑》,正託始于三晋之侯。蓋公不敢上續《春秋》,而乃下承《左氏傳》。傳以趙襄智伯終,《通鑑》以智伯立後始。然智伯之事陋矣,不足以爲一千三百六十二年之綱,于是提三侯之命而追原智伯于其下,復著其述作造端之意，傷周室名分之大壞，而以「哀哉」二字殿于後。有典有則，正大激昂，所以扶天倫，奠民極，示萬世帝王之軌範也。後之儒者，以公之言誠忠厚矣，猶慮其闊于事情也，故致堂胡氏追論晋悼公病于一惰，使大夫主諸侯之盟會于三晋强盛之幾，以補司馬公謹微之説。此特言其晋之幾，而未及乎周之幾也。是以朱文公《感興》，以昭王南下而不返，歷春秋二百四十二年，王章久已淪散，何獨至是而始可論也，此又補致堂之所未及。雖然，述春秋以後之書，捨是亦幾無以爲託始也。

東遷之周平王以晋文侯立，而周已弱；襄王以晋文公定，而周遂衰；敬王以晋大夫立，而周益亂，晋大夫自是争衡于中國矣。况戰國之周，土地日蹙，人才日消，王官不備，聲名文物，黯無精彩，實不過諸侯一附庸耳。積輕至此，豈足以爲天下重哉？僕聞君能制命爲義，臣能承命爲信。君不能以義制命，則無以使人心丕應，惟命之承。僕因質其疑于太史公，考之帝紀，書命三侯于九鼎震之下，此温公所以開端而著論也。考之世家，則曰魏、趙、韓，皆相立爲諸侯，豈非因其自相立，不得已而命之歟？又十有八年，田和求爲侯，魏使使言，王許之，而後立。詳觀「許」之一字，即太史公以之而爲命也。當是時，王命輕于一羽，烏得而拒之哉？前五伯莫盛于齊桓、晋文，猶熟視楚之王〔六〕而不敢問，尚何待後之桓文罪一大夫之自侯也？前乎七十有餘年，衛猶以王命爲重，後乎七十有餘年，諸侯自相王，王之不足，而又相帝，則于王何有？上下百五十年，蒼姬將訖録，如日之莫，如歲之冬，天叙斲喪，天秩流離，天命僭忒而不可禦,非聖人定之以仁義中正而立極,豈區區智力所能折其衝而摧其勢哉?天下固有不可爲之時,而聖人則無不可爲之道。孔子曰:「如有用我者,吾其爲東周乎?」聖人固未嘗不欲興周道于東方。孟子亦謂夫子得百里之地而君之,必能朝諸侯,有天下,信不誣也。今攷周之亡也,猶有邑三十六,口三萬,土地寶器雖俱輸于秦,周民遂東,是知王可降而民不可强之從,國可得而民不可强之屈。周之德澤入人如此之深也,在聖人亦未可謂不可爲之時,况自有可爲之道乎?胡氏乃遽曰「吾末如之何」者,亦勇于自棄矣。

魯齋清風録

昔先大父失所天年,鄰弱冠而師友已盛。先君棄諸孤,某雖踰小學而懵未知書,嘆賢不肖之相去,何其遠哉!竊意中散公以一貧遺大父,而動心忍性之功甚深。先君以餘澤貽我後人,而鮮克由禮之習易染。此賢不肖之所由分與?雖然,貧賤憂戚之所玉成者,必中人以上之資,而簞食瓢飲付之中人以下,則衣冠淪墜也必矣。貧而樂,富而好禮,非工夫至到者不能也。予自授室以來,嘗從事于生産作業,而微見効矣。静而點檢身心,則荒蕪不治,悚然知懼。絶利一原,閉門讀書,粗知聖賢廣大精微之境,于是家事曠弛,日就窘窄,然亦甚甘心焉。蓋此重則彼輕,物固不能兩大也。今行年六十,始正嗣子之倫,疏其衣鉢之傳,有田二頃,足以供祭祀，足以養妻子，足以治賓客。有書萬卷，手帖石刻數百種，足以資探討，足以窮古今，足以涵泳義理，以之治心，以之脩身，以之游藝，無所往而不可，然不能不藉田以安其爲學之心，尤不可不藉書以保其衣食之原。豐約貴兩得其宜，有才氣者出，雖兩無之，亦不害其爲賢也。漢疏廣有曰：「子孫賢而多財則損其志，愚而多財則益其〔七〕過。且夫富者，衆之怨也。吾無以教子孫，不欲益其過而生怨。」旨哉言乎！人孰無子孫之念？而能爲此遠慮者蓋鮮矣。其後劉表問龐德公何以遺子孫，答曰：「人皆遺之以危，今獨遺之以安。雖所遺不同，未爲無所遺也。」斯言益深矣。然則所以致安危者無它，義利兩端而已，惟汝小子擇焉。苟一意于利，則讀書種子斷絶，流爲俗人，利固不足恃，而身日危矣。苟一意于義，則志向進進乎高明，則可爲君子，雖貧亦足恃，而未嘗一日不安也。小子其識之。暇日偶分部而録故書之目，爲十有五卷，以防散逸，而部各有序。因思柳子厚嘗病世其家而業不隕者，雖古猶乏也，美王氏之伯仲有「穆然清風，發在簡素」之言，遂命此録曰《魯齋清風》云。

武當贈行軸識〔八〕

在昔慶元戊午，先君趨武當之戍，匹馬就道，略無難色，志氣偉然，遂得覽觀荆楚形勢之勝，北望中原，心馳故園，訪問遺老，周知敵情。當國家和好方堅，而卒無以自見，凡四年而後歸。于其行也，贈言者不一，惟臨江叔父之序，勤渠懇惻，于「固結人心」之一語，識慮高矣，規橅遠矣，愛兄之道深矣。又得竹軒先生夏公二詩，優柔平淡，温厚雅奥。「慰民凋」之句，期之以培植根本之計也；「思吞虜」之句，厲之以規恢中土之略也。言簡而意深，豈尋常惜别之語哉！先君道出番昜，訪大父之故人石喬余公，蓋沙隨先生之門人，誠篤古君子也。繾綣先契，期獎後來，藹然滿幅。且言「賓幕之任，所關者非小」，概之以「是亦難哉」之一辭，則戒謹恐懼之意，隱然見于言表，非知道者不能及此。三篇者，體雖不同，皆有以盡其相愛之真情。後人每徒取其文辭，要識四君子之用心也。于時某生甫半周，今侵尋六十歲矣。驚日月之飄零，痛文獻之凋落，因泫然流涕，書于其後。

金吉甫管見〔九〕

寶祐甲寅立冬日，蘭溪金吉甫來訪，以《讀論語管見》一編示予。觀其立説，則曰：「凡有得于《集注》言意之外者則書。」予竊惑焉。夫孟子之所謂自得，欲自然得于深造之餘，而無强探力索之病，非爲脱落先儒之説，必有超然獨立之見也。舉世悮認自得之意，紛紛新奇之論，爲害不小。且《集注》之書雖曰開示後學爲甚明，其間包含無窮之味，益玩而益深。求之于言意之内，尚未能得其髣髴，而欲求于言意之外，可乎？此編儘有見處，正宜用力。奉以歸之，不敢有隱。苟能俛焉孳孳，沈潛涵泳于《集注》之内，它日必有驗予之言矣。

汪功父知非稿

萬事無不由學而至，惟詩未必盡由于學，其工可學也，其氣骨實關于人品。朱文公獨愛韋蘇州詩，以其無聲色臭味爲近道。此言不特精于論詩，尤學道者之要語也。自三百篇以來，獨平澹閒雅者爲難得。夫平澹閒雅者，豈學之所能至哉？惟無欲者能之。非無欲之詩難得也，正以無欲之人難得耳。吾于功父之詩，似覺微有此氣骨。若充之以學，庶此氣骨開張完固，而駸駸乎成矣。一日，以《知非稿》見示，而予得以審其是非。作之者固欲知其非，而觀之者蓋欲知其是。予方定其端，以待功父學之成，它時會有識者符予之言。

古易音訓

予暇日校正《音訓》，而有未能釋然于可疑者久之，方悟成公之謹于缺疑也，善于復古也。所謂古文者，今亡矣。昔劉向嘗以宫中古文《易》校施讎、孟喜、梁丘賀三家，多有脱落，獨費氏經與古文同。鄭康成、王輔嗣固皆出于費氏，今之《易》即古文《易》也，今《易》之字則非古文之字也。況籀、篆既更，隸、正益異，轉相傳寫之訛，豈能盡合于古哉？晁氏既不見古文《易》，今所按古文，不知其何所據也？姑以古文異同者言之。今之「若」，古之「𢘓」字也，以爲當從古也。凡經傳皆書此「𢘓」宜也。自《乾》以下，既更此「若」，獨于《離》卦出此二「𢘓」，豈不可疑乎？「趾」之爲「止」，誠古也，或加足，或去之，亦豈有二義哉？「拯」之爲「承」，亦古也，而又不一于「承」，何也？「娶」之爲「取」，「鮮」之爲「尠」，未嘗盡出于一。如亨享、佑祐之類尚多有之，若「喪」之與「𠷔」，非有大異，特筆法互有得失耳。成公豈不能訂其是而歸于一乎？缺疑存古之道，不當若是，此成公所以一循其舊也。其大不得已者，天一地十章，移在天數五之上，此則存程子、張子之言，有不容不移者。今成公于字音，因晁氏之舊而增廣之，異同之間不敢輕加一字，謹之重之，如此之至也。乃于千載傳襲不疑之書，鋭然撥亂而反之正，則其不可不復古也審矣。晁氏先于復古者也，成公豈苟從者，志偶同也。至于訂古有未盡善者，則成公亦不得而盡從也。曰古字，曰今字，曰籀字，曰篆字，曰隸字，分別若甚精，訂定若甚確，徐而考之，蓋亦未能盡合乎法也。至以卦氣斷其字之是非有無，此則不能不疑也。抑嘗思之，不有《音訓》類其同異，則不知諸儒之得失；不見諸儒之異同得失，則不知伊洛以來傳義之精也。《音訓》之有益于後學如此，知其所以異而能察其所當同，而後可以謂之善觀。今大綱領既正，《音訓》甫畢，而成公夢奠，精神全在卷第之下分行注中，讀者尤當留意焉。

大學沿革論

自昔聖人大經大法，所以宅天衷，立民極，定萬世之標準者，悉已去籍于春秋之末。吾道失統而下歸于孔子，删《詩》，定《書》，繫《周易》，作《春秋》之外，它無書也。今《大學》之篇，鄭康成謂之通論，以爲記博學可以爲政也，何其陋哉！孔穎達方以首章爲經，乃曰：此經從盛以本初，又從初以至盛，上下相結，粗釋文體，而文義未明。歷千五六百年，莫有知其所自出。至本朝，程子始曰：「此孔氏之遺書也。」既刊定之，又從而表章之，以爲初學入德之門。施及朱子，遂斷之曰：經一章，蓋孔子之言而曾子述之；傳十章，則曾子之意而門人記之也。《或問》中又言子思以授孟子無疑。然則曾子之門人，孰有出于子思之右？其爲子思之書乎？朱子序曰：《大學》之書，古之大學所以教人之法也。又曰：是書垂世立教之大典。後世學者方識此書之全體大用，坦然大明矣。其始也，遭秦大禁，斷續殘編〔一〇〕，出于屋壁之中，韋編爛脱，竹簡髀亂。漢儒掇拾整比，使後世猶得見聖賢之遺經，可謂大有功于名教矣。然則求全于大壞之餘，觖望于既得之後，未止于至善，亦人情之不能無恨于此。而況世變風移，師殊旨異，非一時之所能驟正也。于是隨文釋義，而不知其綱目之相統；承訛踵謬，而不能問其血脉之不通；穿鑿附會，而不思其義理之差舛；晦蝕因循，于是訛益訛而誤益誤。二戴不疑也，鄭康成、孔穎達不疑也，漢唐諸儒亦不疑也。至二程子，方敢倡言之曰：此爲錯簡，此爲脱簡，此字當作某字，此句明注爲衍。學者如醉得醒，如寐得覺，方知聖人本意簡易明白，未嘗有艱辛險絶之辭。只第二句「新」之一字，稍生，則已訛而爲「親」，講解者百餘家，未嘗顧傳中三「新」字之相應，真是枉讀聖賢之書。程伯子先取三綱于雜揉之中，列于首三句之下，自是一規模也。程叔子乃寘于首一章之後、七傳之先，又一規橅也。《淇澳》一章，二程子皆于誠意傳後，取而寘于「殷未喪師」之前，朱子不是之從，乃獨殿于至善傳之末，以其内有「盛德至善」之句可證也，又以「没世不忘」爲至善之極，考之可謂審矣。惟有致知格物一傳獨亡，自漢儒以來，未嘗言其亡也。今以經統傳，則知其首尾森嚴，以傳承經，則知其義理精密，亡此一傳，粲然易知。況致知是《大學》最初用工處，誠意工夫是從致知做將來，此一傳之不可缺也明矣。此傳既缺，則何以爲明明德之基，何以爲新民之本，又何以知至善而止也？于是朱子不得已而追補之，字義非不親切，旨意非不分明，熟復玩味，終是後世之詞，不如古人之寬厚，而朱子亦自以爲未善。故存齋必大問：「所補致知章，何不效其文體？」曰：「亦曾效而爲之，竟不能成。」以朱子義精筆健，豈有所不足于此？然古人風氣不同，不得而〔一二〕强而用其力也。每讀《大學》至此，未嘗不爲之掩卷太息。

咸淳己巳，得黄巖玉峰車君書，報予曰：「致知格物傳未嘗亡也，自『知止而后有定』以下，合《聽訟》一章，儼然爲致格一傳。」于時躍然爲之驚喜，有是哉，異乎吾所聞也！苟無所增補，而舊物復還，豈非追亡之上功乎？雖然，程、朱三先生玩索非不久，離章析句非不精，而不以爲傳，何哉？必有其故矣。予嘗反覆而思之，此傳之亡也，我知之矣。此傳錯簡于「至善」之下，其逃亡也爲甚切，其掩藏也爲甚密，蓋其承上句也爲甚緊，此三先生所以確然信之而不以爲疑。然三先生不以爲疑，後學乃敢一旦而更之，無乃僭妄乎？夫天下所不可易者理也，二程子不以漢儒之〔一二〕不疑而不敢不更定，朱子不以二程已定而不復敢改，亦各求其義之至善而全其心之所安，非强爲異而苟于同也。況朱子亦未嘗截然而不相參也，予爲之條疏于后。

夫以經統傳，以傳附經，則其次第可知者，此朱子之言也。此章若爲經文，則上無所統而下無所附，一也。兩「止」字之相應，承接固緊矣，兩「明德」之相應而承接，豈不爲尤緊，二也。以朱子之所補，文體難于湊〔一三〕合，孰若移此章爲傳，而文氣宛然，不失舊物，三也。以致知格物之不可無傳，而此章于此處尚可緩也，用其本有以補不足，不動斤斧，四也。古人不區區于字義，只說大意，而字義在其中。況此既有「知」字、「物」字，自然爲致格之一傳，五也。致知云者，因其已知，推致于極之謂。知止知也，至于定静安慮而後得所止，豈非致其知乎？六也。物則有本末，事則有先後，知其本之當先，末之當後，是謂致知在格物也。聽訟者末也，無訟者本也，無情者不得盡其辭，大畏民志，此物格矣。此之所謂知本，即此之所謂知至也，七也。聽訟一章，元在「止于信」之下，程子進而寘之經文之下。朱子乃列于誠意傳之上，曰：以傳之結語考之，則其爲釋本末之義，可知以經之本文乘之，則知其當屬于此可見。則知朱子亦未嘗不以爲當在此，八也。朱子聽訟章句曰：「觀于此言，可以知本末之先後。」以此可以知止，一章甚明，九也。《或問》又曰：知止云者，物格知至，而于天下之事，皆有以知其至善之所在，則吾所當止之地也。未嘗不以知止爲物格知至，十也。

以朱子之語參互較之，則固以爲致格傳矣。然勇于補而不勇于移，何也？以誠意一章觀之，至易簀前數日改猶未了，假以歲月，烏知其不遂移也邪？朱子曰：「義理儘無窮，前人恁地說，亦未必盡。須是自把來横看豎看，儘入深，儘有在。」此可謂開後人窮理之門，而不〔一四〕限以一定之見。是心也，大公至正之心也。歐陽公亦曰：「經非一世之書，傳之繆非一人之失，刊正補緝，非一人之能也。學者各極其所見而明者擇焉，以俟聖人之復生也。」其言精切而深遠，廣大而公平，既不以己説自是，亦不敢厚誣後世之無人。予于是深有味于車君之言，而爲之論，與同志共評之。

家語考

予每讀《中庸集注》，以《家語》證《中庸》之有缺有衍，私竊疑之。因書與趙星渚言，答曰：「文公謂《家語》爲先秦古書，無可疑者。」因求《家語》之始末，而益有大可疑，請從而論之。

考古非易事也，此先儒之所甚謹，豈後學之所當妄議？必學博而理明，心平而識遠，殆庶幾乎得之。蓋學不博，不足以該貫群書之言；理不明，不足以融會群書之旨；心不平，則不能定輕重之權；識不遠，則不能斷古今之惑。予不敏，何足以知之？竊嘗謂學者莫不讀《論語》也。自漢以來，諸儒名家亦莫不箋釋《論語》也。至我本朝，伊洛、紫陽諸老先生出，而《論語》之義始大明，曰脱簡，曰錯簡，曰衍文，曰缺文，曰某當作某，始敢明注于下，然未有定《論語》爲何人所集也。固嘗曰此《魯論》也，此《齊論》也，此爲子貢之門人記矣，此爲閔子之門人記矣，此成于有子、曾子之門人矣。然子貢、閔子、有子之門人，後世不聞其有顯者，惟曾子傳得其宗。當時執删纂之柄者，豈非子思乎？吾聞夫子年三十有五，而弟子益進，轍環天下幾四十年，登其門者凡三千人，其格言大訓，宜不勝其多也，豈《論語》五百章所能盡哉？于此五百章之中，而高第弟子之言居十之一。七十子之言不能盡載也，三千人之姓名不能盡知也，況其言乎！嗚呼，《論語》之書精則精矣，而于夫子之言未可謂之大備也。宜乎諸子百家各持其所聞，而發越推闡，莫知所以裁之。毫釐之差，千里之謬，固有不能免者。

予讀《家語》而得《論語》之原，其序謂：當時公卿大夫士及諸弟子悉集録夫子之言，總名之曰《家語》。斯言得之矣，正如今程子、朱子之語録也。蓋顔子之所聞，曾子未必知也。子貢之所聞，子游未必知也。齊、魯之君問答，二國不能互聞也。以今準古，揆之以事，度之以理，不有以大會粹爲一書，則散漫而無統，浩博而難求，門人何以別其精微？故曰《家語》之原乎。然記者非一人，録者非一人，才有高下，詞有工拙，意有疎密，理有精粗，紛然而來，兼收並蓄，亦不得而却也。于斯時也，七十子既喪，而大義已乖，駸駸乎入于戰國矣，各剽略其所聞，假託其所知，縱横開闔，矯僞飾非，將之以雄辭詭辨，以欺諸侯，以戕百姓。其禍根盤結于海内，紫亂朱，鄭亂雅，大道晦蝕，異端搶攘，誣聖言，悞後世。此有識者所以夙夜寒心，思有以拯之，不得不于《家語》之中，采其精要簡明者，集爲《論語》，以正人心，以明聖統，以承往緒，以啓來哲，爲悠遠深長之計。其滔滔横潰于天下者，固不能遽遏絶也。俟其禍極而勢定，則大本大原，正大光明，巍然與日月並行于天，千萬世之下，莫不于此而宗之，其功又豈在禹下哉！當是時也，任是責者非子思子，吾將疇歸？故曰集《論語》者，必子思子也。始著書以幸後學者，亦必子思子也。《藝文志》有《曾子》十八篇，此不過記録之書也；《子思》二十三篇，若《中庸》《大學》，則子思著作之書也。以《論語》之體段推《家語》之規模，大概止記而已。然精要簡明，既萃于《論語》，則其餘者存于《家語》，雖不得爲純全之書，其曰先秦古書，豈不宜哉？

雖然，予嘗求《家語》之沿革矣。其序故曰：當秦昭王時，荀卿入秦，王問儒術，卿以孔子語及弟子言參以己論獻之。卿于儒術固未醇也，而昭王豈能用儒術者哉？可謂兩失之。此《家語》爲之一變矣。于是以其書列于諸子，得逃焚滅之禍。秦亡，書悉歸漢，高堂生得《禮》

古經五十六卷，經七十篇，記百三十一篇。注云：七十子及後學所記。此豈非《家語》之遺乎？河間獻王得而上之，宣帝時后倉明其業，乃爲《曲臺記》，授戴德、戴聖、慶育三家，大戴删其繁，爲八十五篇，小戴又删爲四十六篇，育無傳焉。馬融傳《小戴禮》，又足《月令》、《明堂》、《樂記》三篇，鄭康成受業于融，爲之注解，究其原，多出于荀卿之所傳，故《戴記》中多有荀卿之書。班固曰：《孔子家語》二十七卷。卷與篇不同。顔師古已注云：非今所有之《家語》。成帝時，孔子十三世孫衍上書，言戴聖近世小儒，以《曲禮》不足，乃取《孔子家語》雜亂者及子思、孟軻、荀卿之書以裨益之，總名曰《禮》，遂除《家語》本篇，是滅其原而存其末也。以是觀之，《禮記》成而《家語》又幾于亡矣。予于是有曰：《論語》者，古《家語》之精語也；《禮記》者，後《家語》之精語也。今之《家語》十卷，凡四十有四篇，意王肅雜取《左傳》、《國語》、《荀》、《孟》、二《戴》之緒餘，混亂精粗，割裂前後，織而成之，託以安國之名。捨珠玉而存瓦礫，寶康瓠而棄商鼎，安國不應如是之疎也。且安國武帝時人，孔壁之藏，安國之所守也，不能以金石絲竹之遺音正曲臺之繁蕪，其功反出于二戴之下，必不然矣。是以朱子曰：《家語》是王肅編古録雜語，其書雖多疵，却非肅自作。謂今《家語》爲先秦古書，竊意是初年之論，未暇深考，故注于《中庸》，亦未及修。故曰《家語》爲王肅書，此必晚年之論無疑也。吁，《家語》之書，洙泗之的傳也，不幸經五變矣。一變于秦，再變于漢，三變于大戴，四變于小戴，五變于王肅。洙泗之流風餘韻，寂然不復存。以古《家語》正《中庸》，其詞甚慤，其義甚明，奈不可得而見也。以今《家語》正《中庸》，終恐有所未安。以朱子晚年之論，久之未必不改也。學者膠柱而調瑟，却成大病，是以不容不論，惟明者擇焉。

水災後劄子

竊惟婺女之爲郡，三面阻山，而太末之水限其西南，中間沃壤甚狹，豐年樂歲，僅僅自保。國家無兼歲之儲，上農無半年之食，一遇水旱，上下俱困。今年陰沴馮陵，西疇告病，横風淫雨浸蕩于其外，螟螣蟊賊蝕嚙于其内，烏茸槁粒，一目百里，雖無洚水，亦爲凶年。况七八月之間，山裂石走，百川沸騰，五邑狂瀾，會于一夕。傾覆我室廬，漂蕩我家具，淪没我稼穡，鬭絶我民命，横尸被野，冤氣蔽天。雖咸淳亦不如是之甚也，此豈小故哉！死者吾未如之何，而生者日就溝壑，尤爲可念。伏惟某官任父母斯民之責，推己溺己饑之心，散財發粟，徧加拯恤，德至渥也。既而申奏朝廷，大捐稍廩，喊出泉符，使者跋履巡按，官吏奔走山谷，所以慰勞給助，恩已醲矣。然識者之慮，無餘憾于今日，深有憂于方來。何者？膏腴在下而瀕溪，磽瘠居高而帶山。下者宜秔宜粳宜秫，高者宜粟宜豆宜油麻，又其次則蕎麥、芋果、蔬菔，幸免十不〔一五〕二三。蓋濱溪者洪水之所滙，帶山者洪水之所發。浸者成芽，没者就槁。衝突者砂石，縱横者陵谷易位。凶年之禍，未有如是之慘者。來春糴價翔踴，細民艱食，已無可疑。講行賑濟，又將次第而舉。然賑濟于今日，局面與去歲不同。蓋承豐穰之後者易，承凋瘵之餘者難。吾邦自庚子之春，講行勸分，于今三年，一舉而民猶樂從，再舉而民力已竭，三舉則元氣必絶矣。是以講行于吴侍郎之時，不勞趣辦，上下歡然；講行于趙都承之時，科擾程督，費力殊甚；講行于今日，實無良策。蓋富家巨室赤立以待新令，先有啼饑之憂，況弱户乎！是故勸分之令，難以復舉。夙夜以思，惟有籲哀朝廷，歸命君父，撥借四五萬石之米，俟來春，糶錢樁積，秋成糴還，朝廷決不以煩瀆爲罪。本州又作急那融四五萬石之資，日下差官收糴于浙西，俟將來賑糶訖事，此錢亦不患耗折。但浙西晚禾將熟，趁發運司未下知糴之令，則數萬石之米攙先收拾，止浙西一二中户從容可辦，此其次也。大抵凶荒之餘，必有盜賊攘奪之患，計出無聊，勢使然也。但得乞米之奏，轉糴之官即日就道，便可徧諭鄉村，告以此意，使百姓知官司既加振業于前，又有措置于後，必無貴糴之憂，必無流莩之慮，徘徊顧藉，邪心自消。然後糾結保伍，申嚴號令，按逐苛刻之吏，禁戢暴横之民，庶幾千里之愁嘆自銷，國家之根本益固，誠非小補也。

【校記】

〔一〕「朱」，原脱，據四庫本補。

〔二〕「剸」，原本不清，《續金華叢書》脱，據四庫本補。

〔三〕「筆」，原作「畢」，《續金華叢書》同，據四庫本改。
〔四〕「因」，原作「固」，據馮本、《續金華叢書》、四庫本改。
〔五〕「子」，原脱，《續金華叢書》脱，據四庫本補；馮本作「王」。
〔六〕「王」，原作「至」，據四庫本改。
〔七〕本文以下至末，原缺，據《續金華叢書》、四庫本補。
〔八〕本文原缺，據《續金華叢書》、四庫本補。
〔九〕本文題目缺，據《續金華叢書》、四庫本補。
〔一〇〕「殘編」，原作「班殘」，據《續金華叢書》、馮本、阮本、四庫本改。
〔一一〕「不得而」上原衍「然」字，據馮本、阮本、四庫本删。
〔一二〕「之」字下原衍「之」字，據馮本、阮本、四庫本删。
〔一三〕「湊」，原作「揍」，據馮本、阮本、《續金華叢書》、四庫本改。
〔一四〕「不」，原脱，據四庫本補。
〔一五〕「不」，《續金華叢書》本作「之」。

魯齋王文憲公文集卷之十

廬陵銅溪劉同編輯
鄱陽三臺劉傑校正

雜著

大學沿革後論

甚矣，人心厭陳言而喜奇論也。蓋陳言人之所玩熟，故易厭；奇論人之所創聞，故易喜。殊不知陳言雖易厭而可常，奇論雖易喜而必不能久也。譬之布帛穀粟〔一〕，朝夕服食，而終身不能易；譬之日月星辰，終古常見，而光景常新。而况聖人之書，正大而平實，精確而詳明，亘千萬世而不可磨滅。平其心，易其氣，求之猶慮其不可得，而可以新奇求之哉！後世乃穿鑿而好異，傅會而騁巧，不幾于侮聖言而壞心術乎？此所以爲先儒之所呵斥也。僕鑒〔二〕此病久矣，一日聞《大學》致格章不亡，不特車玉峰有是言也，自董矩堂以來已有是言矣。考亭後學，一時尊師道之嚴，不察是否，一切禁止之。此言既出，流傳漸廣，終不可泯，乃欲以首章「知止」至「近道矣」一段充之，未免躍如其喜。是喜也若爲新奇而然，其意非喜其新，而喜其復于舊，非喜其奇，而喜其歸于常。以其不費詞説之追補，而經傳儼然，無有亡缺，豈非後學之大幸？僕嘗作《沿革論》，而猶有所未盡。既而以《大學》首章朝而讀，莫而思，退一段讀之數十百遍，又添此一段讀之，亦數十百遍，沈潛玩味，文從字順，體正意足，然後知其不可不易也。

人生至十有五歲，自小學升之大學，故此書所以載大學之道以教人，就以《大學》名其書也。所謂大學之道者，大以人言，學以地言，道以教言。其道在于明明德，在于新民，在止于至善，此三句乃一書之綱領，而全體大用盡于此矣。夫天命是理爲吾之性，天命是氣爲吾之心。非是氣，則理無所寄；非是理，則氣無以靈。性合理氣者也，心統性情者也。今教之以通明知識，謂之明理、明氣、明性、明心，俱不可得，是理于心謂之德，故曰明德。然此德本虚靈不昧，止曰明德，則體用混殽，故又添一「明」字于上。下「明」字，本體也，上「明」字，教之之法也。既曰明德，則不見其孰爲理，孰爲氣，孰爲性與心也，明明德是《大學》之道之體，新民是《大學》之道之用，各止于至善，然後謂之全體大用也。明明德未止于至善，則于明德猶有虧，不可謂之全；新民未止于至善，則于新民猶未廣，不可謂之大明之者。因其本明而不使其昏之謂新之者，因其既昏而復使其更新之謂至善，則明德、新民之準則也。自古「善」字無正訓，周子始以純粹不雜目之，言其體則精矣，言其用則未切也。其用則是正好處，是中節處，是無過不及處。朱子則曰：事理當然之極。事理當然釋善也，極釋至也。爲善或未及一分，或過一分，不可曰不善也，謂之至善則不可。聖人言語雖極精密，而氣象却甚寬大。既立三綱，法當繼之以目，血脉不斷而節拍從容，非若後世之淺迫易露也。

第四節首曰「古之欲明明德于天下」者，此一句非聖人不能道也，是之謂直指全提。言「古」者所以開今之學也。「欲明明德」四字，若自本而之末，自始而之終，此順詞也。忽繼之以「于天下」三〔三〕字，其勢却翻轉，自末而歸本，自終而原始，却是逆詞。此文字險處，乃以六「先」字貫之，所以遡其用力之端。自「天下」至「齊家」，皆新民之事也。自「脩身」及「致知」，皆明明德之事也。「致知在格物」，忽又變此句法，而其旨益密。自三「在」、六「先」而下，其勢若建瓴，傾瀉在「致知」二字上，文法之力，豈止萬鈞之重。致者，上之所以教也；知者，下之所以學也。「知」字既重，不可不授之以致之之方，蓋「致知」只在「格物」之中，窮物之理，所以致吾之知也。第五節七「後」字，方是自始而至終，自本而及末，欲學者知効驗之先後，循其序則不差。「先」之下，「後后」之上，六字反覆，而體用頓異。第六節曰「自天子至于庶人，一是皆以脩身爲本」，只一句總結，不特關鍵甚嚴，且包涵許多教法，博而不露，約而不晦，于半語之中剔出脩身，束定上下。凡格物致知、誠意正心，皆成就「脩身」二字，指此爲本，則「齊家」

至「平天下」皆末也。後又以餘意一句正結，一句反結，已含蓄傳中，意思俱足。此于聖人何嘗留意于作文，而詞章自胸中流出，自然如此。若三綱之下，無「致知」一語，則不知其所以學，自物格知至之下無「脩身」一語，則不知其所以行。聖人之言，一字不可有無，一字不可後先也。今推首章，法度典刑如此嚴密，然後見「知止」一段，雖若承接緊切，而文勢語意，反成緩弛矣。蓋「知」之一字，教者之所主，學者之所宗，若等閒輕道破，不特文字無精神，而于教法亦失先後之序。况未嘗窮事物之理，如何遽能知所止而得所止哉？如是，則乃生而知之之知，非學而知之之知也。僕故曰不可不易者，此也。夫致知者，知之始學之先也。知止者，致知之効而學之功也。誠能知其所當止，則思慮不雜，意向不偏，氣質不得而勝，物欲不得而遷，此所謂定也。方事之未至也，則此心寂然不動。寂然，言其静也；不動，言其安也。及其事之感通也，必審而後發，發必中節矣。審其慮之謂中節，則得所止之謂，非物格知至，能如是乎？僕昔謂「知止」一章逃亡爲甚，自今觀之，正見拙而非巧也。

然其錯簡于此，不爲無其因。昔本在「止于至善」傳之後，今乃逸在「止于至善」經之後，此錯簡之由也，非後世喜新奇而創爲此論也。朱子之門人亦有問曰：「定静安在物格知至」之後，「意誠」以下六事未然之前，「慮」則在「意誠」以下將然之際，如此貫之，可否？朱子批云：解云似已有此意矣。朱子又曰：「知止」至「能得」，是説知至意誠中間事。《章句》云：物格知至則知所止矣，「意誠」以下，則得所止之序也。《或問》又曰：「格物致知」，所以求知至善之所在，自「誠意」以至于「平天下」，所以求得夫至善而止之也。此固已分明，以知止章爲致知傳矣，但未决于遷也。惜乎讀者未嘗玩味，致此疑于滄洲講席之上耳。此皆仆前論之所未盡者，不敢不思有以補之，是豈新奇可喜之論哉？所以共天命，追聖言，以正舊章也。朱子又曰：「《大學》首尾該貫，失了多年，猝急要討尋不見，忽然討見，即是元初底物事。」愚敢于致格傳亦云。

中庸論上

自泰山梁木之音絶響，而七十子之門人散處四方，各尊其所聞，各識其所得，紛紛著書，大略有記録之書，有訓詁之書，有立言之書。七國酣戰，鋒鏑腥聞，獨洙泗之流風餘韻彬彬然，人猶知所敬也。雖縱横異詭之士，或咋舌而失其辨。秦燔典籍，漢溺儒冠，至挾書之禁開，而後河間獻王及魯高堂生得書爲盛。纂集雖勤，而錯亂磨滅固亦多矣。考其疏浚淵源，恢弘祖訓，端慤淵微，無以踰于子思子也。孔堂神護，屋壁發祥，《大學》、《中庸》始見于世。《大學》經傳如此分明，猶參錯而不知正，《中庸》之韋編苟絶，而微言奥旨，尤不易正也。子朱子雖豪分縷析，次第尚承漢儒之舊，大書以提其綱，細字以指其要，《章句》密矣，《或問》詳矣，學者之問答亦備矣。又推出「體用」二字，該貫一篇之大意。故勉齋又曰：皆所以明道之體也。僕于是而又有感焉。首章三句，句句有體用也。天體也，命用也；性體也，率用也；道體也，脩用也。總三句言之：天固體也，性則天之用也，性雖用也，又所以爲人物之體。道固體也，實爲性之用；道雖用也，又所以爲教之體。僕固曰首章三句，句句有體用者，此也。子思子于性教之中提出一「道」字，教學者所以脩，上承天命，下立民彜。戒懼乎不睹不聞，存天理之本然者，此體也。加謹乎獨知之地，遏人欲之將萌者，此用也。未發之中體也，已發之和用也。此言性之體用。至于中庸，則言道之體用。故朱子曰：以中庸對中和言，則中和是體，中庸是用；以中對庸而言，則中却是用，庸却是體。古今言體用，未有如是之密者。蓋庸是常行不可易之定理，中却是隨時權衡合乎此理者也。而中之一字，又有體用之分焉。程子所謂「不偏不倚」者，此中之體也。吕氏所謂「無過不及」者，此中之用也。朱子合而言之曰：中者，不偏不倚，無過不及之名也。中間又以費隱分體用，以誠明分體用。末章又自「爲學立心之初」至「篤恭而天下平」，因用以歸于體，故曰「上天之載，無聲無臭」。至矣，澄心易氣，玩味章句，殆無餘藴。僕至愚陋，讀此書雖有年矣，始則茫然，終則躍然。及其久也，猶覺有所疑焉，無所質正，深竊病之。蓋子思子之爲是書也，義理精微而意味深遠，規橅廣大而工夫縝密，有非初學之所能遽通，其茫然也固宜。于是子朱子提挈綱維，指示藴奥，支分節解，脉絡貫通，句句字字，粲然于心目之間，烏得不爲之躍然？但固滯之見，似覺文勢微有斷續，宫商或相奪倫，雖朱子亦嘗曰「文雖不屬而意實相承」，乃指第二章以下十章言。僕于此十章，曾未見其不相屬也，凡朱子曰「承上起下」，豈非相屬者乎？此後實有斷續不相屬者，朱子却未嘗言之，此正僕之所疑也。知仁勇之分言最先也，而三達德之總言，乃遺逸于七八章後。行遠登高之辟，繼以鬼神之爲德，若判然不相接也。「大哉，聖人之道」凡三章，與「至誠無息」亦不相類也。「哀公問政」與「仲尼祖述」尤相遼遠。此皆固滯之見，涵泳探索，終未能釋然。因見《漢志》有「《中庸説》二篇」五字，心頗異之，求于諸子之列，已有《子思》二十三篇。竊意《大學》《中庸》當在二十三篇之内矣。今乃于此又捨《大學》，獨提《中庸》之説而二之，何歟？沈思久之，豈非班孟堅亦有意于考異而傳疑乎？僕不揆其愚，乃搜厥原，乃宣厥滯，乃輯厥辭，乃秩厥序，嚴嚴乎大分之辨也，㵱㵱乎大用之融也。遐想舊規，以意逆志，庶幾得之。姑整録識于後，辭未達，復著于論。但拆裂古書，摇動宗旨，不待人罪之，而亦自深以爲罪也。孟子曰：「權然後知輕重，度然後知長短。物皆然，心爲甚。」僕不佞，尚有待于後之賢度之。

中庸論下

或有問者曰：二篇之析，子固有證矣。然則性之與教亦有不同歟？曰：非不同也，正以其所指以示人者，各有義也。推其性之所自來，則人與萬物同一原也；推其性之所實有，雖天地之健順，亦不外此教，非不同也。曰脩道，指其當行之路也。曰明誠，指其當知之理也。知而後能行，行固不先於知也。夫性最難言也，原其繼善成性之初，理與氣未嘗相離也；推其極本窮原之義，理與氣不可相雜也。于不可相雜之中，要見其未嘗相離之實，于未嘗相離之中，要知其不可相雜之意，方爲淳粹峻潔，不悖厥旨矣。夫氣者，性之所寄也；性者，氣之所體也。舜之命禹曰人心、曰道心，此分理氣而並言。《湯誥》曰降衷，劉子曰受中，此于性中獨提理言，所謂性則理也。告子曰食色、曰生之謂，此于性中獨提氣言，故曰不識性也。子思子曰天命，則理氣混然在中，曰喜怒哀樂，本乎氣者也。特以其未發，無所偏倚，故謂之中，此氣而含理也。發而中節，發亦氣也，有理以帥乎中，故發而能中節矣。中和之中，主静而言理也，性也，體也；中庸之中，主動而言德也，情也，用也。今既以《中庸》名篇，而「中庸」二字不見于首章，何也？曰：道也者，非它道也，非可離之道也，即中庸之道也。曰不可離，豈非日用常行之道，是曰庸乎？是以君子戒懼乎未發者，所以養此中也；謹獨于將發者，所以審此中也。惟中而後可庸也。雖天地位，萬物育，亦庸也。非聖人推極其中和，則天地亦有時而不位，萬物亦有時而不育。此感應必然之理，非天地本不位，萬物本不育，必待聖人致中和而後位育也。故首章非無中庸也，蓋中庸之義，已默寓于道之中。不然，則次章忽曰「君子中庸」，與首章全不相屬，恐子思子之文章，決不如是之無原也。

吁，不觀漢儒之訓故，不知關洛諸子義理之粹明；不觀《中庸》之輯解，不知朱子章句之精密。僕竊妄意而猶有疑焉者，以此書章節散漫，易于錯簡，朱子止從其舊，乃于中提出關鍵字爲之聯絡，固爲甚密。自次章以「知仁勇」聯絡之；自十二章至十九章，以「道之費隱」聯絡之；自二十一章至三十二章，以「天道」、「人道」聯絡之；于第二十章，又以「包費隱，兼小大」起天道、人道之旨，不復有纖毫間隙之地，其用工于此書可謂密矣。皆所以開後學之耳目，發往哲之精神，而僕復何疑焉？但第三章既是第二章之結語，第五章亦爲第四章之結語，各分爲二，疑其太密也。第七、第九章，朱子既曰「承上起下」，則是文相屬而意相連矣。竊疑止是一章，恐不必分也。第四章初言過不及，此固申中之義，次言人莫不飲食，豈非庸乎？第十一章索隱行怪，此非常者明矣。半塗而廢，此不能常者也。不見知而不悔，此固能常者，恐推上「知仁勇」反覺寬爾。費隱之爲體用亦精矣，竊意凡言道之費處，皆指日用常行人之所易也者，所以申明乎庸之義也。前言飲食，日用之常也。此言夫婦，人道之常也。天地之間，陰陽感應，庸之大者也。天地而猶有憾者，是陰陽感應之大者也。天地而猶有憾者，是陰陽失其庸也。惟藍田吕氏以費隱以上論中，以下論庸，此最得子思子之本旨。朱子乃以爲未安，思之不得其意。但吕氏此下有以隱爲至道，或恐以此爲未安也。不然，則子思子反復論中如此之詳，不應論庸如此之略也。豈以發越「費隱」二字之精神，故掩其庸乎？又何爲有「庸德」、「庸言」兩字，露出精神？以是知非忘庸者也。

凡顯然易見，形于天地之間者，莫非庸也。「費隱」之下，當繼以「行遠自邇」一章，九經之下當繼以「大哉聖人之道」，言聖人之道雖如此高大，亦不過在禮經威儀之中，亦庸也。但無此德則不能凝此道，自用自專，反古道皆不知中庸者也。本諸身至百世，以俟聖人而不惑，亦能盡此中庸者也。卒章四稱德，亦指中庸之德而言。雖自實用工夫天下平，亦本乎天之所命，無聲無臭，非可求之于氣也。僕之所疑者如此，恨不及質正于朱子。既不敢自以爲然，又不敢自欺曰無疑，撫卷浩歎，若有得焉。與其蓄所疑而長終，豈若暴白其所疑以俟後之朱子云。

誠明論

無妄之謂誠，不欺其次之，此反訓也。子思子又以不二體之，又以純亦不已體之。人之生也，稟此真實，有仁有義，有禮有智，粲然在中，無感不應，是曰誠明。人之一心，孰無知覺？氣質物欲，或錮或蔽，必有先知覺後知，先覺覺後覺。物來順應，不妄不欺，是曰明誠。前篇曰天命，則性在命中；脩道，則教在道中。然非誠則命不能立，非明則道不能行。此誠明之可以爲綱，而不可以爲目。次章曰至誠盡性，此聖人之誠也。其次致曲，此賢人之誠，學知之事也。楊氏學問思辨篤行之説，朱子于《輯略》亦取之。竊意顏子喟然之嘆實似之。形著明動變化六字，程子推出于外，承上章言也。張子推入于内，起下章言也。曰成己成物，言所以爲教也至誠無息，推而廣之，言天地之誠也。至誠前知，與大舜、文王之所以興相應；鬼神之德，與武王、周公之達孝相應。「哀公問政」章移「脩身」一節，入前篇之外，舉夫子之答問以起明善誠身之義。竊意夫子之言至「其政息」而止，此下皆子思子之言，申言其政之布于方策者，如親親之仁、尊賢之義、等殺之禮，其所以脩身脩道者，皆明善誠心之功。後之人欲舉文武之政行于天下者，尤不可以不明善而誠身也。「博學之」以下，又明善誠身之本，所以爲教也。曰「誠者天之道」，以釋上「誠」字；「誠之者人之道」，以釋下「誠」字。「不勉不思，從容中道」，此言聖人生知安行不待明而誠；「擇善固執」，此言賢者必待明而後誠。非明不能擇，非誠不能固，皆訓釋之詞也。漢儒悉亂于上，豈有綱領未立，而訓釋已見？本末先後之無序，何足以爲典則之文哉！一篇之中，此章爲最長，所以舒徐容與，開亮彬蔚，盡明誠爲教之義。復贊仲尼道傳四聖，德參兩儀，以結至誠盡性，其意已足而猶有餘思，其詞已終而猶有餘力。再提至聖至誠，開而又闔，渾渾無涯。至聖以德〔四〕言，推其所以能盡性配天地；至誠以道言，推大經大本之所自出也。蓋能知天地之化育無所倚，惟見此誠肫肫淵淵浩浩而已，至此無得而名焉。故結之曰「苟不固聰明聖，知達天德者，其孰能知之」，言至聖之德非至誠不能爲，至誠之道非至聖不能知。誠明、明誠兩下極功，關鍵尤嚴，歸宿尤密，無以加矣。

子思子之書見于後世者，止〔五〕此三篇。《大學》發明曾子之傳授，《中庸》發明夫子之精蘊，此篇發明自己之所得。《大學》有三綱八目，爲易見也，所以爲初學入德之門。《中庸》推性命之大原，闡道德之明教，爲難知也，所以爲學者最後工夫。此篇以誠明爲性，以明誠爲教，無形無色，無聲無臭，所以爲尤難知也。蓋其胚胎造化，橐籥貞元，理深而又深，辭密而又密，但見其鏗鏘乎振家庭之金石，雍穆乎開簡策之儀刑。盛矣哉，後世不足以追策其遐躅矣！孟子親受業于子思子之門，性善養氣之論，真發前聖人之未發，可謂傳得其宗。但其才高氣雄，有英調偉論以駕其仁義之具，或抑或揚，奇采振耀，鋒鋩所向，石裂山摧，雖子朱子亦每嘆服其文章何其妙也！然終未能盡滌濯戰國之餘習，警悟超絶之意多，而和平醲郁之味鱻。其所以異于戰國者，猶以師友見聞之懿，而義利王伯之辨甚嚴，豈可望子思子之文章，自義理根原正面大體自然流出，淳粹篤厚，無一點疵纇之可指？今觀七篇之書，述子思子傳授之言，自「在下位不獲乎上」至「人之道也」而止，乃《中庸》之殘章斷簡也，「動」字之外，更無他語發明此誠。以是知孟子之得于子思子者尚淺，後世之知子思子者尤淺也。韓子知孟子醇乎醇，而不知子思子尤醇乎醇也。濂溪周子心傳子思子之道于千五百年之後，而得于子思子者反深。其著于《通書》，曰「誠聖人之本」，此以性言；次章曰「聖誠而已矣」，此以教言；曰「誠之源」，曰「誠斯立」，此以天道言；曰「五常之本，百行之源」，此以人道言。終其書，推明誠之義不一而止，精慤邃密，皆孟子之所未發。嗚呼，道無古今，學無先後，亦在乎人之自勉而已。此僕之所以確然有俟乎後之朱子也。

原命

命不難于原而難于推，亦不難于推而難于立。夫命至難言也，吾夫子猶罕言之。自伊洛諸儒先得義理之正傳，訓故精密，非復漢儒之舊。天賦二字之外，無餘説也。推其命之所有，則有理焉，有氣焉。然理非氣無所寓，氣非理無所主，理氣未嘗相離，亦未嘗相雜。蓋形而上者謂之道，形而下者謂之器。上下既分，固不得而相雜。然形在乎其中，亦不可得而相離也。曰理曰氣，形而後知。天賦是理，爲人之性，有仁有義，有禮有智。雖有是四端，不得而見也，推其已然而後知。因其惻隱之發而知其有仁也；因其羞惡之發而知其有義也；因其辭遜之發而知其有禮也；因其是非之别而知其有智也。百行萬善，皆從此出。天賦是氣，爲人之形，有清有濁，有厚有薄。雖有是四端，亦不得而見也。推其已然而後知〔六〕。因其聰明之質而知其得氣之清也；因其昏愚之姿而知其得氣之濁也；因其富貴而壽而知其得氣之厚也；因其貧賤而夭而知其得氣之薄也。五福六極，有萬不齊，皆從此出，故推其已然者不爲難。于此而又有數焉，則可以推其未然也。

夫數者，亦天之所賦也，亦有理焉，有氣焉。《河圖》《洛書》，數之始也。有文五十有五，奇偶重列者，此《河圖》也；有文四十有五，奇正偶偏者，此《洛書》也。天豈能諄諄然授于人哉？不乘之以龍馬神龜，則造化之妙，陰陽之機，何自而著？雖出于物而不囿于物，物皆有理有氣，惟神聖而後能推之。伏羲因《河圖》而畫八卦，大禹因《洛書》而叙九疇，聖人則之者用之于曆數，以推天地之變化；用之于卜筮，以推人事之吉凶。循環無窮，感應莫測，此聖人神于用而妙于推也。以卜筮言之，卦爻一定之理也，假大衍之數，託靈蓍而揲之，積其誠意，凡十有八變，方成一卦，未然之吉凶可坐而知也。以曆數言之，以日月五星運行于天者，有經緯離合之不齊，以太陽一周天爲歲，以太陰一周天爲月，分之以四時，參之以餘閏，皆求之于已然而推其未然。越宇宙之無窮，皆可坐而知也。聖人之用數止于如此。夫一非數也，此數之所由始也。天開于子，其體圓而虚；地闢于丑，參乎天中，其數爲二，故曰參天兩地，倚數之元。自是一陰一陽，動静變合，而生五行。天一生水，地二生火，天三生木，地四生金，天五生土。五行各一陰陽，是曰十干。日月所會之次舍謂之辰，周天凡十有二辰。干、辰相摩爲六十甲子，以六十甲子紀其年月日時，此曆數之名號也。後世于曆家窺見此理，則以人之所生歲月日時推其所直之甲子，亦名之曰命。此固不可謂非天之所賦也，于此可以推其性情得于仁義禮智者，孰多孰少；可以推其氣禀得于貴賤壽夭者，孰厚孰薄？苟精其義，亦可入神。又有以五星之躔度吉凶推之。今考其學，以日計時，得命十有二。次其六十之十二，得命七百二十。計之以日，又六十其七百二十，得命四萬三千二百。又概之以歲，六十其月，則得命二百五十有九萬二千矣。夫以二十有二，字之至約，參伍錯綜，甲子凡三周，敷衍變化，數之繁夥，一至于此，其術可謂神矣。然以古今之遠、四海之廣，人生林林，過者化，來者續，維天之命，於穆不已，迺俱囿于二百五十有九萬二千命之中，又何其術之窮也！又有不推五行五星，而一倚于數者，紛紛衒鬻于天下，如太一之小遊三百六十年，太一之大遊四千三百二十年，軌革之九百六十年，九戹之四千五百六十年。楊氏《太玄》之八十一首，關氏之《洞極》二十七家，司馬公之《潛虛》五十五行，尤局促而易窮也。惟康節邵子之學，衍而申之，爲最盛。以三十年爲一世，以十二世爲一運，以三十運爲一會，以十二會〔七〕爲一元。曰元會運世者，不過又加一大年月日時也。然囿于數，而終不能無止法。推其極，亦不過五萬五千九百八十七萬二千而已，愚不能又加倍也。尚能自二十二字斂而約之，愈妙而愈廣，雖古今之遠、四海之大，人生消息變化之無窮，蓋有不得而異，亦不得而同。夫十干十二辰衍而爲六十甲子，推其所以相克者，止于五行。五行氣也，五行之神，則仁義禮智之性也。性即天賦之理也，君子脩之吉，小人悖之凶，此常理也。君子脩之亦有時而不吉，小人悖之亦有時而不凶，此非常理也，變也。氣之不齊，故有時而變，理則一定而不可易。學者當循其常而安其變，秉其彞而御其氣，要使理常爲主，而氣〔八〕每聽命焉。雖富貴貧賤壽夭之不同，而仁義禮智信之在我者不得而汩。此自昔聖賢教人之要法，所以經綸天地之大經，裁成輔相之道，無以易此。張子曰：德不勝氣，性命于氣，德勝其氣，性命于德。窮理盡性，則性天德，命天理。氣之不可變者，獨死生壽夭而已。孟子曰：莫非命也，順受其正，殀壽不貳，脩身以俟之，所以立命也。

愚故曰：命不難于原而難于推，亦不難于推而難于立。然不知其原則不能推，不能推則不能立，故作《原命》。

禱雨劄子

伏聞某官憂農閔雨，靡神不宗，而又禱祈于社稷，于義尤爲至當。蓋社者，實山林川澤、丘陵墳衍、原隰五土之祇，而后土勾龍氏其配也；稷者，實專于原隰之祇，能生五穀者，而后稷周棄氏其配也。自昔國家所以昭事祈報，莫重于此。與其屈膝于老子、釋氏之祠與夫妖妄淫昏之鬼者，相去遠矣。愚又聞天子祭天地，諸侯祭其境内之山川。今用黄冠之教，而上供其皇天上帝，是禮之僭也。又以髠緇夷族旋繞厠穢于宣布教化之庭，是禮之亂也。至于職分所得而祭，于禮爲正者，則前後未有能舉而行之者，誠爲缺典。夫山川所以爲神靈者，以其氣之所烝，能出雲雨，潤澤萬物故也。今東陽之爲郡，北山奠其後，雙溪娩其前，此所謂境内之名山大川是也。愚自兒童時，每見北山有雲冒其巔，須臾必雨，雨則滂沛，周于四境。近年以來，雲雨多興于南山之西，而所及者有限，蓋陰倡而陽不和，其氣逆而勢不順，縱有豐年，而東北常歉。蓋北山者，一郡之望山也。今其氣鬱亢久矣，誠得賢史君立其壇壝牲幣之制，考其登降奠饋之節，躬率僚寀，精白嚴事，必有昭應。夫人之于天地，均一氣之流行，然是氣無所攝屬，則決無感應。蓋天子命諸侯主是山川，以涖其人民社稷之事，故其氣屬我，相聯接而無間。夫山川者，天地之正氣也。人以正氣感之，則正氣應；以戾氣感之，則正氣不應矣。苟能正其祭祀之本，先須正其感召之氣。凡政事之淹鬱者疏剔之，凡征榷之苛急者寬弛之，使千里人民之氣和，而山川之氣已漸和矣。然後齊肅一心，積蓄誠意，會山川之氣，通幽顯之神，何所禱而不應哉？昔南軒張先生嘗行于桂矣，試取文集觀之，信不誣也。輒不自揆，以書生迂闊之言，恐可以裨贊愛民事神之盛心。如或可采，願勉强行之。

朋友服議

咸淳戊辰臘月十有九日夜，承北山何先生之訃，次早排闞往哭之。既斂，僕雖以深衣入哭，隱之于心，疑所服之未稱也。自吾夫子之喪，門人不立正服，乃以義起，若喪父而爲心喪。程子曰：師不立服，不可立也，當以情之厚薄、事之大小處之。若顔、閔之于孔子，雖斬衰三年可也，其成己之功與君父並。其次各有深淺，稱其情而已。僕于北山，受教爲甚深，豈可自同于流俗？因思《儀禮·喪服》有「朋友麻」三字，此豈非朋友之服乎？鄭康成云：朋友雖無親，有同道之恩，相爲服緦之絰帶。又曰：士以緦衰爲喪服，其吊服則疑衰。「疑」之爲言「擬」也。緦麻之布十四升，疑衰十五升，即白布深衣，擬于吉服也。蓋緦衰服之極輕者也，他無服矣，止有吊服所以擬之。注云：吊服加麻，其師與朋友同，既葬除之。疏云：以白布深衣，庶人之常服。又尊卑未成服以前服之，故庶人得爲吊服。素冠吉履，無絇。其《吊服圖》云：庶人吊祭素委貌，白布深衣，士朋友相爲服，吊服加麻。加麻者，即加緦之絰帶，是爲疑衰。或曰：深衣吉服也，而可爲吊服乎？僕曰：注固已云疑於吉服也，况非止爲吊服。親疾病時，男女改服，注曰：庶人深衣。又曰：子爲父斬衰，尸既襲衣十五升，布深衣，扱上衽，徒跣交手哭。是孝子未成服，亦服深衣也。或者又曰：安知深衣爲吊服，不爲麻純乎？僕曰：純之以彩者曰深衣也，純之以麻者曰麻衣，純之以素者曰長衣，以采緣之袖長在外者則曰中衣，各自有名，不可亂也。又曰：子創爲此服，豈不驚世駭俗？人將指爲怪民矣。僕曰：以深衣爲吊服，鄉閭亦間行之，但未加麻耳。是服也，勉齋黄先生考之爲最詳，其書進之于朝，藏于秘省，板行于天下，非一家之私書也。遵而行之，豈得於〔九〕過？僕于北山成服日，服深衣加帶絰，冠加絲武，即素委貌，覆以白巾，見者未嘗以爲怪。越數日，通齋葉仲成父來吊，僕問：昔日殺齋之喪，門人何服？曰：初遭喪時，朋友以襴幞加布帶。其後共考《儀禮》，至葬時方用深衣加絰帶。僕于是釋然，知其無戾于禮也，故作《朋友服議》。

【校記】

〔一〕「粟」，馮本、阮本作「菜」。

〔二〕「鑒」，《續金華叢書》作「見」。
〔三〕「三」，原作「四」，據四庫本改。
〔四〕此下至「皆孟子之所」，原脱，據《續金華叢書》、四庫本補。
〔五〕「止」，原作「立」，馮本同，據四庫本改。
〔六〕「知」，原脱，據上文、馮本、四庫本補。
〔七〕「十二會」，原作「十會二」，據馮本、阮本、四庫本乙。
〔八〕「而氣」，《續金華叢書》、四庫本無。
〔九〕「於」，四庫本作「爲」。

魯齋王文憲公文集卷之十一

廬陵銅溪劉同編輯
鄱陽三臺劉傑校正

題跋

跋道統録

立天道者陰陽也，立地道者剛柔也。四時行焉，百物生焉，此非天地之道統乎？聖人以仁義設教，爲天地立心，爲生民立道，所以繼絶學而開太平，此則聖人之道統也。道統之名不見于古，而起于近世，故朱子之序《中庸》，拳拳乎道統之不傳，所以憂患天下後世也深矣。昔陳君平甫請于張宣公，本六經、《語》、《孟》遺意，將十四聖人概爲作傳，而國朝濂溪、河南、横渠諸先生附焉。洙泗門人至兩漢而下，及程門諸賢，凡有見于道、有功于聖門者，各隨所得表出，著成一書。宣公遜謝不克堪，曰若裒類聖賢之言行，聚而觀之，斯可矣。雖有是言，而未有是書也。後幾百年，天台玉峰車君始成是書，理其緒而分之，比其類而合之，曰大原者統之體也，曰明訓者統之用也，曰分紀者統之序也。有經焉，有傳焉，有史焉，可謂善繼朱、張二先生之志而述其事者也。嗚嘻，偉哉書乎！所以閑先聖之道而大一統也矣，使近理而亂真者，不敢與于斯云。

跋時遜齋遺言

予生晚，不及拜遜齋時公。少年識公之名字于考亭、麗澤二集中，後聞公之言行于公之子若孫，起敬之日已久。今始得拜觀公啓手足之遺戒。嗚呼！是豈勉强者能之乎？死生固大事也，亦常事也。不以死生怵其中，垂絶而精爽不亂者，非平日有所養者不能。觀其屏絶釋老，治喪一依司馬《書儀》，可謂得其正而斃者，于此可以驗其學矣。勉二弟加意養老，悲哉孝愛之至情，實著罔極之恨于言表，使人泫然出涕。文公之跋若未滿而實深與也，挈齋以其季之賢爲公不亡，而未知其子若孫克世其家，而孫曾頭角已嶄然，流慶益未艾也。若公者，真可謂不亡者矣。

跋朱子與時遜齋帖

昔紫陽之門，四方之士雲集，不旋踵而倍其師説者亦有之，未有一再世之後而能守之而不變者也。科舉之壞人心，猶未若今日之甚，而朱子當時已諄諄言之，豈非遜齋後知自悟，必有以叮嚀告戒其後人？所以東阿遁澤俱廢舉業于少年，蓋此帖有以啓其秉彛好德之良心也。今之士者，方攘竊紫陽之緒言，以求進取之利者，紛紛皆是。觀是帖而頮有泚者，猶庶幾乎仁心之未亡也。

跋麗澤遺文録後

遜齋昔嘗羨里之藏書，母夫人欣然出簪珥爲致書費，曰：「吾家非窮空，特欲汝曹異時見此不忘吾此意。」東萊先生常誌此語于墓。今觀麗澤手書遺文，密札細字，粲然于縁督書号〔一〕者幾百年矣。豈非先生嘉其母子之志，以成人之美者乎！子子孫孫，猶不可忘此意也。拜手敬觀，書其後以歸之。

跋季兄大學編

《大學》之編，明白整潔，悉落窠臼，非用工深者未易到。予交季君之日淺，觀其辭氣，宜未稱此編者，何其善于韜晦也！爲之驚異，且自媿知人之難。性翁問曾見《小學》否，實言外之教云。

跋汪約叟高安紀程後

慶元縉紳之禍，予不忍言也。今又拜觀約叟汪公紀行之卷，而重有感焉。蓋大愚忠公之謫也，獨二汪公著始終之義，長公裂裳裹足以道其行，少公舉舍携孤以護其喪。嗚呼，是豈不足以增天倫之重哉！天倫有五，惟君臣、朋友以義合，友朋者又君臣、父子、夫婦、長幼之所取正者也。于平居相與講論者易，臨變故不顧己私者難。至于斥權姦而敢言，扶禍患而勇往，則平居相與講論，其可知矣。嗚呼！大愚公之忠既已昭白于後，而二汪公之義尚未大顯于時，豈非後學所當發揚者乎？二汪公皆先君子所敬愛之友也，予自童丱蒙教拊爲甚至。敬觀此卷，遺墨尚新，俯仰已五十年，而公之墓木拱矣。悚然爲之感慨，輒記歲月于後。

跋張魏公憂居帖

予每觀魏國張忠獻公之行狀，見其一再奏疏于謫居二十年之後、寢苫枕塊之時，忠孝之誠，真足以立天地之心，壯綱常之本，未嘗不爲之泣下。高宗皇帝初不以爲忤，而逆檜之餘孽未殄，群吠喧豗，而公復貶矣，又未嘗不爲憤恨。今觀公《憂居》三帖，正此時之筆也。讀其「幸教，使不悖孝道之情」，又足以想其篤厚淳至之素心，此又忠孝之本也。未知此帖所與者何人，而能問公之安否于憂危可畏之時，信賢矣哉！考其歲月，則紹興乙亥之夏，至今寶祐甲寅正及百年。吁，綿竹之塋域何在？今方兵連禍結，其存亡未可知，而公之後復冥漠而不振。讀公之帖者，必有感于今昔者矣。嗚呼悲夫！

寶晋小楷跋

寶祐丙辰元夕後五日，邵君出示米南宮小字詩稿一册，再三囑予爲之序。予不善書，何足以知此？寶晋之字幾滿天下，而小楷不多見。濃墨大書，以逞其逸邁奇倔之勢，是其長也，人亦以是愛之。至于蠅頭細字，而《閒暇》《平安》篇什雖多，而始終如一，何此老之不憚煩也？非故態時露一斑，幾不能辨。静軒先生所指其精神風格，亦正在故態中。若夫收藏跌宕之氣，運功于毫芒，如觀魚紫硯間而甲胄森然，如走馬蟻封内而動中規矩，此寳晋之異事，而予之所獨愛也。邵君又言其所自來得于米氏之子孫，此固其家藏之物無疑。子孫不能保而它人是保，此不足深怪，政不必子孫保，而得它人常保之，乃所以爲可貴也。邵君力學自好，其所保者，何止此哉！予將次第而請觀焉。

題九老圖後

唐有《洛陽九老圖》，傳于世久矣。我朝洛之諸公繼者凡三：其二圖形于普明僧舍，蓋樂天之故第也。元豐中，又集于韓富公之第，凡十有一人，圖形于妙覺僧舍，時人謂之《洛陽耆英圖》。此則普明之本，亦九人，對弈者文潞公、司馬温公，觀者富鄭公，舞者趙公正南諱丙，回視持書人則王公君貺諱拱辰也，餘則忘其姓名矣。此乃花溪胡氏表所摹，當時已悮書棋局爲戲笑。今四十餘年，憂患熏心，笑不上于眉端，欲如往時不可得，而此書亦復流落廢棄于道左，見之惻然。收而表褫之，書其本末于後，時展玩以自警，後之觀者亦有感于予言者乎？

常卿王忠惠公家問跋

人主固不可有輕天下士大夫之心也，士大夫至爲人主所輕，盍亦反躬而自責乎？吾宗忠惠公自言路劾柄臣而去國，屢詔不起。死之日，猶有柄臣奉公之書久之，而俱不啓緘。又數年，柄臣者敗，天子思公之言，褒以遺直遺愛，表以徽謚，錫之土田，以恤其孤，獨蒙天子愛重，久而不替如此。今觀公之家問，藹然篤厚之真，此其所以爲忠君愛民之本。若公者，非特一宗之瑞，一鄉之瑞，實天下國家之瑞。天之未欲平治天下，而不壽公，歲月逾邁，使公尚在，始逾六十。非止宗黨之思，有識者莫不思之，至于天子亦思之。後千百年，有思公而不得見者，得見此帖，猶足以慰其高山仰止之敬。希夷其謹寶之。

跋朱子帖第八卷

寶祐丁巳夏六月，得此卷十有一帖于昌父弟，得之于鍼奩窗牖之間，使人遺恨感嘆者累日。往往前此所得之帖，皆以前後去其素紙，而此卷迫切尤甚，亟加裝褫，尋考歲月。其具位稱「雲臺」者，淳熙乙巳之春；稱「南京鴻慶」，則丁未不久也；「江西臬事」之稱，則丁未、戊申之間，皆大父在福建漕臺之時。最後漳州一帖，則庚戌六月，越月而大父已捐館矣，此爲絶筆之書也。追惟疇昔，肝鬲酸楚。計前後之帖搜訪十有五年猶未盡復，一日不謹，散逸難收，可不懼哉。卷中所稱黄壻，則勉齋先生也。一時筆札之間，四句該盡德器，可見察之之精。道其人于大父不敢不實，且言有以教誨之，又何其敬愛之兩至也！其餘通情無間，繾綣周密，無書無之。子孫苟不知寶護，心德已亡，前鑒不遠也。

跋唐致政詩卷

予自兒童時，已知有鄉之尊老曰致政唐公，亦間嘗得侍杖舄，聽話言。兩臉如丹，雙瞳如漆，步履如飛，和氣郁然。予固未嘗不起敬，而莫知所以請教也。後得見公自壽之詞曰：「君欲問予余年，八十有七，百歲十分尚留一。世間滋味，嘗盡酸鹹苦澀。時今倒食蔗，無甜汁。」予亦不知爲何等語也。公即世，始聞公壯歲嘗失明，异置赤松，蕭然默坐于山水間，忽遇異人，兩目豁然。自是始歸取科第，得禄以養母。仕宦所至有聲，未衰輒掛冠，享上壽，骨健神清，挺然故家之喬木，而嶷然宗廟之大蔡。予因是有感而嘆曰：禍福不常，得失難料，顧所以自脩者如何耳。方公蕭然默坐時，自分病廢，百念俱息。天君湛然，何有於世味？則其所以瞽而明，養而禄，仕而聲，壽而健者，豈有它哉？即此時便是養生之要訣。其脩身俟命之要旨，亦在此也。人之所以酣富貴，溺聲色，傷生喪節，靡靡成風者，正墮蔗境之甜耳。有能咀嚼公之詞，澹然太古之餘味，可以見羲皇而共安期矣。陳氏子元紹一日出示此卷，墨色清勁如新。跋者已備公之懿行，予不復述，止原公所以得壽之理而已。後生能保愛家藏而尊尚之，志亦淳雅。推此志而不倦，進德其可量哉！

跋桐岡書舍記

景定壬戌之冬，予始于上蔡書堂納交于玉峰車君，而未獲識桐岡于君也。一日，桐岡之子以玉峰記文示予，三復興嘆。噫！君之所與是誠君子也！四非之言，叮嚀忠厚，實書舍之坐右銘與！子曰：魯無君子者，斯焉取斯？

跋董氏族譜遺跡

理一分殊之旨，每于宗譜見得尤分明。人之宗族，盛大繁衍，千支萬派，其實一氣之流行。知其分之殊，固不能無親疎之別；知其理之一，則不可忘敦睦之義。今獲觀董氏譜諜，井分棋布，精確簡明，必知所以篤其恩義于宗族矣。至于寶先世之遺墨，愛護如拱璧，又必知其所以寶先世之遺體，尤謹于愛護者也。董氏安得不興乎？盛哉！

題賈菊徑龍眠馬圖

龍眠之馬，皆少年之筆也。初，龍眠好畫馬圖，馬所在，至忘食，縱觀神遊于群馬變態之中。有一僧語之曰：「觀君胸中無非馬者，得無與之俱化乎？」龍眠大懼，始絶筆。故曰龍眠之馬皆少年之筆也。人寶龍眠之馬，正犯其所甚懼者矣。昔有名僧，獨愛養鷹與馬，人問之，曰：「獨愛其峰神峻聳耳。」雖所愛異于人，是亦著物也。菊徑世事佛，敢以二事告之。

跋趙遠庵帖

右，遠庵先生趙公手帖四紙，得于撝堂劉先生遺書中，某寶藏于笥，近三十年。及搜訪撝堂往復遺稿，則已散逸而不可得。獨于挽詩見「傳心識顔冉，折衷辨師商」之句而已。又每以未獲見遠庵文集爲恨。今觀「安得三益之會」，于朋友之義可謂甚篤。及「池録删節」之語，于師門之慮可謂甚深。誦「理一分殊」之跋，得龜山以來一派宗旨爲甚的，未嘗不注心景仰也。景定癸亥，先生之嗣子工部來鎮東陽，惠政藹然。某蒙禮遇爲尤厚，用敢裱褫四帖，歸于家廟之藏，拜手書歲月于後云。

跋勑額代明招作

臣聞人臣〔二〕之事君，功在社稷，德在生民，死之日，國有彝典哀卹之，有賻，有吊，有祭，有謚，有輟朝之禮，有護葬之官，有紼披鐸翣之行列，有明器範器之名數，有崇甃豐碑之式，有石獸翁仲之衛；又即其梵宇，晨昏香火，以奉其神靈之遊息，皆所以旌表其功德也。而寺獨以功德名，所以示世世子孫無窮之思，恩亦厚矣。本朝大臣功德之盛，未有出于吕氏之右者。自許國文靖公、申國正獻公父子相繼，輔相兩朝，下至右丞東萊公，扶中興之運，雄勳碩望，書之青史，書之太常，固已焜耀今古。加以滎陽公得洛學之親受，文靖〔三〕公載北學而之南，貽我太史成公、寺丞忠公，學問淵源，羽翼道統，兄弟相繼，爲百世師。子子孫孫，慶源有衍而未艾，猗歟休哉！惟吕氏之先葬于太原，天禧中文靖公遷祖父代公、魏公于鄭州之管城。寶元中建寺墳側，賜名薦福禪院。公薨，詔改賜懷忠薦福，子孫從祔。建炎初，右丞葬夫人于新鄭，賜寺額曰元淨。明招因右丞隨駕南渡，薨于桂林，暫殯于寓地。紹興十六年，駕部初葬于婺之武義明招山惠安院，又得地于墓之東。二十三年，奉右丞之柩窆焉，自是子孫悉祔于左右。三十一年，遵先志請于朝，于惠安之上冠以「元淨」二字。其後文靖公葬于信之德源，亦以永安院請于朝，改曰懷中永安之院。皆所以遥望上世之兆域，以識終天之恨。然子孫之精神，即祖考之精神，烝嘗裸饋，一氣通流，固無南北之間也。山僧昔嘗備灑埽于懷中永安，已勒勑額，登之樂石。今又承乏于元淨惠安，詢之父老，寺舊有勑牒之碑，慶元戊午燬于火，敢不重刊以侈聖朝報功之賜，以興故國喬木之思云！

跋蘇滄浪二詩真蹟

老米評公之字，以「五陵年少」方之，亦太貶矣。觀其神韻意度，終非南渡後人所及。三復二詩，尚想幅巾小舟，灑然滄浪之上。其人遠矣，墨猶新也，悲夫！

題碧霞山人王公文集後

文以氣爲主，古有是言也；文以理爲主，近世儒者嘗言之。李漢曰「文者貫道之器」，以一句蔽三百年唐文之宗，而體用倒置不知也。必如周子曰「文者所以載道也」，而后精確不可易。夫道者形而上者也，氣者形而下者也。形而上者不可見，必有形而下者爲之體焉，故氣亦道也，如是之文始有正氣。氣雖正也，體各不同。體雖多端，而不害其爲正氣足矣。蓋氣不正，不足以傳遠。學者要當以知道爲先，養氣爲助。道苟明矣，而氣不充，不過失之弱耳。道苟不明，氣雖壯，亦邪氣而已，虚氣而已，否則客氣而已，不可謂載道之文也。吁，若蟠浦先生王公之文，亦可謂得其正氣者乎？予學也晚，未及識公，而予之族姪偘少嘗師之，爲予言公之學頗詳。公嘗客諸侯于邊郡，數經搶攘之變，而能相與備禦，計畫周密，拊定反側，勇往直前，真當世有用之才。卒不與時偶，歸而講道枌社，莫不嚮慕，固已起敬日久。一日，得公《碧霞》之集，窮日夜而讀之。其詩清麗閒雅，其文典覈有法度，于緼藉中得其精實之味。尤恨其不得識公，而相與從事于斯也。又恨其銓次未約，猶以少〔四〕年之作雜于其中。貴多不貴精，後世文集之通患。若攷其後先，因得其進學之序，亦在乎人善觀之而已。某不揆荒淺，有感公之文，而著其正氣之説于后云。

跋唐侍御家問

侍御唐公清德勁操，吾鄉之典刑。自幼知所敬仰，今始獲拜觀公之家書。于敦厚謙和之中，有剛毅不撓之意，言行相顧，表裏如一，藹然見于家庭父子間之真情，誠之不可掩如此。夫當孝皇嗣服之初，厲精求治，從諫如流。公于是時以敢言受上知，被親擢，諫行言聽，宜也，公已逆憂其甚難，何哉？今百年矣，其難易視昔又果何如也？有能如公忘私徇國，先辨一去，亦何難之足云？於乎！九京莫作，感今懷古，使人掩卷太息。實之能繼世科，又能刻苦自勵，是豈特顯揚其先烈而已，其有關于世道者甚大也。不知僭而題于後。

題申公試卷

自科舉之法立，而鄉舉里選之制壞。此無足怪，蓋取士之法壞于淫亂之婦人，歷數百年，聖賢之君不能復，此爲可恨。然猶有可諉，曰國朝兼采時望也。至糊名之請行，而士之進退一決于三日之虛文，雖綱常淪壞之人，販繒屠狗之輩，不必擇也。既登高科，則清官要職，執卷取償，朝廷雖欲不與，不可得也。取士之法，至是不復可言。然名公鉅卿，未有不出此塗者，蓋同行而異情耳。非法之果善也，乃法之大幸也。以一二人才之偶得，遂謂千萬人之皆然，不亦太疏乎！凡誣經詭聖，希求苟合，莫不中選，而抱道守義，拙于華藻者，莫不屏黜，是豈法之果幸哉，乃士之大不幸也。嗚呼！因觀吕申公試卷中稱名，是法猶未壞也。科舉之法不復古，天下無可治之理，三嘆而書于後。

古貴人押字跋

我思古人，嘉言善行不能盡識也，每見其一點一畫，未嘗不玩味其意趣，注心高仰之。寶祐癸丑，得此碑于鬻書人。異哉，人之癖好也！何彙萃者不憚其勞，何刻石者不吝其費？是果何益于世哉？予則因可以觀人物，亦可以觀世變。蓋古人之押字，實書名而花之，後世乃不然，與其名而不相似，直著其心之精微，寓于數畫之中。字者與人同，未足以深知其人，押則我之所獨，人焉廋哉！予觀司馬文正之押，署名而小花，既不失其製押之原，而精神風致，自然見于誠意之表，特此法未易盡識之耳。以大略言之，凡氣禀之重厚輕浮，心事之坦夷巇險，趣向之邪正，力量之强弱，皆可見也。既于字以得其人，又于人以驗其世，故自唐末終五季，諸人固無足取，觀其押字，莫不狂詭飄揚，傾欹放蕩，宜乎亂亡之相尋。及我國家盛時，諸賢之押，何其簡易而平正也！君子之于物，不以其末而棄之，亦必求其本也。嗚呼！是雖筆墨間至淺事也，其可忽諸？

跋武昌解氏善居圖

天地間所可大恨者，氣運之不齊也。天理固未嘗須臾亡，天理之亡，此氣昏之也。自陽明一染于陰濁，氤氳轇轕，而陽明不得以自全矣。于陰濁之中而陽明湛然不雜者，實不易遇，故清淳精一之會，鍾而爲大聖大賢，或千百年而一得，是天地之間氣也。以大舜之聖，而頑嚚象均不能同德于一家，而管、蔡之愚，不率德于周魯封胡之間。于聖賢之外，求其世世一德相傳之久，固無是事也。無是事則不敢輕責天下之人，故先王之教，厚人倫、美風俗者，所以不可一日廢也。武昌解氏去聖賢固遠矣，而能獨得夫淳厚之氣，所鍾者衆，所傳者遠，隱然仁義之遺風，豈人力所致哉，是亦間氣也歟？若謂其不識字，故能全其天，此有激之云，以愧世間識字者可也。不然，先王之教，詩書之澤，豈敗人倫壞風俗之物哉？何必讀書然後爲學！此夫子之所大惡也。草巢趙君之圖此也，知先王之教不可一日廢，所以示化民成俗之方，借解氏事以興起，感發人之良心善性，其旨深矣。若欲以此表章解氏，政非其所願也。使其知表章之爲榮，則解氏淳厚之氣漓矣。因有感而書于後。

跋趙宰先天圖

嘗讀康節之詩曰:「皇王帝伯經褒貶,雪月風花未品題。」蓋直欲以是爲勳業,爲事權,比方聖經,爲古人之缺典。先生之詩未易觀也,朱子曰:康節之學,其骨髓在《皇極經世》,其花草便是詩。草巢之爲編,已于花草上見造化,更能敲出《經世》骨髓,使天下之民皆擊壤而歌之,豈不幸歟?

跋張氏家傳〔五〕

《蘭江張氏家傳》一卷,予友伯誠甫之所撰述,紀其所自出既詳且尊,文有法矣。謹家諜而不忘其先塋,此孝之大者也。敬觀其本末,蓋自深澤至于瑞壠,積累豐厚,而其所以致富者以躬耕爲本。一再傳則又以儒學顯,而其所以爲學者以信古好義爲本。張氏之畡也宜哉!無其本而望其族之昌大,固無是理。伯誠之季,今又以世業薦于鄉書,種之茂未易量也。《祭義》曰:古之君子,論撰其先祖之美,而著之後世者也。其先祖無美而稱之,是誣也;有善而不知,不明也;知而弗傳,不仁也。此三者,君子之所耻也。伯誠其得之矣。

跋文公梅詞真蹟〔六〕

昔南軒先生與先大父石筍翁在長沙賞梅，分韻有曰：「平生嘉絶處，心事付寒梅。」今又獲拜觀文公先生懷南軒之句，曰：「和羹心事，履霜時節。」由是知二先生之心事，與梅花一也。然此八字雖甚平熟，極有深意。蓋和羹之用，正自履霜中來。自昔賢人君子有大力量、立大功業者，必有孤潔挺特之操，百鍊于奇窮困阨之中而不變者也。異時先生又曰「絶艷誰憐，真心自保」，所以指示學者尤親切。梅花與二先生之心，果何心哉？不過保一「真」字而已。天台吕居中學朱子者也，保愛此詞，如護拱璧，惟獨爲其推所以知愛之道。昔朱子嘗書寇忠愍《陽關詞》而題於後，欲使百世之下，有以知先生與萊公之意，繼之以嗚呼於戲悲夫，予于此詞亦云！

跋沙隨易雜記贈師文〔七〕

文公朱先生著《易本義》，謂《易》本卜筮書，而當時學者皆疑焉。惟沙隨程先生好以卜筮説《易》，有雜編一册，蓋親筆也。其門人得之以呈文公，公以所疑書于後，俾歸以此説質之沙隨先生，不審以爲如何也，可以見先生待前輩之禮其恭如此。沙隨亦稱劉公曰元城先生，稱喻公曰玉泉先生，稱汪公曰玉山先生，稱文公則曰南恭父。爲序于後，易道之淵源，經傳之因革，殆無餘藴。念是書考覈之精，辨析之詳，疏其羨文缺字之相承，訂其分章絶句之或異，精神粹密，盡在音訓，不敢以既退而累後人。越明年，遂用紫陽書堂本足成之。敬識其歲月云。

跋邵絜矩詩〔八〕

自《詩》之六義不明，而後世始傷于太巧。詩益巧而正氣益漓，不復有寬厚温柔之教矣。近世論作詩者須有夙根，有記魄，有吟骨，有遠心，然後陶咏諷誦，即聲成文，脱然穎悟。吁，美則美矣，是非所以言古人之詩也！三百五篇之作，雖有出于閭巷小夫、幽閨女子之口，而亦自有以得吟咏情性之正者，豈必刻苦用心于琢句鍊字之工哉！景定辛酉之秋，始獲拜觀絜矩邵公之詩卷，其參朱子之考亭也。《題五夫墾田》詩云：「足見山深俗轉淳，可容鉏處盡耕耘。膏腴萬里長淮闊，何日耕桑得似閩。」《新篁》有句云：「芽節扶疏生意足，要從此處見天然。」詞平則真力見，意澹則古意完，是猶不失詩之正氣，于此可以觀世變矣。横渠曰置心平易始知詩，此難與今之詩人言也。率爾題于後而歸之。

古易跋〔九〕

《詩》《書》厄于秦火，而《易》幸存，猶不免殽雜于諸儒之手，分經合傳，干亂舊章，使後世不得見三聖人之全書者，蓋千有餘年于此矣。東萊子吕子慨然復古，定晁氏刊補離合之未安，而十二篇之《易》粲然復完于垂没之年。紫陽子朱子深所嘉嘆，于是《本義》規橅，一循其序，四經流布，復爲之首。顧婺爲子吕子講道之邦，反缺是書，某竊病焉。往歲因分麗澤之席，亟命工鋟梓。既成，辱北山先生何子恭父爲序于後，《易》道之淵源，經傳之因革，殆無餘藴。念是書考覈之精，辨析之詳，疏其羨文缺字之相承，訂其分章絶句之或異，精神粹密，盡在音訓，不敢以既退而累後人。越明年，遂用紫陽書堂本足成之，敬識其歲月云。

跋昌黎文粹

右韓文三十有四篇，得于考亭門人，謂朱子所選，以惠後學。觀其體致氣韻，議論規橅，可謂出乎其類，拔乎其萃者也。程夫子謂：「韓子之學華。」朱子謂：「其做閒雜文字多，故曰華。」然亦有些本領，大節目處不錯，有七八分見識，氣象正大。」又曰：「韓文不用科段，直便説起去，至終篇，却自純粹成，體無破綻。」又曰：「韓文雖千變萬化，却無心變，只是不曾踐履玩味，不見到精微細密。」此學者不可不知。若以之資筆端，發越義理，可也。摹倣其所爲，則非朱子教人之意云。

跋勉齋北溪文粹

右《勉齋黄先生文粹》三十篇，《北溪陳先生文粹》三十一篇，《經説》十五篇，金華後學王柏之所編集，而又附以雜著四十餘章，北山何先生亦嘗增定焉。在昔乾、淳之士，登考亭之門而親傳面授者，不知其幾人矣。窮鄉孤陋，未能偏求高第弟子遺書而盡觀之，但見端的固守其師説，而接引後進，敷暢演繹而不失其本意者，惟二先生之爲可敬。勉齋先生辭嚴任重，充拓光明，而《通釋》尤爲淵奥。北溪先生辭暢義密，剖析精微，而《字義》實爲階梯。皆所以爲後學之津梁，以達于紫陽之室者也。此編非敢妄有銓擇，亦以其嘗玩味誦讀者開其子姪云。

跋歐曾文粹

右歐陽文忠公、南豐曾舍人《文粹》，合上下兩集六卷，凡四十有二篇，得于考亭門人，謂朱子之所選。觀其擇之之精，信非佗人目力所能到。抑又嘗聞朱子取文字之法，文勝而義理乖僻者不取，贊邪害正者文辭雖工不取。釋老文字，須如歐陽公《登真觀記》、曾南豐《仙都觀記》、《萊園記》之屬，乃可入。此可以知其取捨之意矣。又曰：歐陽公文字敷腴温潤，曾南豐文字又更峻潔。又曰：南豐文字説通透，如人會相論底一齊指摘説盡了。歐公不盡説，含蓄無盡，意又好。曾所以不及歐，是紆徐曲折處。又曰：文字好處，只是平易説道理，初不曾使差異底字換尋常字。自蘇東坡文出，便傷于巧，議論有不正處，只就小處起議論。此皆朱子論文之法，學者不可不知，因併識之云。

跋朱子大愚帖

先君子仙郡府君與獨善汪公契好至厚，某爲兒時，未嘗數日不侍容色也。嘉定辛未，獨善先逝，先君子亦相繼棄諸孤。不數年，伯壽流落，其子開之追尋其廼祖遺書，劬劬懇懇，志甚可悲。紫陽之帖，大愚之詩，尤所寶愛。某故樂與之從游，爲其摸刻于堅珉。撝堂劉公、船山楊公、克齋陳公皆感其事，慨然題跋于後。不幸元思蚤亡，此一段流風餘韻，漠然不接于耳目。今年伯壽死，元思始克同葬，原帖與石刻亦次第而出。某復與异二刻龕于麗澤書院，使獨善之高風義概與麗澤相爲終始，非特有以慰元思泉下之靈，亦所以勉薄俗而助風化也。嗚呼！大愚先生忠公于是竟終于貶所，今六十年矣。世變轇轕，師友彫喪，學絶教乖，風頽俗弊，不堪回首。獨善之子若孫今已跡滅祀曠，天難諶，命靡常，惠迪從逆之訓不靈，善人懼而世道來復〔一〇〕之期益未可知也。慨念疇昔，烏得不爲之泫然？再與裝褫此卷于腐壞塵蠹之餘，使前賢之遺響尚洋洋乎入耳，觀之者忠義之心庶幾油然而生。扶世教于下者，抑〔一一〕何能哉〔一二〕！北山何子恭父、箕谷倪孟德父、立齋剛仲姪，皆元思之所敬，豈可無一詞相與起其墜于後乎？

跋周吴蔣三君帖

山谷時猶曰：師帥之職，不知行道，以先覺覺民；學校之教，不知明道，以啓迪後進。故學者不知重道而尊師，士亦不復論學而取友。三復斯言，爲之永慨。予讀書陋巷，不求聞知，有志于學者，彼此固相知名，有願交之心，其交契已在于未見之先矣。五山王抑之，克齋陳公之門人也，特訪予于雙溪之上，爲予言果齋周君希顔之賢。淳祐乙巳，導予訪于天府石林軒，風度粹和，義理該洽，相與傾倒如舊識然。泛西湖之烟棹，步楊園之泉石，談論終日甚樂。歸來間以書尺相勞問，意尤渥也。松林吴君字淵仲，龍川陳公之甥，由武博出貳廣德，由貳而守，歸鄉求士，甚篤于予，尤拳拳焉相敬愛。未幾，復謀居龍窟，遂成疏闊矣。浦川蔣君叔行，自端平乙未識之夷清堂上，後館玩易書塾，契好始密，相知爲甚深。補太學幾十年，僅一奏平等，科名竟不遂。二君皆北山之親表。吴君樂易温雅，蚤脱場屋，晚求有道以訪師友之淵源，爲政尚德厚俗，决不以健刻求知當世者。蔣君寬和機警，蚤知學問之原委，未能免科舉之累。然其蚤察物情，巧中事會，每一見之，未嘗不與之劇談而撫掌也。此三君子者，皆非今日世運可行其志，困窮而長往也。宜哉，慨斯人之寂寂，而斯帖之僅存，交道日險，問學取友之事益落落矣，如之何而不于此長太息也！

跋久軒定齋帖

予幽約不勇，不能尋師取友于四方，求乾、淳諸老私淑之遺訓，以變化其氣質，與世參差，交道枯落。淳祐乙巳之秋，因事入京，始識久軒蔡公，蓋西山之孫、九峰之子。是時給禮玉堂，初除正字，與友人王抑之，敬巖、立齋二姪，契誼頗密。予起敬其家世甚久，遂往訪焉。公即以故人相待，削去岸谷，意氣篤厚，有前輩風。越再年，出持江東憲節，後移節本道，予以部民未敢納謁，而攬轡已在門矣。既而兼綰郡紱，再至，尤款密于松齋道院之間。及登政府，相與〔一三〕如一日。公凡兩去國，後一出尤偉，皆以事關學校，力争不得而去，善類恃之如泰山，天下想望其風采，以元祐相業期之。閒居三年而薨矣，嗚呼悲哉！定齋鄭君字文之，自太學博士出爲東陽郡長史。朋友間悞道予姓名，忽一日求見甚勤，卻之不可，自是情誼稍款。其人博洽通練，議論軒豁，實有用之才也。僅一持武岡之麾，丁内艱，哭愛子，困〔一四〕頓家居，近亦聞其捐館。二公皆閩人，今不可得而復見矣。吁，淵明有云：「知音苟不存，已矣何所悲？」摩挲遺帖，凡十有一紙，聯爲一卷，攬涕而書于後。

書伯兄心箴後

右《心箴》一卷，適莊先生晚年之筆也。鋒藏力健，氣定神和，非天君泰然，焉能至此〔一五〕？嘗以鄉之前輩曾書，不欲鋟梓，子孫宜寶藏勿墜。

跋默成詩卷

默成此詩筆豪氣逸，歸宿有味，非特一時題詠而已。此所以爲可敬也。不幸幾毀于簾箔間，若有神護，再還舊觀。仲志之子若川知所寶愛，不輕于授，予亦不敢輕于得，遂與李花詩重加裝背，以壽其傳。

【校記】

〔一〕「弓」，原作「苟」，據馮本、《續金華叢書》改。
〔二〕「臣」，原作「子」，據四庫本改。
〔三〕「靖」，原作「清」，據四庫本改。
〔四〕「少」，原作「半」，據四庫本改。
〔五〕本文原缺，據《續金華叢書》、四庫本補。
〔六〕原文缺，據《續金華叢書》、四庫本補。
〔七〕本文至「文公則曰南」，原缺，據《續金華叢書》補。
〔八〕原文缺，四庫本亦脱，據《續金華叢書》補。
〔九〕原文缺，四庫本亦脱，據《續金華叢書》補。
〔一〇〕「來復」，原作「復復」，據《續金華叢書》、四庫本改。
〔一一〕「抑」，原作「宀」，據《續金華叢書》改。
〔一二〕「抑何能哉」，四庫本作「何能已哉」。
〔一三〕「與」，原作「予」，據四庫本改。
〔一四〕「困」，原作「用」，據四庫本改。
〔一五〕「此」，原作「知」，據《續金華叢書》、四庫本改。

魯齋王文憲公文集卷之十二

廬陵銅溪劉同編輯
鄱陽三臺劉傑校正

題跋

書仰觀圖後

昔在帝堯，命羲和曆象日月星辰，以昏見之星定四時之中，其義審矣。聖人創法之初，亦立凡例，欲後人推而通之。蓋舉其中氣則孟季可以類見，此南面之占法也。于是帝舜又北面而占之，以昏見斗杓之所指，以齊七政，只一句而四時十有二月，月有三旬，其占俱備，其法益精，此所以天象之圖南北各異，不可合而爲一也。後人又分二十八宿，定爲四方，按以四時，往往穿鑿而不得其説。蓋地之體方，故可以東南西北而定；天之體圓，動静無端，運行無始，何以截然命之曰此爲東方之星，此爲西方之星乎？《月令》占以昏旦，比堯時可謂又審。姑以仲春言之，日月會于奎，此降婁之次也。昏弧中，旦建星中。弧則輿鬼，是爲鶉首之次。建在斗上，是爲星紀之次。以何爲東方星乎？古人未有以夜半占者，苟能常于子初考定，則春九十日之星次第而見，是爲東方之星也。它時亦然。間嘗推之，古今曆法莫難于度數之一、黄道之分，二事定，則推步不差矣。予嘗有《曆議》《歲差議》《象氣議》，凡三篇，當綴于此圖之後。丁巳夏，蘭江金吉父與希夷姪孫夜觀天文，辨星象，求其圖之善，未有如此本之精者。因手摹之，併題其説于後云。

跋東郡得朱子帖

考亭設教，多士景從，登門而問者類録其語，脩書而問者則條其目。然記録易差，手筆〔一〕無失也。吾鄉如月林潘公之子端叔、恭叔，半山潘公之子文叔，皆在弟子列。尺牘條答見于文集者，文叔公獨少，止書三答而已，此卷所有者皆在焉。最後一書，則此卷無也。僕每讀到「悠悠度日，永不到真實地頭，光陰可惜」，既以自嘆，又不能不以人物世道爲憂也，未嘗不聳然流汗。子孫不能保愛，流落于人間固多矣。苟能于言下省悟，亦不異于及門也，觀者其毋忽。

跋朱子與訥齋帖

訥齋趙公登朱子之門爲最先，其後遠庵昆仲相繼而進，開之以道義，締之以婚姻，往來尺牘其多可知。見于文集者，訥齋止二通而已，此帖亦不與焉。今以辭語考之，實慶元丙辰先生乞改正從臣恩數之後，沈繼祖未上疏之前也。當是時，國論大變，善類奔波，海内震駭。審觀此帖，不勝感慨。其餘則家庭間真情實意，契誼藹然，寶藏宜謹。後七十有七年，當咸淳壬申之冬，訥齋從孫某來赴保寧幕，出以示其後學王某，敬拜手書歲月姓名于後。

跋徐毅齋帖

咸淳壬申之冬，予畏友通齋葉仲成父出示毅齋先生徐文清公遺其先正監丞都運之帖一巨軸。後學王某肅容敬觀，藹乎仁義之言也，確乎朋友之義也。枌榆之人物尚盛也，縉紳之公論尚明也，其于出處輕重之間，講之尤密。視民〔二〕輕則爲己重，爲民重則視己輕。簡而裕，辨而正，事關父師，情深誅些，豈止爲家庭之天球弘璧而已！所以嗣先德，存大範，鎮家乘也。發舒融暢，實有俟于後人。

跋曹昌谷叙荆門遺事

開禧初，姦臣柄國，啓釁開邊，一時附和者枵然無遠略，無一事不欺誕也，何止荆門城築之事而已！不有諸賢峙柱激湍，以去就争，國勢其危哉！昌谷曹公亦有感于漢陽之辨，故書之爲甚力。此實有關乎邊備之大計，豈一家之私寶乎！後四十有七年，監丞都運葉公之英嗣由庚示其友人王某，謹拜手識于卷後。實之蓋公之字云。

跋字韻

鐘鼎甗釜、槃彝尊爵之款識，罕傳于後世，而籀篆寂寥，六義荒墜，斯變小篆，邈變隸書，二人雖同時，而斯猶有所宗也，邈則無復絲毫籀法矣。隸轉而楷，楷轉而行，行轉而草，行已不莊，草尤放蕩，世變所趨，淳厚斲喪，可勝言哉？楷書首以元常稱，惟江左諸賢頗得之。至隋唐其法漸壞，歐、虞、褚、薛、顔、柳諸公，皆不能逮也。今之學者，不能推其原以復乎古，乃欲眩其詭以揚其波。蓋部分偏旁俱壞于能書者之手，取妍好異，惑亦甚矣。後有作者，必將以六義正之。偶見屏岩上人集《字韻》而有感，遂識于後。

跋先訓

右嘉泰癸亥先君班改在京時賜某之字，此蓋小學之教。先致敬于言動之間，告戒諄諄，祝望甚切。未及聞詩禮之訓，則先君已棄不肖孤，距今六十有一年矣。艱棘顛危，上辱先訓，幸延殘喘，大有身分未了之事，何以見先君于九原？嗚呼！無恤之簡雖存，鄭公之業莫贖，悲乎痛哉！咸淳癸酉十月朔，再加裝整，泣血拜手謹識。

書先君遺獨善汪公帖後

先君少有大志，中年慨然以單騎遊荆楚，入武當幕。雖國家和好方堅，無以經營謀略，亦徧歷邊徼，吊春秋、戰國之遺跡，訪靖康、建炎之逸事。如地理之近遠，形勢之險隘，虜情之隱微，邊防之疏密，如指諸掌，見于簡册，形于書問者多矣。某幼罹荼毒，不能搜訪，僅得此一帖，大略可見。今正恨襄樊失守，人物眇然。蓋于安平無事時，士大夫念慮不及此，一旦事變之來，莫不束手無策。作此帖時，實慶元己未，距今七十有五年矣。感今昔之盛衰，爲之永嘅。深慮散逸，略加整固，附于《先訓》之後云。

跋汪公祭文

公諱大章，字時晦，與其兄時法公爲先君莫逆之交。公獨後死，克享上壽。哭先君之辭甚淳而實，非它人所能及，于是藏之惟謹。公之遺墨尚新，俯仰已六十餘年。感念疇昔，爲之泫然。先君交遊，至公于是盡矣，悲夫！

跋櫟庵潘公帖

公諱友文，字文叔，半山翁旬之長子也。半山與大父爲丱角之交，公以契家子相過從，書問甚多，今存者五帖而已。公嘗登考亭之門，亦有答問，近爲好事者所有矣。悲乎傷哉！

跋信州使君李公帖

公諱知微，字中甫，莊簡之長孫也。嘗爲吾郡録曹，登麗澤，與吕門諸友甚相好也，賢譽藹然。後以愛女歸于我季父少尹，而孫女又爲易巖兄婦，書帖往來甚密。今僅存此三帖于散逸之餘，于此亦可以想像其氣樂易也。

跋果齋時公帖

公諱□，字子源。自其先登麗澤之門，而公又師事朱子，有語録。昔我先姑生于臨江校官之舍，後奉公之琴瑟。公亦分教臨江，遂作冰〔三〕玉堂。簡帖往來，固不可勝數，今止存四帖。

跋史君梁公帖

公諱安世，括蒼人。公之大父家頗富，教子讀書甚鋭。一日，有劍客過門，忽令諸子棄所業而學焉，莫不怪駭。久之，睦寇大作，諸郡殘破，獨梁氏率鄉人共保，一出與之戰〔四〕，屢捷，卒全一鄉。賊既平，復命諸子讀書，公遂登第，仕至郎官。南澗韓公銘其大父之墓云。先君勾稽青田，登公之門，亦以先契故，以行第稱先君，系之以賢契友，則其齒德俱尊矣。餘此五帖，亦見其相與之真情。近因朋舊訪問其家世，似亦不振云。

跋陳中書帖

公諱希點，昔爲學官時，先君得其書，慶叔父銓闈之魁。中言「時兄之數見問大愚之官況」，當亦吕門之朋友。其帖餘七爾。

跋鄭大卿帖

公諱如岡，與先君始交者也，故有「傾蓋如故，臭味之同」之語。亦及大愚之姓字，必嘗師麗澤矣。後嘗知鄉郡，予少年，不敢見之，蓋不知契好之始終也。帖止存其二。

跋銅官三公帖

昔先君之宰銅陵也，值開禧用兵之時，防江之備甚密，流徙之民無餒，政亦勞矣。柏亦得以目擊其大略，一時書尺盈几，今不復見，止存三公之帖。交代張公，于湖之季也。書詞爛漫，習乃兄之餘風而無法度。其書慰先妣、先叔之喪而已。太守韓公諱茂卿，倉使王公諱柟，亦相與探問邊境之消息，形于言詞，殊無長官待屬吏之傲，亦賢矣。

跋李侍卿五公帖

李公嘗受大父特達之知，此交訊于初登朝之時。後知鄉郡，篤叙甚厚，僅存此數帖于敝笥。滕、朱二公，契好皆深，索諸叢集，各〔五〕餘其一。孔山三帖，乃臨江叔父之所受，先君不應無有也。一詩一詞，銅官餞別之貺云。

先友總跋

先君端方嚴介，擇交寡與，然久要急義，無愧古人。某爲兒童時，常侍獨善汪公、呈秀汪公無虚日。自先君即世，故交亦相繼淪謝，猶得拜櫟庵潘公、博士戴公、白石錢公，餘皆不及拜其履舄矣。當時書尺，皆類成大軸，如二汪公、夏公、戴公，皆已歸其子孫矣，諸父書問亦然。凡今所存，姑表契好之大略。此皆不肖孤不能保守，遂致寂寥泯滅，不得傳于子孫，則其繼志述事之責可知。嘅其永歎，嗟何及矣！

跋麗澤諸友帖

昔東萊先生吕成公講道于金華，四方學子雲合而影從，雖儒宗文師磊落相望，亦莫不折官位，抑輩行，願就弟子列。況止齋、水心年實下之，固心悦而誠服，非貌敬而面從。得時止齋與大愚之帖，謂哭郎中先生，其言不可誣也。白石不及登成公之門，而師止齋。止齋既爲成公門人，則白石行輩又降一等。其後作文，但欲尊其師，而與成公並稱，幾于無忌憚。由是橘坡王公力辨之，所以正人倫之分，厲風俗之偷也。古人于行輩最嚴，于師弟子爲尤重，蓋人生三事，師與君父一。讀昌黎之《師説》，則知所師者道也，而不計年之前後，此于長幼之序並行而不相悖者乎！近世無求道之實心，而好人之諛己也。先生之稱，交口相悦，心實不然，不以爲非，亦不以爲恥。于是先生二字輕于一羽矣，可勝歎哉！水心之帖，致問同門諸友，于叔度獨稱曰丈，以其年德之最尊，餘皆兄之，如曰德章、公謹、仲益、憲甫、温仲、日强、敬仲、伯廣、叔昌、仲謀，凡十人，情義繾綣，且恨不得長相從也。師門之敬亦篤矣。

後九帖，獨善汪公之尺牘也。諸公皆有聞望于時，汪公師門篤實君子也。觀其交際可以知諸公之情，觀其稱與可以知獨善之德。惟吕公泰然，自悔學問剥落，殊少振起。及黨禁方嚴，獨上書斥侂冑之姦，至杖流嶺外，不憂不懼。及侂冑誅，朝廷官之，則已客死矣。白石爲誌其墓,而聞者竦然。麗澤私淑之功,其可既邪!因有是帖,而後及是人云。

跋曾樂道帖

公諱槩,雅望甚偉,善筆札,大愚夫人同氣也。獨善左右大愚在貶所,往來問勞甚勤。大愚終于筠,相靜軒奔喪護其師,則獨善之季呈秀公也,故有一門節誼之感。是時〔六〕獨善同行,歸則橘坡往,後則呈秀公終其事。曾公以手足之情,不容不拳拳也。

跋陳鄭答問目

亡友汪君元思,諱開之。條問二公之目,有二公親筆答于其後。元思蚤亡,遺書存者百無一二。其父死,始得此二卷于塵網中,予平生視元思也深有愧焉。元思未離小學,即罹家難,蹤跡茫昧不可尋,意其必至流落矣。丁亥之冬,忽得其詩二首,驚喜過望,然後知其寓止。予往訪之于循理廣教寺之門側,大布之衣襲之以紙,栖栖一室,文集數種在几,議論確然有守,一掃世俗輕浮纏繞之習。自是招其入城府,尋再世之契,予賴其切磋之益甚多,同志翕然,願與之交。君又能叙先世師友之舊,徧求當時名公而參請焉。如船山楊公、克齋陳公、毅齋徐公、直齋錢公，皆嘗叩問，或登其門，或拜其書，劬劬不倦，後遂得壻于撝堂劉公之門。晚又遇三山鄭公存齋諱師孟，字齊卿，專叩《通釋》之疑甚詳。既而鄭公終于郡齋，久之，元思亦不起疾。朋友斂之而欲遂葬焉，其父堅不從。越十餘年，其父死，朋友然後得與同窆其父子。叩其諸公遺書，俱無有也。朋友悼之甚哀，予獨思之，久而不釋。予遂追述其懿行，狀而求銘于北山何子恭父，以附不朽于北山何先生之集云。

適莊友于帖跋

某自幼被先兄撫摩教詔之恩，非言可盡。歲晚同居，友愛尤篤。平生罕離侍下，書帖甚少，有時更唱，適意而已。暇日爲某書聖賢格言大字，無非教也。又小楷書《太極圖説》、《通書》、《西銘》、《易傳序》、《春秋傳序》，又書韓信登壇問答、草廬三顧問答、王朴《上世宗策》，其爲一集，以爲學問功業之勉。某崦嵫甚迫，深恨無以稱。且約以生既同一門，死將同一壑，又書「懷原」二字表之。自古友于之愛，生死不忍相舍〔七〕者，鮮矣。詩詞一軸，姑取一闋書于前，以先兄期望之意，回授後之子孫云。

跋東峴帖

予少無雅問，而婚于東峴之樓，風聲氣習亦恝恝乎其難入也。室〔八〕人之從妹壻胡君恭叔，諱景聲，嘗薦于鄉，貧，依于甥館，處之終身無間言，只此非予之所能及也。亦嘗致書餽，後入城見顧，風度淳確，議論醲郁，臭味既同，交情日固。其終也，了然而逝。求其遺帖，凡三十有七，藏之惟謹。予之妻祖克亭上壽，中有一帖，致感謝之意甚篤，此亦君之餘風也。嗚呼賢矣！

跋南山倪三愧帖

予因見北山而識叔行，因叔行而識孟陽，因孟陽而識其二兄。孟容最長，主家嚴毅。每聽予之言，與二季評于既退之後。對坐肅然，少唯諾，時然後言，堅確典刑，一鄉行其言而未嘗有失。孟德純實寡言，始亦未相孚也，久而後相契，縱談劇論無隱情，亦無世俗矯飾之爲。孟陽清介廉直，仕塗有聲。惟長公得天者厚，既壽而康寧，且多男子。二子收大名，迭登朝列，赫奕方殷。孟德僅至中壽。孟陽最不得年。予每謂叔行、孟德、孟陽三君，皆非今日世運可亨者，宜其困窮而長往也。慨斯人之寂寂，而斯帖之僅存，文道日險，論學取友之事益落落矣，如之何而不于此長太息也。孟德《風雅質疑》一卷附于後。其子明原以墓銘請，予不敢辭，爲誌之於石云。

跋何無適帖

君諱欽，字無適，北山先生之嗣子也。天才不群，有晋宋之遺風焉。予得其帖甚少，止二十有五。《遺硯帖》其絶筆也。予不敢受，姑勉其意，少留數月，將面還之。未幾君死矣，方恨無所歸，適元鼎令〔九〕予作書與趙星渚，求題墓大字，遂以此硯將誠。又得君銅爐、一蟾蜍水滴，歸其女矣，止有遺墨數卷而已。

跋徐彦成考史

予爲學之初志不立，不得明師良友導其進脩之方，不過求于詩史，竊其華藻，蓋鄙陋之譏，直淺之爲丈夫也。是時表姪徐彦成名順，頗熟於史而好談兵，每與之劇論。其人嚴冷矜持，非特爲予之益友，亦予之畏友也。方從師于王德固之塾，見《朝野雜記》，假以示予。予喜甚，質錢傭工以抄寫。未幾，又示以《文公語類》，予驚喜如獲異寶。方悼部帙之多，難于盡録，吾姪請助予之抄。抄且過半，予于是始知聖學之正塗、入門之次序，此意未易忘也。它日就正于撝堂、船山、北山三先生之門，蓋已粗識伊洛淵源之大略矣。未幾，彦成暴卒。予悲痛不能堪，每見其遺蹟，未嘗不爲之酸楚。憶昔予妄集《陽秋小編》，品論中興人物，吾姪爲之攷訂，精確周密。即此一卷，自足以見其學識之迥異也。予自覺此編之僭率，雖已焚棄，而此條論尚存故篋，爲之感嘆書于後。

跋劉楊二先生帖

撝堂提孟子「將以」二字，大有餘味，昔猶未悟，今始知之。二先生雖皆登考亭之門，而未相識也。撝堂爲予作《魯齋銘》，船山見之，既稱贊弘毅之説，而病「孟軻秋殺」之一語，謂撝堂之婿汪君元思曰：不若改作「孟兼秋殺」。撝堂亦嘆服其言，而未及親改。朋友切磋，一字不放過，義當如是。其餘帖亦皆鞭辟予者甚至，且循循善誘，不激不隨，尤拳拳以看《語録》爲囑，意極忱篤。每觀衆帖，如日侍杖屨于滄浪之上。歲月遒駛，今四十年矣。予亦垂垂暮景，學且不進，有負深期，不勝愧嘆。皆前卷所遺，今共爲一軸，以識吾過。

跋寬居帖

君諱子舉，字師尹，少年以英邁之氣，挾麗藻之辭，談笑功名之場。中更排根，始就收斂，闖北山之籓籬，探伊洛之旨趣。移以北山書爲介紹，下顧予于陋巷之中。自是交遊十餘年，敬愛無斁。丙寅莫春，忽得君之遺領，往哭之。明年暮春，得君之壙記，哭君夫婦之喪于摩訶様，授之以挽辭。予之情備見於此矣。歸而訪其遺帖，凡二十餘紙，間以一二見于《雅藏録》云。

跋介岩潘公帖

公諱墀，字經之，仕至秘書監，以修撰華其歸。公之喪，以病不及往吊。公之葬不知其時，又不及挽其車而哭。幽冥之間，負此良友，因整比其遺帖，繫之以辭曰：繫戚畹之柄國兮，倡僞風以賊夫天德。賴星靈之下燭兮，亟移柱而調瑟。正氣傷而未易甦兮，學問之原難一。予方杜門陋巷兮，神營營乎紙上之遺則。雖丹溪之弦誦洋洋兮，恨求道之不力。幸朋友之意氣感孚兮，一見如平生之舊識。譬諸草木同臭味兮，有不求而自得。柔兆敦牂之歲兮，維夏之日。别誠求於淨明之蘭若兮，同門畢集。有美一人兮，氣肅而貌皙。凝乎其觚兮，不偏而窒。澹乎其靚兮，絶去雕飾。是曰介巖兮，聽其言而充實。曜靈遥遥兮，健而不息。再會于嚴子之故鄉兮，樂得朋而款密。君翺翔乎中祕兮，壯資善之羽翼。亦胙之以茅土兮，兩駕熊軾。暨息影於蒼山之麓兮，景翳翳以將入。柴車闖門兮，庭宇閴寂。勉勉言笑兮，若有味乎枕席。歲律甫换兮，感訃聞之孔亟。我將匍匐而往兮，兩足如縶。馮瓣香以致唁兮，東望涕泣。吁戲哉！前乎聖哲之不我待兮，後乎賢者之不我接。薫者未必壽兮，蕕者未必折。幸同志而同里兮，又不得漸磨於朝夕。何會君之不數兮，復棄予之甚亟。思君無以爲懷兮，孰論心而自釋。攬遺帖之炳炳兮，儼若見乎其玉立。倏莫色横空而來兮，聽雨聲之淅淅。

跋蜀帖

嘉定初，鶴山魏公首請周、程之謚，其發天理，正人心，所關係蓋甚不淺。其後鶴林吴公亦嘗曰：「河洛輟響，斯道荆榛，朱先發孤咏於朝陽洞，析微義以告後學，必群居相與講明，而求爲至當之歸。」二公皆西州之士，而學得其正如此。予每愛其文而不得識其人也。後乃得識平舟雲山，亦西蜀之珍，而學皆有源委。昔平舟守吾鄉矣，每一門必揭二句，曰「十二時不忘恭敬，三萬息皆要和平」，自脩工夫可知也。首屈千乘，訪予于陋巷。既而以厚禮聘予于麗澤，後以寓公議論不合而止。臨行，予請其一講而去，公巽謝，且恃天時人事之相符。後招予于上蔡，拳拳留其歸，趣其來，始終如一。今亡矣，雲山之父南疇公，嘗師晏先生亞夫，諱淵，有文集。雲山後卒業饒雙峰諱魯之門。其宰臨海也，惠政藹然，即以同門見稱，意甚勤篤。既而有位于朝，出守於台，朝廷委以救荒之政，盡瘁而終。上以其廉貧，賑恤之典甚厚。暇日聯二公之帖，以慰高山之仰。烏乎！參井之墟，淪于腥羶，蜀士之落南者，尤恨未盡識也。

右，平舟二子西賓趙曲溪嘗遣至書堂。其姪源爲臨海尉，嘗見訪。其族見山名文仲，尤相予厚，遣子就學。齋職張達善壐，亦蜀人。

跋趙星渚帖

韓昌黎曰：「白頭如新，傾蓋如舊，顧意氣之何如，曷時日之足究？」予嘗爲之言曰：此無它，特一知與不知耳。昔吴公子至鄭，見子産如舊識，即有縞帶紵衣之交贈，何也？蓋季札知鄭有子産，子産知吴有季札久矣，是以深相孚於未見之前，意交歡於既見之後。堂下一言，亦先知鄭之有蔑也；坐間少異，亦先知温之有嘉也。昌黎又曰：「士之修身立節而竟不遇知己，前古以來，不可勝數。或接膝而不相知，或異世而相慕，以其遭逢之難，故士爲知己者死。」吁，此正昌黎之病根也。士之脩身立節，爲士者之所當然，知不知在人，何足以嘆遭逢之難哉！聖人曰：「人不知而不愠，不亦君子乎？」又曰「不見是而無悶」，斯豈非學者之大戒？予踽踽陋巷，朋友彫落，言之而莫予聽也，倡之而莫予和也，不敢與世混混相濁，若可愠也。然有尚友古人之一路，豈不在我？壬戌之秋，忽有軍將打門，傳示天台使君之書，恍不知其何爲〔一〇〕，觀其姓名，乃果昔聞於朋友而欲見而不可得者，蓋招予主上蔡書院之講席。予欣然從之。吾道之將行將廢，予不敢知也。以素慕之人，有相親之機，亦人情之所共樂。然其相與之厚，相敬之真，亦事理之必然。何者？以知之非一旦，傾蓋之比，故應然耳。苟無因以會面，亦不害其爲知也。觀其遺帖，可以見其真情矣。壬申之春，忽聞其訃，予涕泣東望，拜發其誄詞。歸而搜諸遺篋，得其帖爲一卷，時展玩焉，未見其爲死生之間也。

跋趙傃軒帖

公諱希悦，文公之甥孫。昔倅于婺，不欲見之。及爲守，乃蒙下顧，爲上蔡書院，趣予之行，一再招飯。言論典刑，無一俗語，氣象終與人異。後以庾節去，後專介于書堂，相勞問甚篤。迫歲而歸，竟不及一造黄巖以謝之。公之喪，僅能以書吊而已。其子與科以行狀見委，予以編遺事踈甚，不敢承命。

跋韓初堂帖

君諱境，字仲容，相臺之秀，寓居于越。嘗以架閣言事貶于婺，稱適莊先嫂爲姑，而篤親誼焉。議論磊落可聽，詩書筆札皆工。予以《詩準》《翼》與之，即能洞知其本末，形于謝帖。其胸次已加人一等，宜其眇視一世，終于再貶，亦可傷也。

跋林宗山帖

君諱拾，東嘉人。與初堂同貶于婺，因初堂而識之。二人趨向大不同，一未忘富貴之餘習，一不忘儒素之清風。荷其相與之意頗真。後趨朝，聞麗澤之擾擾，戒以勿爲已甚，不失于君子之厚，尤相愛也。自其入言路，則不復通姓名矣。後敬岩、君玉皆其彈也，自以爲恩焉。

跋蘇愚翁帖

君亦居東嘉，嘗參保寧幕，既而攝金華令，相與之意亦真。後不堪征賦之令迫，飄然賦

「歸歟」而去。上官留之不從，親舊辟之不出。時得其書，以《慕庵記》《好生録序》見囑，道謝之詞甚謙。其死也，予酹之。其子樸乃以墓上之碑囑予，勉强綴輯，未知其果入石否。

跋趙草巢帖

君諱必升，天台人。初來爲義烏令，首來訪余，從者不識而差池。余知，訪焉，一見略去岸谷如故人，自是情分甚密。與余同庚而月長。余之辭聖則也，以皐比遜之，徘徊久而後至，不數年而謝世矣。余專介酹之，觀書辭氣象坦夷和易，非世俗能勉强而企及也。

王石潭帖跋

君諱賁，天台人，介特有守，隱居于頑惡之鄉，習俗化焉，不敢爲非。王實翁之創上蔡書堂也，欲求領袖，無策以勉其出，乃置一社倉于其鄉，令鄉人自求一賢士主之。一鄉之人咸造其家致請，君遂欣然出見實翁，受條約。實翁言其情，懇其將書幣，請平舟爲山主、星渚爲堂長，二公皆領略。既復命，即歸于故棲不再出矣。後星渚竟代實翁爲郡，乃聘予而至。久之，始具古服，執弟子禮來謁。予敬其氣貌儼如三代之人物也。自是情相浹洽，吐露心腹無隱。

及予將告退也，欲得君綱領一堂，乃具書幣，對使者拜發，乃勉强至堂三兩月而已。及其死，無以斂，門人爭經理其喪。至于葬道有兩岐，一大而遠，一狹而近。門人請于其婦，婦曰：「先夫平日不曾由逕，不可違其志。」聞者嘆息曰：「有是婦哉，君之德益彰矣！」因拾其遺帖，并及之，以爲有志者法。

林省吾帖跋

君諱正心，學雖無師承，亦以科舉爲業，乃能博覽群書，非取辦于黄册，故粗得其大略，著書受徒，從者亦衆。連三舉于鄉，及入太學，乃屢垂翅而歸。自實翁之經理書堂也，君始終與其事，聘之爲堂正。及予之至，君不來矣。及予至者三，君始來謁，望之儼然玉立，如泥塑人，已可敬矣。退而省其私，始終如一，非一朝一夕所能至，尤可敬也。與之語則坦然明白，出示心腹，略無隱情，豈今世俗所望而有也，直宜於古人中求之，乃不得年而死。車君玉峰以書來囑予誌其墓，予不敢辭，終不足以發其潛德也。

跋胡怡堂帖

君諱夢魁，淳安人，來爲東陽簿，入郡幕。忽來訪予，其人若硬白直〔一一〕，其言耿介〔一二〕質確，大有古人之風，其聲如鐘然。兄弟相隨，怡怡如也，故以名其堂。于予敬待如親故，更無岸谷，相期待者無浮辭，無非吐出真心。仕塗坎壈，處之泰然。三代之所以直道而行也，于君見之。或問其堂之在何所？曰隨身云。

大安迷道詩跋

端平乙未九月六日，往拜船山先生楊公于蘭江之大安。中塗不審所向，屢迷屢復，因成小詩自警，而辱諸友和焉。易嵓兄、立齋姪亦有作也，久不見此卷矣。己巳夏，姪孫璞忽以見還，恍然如前日事，倒指已三十有五年，和者今悉亡矣。感歲月之滔邁，悼朋友之零落，傷學問之無成，而隻影之伶俜也。嗚呼悲夫！後之見者其亦有鑒于斯云。

鄭文振帖跋

鄭公文振諱南升，建人。受業考亭，有語録。時考亭弟子多登先大父之門，大父爲閩漕時，先君爲青田簿，故不識公。及先君以大父行狀求銘于朱子，亦納于公，而回帖如右，且言閩中之政不止一鹽事，恐有未盡者，其知大父也詳矣。二帖偶存，亦可寶也。

跋如山東坡魫冠頌

坡公八窗玲瓏，天機飛躍，矢口成章，視佛語何有哉。一超直入，三昧現前，借渠拍板門槌，逢場作戲耳。後世以公爲好佛，是不得其情者。自古知道之士，未嘗不闢佛，其徒怒且怨。公慢佛亦甚矣，其徒反歡喜贊嘆，尤爲可笑。若此《魫冠頌》雜入大藏中，佛亦不能辨也，與《六馬圖贊》同此一機。方坡公之授晁公，授藥寮也，雖當中原極盛時，此紙方罹大禁，藥寮于喪亂流離而不忍捨，其深愛可知。咸淳癸卯人日，如山出以示僕，距元祐癸卯，已一百八十年矣，若真有龍天護持乎！因書于後云。

跋東邨繹山碑

東邨趙公出示《繹山碑》，俾予綴名其後，此固予之幸也，而未得其説。徐而思之，好古者先當以其人之可尊，次當以其事之可傳，又其次始以其字之可法耳。三者咸無焉，雖古不足貴也。此碑徒以其篆之古也，然登繹山者不見其石，著《史記》者又無其詞，踪跡茫昧，不可致詰。自唐已有棗木本，徐騎省模唐刻于後，今不可見矣。徐文寶刻于長安者亦不易。宋公本今刻于墨妙堂者，正與此本同。自騎省以下，又三橅矣，所謂雙鉤者亦隱然可見。趙東邨謂此雖摹傳之餘，然亦自可貴，此言爲不誣云。

跋葉氏家世墓銘後

興滅繼絶，聖人之盛心，治天下之大政也。謹終追遠，故民德亦歸於厚。甚矣世俗之媮也，無所爲而繼絶者，千百而不一二數，吾見其人焉，不可以無紀。婺之蘭溪知吴縣葉公諱誕，師東萊先生吕成公，先生爲銘其父之墓，先生之季忠公爲銘其母之墓，二親足以不朽矣。吴縣不得年而未有銘其墓者，猶有冢子諱紹彭誌歲月于幽宫。冢子又不得年，生于乾道壬辰，卒于慶元戊午，葬于邑之金氏塢，言行堙蕪而不可考。後四十有餘年，其弟諱大同始命其幼子元焕嗣之，且無寸土之可紹，曰：「能明義利之分，則吾兄真有後矣。」偉哉，公之識乎！世有繼祀之訟者，可不愧死。益見吴縣家庭之訓，久而不泯如此。元焕追念所後無傳，俾僕粗述其顛末。僕生也晚，亦不及接侍音容，何敢僭列于二先生之後？然奚以它求？公娶王氏，僕之諸姑也，堅誓《柏舟》，歸死于婦家，親黨樂爲之銘。觀諸此，則知其夫之刑于寡妻者，有其道。敢以是拜手書于後云。

【校記】

〔一〕「筆」，原作「畢」，據四庫本改。
〔二〕「民」，原作「名」，據下文、四庫本改。
〔三〕「冰」，原作「水」，據四庫本改。
〔四〕「戰」，原脱，據馮本、阮本、《續金華叢書》、四庫本補。
〔五〕「各」，原本不清，據《續金華叢書》、四庫本補。
〔六〕「是時」，原倒，據四庫本乙。
〔七〕「舍」，原作「合」，《續金華叢書》同，據四庫本改。
〔八〕「室」，原脱，據四庫本補。

〔九〕「令」，原作「合」，據四庫本改。
〔一〇〕「何爲」，四庫本作「所自」。
〔一一〕「若硬白直」，四庫本作「耿介諒直」。
〔一二〕「耿介」，四庫本作「淳謹」。

魯齋王文憲公文集卷之十三

廬陵銅溪劉同編輯
鄱陽三臺劉傑校正

題跋

古中庸跋

《中庸》者，子思子所著之書，所以開大原，立大本，而承聖緒也。義理精微而實難於窺測，規撫宏遠而實難於會通，衆説淆雜而實難於折衷。此子朱子以任其責，而後學亦已春融而冰釋矣。惟愚滯之見，常覺其文勢時有斷續，語脉時有交互，思而不敢言也，疑而不敢問也。一日，偶見《西漢·藝文志》有曰「《中庸説》二篇」，顔師古注曰「今《禮記》有《中庸》一篇」，而不言亡其一也。惕然有感，然後知班固時尚見其初爲二也，合而亂之，其出于小戴氏之手乎？彼不知古人著書未嘗自名其篇目，凡題辭皆後人之所分識，徒見兩篇之詞義不同，遂從而參伍錯綜，成就其總題已。天賦爲命，人受爲性，所賦所受，本此實理，故「中庸」二字爲道之目，未可爲綱，「誠明」二字可以爲綱，不可爲目。僕不揆狂僭，爲之隱索，取而析之，以類相從，追還舊觀。但見其綱領純而辨也如此之精，條目疏而理也如此之瑩，首尾相涵，可謂縝密，氣脉流通，可謂融暢。雖各提一「教」字，而其旨亦異：一以行爲主，故曰脩道；一以知爲主，故曰明誠。雖各題一「性〔一〕」字，而其義不同：一原其性之所自來，一原其性之所實有。始於天者，終于天。始于誠者，終于誠。分限嚴而不雜，塗轍一而不差，子思子亦可以無遺憾于千載之上矣。或曰：自漢晋以來，諸儒先未嘗疑也，至于朱子章分句析，研機極深，而無間言也。子何爲者，而勇于妄論乎？曰：非敢妄也，有所證也。此書惟「哀公問政」章交構爲最深，加以王肅貿貿然獨掇此章，充塞乎《家語》之中，此先儒之所以不疑也。幸有「在下位不獲乎上，民不可得而治矣」十有四字，鄭氏所謂誤重在此者，此感人之根乎其論，舊章之痕迹尚未磨也，其性參之位置尚莫掩也，使後世可以指瑕索瘢，正其苟合者，殆天意也。又以班固「《中庸説》二篇」五字，不列于諸子之上，而晦昧于古《禮經》之末，竊意子朱子未必見也，或見而未必注思也。不然以朱子之精明剛決，辭而闢之久矣，奚俟于今日哉！

跋西樓姪孫三帖

黄山谷云：學子瞻書，但卧筆取妍，至于老大精神，可與顔楊方駕者，則未之見也。予嘗謂欲識坡公運用之妙，當于中筆清圓内求之。因有感亡友無適之言，爲之愴然書于後。

右坡字

朱子《字銘》云：「放意則荒，取妍則惑。」此八字足爲作字之要訣。惟米南宫字當于放中求妍，此前一帖是也。

右米字

益公之字，端重謹密，如其爲人。此猶中年之作也。每觀《退傳帖》，無異往昔，此其常德，尤可嘆服。于此又識前輩後進愛敬兩盡，其道足爲世之法矣。

右周平園字

跋蘇愚翁詩

太古蘇兄録示先府君《讀先覺録》之句〔二〕雅健，感慨如見翁焉，猶歐陽公重讀《徂徠集》

也。夫生之有死，人所共知，子路尚何所疑而形于問？夫子答以「未知生，焉知死」，可謂深切。子路不悟，終不得其死。曾子之疾，示門弟子以手足俱全，且言戰兢自持之功，自謂免夫，而易簀一段，猶在于垂絶之際。吁，是豈不亦難矣乎？愚翁曰「潔白事脩持，從容中繩墨」，可謂知生矣；曰「之死了不惑」，可謂知死矣；曰「爲此重憂惻」，亦曾子「淵冰」之戒云。

跋前人垂死兩日前分韻詩

「身如蟬蜕，夢似楊花」，此不知死者之言，故謂之詩讖。愚翁洞達生死，兩日前分韻詩有「羽翰一息凌霄去」之語，此不可謂讖也，亦因事微示之意耳。彼以偈頌歌詩張皇愧漾者，是不安於死者之所爲，觀此可以知愧矣。

跋鄭北山梅花三絶句

詩言志，志者事之符也。北山公賦梅花三絶，豈非平生之箴辭乎？券臺之上，宜植十數根，林立於翁仲之間，使公生氣常伸于嚴冬大雪之中，勝于豐珉信後之刻多矣。雙岩亦然之。

跋大愚四帖

麗澤輟響而大愚先生實嗣其音，故于同門朋友拳拳篤叙，若家人然。觀此四帖，藹然忠厚之意見于言表，機杼之感，參松之問，皆相與之真情。王丞諷切之戒，所以全交道之不苟。「寒窗兀兀，恍如昨夢」，此當在明招感成公講道之故迹也。「不能生還〔三〕」之語，尤見守命義之有力，兒輩不免爲故人累，非平日敬愛之深，必不輕發此言。時慶元乙卯之冬，而先生果終于謫所。嗚呼，悲夫！景華吴公之後保守此數帖，今七十有餘年，家世暐然，足以不朽。族孫瑊將以前後二帖登于樂石，志趣之雅，所可尚也，爲之書于後。

書葉西亭鈍漢傳後

昔先大父與相國葉公同讀書于野堂，同登紹興戊辰第，誼甚篤也。先君與直閣公契好尤密。某幼孤廢學，中年始獲登西亭伯仲之門，即獲觀《鈍漢傳》，當時未解公意，但知字有《樂毅論》體，襲藏惟謹。咸淳辛未之季春，公之子天啓攜此傳出示，恍然如異世事。自念某亦嘗以魯自厲，魯猶鈍也，鈍亦魯也，字義一而用有不同。公欲全其鈍，無競世之心也。某不敢安于魯，有願學之志焉。今某之魯猶故，而公之鈍不特全於一身。天啓入仕餘四十年，一麾猶未入手，可謂能世其鈍者與？斯所以爲識者之所敬云。

書鄭北山祭吴忠烈廟文

以書生馭宿將，危事也，豈虛言足以服其心哉！每讀北山鄭公吴廟之誄，使人躍如凛乎，壯哉辭也！默成先生所謂至矣遠哉，尤有餘味。然不有英氣鼓舞于灌薦之表，警戒豈能竦然于稱贊之中乎？嗚呼，子房妙於機策士也，孔明精于才自用也，惟裴晋公謂處置得宜者近之。後一百三十年，里下士王某傷今思古，爲之長太息，書于崖碑之后。

跋東郕山谷詩軸

古涪翁元豐乙丑在館時答外甥孫莘老之詩，氣和而真力壯，音澹而古意完，此所以爲高也。然世之知公者，不過曰老禪，曰草聖，曰詩派宗祖而已，孰能思其名在黨籍，艱險百罹，蟬蜕南荒而不悔，高風勁節，凛然千古。東郕先生抑亦尚慕其爲人，豈徒寶此軸哉。幸蚤輟清俸，登之堅珉，不然，則墨必盡剥而迹遂堙微，豈不爲博雅之恨乎？

跋朱子帖

乾道丁亥秋，文公朱先生訪張宣公於長沙，道由昭武，拜端明黄公中于里第。先之以長書，其辭前後有曰「八月十一日，具位朱某敢齋沐裁書，請納再拜之禮於尚書端明丈台座」云云，「今日之來，蓋將頓首再拜于堂下，以償夙昔之願。伏惟明公坐而受之，使得自進于門人弟子之列，而不孤其所以來之意，則某之幸也。鄉往之深，不自知其越僭，敢以書先于將命者而立于廡下，以聽可否之命」。其書見于文集。九月抵長沙，此書則在長沙時，遺東萊先生吕成公之手筆也。故書中首言見端明事，稱其德履，且自愧淺之爲丈夫。時朱子年三十有八，其景行前修，氣識宏遠，度越一時，至今使人躍然興起。嘉定乙亥，金華後學王柏受是書於成公門人獨善汪公大度之家，寶藏于笥，又五十有七年矣。嗚呼！自三先生之聲教絶響，後生小子安識前輩敬老尊賢之禮哉！至于辭受之宜，儒釋之辨，當時朋友切磋之實意，典則滿紙，義理沛然，大有補于世教者，後欲併刻石於麗澤書院，以退弗果。慨流風之日遠，懼遺墨之遂銷，爲之三太息，敬識其不敏于卷末云。一百有五中秋，某拜手謹書。

跋潘竹真四尖詞

竹真以扛鼎之筆力，游戲題咏，張皇幽眇，華彩四尖，使人畏避，不敢逼視。正坐山靈水怪不能牢扃深拒，漏泄一段風雅于二三君子，以發鴻音，振古之閟，而反嚴號令，戒堅壁。或者疑此意之未廣，彼將復命曰：今之王公大人所好，正不在此，請毋過慮。

跋北山書朱子詩送韋軒

朱子《遠遊歌》雖少年之作，已見其器局之廣，立志之堅，既有以開拓其問學之基矣。其送胡籍溪〔四〕、劉忠肅二詩，則紹興己卯，時年方三十。《克己》一詩、《觀書有感》二詩，則紹興庚辰也。《挽延平先生》二詩，則隆興也。《酬南軒贈言》，則乾道丁亥也。《齋居感興》二十首及《分水嶺》絶句，則乾道壬辰也。《論啓蒙》絶句，則淳熙丙申也。《題寫真》絶句，則慶元庚申，踰月而易簀矣。朱子之詩凡十卷，其精微之藴，正大之情，皆所以羽翼六經，發揮聖道，何止此三十有二章而已！蓋余平日之所涵泳，獨于此而有得焉。端平丙申，請于北山何先生，書于一編，清勁端楷，無一筆匆匆，亦足以見其心德深潛淳粹之懿。慨北山已不可復見，將誰與同此心乎？韋軒别駕純實廉介，恪守家法，景慕朱子，發於誠心，歸敬北山，意亦獨至。于其滿替而歸侍庭也，敢以朱子遺成公一帖及此編相其行，行必有贐，禮也。或暇日整衿澄慮，披展玩索，躍然興起，如相與撰杖於滄洲雲谷之間，不知古今之遠、出處之異，庶不負尊賢之初心云。

跋竹溪吴君詩集

僕聞前人語：學詩者須有夙根，有記魂，有吟骨，有遠心，然後可以穎異。上三者出于天資，不可强，至于遠心，當從學問中來。今觀吴君詩集，前有吾畏友葉通齋序矣，奚待僕之言？况《感興》前三者，已窺朱子之遺意，學問亦可以得師，尤不待僕言者，輒書于後而歸之云。

跋東邨所藏帖

咸淳辛未之冬，幕長東邨先生出示本朝名公帖，其後有跋，乃李文簡之子校書公及雁湖也。校書名在慶元黨禁，嘉定辛未，僞禁初解，起知三湖。雁湖字季章，于朱子爲尤密。今言得先公手書凡八紙，止存其二而已。錫山尤公、攻媿樓公，固先友也，若後湖蘇公、浮休張公、清江劉公，相去差遠，未必及交。内有諱復者，不知爲誰。或疑其姪，顧名雖不甚顯，字已將滅，隱然尚有典刑。古人所重墨蹟，不特取其字也，亦敬其人也。世變之開闔盈虚，豈有窮哉？如慶曆、元祐諸賢之帖，今已不可多見，況晋唐之名家乎？雖然，物必萃于所好，誠能博擷廣受，久而不倦，豈止晋唐之遺跡尚可得，雖鼎鼐之潤，篆籀之光，照映于左右，亦不難矣。吕子曰「心思之不可囿而滯也」，是亦不可不鑒也。

跋怡齋吟稿

先君子與博士戴公爲同門友，契好甚密。予自束髮，常得立侍左右。先君之喪，博士哭之甚哀，撫諸孤甚厚。未半年，博士竟卒于中都，哀誄傳播，方知爲公夫人之作也，益重博士之賢，足以掩夫人之文聲。與先君同日葬于婺女鄉，兩塋相望不半里。其後嘗展升堂之拜，與公諸子亦密。獲觀《怡齋吟稿》，凛然貞潔之操，見于比興間，自在閒雅，殊無粉澤之氣，古之列女節婦未必有也。夫人卒，先兄適莊爲書埋銘，一時哀挽曰「名〔五〕士誄文千古恨，《怡齋吟稿》一編塵〔六〕」，遂爲絶唱。不幸風規不振，遺書散逸。予嘗太息而言曰：「《吟稿》與塵俱不見，誄文和恨總成空。」後六十年，族孫珽攜一巨帙見過，《吟稿》、誄文恍然到目〔七〕，而幽刻亦在焉。爲之驚喜感慨，曰：後世固有好雅之士，不患不傳斯稿也，正患斯稿之傳，傷夫人之無後也。雖然，三百五篇多婦人女子之詩，聖人未嘗不採，所以興起人之善心，導性情之正，有補于世教也尚矣，固不在家藏而私寶也。予于是書于卷末云。

跋朱子與汪獨善手帖

朋友之義實貫人倫，如五行之土，五常之信，不亦重乎？昔獨善汪先生從大愚吕先生之在貶所也，不惟調虞〔八〕扶掖，以慰其牢落之懷，而又講切磨劘，以勉其所未至，固無愧於朋友之義也。某爲兒時及侍丈席，言語容貌，恂恂和易，人不過以謹厚長者名之。及義所當爲，奮袂逕前，乃如是之勇，有平日言論激烈者之所反不能，何也？先生嘗書而刻之柱曰：「君子欲訥于言而敏于行。」此亦敏行之一驗與？今觀文公手筆粲然，辭氣慷慨，所以嘆息二先生之事，凛凛然足以立千載懦夫之志，是以起敬而書于後。

跋朱子所書出師表

聞昔朱文公酒每酣，多朗誦《出師表》，而或書之以贈友人。今見刻本，想其慷慨興起之意猶燁然點畫間。文公嘗曰：「孔明有王佐之心，而道則未盡。」學者固不可徒讚嘆於文字之間而已，要當知其心之所存，道之所未盡，庶或有得於文公所以書之之意。

跋劉撝堂作立齋銘

昔夫子教伯魚曰「不學禮無以立」，教門人亦曰「立于禮」，又曰「不知禮，無以立也」，則知聖人教人、教子無以異也。今撝堂所作《立齋銘》而推廣「立」之義，以是詔其子，以是教門人，又以是勉其同志，可謂得聖人之心者與。竊謂士不志于道，固無以爲立之之本，然道之體廣大，而禮之用精微，是故必存心以極其廣大，又必致知以盡其精微。二者相資，然後能卓然自立，故不爲事物之所摇奪矣。此學者之所當共勉也。

書尹和靖墓銘後

先生戊子所進《讜議》，明大義以破姦謀，正君心以立國勢，不合而後求去，此正是從容進退可法者也。今誌墓者不書此一節，乃曰「朝廷哀其病且老，使以奉祠而去」，是何等語哉？徐考其爲人，乃諂事秦檜，方爲告訐之舉，豈非其邪志方熾，反以是舉爲先生之病乎？讀之令人氣塞，不知秉史筆者能發明否？

跋滕行父三峽圖

巴峽之險古矣。然則西方之險與？東方之險與？水固無分于東西，險則因水之高下，南渡恃蜀，非恃險也。以魏公之倡義，二吴之忠武，雖有興王之基，亦僅僅自保耳。數十年來，貪風西被，蜀産盡而人心離，故狂戎以數千騎如騁無人之境。今之任蜀，果有張、吴之才與？否則所謂巴峽之險，方爲東南之深虞。江山如昔而形勢頓異，不知當路者曾以是爲慮與？因觀圖有感，題其後。

朱子詩選跋

先生之詩，見于文集者止十卷，每病其比次失倫，裒定紛錯，無以考其歲月之後先，因以驗其進退之序。首卷雖先生手自删取，名《牧齋淨稿》，然實少年之作也。今觀《遠游》一篇，已見其規橅之大，立志之堅，既有以開拓其問學之基矣。其次卷則自同安既歸受業于延平之後，時年二十有八。自是往返七年，豁然融會貫通，而寄興于吟咏之際，亦往往推原本根，闡究微眇，一歸于義理之正，盡洗詩人嘲弄輕浮之習。其挽延平，時年三十有四，誦其「本本存存」之句，亦可驗其傳河洛之心矣。南岳唱酬，實乾道丁亥，時年三十有七。《齋居感興》二十篇，其壬辰、癸巳之間乎？凡篇中所述，皆道之大原，事之大義，前人累千萬言而不能彷彿者，今以五言約之，此又詩之最精者，真所謂自然之奇寶與。《南康》諸篇，則己亥之後，于是年五十矣。晚年詩不多見，末卷尤不可考，最後《題寫真》絶句，去易簀纔一月，其任重道遠之意，凛然于十四字之間。嗚呼至矣！先生道德學問爲百世宗師，平生所著述，以幸學者不爲不多，而學道者不必求之詩可也。然道亦〔九〕何往而不寓？今片言隻字，雖出于肆筆脱口之下，皆足以見其精微之藴，正大之情。凡天道之備于上，人事之浹于下，古今之治亂，師友之淵源，至于忠君愛國之誠心，謹學脩己之大要，莫不從容灑落，瑩徹光明。以至山川草木、風雲月露，雖一時之所寄，亦皆氣韻疏越，趣味深永，而其變化闔闢，又皆古人盡力于詩者莫能闖其户牖，亦未必省其爲何等語矣。某又于《遠遊》《寫真》二詩獨得其爲學之始終焉，庶幾乎金聲玉振，樂之大成也與！

朱子繫年録跋

《朱子繫年録》者，録朱子之遺事而繫之以年也。先生舊有年譜，門人各以意裒集，往往詳其出處者或略于講學，備其著述者或缺于事實，殊恨未周。某生也晚，曾不獲侍滄洲之杖屨，高山景行，寤寐不忘。近年以來得先生遺書一二而潛心焉，每欲考先生著述之前後，以驗其進德之序，文字缺略，力所未能。暇日搜掇，姑以其可考者類爲此編。先之以師友之淵源，次之以致君澤民之事業，而以易簀淵冰之戒終之，故于此三節，特加詳焉。置之几格，時備參訂，後有可考，又將續之。是亦魯鈍者之拙工，不足爲它人觀也。因識其歲月于後。

跋潘子宇還淳集

潘頤齋集南渡後諸家之詩爲三帙，舉以示予。暇日嘗觀之，玢磷艷逸，刻飾嫺冶，既富矣乎。予少年時嘗酷好之，久而知其無益也，遂不復從事於硯席間，今乃不能識其用意精妙處。蓋聞古人之詩也，善者興起人之良心，惡者懲創人之逸志，故可以被之管絃，薦之宗廟，感鬼神，動天地，聽之者得性情之和、綱常之正，其化民善俗功用如此。苟作之無所益，不作非所欠，反使人之逸志肆而良心亡，其傷化悖理，爲害甚大，豈獨味漓而質𩞄哉？今頤齋欲還其淳古之風，宜何如？當使鄭衛哇淫之習不接乎耳，不入乎心，潛玩乎三百五篇之精微，上求乎《英莖》《韶》《濩》之盛，斯可以稱此名矣。

德夫弟史斷跋

橫渠張先生曰「觀書且勿觀史」，非史之不可觀也，實未易觀也。史未易觀而豈易斷哉？實鑑明而後姸醜可見，此心明而後是非可決。欲知姸醜，先磨此鑑；欲決是非，先治此心，實要法也。治心之法無佗，亦沉潛涵泳乎聖賢經傳之中，收斂齋肅而無放肆馳騖之病，則此心明矣。德夫以少年時《史斷》見示，遂推其斷史之原本授之，非獨可以斷史也，立身之道，亦不外此。

復齋書目跋

《醫家書目》者，復齋汪君某之所編也。予嘗聞其說，則知醫道之甚難。昔之聖人妙參二氣，精度五行，推衰旺生克之由，辨虛實盈虧之理，著在方册，垂世立教。于是經之以道，緯之以證，樞機乎治法，圖衍其藥石之性。前賢後哲，更相發揮，至近世而益備。世無明師，師書可也。師不常有，書不常存，書之功信大矣。然謀利逐末者曾不窺見其籓墻，每患其少而不患其多，何也？今復齋驟交扁、華，頓悟真機，契聖規神，裒功摭巧，囊篋氣運，管籥陰陽，艾瑩蘭室之精微，金匱玉函之秘要，莫不粧護藻褺，題篆端妍，不忍輕染丹鉛，光生縢笈。朋儕似争求識面，目駭神揚，比天禄、石渠之所藏，已五分之四矣。然復齋非世其業，又非有脂腴饒腐之資，而所得乃如此，則其用心之勤可知也。推是心以往，其不倦于濟人又可知也！苟或馳騖乎未得之書，荒唐乎已見之旨，滿其廣博而怠于鑽研，如〔一〇〕是則不患其少而患其多矣。予因跋其後而併箴之云。

跋里積約〔一一〕

右，通齋先生葉仲成父《里積規約》，條畫周密，議論有本。予嘗三復，喟然而嘆曰：田不井授而比閭之法廢，下無相保相賙之心，上無綱維聯屬之勢，任天牧之責，所以厚同體而共明命者，視之漠然。《周官》委積，吾不得而見之矣。隋唐義廩，今亦非昔。文公朱先生創社倉之法，猶可以補王政之缺，一時則效者多，而皆不能得全其始終者，蓋不知守其兩言。其奏請固曰「以鄉之有行義者主之，官司不得與」，後人忽此語而二病交相攻，及至於壞，譁然詆訾，無敢扶持。豈知里積之規，乃出于僅僅自足之書生，蓋其學有淵源，清修約己，開一鄉無窮之惠，可謂仁矣。予每誦朱子《金華社倉記》而有感焉。彼以婺之甲户止輸穀五百石以貸十保之民，其惠固以甚狹。不數十年，其富自若，而此倉已廢者，何哉？詩書之澤不流于子孫，而仁義之心已亡，烏識吾兄弟顛連而無告者，所當損有餘而補不足也。視通齋今日之舉，固有愧矣。恨無朱子大手筆以發揚其師友之訓，予不佞，敢以一言相之，願益詔子孫保守。必家學不替，則此積常豐；必有憂色而無德色，則此積常豐；必有敬懼之心而無鄙薄之意，則此積常豐。將見聞者有所興起，而里積徧滿天下，不待上之令，而《周官》委積之法復見于後世，藹然有三代王政之餘風。孰謂書生無用于世而利澤不及民哉？

跋蘇太古書〔一二〕

右，《禮書叙略》一卷，永嘉蘇太古所編，洞見源委，亦間有發明，可謂有志于學《禮》者，奈其書亡逸何！每思至此，未嘗不撫卷太息而有遺恨焉。昔韓宣子適魯，見《易象》與《魯春秋》，遽曰：「周禮盡在魯矣。」不知當時指何爲周禮？況去籍于戰國，孟子已不得學諸侯之禮而聞其略，以是知周之舊典《禮經》，不待秦燄而亡之亦已久矣。河間獻王不知何以得古《禮經》五十六卷，藏于秘府，班固既見之，乃不登載于八《書》中，遂至于亡，此尤爲之可恨也。今所謂《儀禮》十七卷，或謂此止載行禮之威儀，亦非《禮》之正經，朱子然之，況二戴又《儀禮》之傳乎！若今之所謂六典之書，胡文定父子謂王莽令劉歆撰，雖諸儒先不以爲然，亦以其來歷不明，與《周官》不合，且孔孟不曾提出語學者，此爲可疑耳。爲今學者之計，既幸有三先生經傳集解，且宜研窮精究，未可遽萌編纂之念，因書鄙見而歸之。

跋北山遺蹟

金華王某受教于北山何先生爲甚深，而所得遺帖爲獨盛，未能一裱褫。今取《指南》之序于此卷之首，以其得之爲最先，就正私淑之二跋則警誨之綱目具在，而《古易跋》于是終焉，自是不復有所作矣。三跋皆稿也。北山義理滂沛，詞義温潤，獎厲勸勉之意隱然見謙德之中，如春風無迹而生意滃然。今一字一畫不可復得矣，爲之感慨酸楚而書于後。

跋金八行家傳

浮名如潢潦，朝盈而莫涸；實行如黄流，行遠而勢壯。況孝者冠冕百行，可以動天地感鬼神，豈年運滔邁所能湮没哉！伏讀純孝先生《金公家乘》，使人感嘆不已。乾、淳之間習尚忠厚，公論坦明，士脩于家，聲聞于外。有好德之心者莫不起敬愛慕，乃合邑莊人雅士聯辭聞于郡，郡上于朝，隱然有鄉舉里選之遺風。吁，斯民也，三代之所以直道而行也，豈不信哉！朝省一時報可，止令長吏存恤，仍復其家，公又不敢安上賜，且割膏腴爲義役倡。郡太守南澗韓公于是旌其鄉，表其里，所以共明命，奉天職，迪彝明倫，崇化善俗，可謂兩盡。公終于慶元丙辰，後七十有三年，始克祠于學官。嗚呼！往者非有勢利之挾也，來者非有要譽之求也，非有所爲而然也，此足以見實行之著于斯人之心者，自有不可得而泯也。予烏知數百年之後，不有移其所以旌于鄉者而旌其邑哉？它時會有以證予之言云。

跋文公與潘月林帖

文公之學照耀今古，文公之字徧滿東南，然門人故家三世得公之尺牘，固絶無而僅有，而以文稱者，尤不多見。以月林先生風烈之盛，而文公尊禮之嚴如此，文集中乃不登載一字，僅有墓道一碣而已。顧二子一孫，姓字猶有存者，當時類粹，其有所遺逸，蓋不勝其衆也。今裔孫宛丘通守不秘其傳，壽諸梓以惠學者，而于吾道所關，豈曰小哉！所以共明命，昭祖武，追往哲，以補缺文也，顧不偉歟！于是僭書于後。

跋思成字詞

傳曰：禮始于冠，其目有二十：曰筮日，曰筮賓，曰宿賓，曰爲期，曰陳器服，曰即位，曰迎賓，曰始加，曰再加，曰三加，曰禮冠者，曰見母，曰字，曰賓出，曰見兄弟姑姊，曰奠摯，曰禮賓，曰醮，曰殺。而又有《冠義》一篇，其義尤備。今人于禮之始，猶不肯行，況三百之經、三千之義乎？朱子《家禮》已爲節文，而立齋之所講行又其節文也，然亦足以爲學者倡，自是亦間有行之者矣。昔趙文子冠見欒武子、范文子、韓獻子、智武子，各有訓言，次見張老，張老善四子之言，而繼之以「志在子」三字。今觀北山先生思成之命，至矣切矣。予亦曰「志在子」，吾子勉之。

【校記】

〔一〕「性」，原作「姓」，據馮本、阮本、四庫本改。

〔二〕「句」，原脱，《續金華叢書》同，據庫本補。

〔三〕「還」，原缺，據四庫本補。

〔四〕「溪」，原脱，據《朱熹文集》補。

〔五〕「名」，原脱，據《續金華叢書》補，四庫本作「博」。

〔六〕「塵」，原脱，據《續金華叢書》、四庫本補。

〔七〕「目」，原作「日」，據《續金華叢書》、四庫本補。

〔八〕「調虞」，四庫本作「調護」。

〔九〕「道亦」，原倒，據四庫本乙。

〔一〇〕「如」字以下至文末，原脱，據馮本、《續金華叢書》、四庫本補。

〔一一〕本文原脱，據馮本、《續金華叢書》、四庫本補。

〔一二〕本文至「河間獻王」處，原脱，據馮本、《續金華叢書》本補。

魯齋王文憲公文集卷之十四

廬陵銅溪劉同編輯
鄱陽三臺劉傑校正

傳

宗忠簡公傳

宗澤字汝霖，婺之義烏人。天姿沈毅，識度深遠，才敏而用周，至大至剛之氣始終不屈。讀書過目不忘，尤邃于《春秋左氏》。程文有「心不可欺」之説，有司喜曰：「吾爲朝廷得人矣。」登元祐六年第。宣仁聖烈垂簾，有詔對策限以字數。同輩相告，必如詔可中程。公曰：「事君自今日始，豈可希前列，効寒蟬乎？」遂力陳時病，幾萬餘言。八年，以將仕郎調大名府館陶縣尉，嘗攝邑事。吏以少年易之，及聽訟迎刃而決，不淹月大治。吕惠卿移帥鄜延，以幕屬辟公，力辭不受。調衢之龍游令，丁内艱。服除，調膠西令，按治宿姦，不畏强禦，捕群盗數十，焚其廬，威譽赫然。丁外艱，服除，調晋州趙城令，言于朝曰：「趙城前有并河、汾陽之險，後有晋絳、蒙坑之固，左霍邑，右太行，沃野百里，實用武之地。乞援楚之漣水、澶之德清，命以軍額屯兵，以備不虞。」不報。公曰：「今固承平無虞，佗日當有知吾言者。」政和三年，知萊州掖縣，部使者以朝命科取牛黄，公力拒得免。公曰：「吾之爲邑，始之以信，濟之以威。信既孚矣，威亦何用？」五年，通判登州。時朝廷遣使由海道與女真結盟，公憂形于色，曰：「軍衅自此始矣。」有道士高延招倚林靈素，凌蔑郡邑，公窮治其罪不顧。及公丐祠而歸，結廬山水間，有終焉之志。道士以公改建神霄宫不當，訴于朝，而靈素主之，遂褫秩羈置鎮江。公聞命就道，無纖芥愠。宣和三年，始復承事郎，就差鎮江府酒官。靖康元年，北虜犯闕，既退，詔侍從舉知，御史中丞陳過庭以公薦。八月，召擢宗正少卿使虜，以和議名。公曰：「虜情不可測，名不正則徒取辱耳，請改爲計議使。」且謂人曰：「此行必不返。」問其故，則曰：「某豈能屈節虜庭，上辱君命邪？必死賊。」議者以公太剛，改命劉岑。九月出知磁州，時太原失守，真定被圍，即日單騎渡河，繕城浚隍，治器械，募義兵，增價入粟，爲必守計，不逾月而備。上疏乞邢、洺、磁、相、趙各募精兵二萬教習之，使常有十萬兵遞相爲援，上嘉之。諸郡議不合，虜再南騖，公大治兵，與滑、濬相掎角。虜知有備，乃東趨大名魏縣，由李固渡渡河，乃分兵攻磁。公命神臂弓射退，出義勇，追斬數百級，士氣益奮。時王雲康王使虜和，至磁，公迎謁曰：「聞虜已由李固渡渡河矣，萬一如肅王爲虜所留，雖悔何及？」力請輟行。會百姓亦怨王雲邀王徇虜，殺王雲，遮馬留王，王遂還相州。虜已圍京城，十一月上除王爲兵馬大元帥，公與汪伯彦爲副元帥，以師入援。十二月丁丑，公與裨將秦光弼、張德邀虜于李固渡口，夜擣其壘，破三十餘寨。翌日，王檄諸郡發兵會大名。

癸未，公至大名，王議師所向。公請直趍開德，入解京城之圍。汪伯彦猶以和議難之，獨王以爲然。戊子，公提兵二萬，趨開德擊虜，十三戰皆捷。會京城遣張澂持詔書同虜騎叩開德，問王所在，且言虜再議和，援兵未宜遽進。公曰：「此爲虜所脅，來款我耳。」命壯士射之，虜遁。已而，王命與黄潛善分統勤王諸軍，王檄諸帥以虜懷詐僞和，實杜四方之師，宜審料敵勢，可進則進。公示諸將曰：「王已灼知虜情，吾等可坐視乎？」請王徧檄諸道，約日同進。時趙野爲北道都總管，范訥爲河北河東宣撫使，合軍南京，號宣總司，偃然自衛，殊無進兵意。公移書，以大義切責之，皆不答。向子諲駐宿，趙子崧守陳，何志同守許，閭丘陞守濮，曾楙守曹，列屯環京城，無敢動。翁彦國以經制使總東南兵駐泗，不行。公獨以孤軍進至南華，命裨將陳淬出虜不意擊之。虜自宛亭逼興仁府，分兵寇開德。公遣孔彦威與戰，又破之。公度虜必犯濮密，戒權邦彦爲備。虜果至濮，公遣二千騎爲援，敗之。虜復向開德，邦彦、邦威合擊，又破之。公親率諸軍進衛南，曰：「兩國搆兵〔一〕，我欲入覲君父。」遂揮而前。虜陳兵以待。公曰：「今前後皆虜敵壁，進退等死耳，當死中求生。」人人争奮，無不一當百，虜遂大敗，斬首數千。虜益生兵，陽敗而却。公曰：「彼十倍于我，一戰遽却，是必有謀。若襲我，則殆矣。」即徙軍南華。虜果夜至，得空壁，大驚。次日，公自南華過河襲擊，又敗之。公所得俘囚，問京城動息，又得王檄，知二聖北狩，天族偕遷。公北向號慟，即日自臨濮趨滑州，由黎陽大伾邀乘輿，孤軍〔二〕進戰，佗軍無一會者。及聞張邦昌僭位，即回戈内向，先遣健步持檄慰撫京城。又得王書，言僭僞義當征誅，聞其出于權宜，未可重擾京城，不若按甲近畿，移書問故，候得其實，討之未晚。公即移師觀衅，且復王書曰：「姦臣邦昌竊據寶位，改元肆赦，止勤王兵，篡跡顯然。自古姦臣，其初未嘗不僞爲謙退，中藏禍心。今二聖北去，惟大王在，天意可卜。正宜有以歸天下之心，不可緩也。」及聞都城反正，貽書于王曰：「今日國之存亡，在大王行之得其道與不得其道耳。所謂道者，其説有五：一曰近剛正而遠柔邪，二曰納諫諍而拒諂諛，三曰尚恭儉而抑驕奢，四曰體憂勤而忘逸樂，五曰進公實而退私僞。」公謂人曰，結怨王之左右矣，不恤也。又累表，請早決大計。王命公總諸將于長垣、韋城、衛南、南華屯衛。

五月，王即位于南京，詔公入對，一論人主不可以喜怒爲賞罰；二論人主職在任相，顧于稠人廣衆之中，不以親疏，不以遠近，虚心謹擇，參以國人左右之言，爰立作相，毋使小人參之；三論臣下有懷姦藏慝，嫉賢蔽善者，當使耳目之官瀝心彈糾，毋有所隱。上納其言，將留公。黄潛善、汪伯彦惡之，出公知襄陽府，復有割地請和之議。公上疏曰：「陛下初紹大統，奈何遽聽姦臣之言，欲割地以啖虜乎？前日靖康姦臣未嘗議遣，朝説一言以告和，暮獻一説以乞盟，詞卑禮厚，惟虜是徇，終有前日之禍，宜人臣弗與虜共戴天而俱生。臣意陛下亦赫然震怒，一洗前日之耻，未聞有所號令，作新斯民，豈可復徇姦邪之議哉！爲是説者，既不忠不孝，又壞天下忠義心而褫其氣。臣願躬冒矢石，爲諸將先。」上壯其言，改知青州。會李綱入相，公與語及國事，慷慨流涕。綱爲上言，綏集舊邦，非澤不可，遂徙知開封府。

是時虜兵初退，守備廢圮，盜賊縱横。公下令曰：「爲盜者贓無輕重，並從軍法。」由是群盜屏息，人情始安。王善者，河東之巨寇也。領兵七萬叩濮州，謂京城殘破，不足語勇，直欲據之。公自料勢未易敵，戒都統以下守城，吾將親招之。單騎竟造賊巢，善亦訝公之來，約與公會。公略不出一語，但執其臂，仰天號慟。徐曰：「朝廷二百年涵養，當危難時無一人出爲時用，使當時如有公一二輩，豈復有今日之患？今正立功之秋。」王善爲公忠義感動，亦同聲而泣，且曰：「敢不効力。」公附耳語之曰：「來日當以節度使相處。」諸將謂公此行不復返矣，及公歸，諸將出迓，公曰：「事畢矣。」善隨以狀，至欲卜領衆歸降，且有解甲帶甲之請。公書「從便」二字，善益心服。越三日來降，衆疑不決，人情汹汹[三]，公獨信之篤也。善以五百甲騎從，餘皆解甲。既至，左右止之曰：「此留守司門，擅入者處斬。」善乃下馬趨入，拜于庭。公繼以禮接之，曰：「公禮相見，不得不如此。」延之以飲，臨行曰：「昨已許公節度使，先授照帖，當即具奏。」善大喜，且請到寨撫諸將。公許之不疑。既入寨，第賞有差，自是軍聲大振。又有王再興掠西京，李貴往來淮上，楊進者號没角牛，及王進等頭項人，所至侵掠。公遍遣人諭以禍福,招來之。群盜素服公名,相繼而至。楊進者尤所敬慕。公曰:「軍中老弱婦女久被驅虜,吾不忍其無辜,宜盡釋之。」進等奉命,諸軍所放幾二萬人。楊進屯城南,王進屯城北,二人氣不相下,一日領衆相拒于天津橋,都人頗恐。公以片紙喻之曰:「爲國之心固如是耶?當戰陣立功,勝負自見。」二人相顧,慚沮而退。公之去磁也,以州事付兵馬鈐轄李侃,中軍將李世隆與將校郭進殺侃爲亂,至是與其弟世興將三千人歸公。世隆入拜,公詰其亂之由,世隆詞服。公笑曰:「河北陷没,而吾宋法令上下之分亦陷没耶?」命引出斬之。時衆兵露刃于庭,世興佩刀侍立,左右皆悚,公徐語世興曰:「汝兄犯法當誅,汝能奮志立功,足以雪耻。」世興感泣。其後虜犯滑,公謂世興曰:「試爲我取之。」世興欣然受命,勵衆至滑,掩虜不備,急攻之,斬首數百以歸,公復厚賜之。丁進者,亦巨寇也,其初來降,人情鼎沸,謂非真降者,或請以兵陰衛。公曰:「不然,正當披心腹待之,雖木石可使感動,況人乎?」及進至,公慰勞存撫,又呼首領者數人飲食之,待之如故吏。明日按其寨,進益感畏。黨有陰結爲亂者,進自擒殺之,有相率遁者,進自追治之。馬皋者,進之次也,每戰必先登,一日傷而還,公方撫勞而羽報又至,公曰:「誰可代汝行者?」皋曰:「非皋不可。」裹瘡而前,數日擒一酋而歸。趙海亦招賊之雄也,屯板橋,輒塹路設橋以阻行者。閭勍百芻者八人過海營,海怒曰:「我畏閭太尉邪?」悉臠之。偵者以聞,公呼之,海以甲士五百從。公方接客,遽語曰:「殺芻者誰?」海曰:「無之。」出報狀示海,具服,命械繫獄。客曰:「姑徐之,奈甲士何?」公曰:「何怯邪？治海者某，諸公何預？」喻次將曰：「領衆還營。」趙海已械送所司，告偏裨善護卒伍。」明日誅海，聞者股慄。會公拘囚虜使，議者紛然。獨許景衡言：「臣聞宗某之爲尹，政術卓然過人，誅鋤强梗，撫循善良，都城帖息，莫敢犯者。又方修守禦之備，歷歷可觀。臣雖不識其人，竊用嘆慕。開封乃宗廟社稷之所在，苟欲别選留守，不識今之縉紳，其威名政績亦有加于澤者乎？伏望上爲宗社，下爲生靈，特賜主張，厚加任使。」疏入，上大悟，封示公。公感上知，益自奮勵。

且造決勝戰車千二百乘，每乘五十有五人，十乘爲隊，坐作進退，周旋曲折，可以應用。又據形勢，立二十四壁于城外，駐兵數萬，往來按試，周而復始。沿河鱗次爲壘，結連兩河山水寨及陝西義士，開五丈河以通商旅。京畿瀕河七十里，命十六縣分守，開濠植鹿角。守備已固，乃上表略曰：「今逆胡尚熾，群盜繼興，比聞遠近之驚傳，已有東南之巡幸。此誠王室安危之所係，天下治亂之所關。慮增四海之疑心，謂置兩河于度外，因成解體，未諭聖懷。」不報。又疏云：「回鑾汴京，是人心之所欲；妄議行幸，是人心之所惡。京師乃祖宗二百年基業，今陛下一歸，王室再造，中興之業復成。」每疏奏，上以付中書，黄潛善、汪伯彦皆笑以爲狂，張慤獨曰：「如澤之忠義，若得數〔四〕人，天下定矣。」二人語塞。十二月，虜駐兵于河之北，稍稍南渡，西犯汜水，北侵胙城，時擾滑、濬。公所屯河上諸寨，欲併兵禦之，因乞濟師。或曰：「賊鋒未易，當不若堅守自固。」公曰：「去冬之變，正坐此也。」命統制劉衍趨滑，劉達趨鄭，各與卒二萬，戰車二百乘以往。初，岳飛犯有司，將正典刑，公一見奇之，曰：「此將材也。」不加之罪，留之軍前。至是遣爲踏白使，以五百騎授之，曰：「汝罪當死，吾釋不問，今當爲我立功，往視敵勢，毋得輕鬭。」飛謝罪稟命，鼓勇而前，竟與虜接，敗之。公喜，擢〔五〕統領，後遷統制，自是每出必捷。

建炎二年正月，虜復自鄭抵白砂鎮，距京城四十里，都人恐甚，僚屬議守禦之策。公方延客圍碁，談笑自若，衆不敢言而退，各以己意部分兵伍，撤城隍之梁，乘城而備。公曰：「何張皇如是？」命諸軍解甲歸營，曰：「吾遣劉衍，必能禦寇。」復選精鋭數千益之，潛戒曰：「宜繞出虜後，設伏以待，伺至擊之。」又諭吏曰：「上元在邇，可舉舊例張燈。」因弛夜禁，士民遊觀如平時，虜不敢進。衍與戰，大破之，遂復延津、胙城、河陰，收其輜重。甫及收燈，捷書已至，衆益大服。時有詔諸路兵馬以勤王爲名，因聚爲寇，議所以杜絶之。公上言曰：「向者京城被圍，天下忠臣義士憤痛争奮，越數千里勤王。當時大臣無謀，不能撫而用之，致有前日之變。勤王之兵例皆撫棄，犒勞賞給不霑，流離困死，弱者淪于溝壑，强者變爲寇盜，豈其本心，皆上之人無以處之故爾。今乘輿移蹕淮甸，中原民無依歸，故姦宄乘釁而起，且河東、河西不肯從虜者皆自保山寨，黥其面，各立名號，以堅報國之心。今所放黄榜有云『遂假勤王之名，公爲聚寇之患』，如是則勤王者解體，而河東、河西民皆失望。臣固知非陛下之本心，乃代言者不能推廣德意失言。願别降詔，以慰元元。」二月，虜犯西京，公命統制官李景良、閻中立、郭俊民等領兵萬餘所趨鄭，大戰，爲虜所乘，中立死之，俊民降虜。景良南遁，公捕得之，曰：「一勝一負，兵家之常，不勝而歸，罪猶可恕，私自逃遁，是無我也，兵法固如是邪？」命斬之。繼而俊民與虜將史官人、燕人何仲祖、王義等以數百騎直抵八角鎮，與丁進遇，擒之。初欲持書誘公，既生致麾下，公曰：「郭俊民，吾統兵官也。失利就死，尚可爲忠義鬼，後有知者，不失血食。今全軀苟活，反爲虜人用，何面目見人乎？」命斬之，謂史官人曰：「京城不守，主上巡幸，領重兵在近畿，命我守此，有死而已，何不以死敵我，反爲兒女子語脇我邪？」亦斬之。謂何仲祖曰：「爾本吾宋人，脇從而來，豈出得已？」犒而縱之。虜又犯滑，公曰：「滑，衝要必争之地，失之則京城危。不欲再勞諸將，我當自行。」梁州防禦使張撝請自効，公大喜，即以鋭卒五千授之。撝至滑，率將士迎敵，虜衆十倍，或請少避之，撝曰：「退而偷生，何面目見宗元帥。」鏖戰至暮，虜少却，公遣統領王宣以五千騎往援，未至，撝再戰，死之。後一日，宣與虜大戰于北門外，士卒争奮，虜退河上，宣曰：「虜必夜濟。」收兵不追。及半濟而擊之，殺傷甚衆。公命載撝喪歸，爲之服緦，厚加賻䘏，仍請于上，贈撝拱衛大夫、明州觀察使，録其家四人，虜自是不復犯東京矣。

王策者，遼之舊將，善用兵，虜以千騎付之，往來河上。公密遣統制官王帥正擒之，釋縛解衣，坐之堂上，喻以歸〔六〕義協討，策感泣，誓以死報，且具言虜中虚實。公益喜，大舉之計遂決。時招撫河南群盜聚城下，又募四方義士合百餘萬，糧支歲半。公聞西河州縣虜兵不過數百人，餘皆脅使胡服，日夜望王師之來，復上疏，大略言：「今之士大夫曾不爲陛下思祖宗基業爲可惜，父母兄弟徯望救援之意，西京陵寢爲賊所據，未有寒食祭享之所，又不爲陛下思京師者天下之根本，億萬生靈之塗炭。陛下不〔七〕早回九重，則天下靡有定止。」上遣中使撫喻。時契丹九州人日歸中國者，公引近座側，推誠與語，期奮忠義，給資糧遣之。且賜以公憑，候官軍渡河以爲信驗，各令持數百本。又爲榜文散示陷没州縣，及爲公據付中國被虜在北之人，連結諸路豪傑，曰事可舉矣。會諸將約日渡河，故表請上還京尤力，且言：「丁進有衆數十萬，願守京城，李成願扈從還闕，楊進等領衆百萬，願北渡。茲三頭項人皆同寅協恭，共濟國事。陛下速歸九重，盜賊戎虜皆無足畏矣。」不報。五月，再上疏且言：「今城壁已增固，樓櫓已修飾，龍濠已開浚，兵械已足備，寨栅已羅列，戰陳已習熟，人氣已勇鋭。蔡河、五丈河皆流通，陝西、京東、滑臺、京洛蕃賊已皆掩殺。望陛下毋聽姦臣之言，以失兩河之心，沮萬民之氣。」又奏曰：「臣欲乘此暑月，追王彥八字軍取懷、衛、濬、相等州，遣王再興護西京陵寢，馬廣等取大名、洺、相、真定，楊進、王善、李貴等各以所部分路並進。既渡河，則山水寨忠義相應者不啻百萬。願陛下早下還京之詔，臣當爲諸將先，則我宋中興之業必可致。」疏入，黄潛善等忌公，沮之。公尹京幾歲，武備不擾而辦，屢出師挫虜，抗疏請上還京，凡二十餘奏。初述都人之言曰：「陛下何不認我宗廟乎？何不眷顧我朝廷乎？何爲使我社稷無所依乎？何輕捨我生靈使無仰乎？是都人之望陛下切切如此。」中則斥大臣之姦臣：「託曰時巡，意圖偏伯，忘宗廟朝廷之重，違天地神明之心，棄大一統之規模，毁二百年之基業。且天下陛下之天下，彼姦臣何恤于存亡？如京師陛下之京師，想憸佞安知夫去就，但知親屬歸在江湖，寧顧中原變爲夷狄。」終則力陳其不忠不義者，「持禄保寵，動爲身謀，謂我祖宗二百年大一統之基業不足惜，謂我京城宗廟朝廷府藏不足戀，謂二聖天眷不足救，謂諸帝陵寢不足護，謂周室中興不足紹，謂晋惠覆轍不足羞，謂巡守之名爲可効，謂偏地之伯爲可述。儲金帛以爲賊資，椿器械以爲賊用。禁守禦之招募，慮勇敢之敵賊也；掊保甲以助軍，慮流移之復業也。欺罔天聽，凌蔑下民，凡誤國之事，無不爲之。」言極切至，而嫉者益深。公嘆曰：「吾志不得伸矣。」疽發病甚，諸將排闥入問。公矍然起曰：「吾固無恙，正以憂憤成疾耳。而能爲我殲滅醜類，以成主上恢復之志，雖死不恨。」衆皆掩泣曰：「願盡死。」諸將出，公曰：「吾度不起此疾。古語云『出師未捷身先死，長使英雄淚滿襟』。」遂薨。實七月十二日也，年七十。遺表猶贊上還京，先言己涓日渡河而得疾，其末云：「囑臣之子，記臣之言，力請鑾輿亟〔八〕還京闕，大震雷霆之威，出民水火之中。夙荷君恩，敢忘尸諫。」上已除公門下侍郎、御營副使，依前東京留守，命未下而訃聞。贈觀文殿學士、通議大夫，謚忠簡。

以杜充代公留守，都人請于朝，以公子穎得士卒心，請繼其任，詔以穎充留守判官。充無意於虜，盡反公之所爲，將士去者幾盡，兩河豪傑皆不爲用。穎力丐終喪，以歸葬于京口之峴山。公平生律己甚嚴，自奉甚薄，方謫居時饘粥不繼，吟嘯自如。晚年俸入雖稍厚，食不重味，衣弊不易，曰：「君父方側身嘗膽，臣子乃安居美食邪？」親戚故舊貧者輒予之，家無留儲。同舍生林迪先公登第，音問不通者累年，一日挈家謁公，繼以疾告。公往視，尚能以後事屬公。既卒，公恤其家備至，以其女妻脩職郎康森，且以己女妻森弟劦，以申親好。其子從公討賊，補官爲文登令。公之急義如此者衆，依公活者幾百人。死之日風雨晦冥異常，連呼「過河」者三，無一語及家事。都人號慟，朝野相吊出涕。三學之士爲文哭公者千餘人。子穎，終兵部郎中。孫五人：嗣益、嗣尹、嗣旦、嗣良、嗣安。曾孫十有五人。曾懋誌其墓云。

大庾公世家傳

天地變化，后皇妙合，有子五人〔九〕：曰混沌氏，赫胥氏，若木氏，金天氏，中央氏。帝出乎震，木德，先王封若木于東方。賓出日，啓土功，掌萬物之生，列受姓氏，爵爲上公。子孫繁茂，散居四方，有三萬八千種。其顯者有柏皇氏、栗陸氏。其餘材器皆足任使，惟不失若木氏作酸之正性者，獨梅氏之宗焉。梅氏二子：長曰不，次曰仁。不字伯華，仁字仲實。伯華者，精神玉雪，德馨遠聞，風霜不得而摧沮，東皇不得而料理也，故世世以風節自高。仲實者，生意滿腔，敕身堅若。方其青純年少，世味生澀，遇之者裂吻蹙頞，縮舌僽齒。及其體胖德老，衣狐裘，佩金玦，色和氣温，時人美之曰「樂只君子，遐不黃耇」。既而祚國于燕，被玄衮，與魯咸共治，正天下精淳醲郁之味，養民生日用之和，與聖人同功。在武丁時得傅説，爰立作相以代咸，命之曰：「昔甘盤虚己受和，惟咸惟仁，交濟厥德，沃朕心，用協調于萬邦，爲治若和羹。爾尚式乃前猷，允協于中，罔俾咸仁專美于我有商。」後世稱賢相者，皆咸仁之緒餘云。五世孫摽仕召南，爲大夫，佐文王之化，男女得以及時。詩人歌之，周公采而次之《國風》，用之于閨門鄉黨邦國之化。天子思摽之績，徵其子蘈，俎豆乎祭祀賓客之間，俾修其祖業，裂江南之地封之，襲若木之爵，都于大庾。從孫卉仕王國，與栗陸氏之後同封爲嘉侯，以病坐廢，依終南之族不遷，遂分南北枝。周衰，秦一海内，大興宫室，渡渭屬之咸陽，荒淫怠政，事皆決于李丞相，拔擢同彙，凡杞、梓、楩、楠、樫、櫹、楔、櫻、檍、檀、杻、橿之徒，連茹並進，封五大夫而黜扶蘇。二世降軹，楚羽屠咸陽，舉若木之族而悉焚之。昔之被服青黄丹堊之榮者，皆煨燼之末。秦尚才棄德，而梅君幸無以材稱者，伶俜磵谷，固自若也。雖免于難，而蕭條亦甚矣。于是南枝獨盛，北枝寒落。漢一再傳，晁錯用事，假託臭味，疎間骨肉，腥穢東南。大庾之裔不復登廟堂，浮沉于世，爲毉士、染人、冶人輩之所敬事。曹操引兵迷道，三軍病渴，蘈之雲仍有名林者，避世山澤，操詭于衆曰：「吾引若等見林矣。」軍士津津然喜躍，名重當時尚如此。嗣伯華者，卒不偶于三代晠時，歷漢、魏亦無聞人。當宋文帝時〔一〇〕，陸凱于江南〔一一〕見名春者字一之，玉立隴首，驚喜嘆賞，采而〔一二〕驛薦之上國，天下始知名。又有莊名〔一三〕者，風姿清麗，尚武帝壽陽公主，副笄六珈，充耳琇瑩，光彩莫比，時人榮之。然伯華之風流醖藉，高蹈塵俗，蕭散孤特，喜徜徉于深山絶谷、斷橋流水、竹籬茅舍之外，與雪月争妍，雖與徂徠十八公、渭上蒼庭筠爲莫逆之交，然二子者，徒耐歲寒，不改其操。當是時，英彩焕發，清芬滿天地，二子拱手下風，不敢班也。後世乃有如莊者，慕富貴，失身帝王家，伯華之家聲頓滅，一宗含垢長往。唐宋文貞公鐵石心腸，爲時端人，伯華之枝始有出而與之交。自是騷人詩士争先延致，苟非其人，語言無味也。至我本朝，如蘇、黄輩傾心從游，播之歌頌，惟處士林和靖有「暗香」「疎影」之句，識者以爲善于形容。夫以冰清玉潔之姿，雅度孤標，與騷人詩士醻風酢月于荒寒寂寞之濱，聲音氣味之孚感，宜也。自三代以下，未與有道者交也。引而置之莊岳之間，自伊川程夫子始。夫子中興聖學，英才萃門，嘗進梅生藻而與之言曰：「子知萬物之榮枯乎？此陰陽升降之大節也。然逐枝逐葉自有一榮枯，蓋各有一乾坤也。」藻曰：「物物各有一消長，亦不外乎一大消長。此理一分殊之謂乎？」夫子莞爾而笑曰：「藻也，始可謂言道也矣。」梅生得聞大道之要，頗有矜色。同門有龜山楊先生者，深戒之，俾其好藏清艷，由是涵養益粹。紫陽朱夫子一見如故人，有「尊中句裏，説盡心期」之語。南軒張先生識于長沙王令尹坐上，自謂平生佳絶，無以踰此。往往因伯華而思仲實，慨然懷古于鼎味之中。遥遥世胄，人咏其德，久而不忘，根深本厚者如是哉！東海之外，真臘之墟，有隱士者，黄衣紫裏，清馨亹亹襲人，慕梅君之令聞，願爲假子。風骨絶不相似，世人安之而未察。又有名梁者，世傳其嘗佐禹治水，能興雲雨，越人祀之。其言荒誕，君子不取也。

史臣曰：梅氏之先有二族，一在商末封爲伯，以忠誠諫紂，爲紂所醢，屈原、賈誼深悲之。漢成帝時，乾綱斷紐，九鼎將移，南昌故吏名福者乞斬佞臣頭，而姦邪爲之縮頸。至我宋有名堯臣者，與六一居士爲金石之交，以詩文稱而忠諫不逮。吁，何其寂寂也！伯華、仲實之後，曚衰不齊，毋足怪者。獨以愛華棄實之際，于此可以觀世變。近世好奇之士，又訪梅君之長老耆厖龍鍾，槁項而黄馘者，争貴重之，華、實之衰不問也，此又世道之一變。後世鼎鼐不調，尚僞忘真，至以鼻吸斗酢爲相業。獨魯咸子孫衍裕于天下，廟堂之上日夜思所以重其聲價，爲國家之大利，乃以回天下精淳醲郁之味，以養民生日用之和爲不急之腐談。嗚呼，人莫不飲食也，鮮能知味也。

託物作史，以文爲戲，自韓昌黎傳毛穎始。當時貪常嗜瑣者呫呫然動其喙，笑以爲怪，惟柳柳州奇之。又有《革華傳》，非韓筆法，它人竄入無疑。至坡公乃作《羅文》《葉嘉》《黄甘陸吉》《江瑶柱》諸傳，屏山劉公亦有《蒼庭筠傳》，李忠定公又有《武岡侯》《文城侯》《文信侯》三傳，亦各有寄興焉。予與大庾公託契舊矣，病暑無與語，遐想風致，爲作世家。其源深流長，有不容不盡著，見者未必怪也，終自愧其常且瑣耳。

【校記】

〔一〕「搆兵」，原作「既和」，據四庫本改。

〔二〕「軍」，原脱，據庫本補。
〔三〕「洶洶」，原作「洶」，據四庫本補。
〔四〕「數」，原脱，據庫本補。
〔五〕「擢」，原脱，據馮本、阮本、四庫本補。
〔六〕「歸」，原作「悟」，據四庫本改。
〔七〕「不」，原脱，據四庫本補。
〔八〕「亟」，原作「了」，馮本、阮本同，據四庫本改。
〔九〕「有子五人」，原作「有五子人」，據《續金華叢書》改。
〔一〇〕「時」，原脱，據四庫本補。
〔一一〕「于江南」，原作「落南」，據《全宋文》改。
〔一二〕「而」，原脱，據《全宋文》補。
〔一三〕「莊名」，四庫本作「名莊」。

魯齋王文憲公文集卷之十五

廬陵銅溪劉同編輯
鄱陽三臺劉傑校正

續雜著

皇極總圖四

元辰，元日，元月，元歲，元世，元運，元會，元元。
會辰，會日，會月，會歲，會世，會運，會會，會元。
運辰，運日，運月，運歲，運世，運運，運會，運元。
世辰，世日，世月，世歲，世世，世運，世會，世元。
歲辰，歲日，歲月，歲歲，歲世，歲運，歲會，歲元。

月辰，月日，月月，月歲，月世，月運，月會，月元。
日辰，日日，日月，日歲，日世，日運，日會，日元。
辰辰，辰日，辰月，辰歲，辰世，辰運，辰會，辰元。

右一

日水，日火，日土，日石，日辰，日星，日月，日日。
月水，月火，月土，月石，月辰，月星，月月，月日。
星水，星火，星土，星石，星辰，星星，星月，星日。
辰水，辰火，辰土，辰石，辰辰，辰星，辰月，辰日。
石水，石火，石土，石石，石辰，石星，石月，石日。
土水，土火，土土，土石，土辰，土星，土月，土日。
火水，火火，火土，火石，火辰，火星，火月，火日。
水水，水火，水土，水石，水辰，水星，水月，水日。

右二

乾坤，乾艮，乾坎，乾巽，乾震，乾離，乾兑，乾乾。

兑坤，兑艮，兑坎，兑巽，兑震，兑離，兑兑，兑乾。
離坤，離艮，離坎，離巽，離震，離離，離兑，離乾。
震坤，震艮，震坎，震巽，震震，震離，震兑，震乾。
巽坤，巽艮，巽坎，巽巽，巽震，巽離，巽兑，巽乾。
坎坤，坎艮，坎坎，坎巽，坎震，坎離，坎兑，坎乾。
艮坤，艮艮，艮坎，艮巽，艮震，艮離，艮兑，艮乾。
坤坤，坤艮，坤坎，坤巽，坤震，坤離，坤兑，坤乾。

右三

八一，七一，六一，五一，四一，三一，二一，一一。
八二，七二，六二，五二，四二，三二，二二，一二。
八三，七三，六三，五三，四三，三三，二三，一三。
八四，七四，六四，五四，四四，三四，二四，一四。
八五，七五，六五，五五，四五，三五，二五，一五。
八六，七六，六六，五六，四六，三六，二六，一六。
八七，七七，六七，五七，四七，三七，二七，一七。

八八，七八，六八，五八，四八，三八，二八，一八。　右四

元會説

元之元，至元之辰。

此所謂無極而太極也。元會運世，歲月日辰，雖未有跡之可尋，而其理已粲然備具于中矣。

元一。

會一。

此太極動而生陽，動極復静，静而生陰，静極復動，一動一静，互爲其根之時也。

會二。

此分陰分陽，兩儀立焉之時。

會三。

此陽變陰合而生水火木金土，五氣順布，四時行焉之時。無極之真，二五之精，妙合而凝。乾道成男，坤道成女。

會四。

此二氣交感，化生萬物，生生而變化無窮之時。惟人也得其秀而最靈。形既生矣，神發知矣，五性感動而善惡分，萬事出矣。惟人也以下，當在六會之首。

會五。

上古結繩而治，穴居而野處。葬者厚衣之以薪，葬之中野，不封不樹之時也。

會六。

聖人始定之以仁義中正，立人極之時。于是有伏羲氏之王天下也，仰則觀象于天，俯則觀法于地，旁觀鳥獸之文與地之宜，近取諸身，遠取諸物，于是始作八卦以通神明之德，以類萬物之情，作結繩爲罟，以佃以漁，蓋取諸《離》。庖羲氏没，神農氏作，斲木爲耜，揉木爲耒，耒耜之利以教天下，蓋取諸《益》。日中爲市，致天下之民，聚天下之貨，交易而退，各得其所，蓋取諸《噬嗑》。神農氏没，黄帝、堯、舜氏作，通其變，使民不倦，神而化之，使民宜之，垂衣裳而天下治，蓋取諸《乾》《坤》。刳木爲舟，剡木爲楫，舟楫之利以濟不通，致遠以利天下，蓋取諸《涣》。服牛乘馬，引重致遠，以利天下，蓋取諸《隨》。重門擊柝，以待暴客，蓋取諸《豫》。斷木爲杵，掘地爲臼，杵臼之利，萬民以濟，蓋取諸《小過》。弦木爲弧，剡木爲矢，弧矢之利，以威天下，蓋取諸《睽》。易之以宫室，上棟下宇，以待風雨，蓋取諸《大壯》。葬者易之以棺槨，蓋取諸《大過》。易之以書契，百官以治，萬民以察，蓋取諸《夬》。

邵子于堯之世，始紀甲子于甲辰之下，書唐堯即位，于是即其數而推之，具管見于左。

一元十二會，

一會三十運。

一運十二世，

一世三十年。

歲月日辰如常數。

此邵子經世之大數也。蔡西山曰：一元有十二會，三百六十運，四千三百二十世，猶一歲十二月，三百六十日，四千三百二十辰也。又曰：一元有十二萬九千六百歲，一會有十二萬九千六百月，一運有十二萬九千六百日，一世有十二萬九千六百辰，皆自然之數，非有所牽合也。愚竊窺之，以爲元會運世者，先天大運也。布算推卦，宜如《先天圖》，一定而不可易。歲月日時，後天小運也。布算推卦，宜如《後天圖》，微有不同，而實本于先天也。

大庾公世家（存目）〔一〕

述民志

辛亥之秋，婺當大歉，皇天仁愛下民，特啓上心，賜之良牧，仍以部使者之權鎮撫之，以活千里百萬生靈之命。旄倪鼓舞而相慶曰：「而今而後，吾知免于溝壑矣。」竊以爲下車之初，所當先者莫及〔二〕于講行荒政。輒述民志條具如左：

一曰大寬民力。

首乞出自特筆，勿與官吏議，亟行曉示，及帖諸邑，將淳祐十年下五等税賦盡行倚閣，候來年麥熟起催。蓋《周官》以荒政十二聚萬民：一曰散利，二曰薄征。方當萬目睽睽觀政之時，首聞此舉出自特見，喜躍可知，實荒政之先務，收拾人心之大機也。議者曰：「既倚閣十一年税賦，而不言十年者，何也？」蓋善良下户真實貧弱者，往往保長催納無遺，所負者多是姦民猾吏，計會拖欠，以希横免，其善良者實不霑惠。今止言十一年分，以其當年旱歉之故，均行寬大之政，非欲惠姦猾也。所謂勿與官吏議者，無它意也，蓋官吏往往不識治亂安危之大體，徒能剪剪以目前窘乏爲憂。其言必曰：「郡計赤立，倉庾無再月之糧，軍士冬衣錢未有指準，大閱未有支散，今年大禮諸軍未有給賜。此皆至急至迫不可闕者，安有餘力可以倚閣税賦哉？」此則固所當慮者，其實不然。小户斗粟尺帛，何足以補郡家之大計？郡計之匱，非實空虛也，幸自有遺賦在民，但不在此等下户耳。州吏無遠謀，大闊略于外邑，止足取于金華；縣吏無遠慮，止取足于在城，大縱弛于外鄉。然其所以闊略者，豈徒然哉？皆有所受而不敢督促。今若察見此弊，改絃而理之，不一二月，不慮無財，所謂無政事則財用不足，豈欺我哉！必不得已，苟欲作急解目前之匱窘，州庫自有金銀器皿，責付郡吏，時暫質之大家，便可從容矣，何至過憂乎！

二曰急聚糗糧。

首乞申奏，盡借常平見存之米，及申奏告糴于浙西，劄下搏節通放。目下雖未當便行賑濟，急借常平之米，何也？蓋數年以來，求外邑之米，顆粒不到州倉，一郡之遺，盡仰給于金華一邑，所以州倉無儲積，金華米價踴翔〔三〕。故目前雖知旱傷之可畏，州縣仍舊預借十一年秋米以應軍糧，公私交窘，便覺氣象皇皇。今急借常平之米，便可抵數月之用，待檢放已明，然後起催，民户無詞，次第輸送，亦自不誤賑濟也。且得上下無煎迫之態，足以差慰人心。申奏告糴，須當寬作數目，以二三十萬石爲約，其實未必用十分之一也。事固有先聲而後實者，寬作數目，不特人心大安，有米者不敢閉糴矣。須乞行下臨安府嚴州置曆批放，不許阻節。

三曰置局講行。

一、乞親書數劄于上寓公，次則吏書，問所以救荒之策，庶幾博盡群議。其要自在籌度其可行者行之。

一、乞牒通判主局，見在中寄居如季通判鏞、徐通判邵孫、王知縣夢得等，皆號通才，或請爲局官，同共商議。

一、乞便請局官探訪七邑見任官吏，七邑寄居士友公廉通練者姓名，類爲一册，以待差委。

一、乞即差官檢踏旱傷，抄劄户口。檢放雖曰有定時，往往率是遲緩，民不能待。畊荒以布麥，所差官不見腐苗朽穗，不敢多申分數，所謂檢放者止得蠲少秋賦，而夏税科敷凡十餘色之費，固無所從出。況又秋賦蠲放不實，民力必至大困。今早禾雖已收割，趁晚禾尚在田，委官得分數之實也。若抄劄户口之官，乞即與檢踏官相繼而出，使千里之民知有賑濟之望，民心自然大安，必不輕棄家業，流離四方矣。

一、救荒有二名：一曰賑濟，二曰賑糶。夫賑濟者皆老幼病患無依倚、無經紀之人也。既抄劄姓名，審覈給曆，直計口食而供養之而已。若此者料亦不爲甚多。既有常平之米，又有社倉、廣惠倉之積，皆當撥爲賑濟。然社倉、廣惠有名無實，有害無利，不于此時而盡散之，空誤朝廷指儗此米，爲害未已也。其間亦有已糶者，索其錢捄爲糴米，其未糶者，預期告報撥隸何所，先常平之散。若以此三項米賑濟，度亦不爲不足。

夫賑糶者，減價收錢而授米也。價不減無以謂之賑，價大減或能激其穹，視市價之低昂而略損之可也。使人人知州郡有米，其□〔四〕如此之多，而不知者無所規利，價亦不至于太穹；價不穹，而市有米，荒政舉矣。

一、局中不可令富室干預，蓋爲富者不仁，巧爲謀計以便己私，書生陷其中而不知也。昔趙都承于此講行賑荒也，官吏嚴明，規模詳密，深山窮谷亦有米可糴，民到于今或稱之。然當時之大害，政與巨室爲謀，其一以物力敷糴，其二抑價太低。以物力敷糴者，此富室之大利，貧弱之大害也。婺之上户，非浙右江西之比；號至富者不可班於兩路至劣之家；其所謂第二三等户，蓋有極窘匱者。今以物力敷糴，例以上三等爲準，則當敷者户名多，實富者得數少，言若均一，而姦計政在此中。物力之不足憑也尚矣。自經界來，不曾推排物力，數年來不曾過割税色，其産去税存者至多，此物力之虚實，不可憑也。兼物力中墳墓、山様、竹脚、池塘無米可收，故貧乏之家爲物力之累，無力陳乞，畏憚號令，不免破家賣産，糴米以應官司之敷，而上户富實者不肯與〔五〕人收割，物力反少，可以拱手安坐，以待高價之利。富益富，貧益貧，其大不均有如此者。

大抵人户得曆頭受賑糴者，無户口十分之二，而告糴于人者不可以數計也。官既立價太低，有米者必不肯甘心盡出低價，耳目之所不及，威令之所不行，必閉糴而不售。無賑糴之曆，迫于一饑，必將哀乞于人，盡力私增倍價，期于得米而不敢言〔六〕，官價雖平而私價不期穹而自穹矣。當時私價踰于官價一倍〔七〕，是知物力均敷〔八〕，名甚公而意甚私，官價太低，乃所以激私價之必高，此不可不鑒。

一、下本局選有心力官吏往平江糴米，須于目下即料理啓行，要在運司大農等未和糴之先趁辦，庶幾價廉而米易得，緩則價穹而無可糴之理。彼蘇、秀之民勢須應副朝廷和糴，豈敢糶與外郡？兼浙東旱傷之州亦多，若它郡皆出此計，則後至者來乎？今以郡計，盡數約之，或可糴三萬石米，既至則糶，常以萬石之資循環於道路，旋糴旋般，隨糶隨糴，雖果至三萬石可也。仍給榜外邑，召募客販，許陳乞實數，借本州米曆，於關津通放，却欲此米在本州出糶，只依時價，更不裁減，如此則應募者亦必多。向者但能科米于一境之内，而念慮殊不及遠，故施狹而民困。

四曰消弭盗賊。

周之荒政十二曰除盗賊。凶荒之年，民迫饑寒，盗賊易起。與其除之于已動，孰若消之于未形？今州郡講行荒政既早，轉糴米數又寬，姦民固已無詞摇動民心。更能疎剔獄訟，不致淹延，禁戢豪强，不相侵奪，如此周防曲慮，庶或可保奠枕。近城間有一二宗子把持州縣，專以欺詐白奪爲生者，或足以召變。又聞遠鄉有數處，專爲群盗之窩藏、逋逃之淵藪，晝伏夜出，三五爲群，帶刀塗面，牽牛椎狗，劫掠財物，幸未至于殺人。此亦嘯呼之端也。城中則有開櫃坊停著賭博者，其風甚盛，多是十數爲黨，倚驕惰之卒、無藉之胥爲之持局，引誘良民，欺騙博脱，合分財物，恣其醉飽。此盗賊之所由生也。遠鄉無窩，群盗無所歸著，不能糾合其黨，城中不與廂吏通同，則爲盗易敗，無以行其術。廂吏窩家皆盗賊之盟主也，須行痛治。此外又有鄉村惡少，平時無藉，挾刃劫奪，雖未成黨，歉歲既無一飽之資，乘間抵隙，亦能倡爲不靖。如此等人，乞帖鄉都官密竊體訪，以姓名來申，視其人數多寡，或令津遣前來，就教場擘試武藝，精者或補刺軍額，次者充巡尉司弓手，又次者或給賑濟口券，或責付義役莊量給廪稍，使充本都緝捕盗賊。此皆欲消盗賊于未形之策也。

五曰斥逐貪官暴吏。

此等人于樂歲豐年未見其甚害，當此凶荒，其能激變召禍也必矣。廛氓不敢指斥姓名，乞採之公論，壁立萬仞，力行斥逐之。

右五議未能詳盡，又有不能自已者。蓋千里之民，深恃賢使者爲更生之命，厚我所以厚蒼生。願明公勞于求才〔九〕，逸于委任，執要以御煩，舉綱而振目，愛養精力，爲應變周慮之本，毋自困于簿書期會之中，此又吾民之深懷。干冒崇嚴，不勝震懼。

【校記】

〔一〕卷十四亦收録此文，故存目。

〔二〕「及」，四庫本作「急」。

〔三〕「翔」，原脱，據四庫本補。

〔四〕「脱」，《續金華叢書》、四庫本同。

〔五〕「不肯與」，原作「與不肯」，據四庫本乙。
〔六〕「敢言」，原作「詞」，據四庫本改。
〔七〕「倍」，原作「培」，據《續金華叢書》、四庫本改。
〔八〕「均」下原衍「數」，據四庫本删。
〔九〕「勞于求才」，原作「勞求于才」，據四庫本乙。

魯齋王文憲公文集卷之十六

盧陵銅溪劉同編輯
鄱陽三臺劉傑校正

辨

詩十辨

序曰：聖人之道以書而傳，亦以書而晦。夫天高地下，萬物散殊，皆與道爲體。然載道之全者莫如書，既曰以是而傳，又曰以是而晦，何也？在昔上古，教化隆盛，學校修明，聖人之道流行宣著，雖無書可也。惟教化有時而衰，學校有時而廢，道之託于人者始不得其傳，然後筆于言，存于簡册，以開後之學者，而書之功大矣。及其專門之學興而各主其傳，訓詁之義作而各是其説，或膠于淺陋，或騖于高遠，援據傅會，穿鑿支離，詭受以飾私，駕古以借重，執其詞而害于意者有之，襲其訛而誣其義者有之，遂使聖人之道反晦蝕殘毀，卒不得大明于天下，故曰以書而晦。此無它，識不足以破其妄，力不足以排其非，後世任道者之通病也。紫陽朱夫子出而推伊洛之精藴，取聖經于晦蝕殘毀之中，專以《四書》爲義理之淵藪，于《易》則分還三聖之舊，于《詩》則掇去小序之失。此皆千有餘年之惑，一旦汛埽平蕩，其功過孟氏遠矣。然道之明晦也皆有其漸，蓋非一日之積。集其成者不能無賴于其始，則前賢之功有不可廢；正其大〔一〕者不能無遺于其小，則後學之責有不可辭。大抵有探討之實者，不能無所疑；有是非之見者，不容無所辨。苟輕于改而不知存古以缺疑，固學者之可罪；紐于舊而不知探理以復古，豈先儒所望于後之學者？雖後世皆破裂不完之經，而人心有明白不磨之理，縱未能推人心之理以正破裂不完之經，何忍徇破裂不完之經以壞明白不磨之理乎？予因讀《詩》而薄有疑，既而思益久而疑益多，不揆淺陋，作《詩十辨》：一曰《毛詩辨》，二曰《風雅辨》，三曰《王風辨》，四曰《二雅辨》，五曰《賦詩辨》，六曰《豳風辨》，七曰《風序辨》，八曰《魯頌辨》，九曰《詩亡辨》，十曰《經傳辨》。非敢妄疑聖人之經也，直欲辨後世之經而已。

毛詩辨

愚嘗求三百篇之詩矣，固非唐虞夏商之詩也，固非盡出于周公之所定也，亦非盡出于夫子之所删也。周公之舊詩不滿百篇，先儒以爲正《風》、正《雅》是也。夫子之删，固非删周公之所已定，删周公之後龐雜之詩，存者止二百有餘篇，先儒以爲變《風》、變《雅》是也。《頌》雖無正變之分，而實有正變之體，周公、夫子合而爲三百篇而總係之于周也。然今之所謂三百篇者，皆周公、夫子之舊乎？愚不得而知也。昔成、康既没之後，至孔子時未五百年，雖經幽、厲之暴亂，而賢人君子之隱于下者未絶也，太史册府之掌藏未亡也，太師矇瞽之音調未失也，而《雅》、《頌》龐雜，已荒周公之舊制。夫子自衛反魯，然後正之。況東遷之後，周室已極衰微，夫子既没而大義已乖，樂工入河入海而聲益廢。功利攘奪，干戈相尋，視禮樂爲無用之器。至于秦政，而天下之勢太亂極壞，始與吾道爲夙怨太仇，遂舉《詩》《書》而焚滅之，名儒生者又從而坑〔二〕戮之，偶語《詩》《書》者，復厲以大禁，其禍慘裂，振古所無。漢定之後，《詩》忽出于魯，出于齊、燕，《國風》《雅》《頌》之序，篇什章句之分，吾安知其果無脱簡殽亂而盡復乎周公、孔子之舊也？夫《書》授于伏生之口，止二十有八篇，參之以孔壁之藏，又二十有五篇，然其亡失終不可復見者，猶有四十有餘篇，其存者，且不勝其錯亂訛舛，爲萬世之深恨。今不知《詩》之爲經藏于何所，乃如是之祕；傳于何人，乃如是之的？遭焚禁之大禍，而三百篇之目宛然如二聖人之舊，無一篇之亡、一章之失！《詩》《書》同禍，而存亡之異遼絶乃如此，吾斯之未能信。夫天下之書合千萬人之言，如出于一人之口，吾知其傳之之的也。雖數人之言而亦不能不異者，吾知其傳之訛也。以其傳之之的，固幸其言之無不同；以其傳之之訛，亦幸其言之有所異也。何者？與其彼此俱失而無它左驗，固不若互得互失，而可以參考也。是以漢初最善復古，而齊、韓、魯三家之詩並列于學官。惟毛萇者最後出，其言不行于天下，而獨行于北海。鄭康成，北海之人也，故爲之箋。自是之後，學者雖不識毛萇而篤信康成，故《毛詩》假康成之重而排迮三家，獨得盛行于世。毛、鄭既孤行，而三家牴牾之迹遂絶，而不得參伍錯綜，以訂其是非。凡詩家疏義等學，合十有二種，凡九十餘家，至本朝又三十餘家，無非推尊毛、鄭，崇尚小序。學者惑于同而亡其異，遂信其傳之之果的也。且萇自謂其學傳于子夏，按子夏少夫子四十一歲，至漢已三百年，烏在其爲得于子夏哉？若傳于子夏之門人，則流派相承，具有姓氏，不應晦昧湮没，詭所授受以誑後世。惟《魯詩》有原，見稱于史，至西晋而已亡。陸機雖撰毛公相傳之序，上接子夏，而又與《釋文》無一人合，其僞可知。愚是以于《毛詩》尤不能不疑也。

風雅辨

昔者朱子破千載之惑，退黜小序，删夷纏繞，作爲《詩傳》。自《詩》之湮没，經幾何年，而一旦洗出本義，明白簡直，可謂駿功，無所〔三〕遺恨。惟《風》《雅》之别，雖有凡例，而權之篇什，猶未坦然，故其答門人之問，亦多未一，于是有腔調不同之説，有體製不同之説，有詞氣不同之説，或以地分，或以時分，或以所作之人而分。諸説皆可參考，惟腔調不傳，其説不可考也。近世儒者乃謂義理之説勝，而聲歌之學日微。古人之詩用以歌，非以説義也，不能歌之，但能誦其文而説其義,可乎?究其爲説,主聲而不主義,如此則雖鄭衛之聲,可薦于宗廟矣;《天作》《清廟》,可奏于宴豆之間矣,可謂捨本而逐末。凡歌聲悠揚于喉吻而感動于心思,正以其義焉耳。苟不主義,則歌者以何爲主,聽者有何可味?豈足以薰蒸變化人之氣質,鼓舞動盪人之志氣哉!善乎,朱子之《答陳氏體仁》也,舉《書》曰「詩言志,歌永言,聲依永,律和聲」,故曰詩出于志,樂出于詩,樂乃爲詩而作,非詩爲樂而作也。又曰古樂散亡,無復可考,而欲以聲求詩,則未知古樂之遺聲,今皆可以推而得之乎?三百篇皆可協之音律而被之絃歌已乎?既未必可得,則今之所講,得無有畫餅之饑耶?所謂腔調之説,灼知朱子晚年之所不取也。至于《楚辭》之集注,後《詩傳》二十年,《風》《雅》《頌》之分,其説審矣。其言曰:「《風》則閭巷風土男女情思之詞,《雅》則燕享朝會公卿大夫之作,《頌》則鬼神宗廟祭祀歌舞之樂。」以此例推之,則所謂體製、詞氣,所謂以時、以地、以所作之人〔四〕不同等説,皆有條而不紊矣。竊謂朱子所條之凡例,正以周公所定《風》《雅》《頌》而別之,律以先儒所謂正《風》、正《雅》者,無一不合,但于所謂變《風》、變《雅》者,有不得而同。後學無以處此,遂横生枝葉,以求合凡例,而不能按据凡例,以釐正舛訛,所以辨議起,而卒不能定。故爲之言曰:先儒正其大義,而不能不遺其小節,以待後之學者,此也。

王風辨

詩何自而始乎？于堯之時，出于老人兒童之口者，四字爲句，兩句爲韻，豈嘗學而爲哉？衝口而出，轉喉而聲，皆有自然之音節。虞舜君臣之賡歌，南風五絃之韻語，與夫五子御母述戒之章，體各不同。歷夏、商以來謳吟于下者，格調紛紛，雜出而無統。周公于功成治定之後，製作禮樂，推本文王之所以造周者，王化基于衽席，而風動于鄰國，取其聲詩義理深長，章句整齊者，定爲一體，適有合于康衢擊壤之章而重之，名之曰《風》，被之管絃，以爲家鄉邦國之用，止二十餘篇而已。及其立爲學官，取爲燕享宗廟朝會之用，亦因以放此章句，總爲一代之樂。及夫子祖述周公之意，删取後世之詩以合乎《風》《雅》《頌》者，亦不敢參以别體。故周七百年之詩，如出于一人之手，非作之者共此格調也，乃取之者守此格調也。三百篇既同此格調，而又有《風》《雅》《頌》之名者，何也？蓋作之之意不同，而用之之節亦異。今先以《風》言之。周未有天下之時，近而宫女，遠而南國，被文王之化，形于辭者，此《風》也。周既有天下之後，分封諸國，列國之民感國君之化，有美有惡焉，形而爲歌咏者，亦此《風》也。王國之中感後王之化，亦有美有惡焉，形而爲歌咏者，亦此《風》也。凡在下之作槩謂之《風》，初不系周之盛衰。但當其盛時，《風》如二《南》，當其衰時，《風》如《黍離》，何獨于東遷之後，《雅》始降而爲《風》乎？平王之《雅》不可降而爲《風》，猶文王之《風》不可升而爲《雅》。其曰《國風》者，周爲商列國之《風》也。其曰《王風》者，周王天下以後之風也。《風》只此《風》也，《風》之上所繫有不同耳，安有可升可降之理哉！後世因「降」之一字，遂謂平王以前有《雅》無《風》，雖《風》亦强名曰《雅》，是皆于「降」字之義有所未明，于是《風》《雅》之部分雜矣。況周自武成以來至平王時，且三百五十年，成、康之際，仁義漸摩，薰陶情性，教化盛矣。內而妾媵之微，外而井里之衆，環王畿千里之地，卒無能吐一詞、歌一〔五〕語，與豐岐江漢之詩律吕相應，寂寥湮没，終無一章之《風》可以備聖人之删存。逮東遷之後，土地日〔六〕蹙，一旦興起，播之篇咏，遽有十章之《風》，豈理也哉？至于《何彼襛矣》一詩，平王以後之詩也，合次于《王風》，明矣。今乃强之尊而名于二《南》。或謂武王之詩，則又强抑之列國之類，進退無據。以此推之，它可知矣。愚敢謂二《雅》之中，不合于正《雅》之體用者，皆當歸之《王風》焉。

二雅辨

愚又考《小雅》之正詩，其爲體有二：一曰燕享賓客之樂，二曰勞來行役之樂。朱子所謂「恭敬齊莊，以發先王之德」者也。《大雅》之正詩，其體一，曰會朝之樂而已。朱子所謂「歡忻和悦，以盡群下之情」者也。據《二雅》之體而正今之詩，以正《小雅》而亂入正《大雅》者有之，而正《雅》亦不得爲〔七〕全無疵矣。至于變《雅》之中，有變《雅》之正者焉，有變《雅》之變者焉，有章句繁多、詞語嚴密，有似《大雅》之體者焉，又有言語鄭重，義理曲折，又皆王公大人之作者。然施之于燕享非所宜，用之于朝會又不可，無乃出于放臣逐子、出妻怨婦、樽酒慰勞之所奏者乎？此又變《雅》之再變者也。或謂決古人之疑，只有義理、證驗兩事。今求之義理，固亦可通，責以證驗，絶無可考，不能不反致疑也。予應之曰：諸經悉出于煨燼之餘，苟無可驗，而漢儒臆度之説，何可憑哉？聖人于杞于宋，尚有「不〔八〕足徵」之嘆，況求之後世乎！有一于此，與其求之于漢儒臆度之説，孰若只求之于正《雅》之中？詞氣體格，分晝施用，豈不曉然？其爲證驗，莫切于此，尚何外求哉！且夫怡怡隮勸之情與譏刺怨傷之意，其心不同也；稱述先王之盛德大業與感慨後世之昏朝亂政，其言不同也；協之以八音，和之以六律，由是美教化、厚風俗，與夫私心邪念聞之而有所懲警者，其用不同也。發之于人心者既不同，形之于言語者亦且異，施之于事者俱無所合，有是三不同，而得以同謂之《雅》，可乎？雖聖人規模寬廣，而條列不應紊亂如此。其始出于「降風」之一言，而不知其所謂降之義，遂使後世不識二聖人禮樂之正意，誦之者冥然聽命于小序，良可悲也！愚故謂變《雅》之不合于正《雅》者，悉歸之《王風》，其説審矣。

賦詩辨

作詩所以言志也，賦詩亦以觀志也。觀其志不若觀其禮，志無定而禮有則也。夫歌咏者，發于天機之自然，而人心不可飾于倉卒之一語，是皆可以觀其志之所向，而吉凶禍福之占，亦因此而定。此春秋之時，所以賦詩于盟會燕享之際，而有不可掩其本心之情僞者。蓋一吟一咏，聲轉機萌，事形詩中，志形詩外，真情故態，不能矯誣。自非義理素明于胸中，而有能勉强不失于金石籩豆之間哉！當是時，惟鄭國七子六卿之賦爲最盛，而趙文子、韓宣子于立談之頃，猶足以定其終身之所就，亦可以〔九〕善觀矣。予則謂善觀樂者，不觀其志而觀其禮。先儒所謂禮先樂後者，蓋事有序而後后能和，此樂之本也。以燕享而及宗廟之樂，謂之褻可也；以諸侯而奏朝會之樂，謂之僭可也。雖有事證，恐不得謂之當然。惟二《南》之樂得人倫〔一〇〕之正，爲教化之先，可以用之鄉人，用之邦國。《小雅》之樂已不同矣。有天子宴諸侯之樂焉，有上下通用之樂焉，此則截然而不可亂。舞位且有多少之數，歌詞豈無異同之分？玩其義，審其音，則樂之本不待索之于鏗鏘節奏之末而後知。昭、懿之後，僭禮已多，況東遷乎！夫君臣之分，天地之常經也。毁冠裂冕，暴滅宗周，逆理亂常之事，接武于史，人心之樂喪壞無餘，烏足以責之于鐘鼓律吕之中，猶有降殺等威之别哉！如晋侯之賦《假樂》，賦《既醉》，齊侯之賦《蓼蕭》，此諸侯僭天子之樂也。楚令尹之賦《大明》，季武子之賦《緜》，韓宣子之賦《我將》，此大夫僭天子之樂也。魯曰秉周禮，其宴范宣子也，爲之賦《彤弓》，宣子不敢當，歸美于文公焉；其宴寧武子也，亦爲賦《彤弓》，賦《湛露》，武子以爲肆業之所及而詭辭焉。禮樂之大分尚有間存于人心者，魯之所秉亦微矣，固無望于它國也。是以晋享穆叔而奏

《肆夏》，奏《文王》，穆叔俱不拜，亦似乎知禮者，其對曰：「肆〔一一〕夏，天子所以享元侯也。《文王》，兩君相見之樂也。」此果穆叔之言乎？抑傳之果無誤乎？是皆未可知也。《棠棣》之詩，周公之詩也，左氏以爲召穆公之作；楚歌《武頌》，而三章六章，與今詩差互，亦何以知其爲楚之差、毛鄭之差、左氏之差也？至于魯三家者嘗以《雍》徹矣，非有聖人之明訓，後世亦將以爲當然，而反證《雍》之可以通用矣。大抵《左氏》之言多失之誣，而《春秋》之禮亦失之僭，皆不可引爲三百篇之證。愚故曰宴享而奏宗廟之樂，謂之褻可也；諸侯而用朝會之樂，謂之僭可也。雖有事證，不得謂之當然。

豳風辨

豳何爲而有詩也？豳之有詩，非周公之意也。以今《七月》篇考之，蓋周公推王業之原，本出于后稷播種之功，以成王尚幼，未知稼穡之艱難，故紀其天時之變遷、人事之勤勞，使瞽矇朝夕諷于成王之側，與《無逸》之書實相表裏，其忠誠懇惻之意篤厚如此。然其詩不立之學官，不播之二《雅》，毛萇忽名之曰《豳風》，則何以知其爲周公之意也邪？夫子感周公之作，取之以爲法，于後世以凡例律之，謂宜存之于變《雅》也明矣。今儕之以《風》，繫之以《豳》，不能不啓學者之惑。故昔人嘗考之于齊、魯、韓三家，俱無所謂《七月》之章，而毛氏獨有之。謂其非周公之作固無所考，以杜毛氏之口，謂其果列于《豳風》之中，則後世之疑不一，而毛氏亦無以釋其惑也。《詩》遠無傳也久矣，且其事始于后稷，係之以邰可也，而其詩作于周公，係之以周可也。今不邰不周，冠以公劉太王之豳，上無以見其始，下無以見其成。曰七月，曰九月，夏正也；曰一之日，曰二之日，周正也。一章之中，二正並舉，何哉？況公劉太王，商之列國也，豈有不受商之正朔，乃上稱夏正，下創周正？是不待商紂之淫亂而先有篡商之志也。愚故知其必非周公之意也。或謂《七月》之詩恐與《豳》詩差互揉亂，而傳者失其真歟。歌《豳》之文，見于《周禮》之《籥》章，既曰《豳》詩，又曰《雅》、《頌》，且無所謂《風》之文，安有一詩以備三禮之用？歐陽公併與《周禮》遂毁之，則過矣。王氏謂豳故有詩而今亡，後世妄補之云耳，此言近之矣。是皆以部分未安，章句可疑，而生此紛紛之說也。夫《七月》而系之以豳，猶云可也，使周公《東征》九詩而俱系之以豳，無乃太遠乎？是故文中子謂君臣相誚，其能正乎？成王終疑周公，其風變矣。惟周公能正其變，故夫子系之以豳，其意深遠，可謂曲推其妙。長樂劉氏則謂不使成王之世有變《雅》之聲而攝引其詩，使還周公也，其說益巧矣。不知夫子之意果如是乎？如文中子之說，《豳》本變《風》，以周公能復升爲正《風》。如劉氏之說，《豳》實《雅》也，變而爲《風》。曰《風》曰《雅》，曰正曰變，可降可升，得以意定，初無定體，不知聖人之法果如是乎？夫「鴟鴞」之名，見于《金縢》之《書》，《金縢》之篇系于《洪範》、《旅獒》之後，聖人于《書》未嘗有回互委曲之意，而于《詩》乃極其斡旋扢拭之功，聖人之心光明正大，必不如是之苟率也。夫豳谷，西北之陲也；三監，東南之壤也。地之相去也數千餘里，事之先後也數百餘載，有周公自作之詩焉，有軍士百姓之詩焉。今雜然强附，苟合于一《風》之中，孰謂夫子之聖有如是之部分哉！漢儒無識，大略如此，故愚願以《豳風》七詩以類分入于變《雅》焉。或者難之曰：十三《國風》其來已久，今遽缺其一，無乃太駭乎？愚曰不然。列國之有《風》，既未知其果定于十三之數乎，而十三國之名亦未知其果爲邶、鄘、衛、王、鄭、魏、唐、秦、陳、檜、曹，豳果有詩，則當列于二《南》之上。與其推本文王之化，又豈若推原后稷之功之爲深遠哉！《豳》之爲《風》，可以知其決非周公之意也。

風序辨

讀書不能無疑，疑而無所考，缺之可也。可疑而不知疑，此疏之過也；當缺而不能缺，此贅之病也。夫魯、宋之無風，説者以爲王者之後不陳其國之詩，此亦因其無詩而强爲之説，而不計其理之未通也。曰唐，曰曹，曰衛，于魯爲兄弟之國也。曰陳與宋，俱帝王之後也。夫陳、衛、唐、曹，何不得與宋、魯並，而獨陳其詩乎？其説窮矣。列國之詩，俱得陳之于周之天王，固非關于魯也。夫子删其繁亂，豈求之周太史，盡舉而歸魯，以定其黜陟也哉！特以魯用天子之禮樂，太師傳于周而奏于魯也，夫子因得而删之耳。其傳于魯者，固未必盡得周之所藏，周綱不競，諸侯不臣，其本國之詩亦未必盡陳于周也，則其所遺逸者亦多矣。凡後世名爲「逸詩」者，不知夫子既删之餘乎，漢儒傳誦之餘遺乎？此皆無所考而當缺者。况《國風》之次序，尤不必贅爲之辭。夫十三國之次序，不同之説有三：曰周、召、邶、鄘、衛、王、鄭、齊、豳、秦、魏、唐、陳、檜、曹者，此夫子未删《詩》之前，季札所聽周樂之次序也。曰周、召、邶、鄘、衛、檜、鄭、齊、魏、唐、秦、陳、曹、豳、王者，此鄭康成《詩譜》之序也。曰周、召、邶、鄘、衛、王、鄭、齊、魏、唐、秦、陳、檜、曹、豳，此今詩之次序也。程子亦因今序而爲之説，謂邶、鄘、衛之所以先者，衛首併邶、鄘，爲亂首也。此亦因文未有以證其决然爲夫子之舊序，則其先後之間不害大義，誠有不必穿鑿者。故歐陽公曰：「求詩人之意，達聖人之志者，經師之本也。講大師之職，因其失傳而妄爲之説者，經師之末也。得其本而不通乎末，缺其疑可也。雖其本有不能達者，猶將缺之，況其末乎？」其説得之矣。今又自爲《詩譜》，定其次序，而又不能不惑于《小序》之失，何躬病之而躬蹈之乎！惟朱子去《小序》之外，此等皆置而不復講，其意深矣。學者但當悼後世之不幸，不得見聖人之舊經，相與沈潛玩味其無所疑者斯可矣。則其可疑者，雖聖人復生，亦將闕之也已。

魯頌辨

缺疑之義，爲其無所考證，不得已而缺之也。或幸而有所考證，亦何爲而不决之哉？夫魯之有《頌》，亦變《頌》也。惟《閟宫》一篇，獨歐陽公歷考僖公之時，初無所謂淮夷、徐方、荆楚之功，深以爲疑，其所論辨亦詳且明。若遂以爲非僖公之詩乎，則詩中有「周公之孫，莊公之子」兩句，終不可泯没。是以朱子于它篇皆曰無所考，獨以此篇爲僖公之詩無疑者，正以此兩句爲可信也。愚嘗即其詩而熟味之，固不敢以爲非僖公之詩也。意其間有顛倒參錯之誤，是蓋傳之者之過也。若引《孟子》之言爲據，則「戎狄是膺，荆舒是懲」爲頌周公也審矣。又嘗考周公之世家，雖周公亦未嘗有戎狄、荆舒之役，然亦無它明證，不敢必以爲非周公之事也。孟子之時，《詩》《書》未火，宜得其實，又不應無所據而兩引之以姑就其説。雖斷章取義，固善《詩》者之常，至于提《魯頌》之號而以僖公易于周公，亦恐孟子不如是之耄也。或以爲僖公四年，嘗從齊桓公伐楚，魯遂以爲僖公之功也。當是之時，楚方强大，桓公且不敢與之戰，而卒與之同盟，在齊猶爲可羞，况于僖公因齊之師，從人之役，進無尺寸之功，而敢退爲虚誕之辭，侈大浮誇以誑國人，夫子尚何所取以播其醜哉！必不然矣。若夫徐〔一二〕方、淮夷之事，則與荆楚不同，聖人存之于《書》，載之于《費誓》之篇，其爲頌伯禽之言，昭灼明驗，無可疑者，顧讀之者偶未思耳。又竊意「土田附庸」之下，辭氣未終，血脉不貫，移「泰山岩岩」、「保有鳧繹」兩章于此，倫序方整，既不害其爲僖公之詩，亦不妨以爲伯禽之事。至于「則莫我敢承」以下，文意亦不相接，「俾爾昌而熾」一段，當承于「亦其福汝」之後，方爲聯屬。古人作詩，章句雖重而有味，條理雖寬而實密，必不如是之斷續破碎也。觀此一詩，命辭措意，雅奥淵原，必出于賢人君子之手，而周公、伯禽之魯，氣象尚可揖〔一三〕也，則其斷續破碎之疵，可以知其爲傳者之誤。惟《駉》與《有駜》二詩，未知其爲何時之詩。詳考其「思樂泮水」一篇，則可以知其爲頌伯禽之詩，蓋其詩專以平淮夷來獻馘于泮宫而作也。夫魯之盛無出于伯禽之時，自是以後，武功不競，世爲弱國，烏有此雋偉之績哉！祝而願之之説，鑿尤甚矣。蓋願祝之辭與鋪陳事實之辭語脉迥異，且曰「穆穆魯侯，敬明其德，敬慎威儀，維民之則。允文允武，昭假烈祖，靡有不孝，自求伊祜」，味其辭氣雍肅，句法莊重，非伯禽其誰當之？愚故曰幸而有所考證，而求其考證之的，又孰出于聖人之書？既足以破後世之惑，亦胡爲而不决哉！

詩亡辨

孟子曰：「王者之迹熄而《詩》亡，《詩》亡然後《春秋》作。」《集注》曰：「王者之迹熄，謂平王東遷而政教號令不及于天下。《詩》亡，謂《黍離》降爲《國風》而《雅》亡也。」此朱子本程子、楊氏之説，而趙岐未有此論也。二説本〔一四〕甚密，以之釋孟子之言，妄疑其少疎也。蓋自穆王以來，政教號令已不及于天下，雖宣王修政教于幽、厲之間，晚已不競。平王東遷而周道衰，二《雅》于是不復作矣。此程子之言，確爲至論。《黍離》之詩，周大夫之作也，以王之大夫而作爲是詩，歸之于《雅》，宜也。然其閔周室之傾覆，傷宗廟盡爲禾黍，其辭悲，其意怨，與稱述先王盛德大業者固不侔矣。施之于燕享非所宜，奏之于朝會又不可，繼之于二《雅》之正經又無是詞也。實同于風土情思之作，謂之《王風》，可也。以其作于大夫也，故曰降，此楊氏之言包括殆盡。然孟子之言實二經始終之要，亦義理之所關也。若夫夫子止因《雅》亡而作《春秋》，則《雅》者自爲朝會之樂，《春秋》者自爲魯國之史，事情闊遠而脉絡不貫。且孟子言「王者之迹熄而《詩》亡」，非曰王者之詩亡也。凡言《詩》，《風》《雅》《頌》俱在其中，非獨以爲《雅》詩也，是知「迹熄」二字包含有味，「然後」二字承接有序，所當涵泳而研究之。若視爲浮辭而删節擺脱，則情簡而理迂，恐與孟子本意，不無少舛也。惟河汾王氏窺見此意，直以《春秋》《詩》《書》同曰三史，其義深矣。愚竊意《王制》有曰：天子五年一巡狩，命太師陳詩，以觀民風。自昭王膠楚澤之舟，穆王回徐方之馭，而巡狩絶迹，夷王方下堂而見諸侯如敵國矣，而政教號令固已不及于天下，而諸侯亦豈有陳詩之事哉！民風之善惡，于是不得而知也。宣王復古，僅能會諸侯于東都。二《雅》雖中興，而諸國之《風》亦無有也。諸國之《風》既不得而知，今見于三百篇之中者，又多東遷以後之詩，無乃得之于樂工之所傳誦，而陳詩之法則不舉久矣。至夫子時，傳誦者又不可得，益不足以盡著諸國民風之善惡，然後因魯史以備載諸國之行事，不待褒貶而善惡自明。故《詩》與《春秋》體則異而用則同。説《春秋》者莫先于孟子，知《春秋》者亦莫深于孟子，而後世尚有未明其義者。愚每讀至此，未能釋然，乃因爲之辨。

經傳辨

自咸陽三月之燄熄而經已灰，後世不幸而不得見聖人之全經也久矣。出于煨燼之餘者，率皆傷殘毁裂而不可綴補。經生學士不甘于缺疑而恥于有所不知，又不敢誦言其爲傷殘毁裂之物，于是研精極思，剞劂揍訂，雕刻藻繢，日入于詭，而傷殘毁裂之書又從而再壞矣。江左儒先尊經過厚，而忘其再壞，乃以爲先王之教未經踐蹂，巋然獨全者惟《風》《雅》《頌》而止耳。又謂聖人欲以詩人之平易，而救五經之支離，孰知後世反以五經之支離而變《詩》之平易？是殆不然。當三百篇之全之時，而五經未嘗碎缺，當五經之支離，而《詩》亦未嘗平易。又以後世傷殘毁裂之經，視聖人完全嚴密之經，又非所以言聖人之時之經也。六經雖同一道而各有體，猶四時均一氣而各有用，此皆天理之不容已，雖聖人亦不可得而以意損益之也，聖人初何容心以此救彼哉？若彼待此救，則各有一偏，則聖人之經在聖人之時已非全書矣，于理有所未通。然《詩》之爲教所以異于它經者，自有正説。當周之初，雖有《易》而本之卜筮，雖有《書》而藏之史官，《儀禮》未嘗著，《周官》未頒，麟未出而《春秋》未有兆朕也。周公祖述虞舜，命夔典樂之教，于是詔太師教以六詩，是以《詩》之爲教最居其先。然其所以爲教者，未有訓故傳注之可説，不過曰此爲《風》，此爲《雅》《頌》，此爲比興，此爲賦而已。使學之者循六義而歌之，玩味其詞意而涵泳其性情，苟片言有得而萬理冰融，所以銷其念慮之非而節其氣質之雜，莫切于此。此《詩》之所以爲教者然也。漢之劉歆得見聞之近，乃謂《詩》萌芽于文帝之時，一人不能獨盡其經，或爲《雅》，或爲《頌》，相合而成。吾故知各出其諷誦之餘，追殘補缺，以足三百篇之數耳，烏得謂之獨全哉！自是以來，承訛踵陋，訓詁傳注之學日盛，而六義之别反堙。至程夫子始曰：「學《詩》而不分六義，豈能知《詩》之體？」其門人謝氏又曰：「學

《詩》須先識六義體面，而諷咏以得之。」故朱子亦以爲古今聲詩條理無出于此，是以于《詩集傳》每章之下，分別比、興、賦之三義，而《風》《雅》《頌》姑從其舊。非謂《風》《雅》《頌》部分已明而不當易也，亦非謂于六義中《風》《雅》《頌》可緩而不必辨也，特以其無所考驗而難于定耳。朱子且難于定，後世孰從而定之哉？·間嘗竊思朱子之作《易本義》也，因晁氏《古易》復其經傳之舊，于〔一五〕以正後世離經合傳之繆，以是知周公之《詩》與夫子之《詩》必不雜出于《風》《雅》《頌》之中。夫子未删之前，周公之詩雖或龐雜，猶幸正變之説尚存。于既删之後，故敢祖是例以析之。詳味其正經之旨，則漢儒殽亂之病，不待疏駁而自見矣。昔朱子嘗謂分《詩》之經，分《詩》之傳，此説得之吕伯恭，而朱子因立此例于《楚詞集注》。今推本二先生之意而爲是編，因著其所疑于前，以待有道者正之。

【校記】

〔一〕「大」後原衍「著」，據馮本、四庫本删。

〔二〕「坑」，原作「沆」，據馮本、《續金華叢書》改。

〔三〕「所」，原脱，據馮本、《續金華叢書》補。

〔四〕「人」，原脱，據馮本補。

〔五〕「歌一」，原作「一歌」，馮本同，據四庫本乙。

〔六〕「日」，原作「且」，據馮本、四庫本改。
〔七〕「爲」，原作「於」，據四庫本改。
〔八〕「不」，原脱，據四庫本補。
〔九〕「以」，四庫本作「謂」。
〔一〇〕「倫」，原作「儒」，據馮本、《續金華叢書》、四庫本改。
〔一一〕「肆」，原作「三」，據馮本、四庫本改。
〔一二〕「徐」，原作「齊」，據馮本、四庫本改。
〔一三〕「揖」，《續金華叢書》作「慑」。
〔一四〕以下至本篇末，原脱，據馮本、《續金華叢書》補。
〔一五〕「于」，原作「乎」，據馮本、四庫本改。

魯齋王文憲公文集卷之十七

廬陵銅溪劉同編輯
鄱陽三臺劉傑校正

尺牘

答季嚴州

藕花秋潔，水瀉明河，侯度奏功，朝班趣覲，江山戀德台候。某賤軀病暑，遂成年例，杜門謝却人事者三越月矣，故一節不能陸續奏記，徒有引領北望仁政于千峰松月之下。軍將扣門，有出望外，端拜函書，披讀詞染，於粲奪目，高風襲人，且有折俎泉符以裕其溝中之瘠，兵厨名釀以澡其愁外之塵。庭雀驚呼，階苔改色，書生有此奇事，何感如之！厚齋郎省人物也，斜飛外藩，豈上心得已哉！曩者斯民昏墊，仄席憂勤，遂以右馮累君。摩撫繻袴之謠，天低易達,兩載成資,曲培望實,予環之命,多出于垂滿。此今日之造化,所謂謹名器有定力之新機,今其時矣。緑綈方底,當已駕夜潮而上,舍雙溪道太末,未必能遂雅志耳。異時衢、婺遏糴,常爲嚴病。今年白粲之舟,舳艫相銜,自西而上,波及兩郡,頓消翔踊,皆君賜也。不然,兩郡決不能奠枕。前之爲政者聞之當媿死矣。鄉守嚴明,官吏斂束,雨暘以時,數十年無此政。甚幸,甚幸。敬岩進職移節,廟堂所以處之者密矣厚矣。社倉之創,其心是也,其事非也。今州縣大家以不納常賦爲雄,孰能推民吾同胞之心,捐廩于賦外?謗議之興,理所必至。但當自責,難以尤人。若利民諸事,今日固有掣肘難行之病。但往往初未嘗出于確實惻怛之心,且無纖悉周密之慮,講之不精,託之非人,其齟齬不合,未必一一皆有掣肘,未免使苟且架漏者,指以自文矣。使吾發之以誠,處之盡善,如是而不能行,斯無媿也。高明以爲如何?頂夫兄一出不審,僑寄外家,昌黎所謂「磨肌刮骨,吐出心肝,企足以待,寘我讎冤,名曰交窮」者,端爲此兄發也,是可浩歎。豐貺已領,却當轉寄。昨聞令弟都運館寓燕堂,夜雨對床,塤篪交和,其樂無涯。某以未曾瞻識,不敢拜書,怡次乞道此傾嚮。長公少公名滿天下,定當聯轍入對,映照班行。尚能杭一葦,面賀于大室慶禮。幅紙抒謝,言不盡心,尚冀台照。

慰鄭定齋

某踽踽陋巷，幾與世隔。春初，剽聞執事丁太夫人之艱，非有的説，道路云邈，無從訪問，又不敢率易奉唁，得罪慶門。孟夏望後，時天彝出示所惠書，始知其詳，且悲且媿。越二日，陳廣文來訪，亦言得書，嘗辱寄聲存問。媿且感者，以平生知已如執事者不一二數，而慶吊絶不相聞，豈人之情哉！然山川悠阻，影響昧昧，勢既不得以自通，習懶廢事，亦山人處士之常態。執事誠以古心相照，決不以音問疎曠棄絶之。是故隱淪不振之姓名，猶在湖海容納之内。而記存勞來之真情，悠然發于寢苫枕塊之餘，藹然見于故人尺牘之後。吁，是豈今日士大夫之常德哉！此愧猶可諉也，此感則永矢弗忘也。執事自罹大變，戴星奔馳，跋履險阻，勞悴甚矣！攀號擗踊，茹哀飲痛，嗟何及矣！卜其宅兆，負土成墳，大事終矣。毁不滅性，聖人所戒，酌飲不入，曾子所悔。雖欲致拳拳愛助之祝，今已皋矣，不復措辭矣。雖然，《蓼莪》昊天之恨，寸草春暉之感，豈有新故之間哉！況「恩深滄海如何報」之語，執事之素心也，讀《禮》之餘，益思盡其遠者大者，斯爲達孝矣。愚聞居處不莊，非孝也；事君不忠，非孝也；涖官不敬，非孝也；朋友不信，非孝也；戰陳無勇，非孝也。將爲善，思貽父母令名必果；將爲不善，思貽父母羞辱必不果。此皆執事躬行心得之餘，而某又不能忘言者，是欲少補前日愛助不及之誠而已。某近得魏國張忠獻《憂居》三帖，中謂故舊曰：公不以其哀苦而幸之教，使不悖于學道，是區區之望也。魏公功業之盛、年德之尊，而其言猶拳拳如此，蓋其孜孜求善出于中誠，豈勉强者所能？此所以爲魏公也。盛德之事，學者莫不興起。後有北山何先生之跋，而某與舍姪亦綴數語，敢以爲執事獻。千里將誠，不敢効世俗禮，仰乞台覽。

答湖滄王全夫

覩下諭之目，深見讀書不苟，不爲入耳出口之學，甚善。足下可謂有願學之心而欠勇往之志，有涵泳之意而欠講辨之工，所以義理孤單而滯礙未融也。來諭「一有所著，雖事物未至，而其心已有偏倚」。此三語初看時甚異，既曰有所著，不可謂事物未至，既曰事物未至，又安有所偏？細玩之，則知語滯而不通。蓋此章大意，如當喜則喜，而不留其喜；當怒則怒，而不留其怒。有可怒者，不以喜而忘其怒；有可喜者，不以怒而忘其喜。此之爲不失其正。留其喜怒，此朱子所謂一或有之也。當怒不怒，當喜不喜，此朱子所謂不能察也。忘其當喜，忘其當怒，此朱子所謂欲動情勝，所以失其正也。朱子謂于心上理會，是見于念慮之微者是也。後章大意是此心既正矣，知其當親愛，一向偏于親愛，雖有可賤惡者而不加審也；知其所當賤惡，一向偏于賤惡，雖有可哀矜者，亦不加審也。如父子之當愛，此心不可謂不正也，而不復審其惡焉，此正是事上病。耕種之欲豐碩，此心亦不可謂不正，而不能審其已碩，亦只是事上病。此正是正心以後之事，朱子所謂是見于事爲之失者，不可謂之未安。若敖惰者，即敬畏之少殺者也，非今人之所謂敖惰，肆[二]其無禮之謂也。曰當然之則，明敖惰止可如是而已，亦不必疑而缺之也。又來諭「絜矩」一段，舉本文斷續不貫而難曉，本説君子能絜矩，然後上行下效而天下平，恐人不識所謂絜矩，又解其義于後。今如來諭，但欲識絜矩之義，而不必行絜矩之用也，而可乎？所謂自得者，乃自然而得，是集義所生者獨自得之，如義襲而取其[一]弊。至于尚新奇，立異論，爲吾道之害矣，不踐迹聖人病之也，非取之也。此外已言之，更不重述。

通蔡子明

曩蒙謙光訪別，于今五年，中間僅能一上主書之敬，蒙答教甚寵，且有名詩巨編之賜。嗣是影響昧昧，益守隱約，雖聞榮登魁甲，分教上饒，慶事蟬聯，俱不敢修一紙半行以溷冰矑者，非慢也。雖以禍患相仍，亦山人處士固陋之常態，意足下仕路峥嶸，交遊日廣，東閣之下，英俊如林，那復念及疎懶無用之書生哉！立齋姪出示近書，乃蒙寄聲存問，恍然自失，不自意不肖姓名猶在齒牙悠揚之間，捫心愧感，銘篆難忘。仰惟久軒先生負一世之重望，結聖主之深知，坐廟堂，參大政，天下想望其風采，鈞衡之拜，四海蒼生日夜延頸以俟。況如某者久蒙賢父子顧遇之隆，其爲矚望，蓋可知也。竊聞議者曰：方世變之轇轕，國勢日輕，國計日匱，弊倖日繁，民生日困〔三〕，天下事幾不可爲矣。久軒抱經濟之學，行其所無事，物來順應，未嘗作意也。今天下之大本在前星之名未正，《關雎》之求未廣，雖妙選宮僚，往往局于避忌之多端，而不得盡其箴規涵養之實。又曰今天下之大患在北司之勢鴟張，群陰磅礴，衆正塞痞，蔽惑人主之聰明，斲喪士大夫之心術，未形之幾不可不慮。又舉一世之大弊，士大夫奔競無廉恥，苟且不事事，州縣之疾苦不聞，財貨之本源不講，邊備之單弱不恤，甚而綱常淪壞而不知，但有富貴一念，浩浩乎不可遏。此所關者豈不甚大而廣？又恐不可以不作意也。愚嘗謂天下之官莫尊于宰相，亦莫難于宰相。凡一時粗有才望，莫不于此敗其所長者，前後相望，何也？蓋天下之事機無窮，一人之志慮有限，彼皆欲獨運以專權，徇私而固位，此其所以爲取敗之道。人主無職事，在論一相；宰相之職雖無不總，其要止在于收拾人才而已。賢者養其望，能者責其成，智者竭其謀，勇者盡其力，合一世之人物，共一世之事功，各因其才而公用之，吾何容心焉？此真所謂不作意而行其所無事者也。然人才不易知，非廣詢博採，參伍其賢否，何由可以得其長？而當其任顯趨庭之際，盍請于久軒，竭一時之禄賜，大作規橅，闢翹材之館，廣聘天下之名士以居之，日孜孜而訪問焉。須得平生不識面之人，凡目下稱師稱恩而有求者，不使充斥乎其間。當有奇謀精畫効忠于前者，則深謝之，謹識之，熟講之，力行之，其私謁者斥絶之。果能如是，何世變轇轕之足慮乎？豈惟相業規橅光前絶後，而于東閣令譽休美亦有關也。此吕正獻、張宣公之遺範，左右其勉之。謹發愚衷，上答記録之盛心。若夫爲治之大原大本，動關上德，非草茅之所敢言。及于政事之至纖至悉，綱目多端，亦非筆舌之所可既。青燈夜坐，嘗與立齋商略之，或恐自能詳布于左右。謹奉書，不宣。

答季伯韶

幸甚，得隸部封一氓之數，遥望使星炯炯斗牛間，可仰而不可近，豈敢以一字干其常分哉！自顧隱微不肖，何足以辱眷記？而不忘如此，特枉墨妙，勞問劬劬，且有折俎之饋，此尤出望外。下拜極其愧感。屬以郡政不綱，居民延燎，燬其七八百年之星祠，井里惴惴度日，寓公率以義約爲救焚之備。貧乏如某，亦在推擇，不免質衣物以奉承。不知造物者于何處持盈虧之權，陰有以助之義也。捧來諭，不覺失笑。賜問三政何先，尤認謙處不鄙夷之盛心。若社倉有名無實，義役豐歉不齊，又非一路通行，尚可緩也。若夫歸併一事，即過割税賦也，此則今日州縣之通患。婺郡二十年不過割矣，貧富之不常，年異而歲不同，烏有許久不進不退之理？此勢家巨室之不願聞，而暴官汙吏之不肯行也由此。逃亡户絶者不與釐正，而税長代輸，破家蕩産，比比皆是，而争役之訟，自是而擾擾矣。不清其源，不行之力，未見其有益于百姓也。此不望于厚齋，將誰望？賢昆仲當今偉人，皆清廟不可缺之器，明堂不可捨之材，豈久于外臺者？顧即矜念，民可少甦。非賜問不敢僭及云云。

答何師尹

某迂疎無用，苟全性命于陋巷，悮蒙識察，即以臭味相求，開心布誠，傾倒無餘蘊。雖平生故人，有未能然者。自顧何以得此于當代之偉人哉？自是以來，此心炯炯依嚮，頃刻未嘗忘，書疏之疏密，政不足計也。好風西來，冰函飛墮，龍蛇滿幅，英論竦然。遥聞康廬彭蠡，彌高彌深。敬審朱明未垂，暑氣未王，羽扇牙籌，敵塞民飽，台候。某憂患餘息，生意剥落殆盡，所以自治者甚疏，亦無以淑人。而况利欲波蕩，士習風靡，安有向此冷淡生活者？杜門自安其拙而已。北山先生時有失血之證，氣體多倦，年來亦少講説，以是無足爲執事道者。執事去學校而治兵理財，世俗之見宜有未解者。吾儒之學無精粗，皆當爲之事，牛羊會計，聖人亦盡心焉。自古言理財者多矣，未嘗知善理財者莫善于儒者；自古稱儒者多矣，未嘗知理財亦儒者分内事。今廟堂何所見？乃以執事爲之，此漢唐以下之所未識，是豈果有取于此乎，亦偶中暗合耳。不然，何它事之未善也？執事之不鄙夷其職，隨事輒効，所以寬民力以培養國本，歲觸百萬，在它人爲甚難，在執事特餘事也。有如神機絶識，而可但爲國用支局而已乎？大則當運籌決策于用兵之所，次則折衝禦侮于形勢之地可也。今在外不離于九江之境，豈天意亦有所囑乎？使之習風寒，熟事情，將以大任也。察敵勢之虚實，審兵將之勇懦，上聯襄蜀，下援長淮，善用兵者未嘗不于此而展布焉。此豈酣豢富貴者所能識？此執事向者不勝西事之憂，言于當路，增湖右之戍，誠爲急著。似聞未能盡如執事之請，而招軍已至内地。人心驚疑，無肯應者，似聞已有中輟之旨。此蓋長沙所當深慮。竊聞其幕府泰然，未審果何如也。區區之愚，不若且移副閫舊治，練袁、吉之兵，亦次者也，台意以爲如何？書生不識時宜，然亦同此憂國之心，願執事專意講求西南之衝要于閒暇未及然之時。今之攫攘官職者，必退避于緩急之際，未必非執事當此重擔，惟高明更加之熟慮。若夫豐碑巨碣，意則雅矣，句則健矣，讀者知所警矣。執事談笑翰墨，自是出人數等，于斯時也而可以此爲事業哉！區區所望于執事者，非止此也。執事交盡天下士，亦何取于某？豈以其無用于世，而不以戇直爲嫌乎？今之士捨科舉之外無它學也，世之所謂有才具者又皆出于俗吏之手，豈識儒者之實用哉！惟執事當以儒者之實用立門户，世俗伎倆屏去之，幸甚。九江乃陶士行之故治也，其事業亦有當于高明者乎？

答吴松林

近聞遠趨邊閫，密贊機謀，將有千里之行，正恨不得攀送，且不得專价導嚮往依戀之忱，忽拜誨緘，謙德滿紙，感甚愧甚。又蒙傾倒真情，敷露出處之意以寓别，尤極感佩。執事自桐川歸，入山堅坐，今四五年矣。未嘗不歎咏高蹈絶識之過人。今乃爲一議幕牽挽而出，方疑執事自待之不厚也，來諭以爲無官可做，謾爲禄仕計，固非知〔四〕有榮進之想。白首舍己以從人，亦甚屈矣。今未論因不失可親之人，而聖人嘗度時義，教人不可榮以禄者，其旨深矣。成事不説，某不當贅瀆，區區之愚，更惟裁處于進退久速之宜，或恐可以少答知遇之隆也。名集細芽，拜賜珍藏，和靖所書《東》《西銘》《四箴》石刻，敬以侑書。大風正寒，敢乞金玉鼎茵，爲時自愛自重，不勝拳拳之至。

賀陳本齋

共審榮膺帝命，分任史權。自業麟經，久斟酌百王之大法；始參鵷序，即删潤四朝之巨編。必是非賢否之大明，想邪佞姦回之甚懼。應笑昌黎之怯懦，要追司馬之雄深。豈特儒者之榮，抑亦古人之幸。仰惟慶愜。某自安隱約于陋巷，不求聞達于當時。悮入眷知，始終如一。平生得此于人指不多屈，感佩何可忘？自别朝軒，恍焉如夢，五柳溪山，冷舍風月，猶如故也，風致與人俱往矣，如之何而勿思？行看進書褒擢，正色要津。與其誅既往之姦諛，不若鋤當今之佞倖。此拳拳深爲世道有望于君子之得時者如此。偶看得《隱逸傳》中有魏國録掞之、胡正字憲與焉，此二人自合入《儒學》中，豈有身爲朝士而謂之隱逸，可乎？蘇雲卿之事蹟，徒欲節文，血脈精神處俱廢矣。據所知者如此，推之它傳可想。日子既迫，不知高明何以處此？雖不隸卷中，有顯顯礙理者，恐亦只得早舉而白之，無爲後悔。若大費爬梳，亦當且展進書之期可也。

回鄭親求岩桂賦跋

茲蒙寵示《岩桂賦》倡和，欲某掛名其末，甚感。某嘗整衿端玩，皆軒軒然有淩雲之氣，誠得當今魁彦印證于後爲宜。若使潦倒無成于陋巷者點綴，則爲此卷之羞，不祥莫大焉。由是不敢措一詞，謹歸璧。然既荷不鄙夷，又不可不少見微忱。佳製有曰「孫枝孰可繼其芳，惟予足繼」，又曰「盛美不在予而何在」，其自任者可謂甚勇，其所以自期者無乃太淺乎？何其眇視宗族，旁若無人？大略矜夸之意多，而非所以培養退讓之風也。政使盛族果無可繼前芳，尤宜哀痛感慨，厚自豐植，以遠者大者自期可也。每舉進士不下數百人，賢否邪正雜然並進，縱在高甲，又何足以繼先烈？仰惟先正師保氣節勳業，著在國史，播之天下後世，豈在區區一第哉！某亦潛觀密察，賢親天資俊敏，自可有爲。願以器識爲先，窮探學問根本，見于躬行者篤實無瑕，則人稱之曰：北山之後有此賢孫，曾可謂源深流長矣。盛美如是，始可繼芳也。非恃親愛，不敢出此語，惟高明亮之。

回潘丞

近歲得幸，獲奉英標于琵琴書册間，辱眷與厚甚。鳶飛魚躍，各適其適，終不可得而同趣也。故人戾青雲，翔天表，一舉而知山川之紆曲，再舉而觀天地之圜方，猶肯下顧雞鶩之栖栖耶？一札度垂虹而南飛，委餘光于陋巷，恍然落月之照屋梁，驚喜起舞。賜諭令姪之事，某久服高誼，當時固嘗從臾一語。豈知麏鹿之性，習荆棘草莽而無長林豐草之志，今已備嘗艱難，須有悔艾之意，彼筆生者不患其不從。此却在高明思有處之，庶可終此大惠。蓋不徒曰飲食之而已，必加教載撫存之，然後可玉其成耳。未知台見以爲如何？鹽官趣戍，不審合符在何日，亦略歸鄉否？某病暑，入秋尤甚，筆硯久荒。聞便丞書此以答雅意，莫能盡傾所欲言。家兄辱賜問，尤感，令再三拜謝。伏乞台察。

回葉成父

某伏蒙不賜鄙夷，再辱緘示。問仁之疑義，肅容三復，涣然冰釋，尤見舍己之勇，求善之力，無纖毫固吝之意。二章改本已極明瑩，剖析甚精，不可强指瑕纇矣。以愚見淺陋觀之，「克」、「復」二字，雖是著力用工，非是先存此心，如何遽能如此用力？所以其他弟子不告之以此，正是未有顏子不違仁之功，其不能不違于三月之後者，便是要它克復以全此仁也。其餘日月至者，如何便能如此下勇猛手段？朱子所謂「教顏子以殺賊手段」者，此也。若仲弓，正是教它一个「敬」字，以防賊入來耳。程子下「皆」、「盡」二字，朱子下一「全」字，亦是含此意思。程子云方始是仁者，以全體言也，此是于令尹問目外，因及此耳。未審高明以爲如何？此間朋友先來多是以「爲」訓「做」字，看來「做」字不特是粗，而亦有病。仁是人元自有者，何必去做他？乃知文公下一个「全」字，是有萬鈞之力。來教于此一段，恐未明瑩。寵示《先天圖》，却于此備見此公之爲學矣。想是他自有願學之心，只是不得師友，不循塗轍，往往自盲撞䵷些道理來説，便欲將來立論，悮矣。康節之學，非是難學，蓋是不可學。若一一定之于數，則王道〔五〕可廢，世教可息，三綱五常任他作壞，不必扶持，亂臣賊子任他縱横，不必誅戮。何者？其數當如是也。數之爲學，固不可謂無此理，自是天地間一珍祕物事，不可將來治國平天下，此聖人所不學也。以二程與康節如此密熟，甚欲傳與二程，而二程不肯承當者，是誠無用于世教也。但渠精于數，因用心推得天地萬物之理，于吾道無悖，是以程朱以來推尊之而不敢非也。若是正面工夫，只是數學，後學求聖人之道，自有正當常行大路，正不必向康節脚下喫辛苦討道理也。于此可以見他無師友盲撞處，亦甚可憐也。非蒙尊兄下問之勤，何敢放言如此！然亦不敢以爲是，惟高明有以印證之。答未發之書，尤更直截分明，不知疏庵新昌之講是何人？後便乞賜報。夫仁、義、禮、智、信，性也，皆未發者也，本不可形容。孟子是將情來説，因其見于外，方知内有此理耳。未動之時，如何下注脚？不知毅齋如何説未發之體，併乞推教。

復陳本齋〔六〕

某于臈月二十有六日拜書修慶，凂唐實夫轉達，未知何日可徹冰臚。歲正之四日，伏領賜書，正某修書之日也。是日，金華有雷電之變，知契好不替，吻合如此，何感如之！某學識淺陋，不敢妄論古今，兹因執事與修史筆，敢陳管見，亦不暇詳其條目，姑以大綱言之。太史公之八《書》嚴矣，所包固有未盡，而《封禪》何足以專一書？其後立《儒林傳》，乃與佞倖、滑稽、雜流並列，何其識慮之不高也！猶有可掩瑕者，能以夫子列諸世家，而門弟子附焉，以老莊等自爲别傳，亦知所尊矣。班固作十《志》，視八《書》有分有合，有增有損，而《藝文》之爲志，名既不與諸家雜出，而崇儒重道之意比太史公益下矣。范蔚宗之紀東漢，不得與班固並稱，自古之論然也。蔚宗乃别出《文苑》一傳于《儒林》之後，既知有本末，又别立《黨錮傳》于前，則其識不可謂不班如也。此傳雖前所未有，義所當立，且東漢之盛，孰有踰于黨錮諸賢哉！魏晋以下，固不足言。共推國家之所以遠邁漢唐者，亦以周子再開萬世道學之傳，伊洛諸先生義理大明，盡掩前古。今上聖德巍煌，未易形容。其有關于世道之最大者，莫如封五子，列諸從祀，崇尚道學，表章《四書》，斥絶王安石父子之祀也。今四朝大典成于今上之朝，舍此不録，縱史筆極其典法，而五子之徒浮沈出没于列傳賢否之中，便無精彩，豈不爲千古之羞？嚮者敬岩姪嘗奏請于朝，乞立《道統傳》，朝廷不曾取旨收索，宣付史館。區區之愚，以爲道統立傳，却小了道統，當作一志，豈不勝于經籍、藝文之志乎？若欲作傳，則當曰《道學傳》，終不如志體所該全備。伊洛以來門人弟子著述書目，悉可類聚，首載吾道今上臨幸辟雍之詔，吾道粲然，可以上接夫子世家，下陋東漢黨錮，豈不偉歟？此非導諛于君也，將順其美，是亦格其非心。大臣愛君，無所不用其誠蓋如此。某因有白事，雖私實公。乾道庚寅，先大父諱某宰長沙，葉丞相某宰於潛，劉史君藻宰崑山，皆婺人也，皆以邑宰聞。孝宗留意字民之官，幽隱必達，一日三公俱被召，天下翕然聳聽，莫不奮厲。五月，大父面對稱旨，即差知嚴州，實代南軒張宣公。辛卯，信州驕卒作過，兩易大父知信州。壬辰冬召赴行在，十一月十五日奏事，十六日徑除金部郎官，繼賜奎畫，訪及治道。癸巳五月，兼崇政殿説書。秋以讒者謂大父漏泄禁中語，出知饒州，自是老于麾節間。恐此事《實録》中不曾登載，不特大父被遇上恩之隆如此，尤足以見孝宗考察州縣之能否，破削資格而用人，無朝蹟而徑除郎，以庶官而蒙御筆兼説書，皆當時異恩也。是以宏模偉德之一端，恐秉史筆者之所欲聞。子孫沈淪，無由録上送官，幸執事左右史事，不敢不聞。大父事實見《朱文公文集》第八十九卷神道碑銘之内。大父官不至立傳，今不至立傳而得傳者亦不少，某之事力不能進狀。今聞從伯祖尚書諱某新得入傳，按史法亦有附傳之例。大父與錫山尤公爲同年進士，情好甚密，大父卒，錫山亦賜誄文。或辱鼎重轉達史長，得附傳以垂不朽，豈特存没被惠，而亦足以補孝宗聖政之分毫。進退惟命，非某私情所敢必也。某家藏宋秦公《唐史·吴兢傳》稿一卷，真蹟粲然，惜向者不曾拜呈。當時李文簡公亦爲大父跋數語，即模勒鋟木于史館。某亦得墨本，今以納上，不知此刻今尚存否？吴公真足以爲萬世作史之法則，而秦公删潤之功，大有警發，恐或可以少裨大手筆也。

答王景梁

昔往南溪攀别，而逸駕竟已先驅，悵然而返，耿耿至今之日。伏奉手筆〔七〕之光，慰感柏懷，謙詞滿紙，推予過情，此則非所敢當。宗兄坦夷磊落，刻厲辛勤，青雲之科不占已乎，舉業如是足矣。趁此青春鼎盛，蓋亦用功于根本之書，以培養其窮達之良心，開眼闔眼，無非受用之實地。記得《朱子語録》中有一段説用舍行藏云：他人用無可行，舍無可藏，惟孔顔有以行，有以藏。于「有」字〔八〕説得極重，雖未必當時聖人之意，于學者警發有功。若夫家貧親老，别無妙法，只有「進德修業」四字，須是念念在心，以聖賢爲標準。蓋自古無餓殺聖賢也。此某平生勸勉友朋之拙策，聞者莫不笑其迂，自謂忠于告人，莫出于此。若欲別求妙法，則墮坑落塹者紛紛皆是，不〔九〕審高明以爲然否。吾儕遠書，諛語彝儀皆在倚閣之數，併惟識察。

答蔡子明

某此月初得之郵傳，天心開悟，王言載敷，尊公久軒先生陞華邃殿，暫逸琳宫，知衮衣之將歸，副鼎鉉之素望。政恨未能求端便，肅晋賀櫝。立齋歸，反辱寶墨雙函，以宗文賦，警策晦陋，上原大道之傳，下閔邪説之害，指示後學之正，極其坦明，伏讀竦然起立。又知褒拂過情，將有堂職之命，尤極愧惕。但某學不自力，老未有聞。上不足以窺聖賢之藴，下不足以騁功名之塗。抱塵編蠹簡于陋巷，守天下之至拙，何足以宜振德之賜？此蓋仁齋平日以人物爲己任，不忍一夫之終棄，政恐鼓康瓠于大雅之側，適以累知人之鑑。既聞時論一新，得以全純愚而安隱約，豈勝大幸？竊惟仁齋以高明之資，更練世故，洞達物情，運量斯世，如鑒如衡，不失毫髪。天假閒暇，正欲培益其積累之原，益礪其問學之精。願于此時寶毓神明，使心廣體胖，上以左右尊公，副四海具瞻之望，下以蕃衍英嗣，續三世慶源之長。區區之愚，不敢道諛于尺牘中，以爲盛德之報。狂生故態不入時，大率如此，伏丐錫察。

答何寬居

某自去歲修貢謝忱，匆匆不能盡所藴，而書生疎闊當世事情，妄議天下事。既而不覺自笑，政欲高明知山林腐儒，真無用世之才，可以置之度外。而某亦不敢以尺書復進于冰矑，非敢忘德也，出處塗轍不同也。伏自榮登朝著，擢用日穹，曾無一字詷候起居，頌望經濟，真不足置之齒牙無疑矣。因北山之回介拜書，餽之甚渥，雖曰錫類之仁真無所爲而爲者，尤見義利之限界甚明也。發書啓篚，則精畫名刻在焉，盥手揭之素壁。蓋執事以平日之所受用者，開論後學甚切。但塗轍分限，俱含兩端，使學者何所擇？至于詞真氣温，量寬鑑嚴，自是名言，亦恐「方圓」、「大小」二句，終未能勝也。人知此二句出于孫思邈，而不知孫又出于《淮南子》，渠更有一句云「能欲多而事欲鮮」，雖與上二句未稱，亦自有味也，高明以爲何如？又蒙録示西南備禦之方，尤見憂時體國之要策，蚩蚩熟寐，誰慮及此？不必伏波聚米而形勢瞭然在目。西邊防禦，添兵雖不多，已爲兩路之重，因只得且如此。經理古郢之要衝，非識古今形勢之精不能及此。蜀運之急，尤今日之最當先者。若止取辦于荆襄，似亦非計。不如勉其復四川之險要，護成都之沃壤，則蜀運自寬。若夫屯田、清野之二病，非一黄榜所能革，此則恐欠區處。愚不知兵，妄意如此。但今日之患，上下無一定規模，若主議之人在内，則恐奉行于外者易差，主議之人在外，則居中主張者易搖。所以今日事事無終始，績用不成者，此也。或得于西邊專一道之事力，略如維揚之任責，使之經營積累，以數年爲期，庶或可以稍成頭緒。但君臣之遇合難保，古今功業之難成，其成其否天也，非人力之所能必也。然食人之禄，立人之朝，義當自盡其心焉耳。扶三綱不至于沈淪，拯百姓不至于塗炭，賢者未嘗無此願也。事之不如人意者何限？豈得盡如所願哉！畎畝微生，日夜望聖君賢相以天下爲心，損上而益下，瘠己而裕民，邦本固而公道昌，庶幾如執事之高明，翕合衆志，赤心任責，尚可爲也。未知能副此願否？未知何日得拱丈席，以聽開濟之規，臨風馳神。

通陳本齋

孟秋既望，風露已清，而濯纓佩〔一〇〕，人望益高，后皇嘉相。五月末因碩夫兄行，嘗附一書以道仰德之誠，必已上徹冰廬。繼是天氣向熱，痼疾微動，兼爲濕氣薄腰腿間，屈折頗艱，由是尺書不嗣。七月初，忽聞執事去國，爲之惘然，繼之以喜。執事之去甚善矣，猶恨其差晚也。審執事之踪跡固明矣，猶恨心事之未盡白也。雖然，頹波滔滔，峙柱獨立，信賢矣哉！某嘗愛坡公之言曰：問世之治亂必觀其人，問人之賢不肖必以世考之。然亦如之何而考也？不過出處行藏、進退語默之間見之。君子不容于時，君子何病？時之差也。君子苟容于時，時亦何病？君子之恥也。能各知所恥，則世與人兩得之矣。執事之去，盍力請于師尹得郡之時乎？師尹之去固甚巧矣，章貢之行未盡善也。心迹俱明者，于此時惟陳右司一人而已。師尹之歸，匆匆一見，且曰少定再入城，當從容也。既而又匆匆過城，挾無適行矣。無適于是得脱陷阱，其言謂西澗迓從回至此，催迫就道。若果未有行意，亦何妨却之？我之遲速，豈吏輩得以持其柄哉！此事姑置之。鄭定齋曾聞其消息否？昨傳其得興化，既而興化屢易守，獨不見其姓名，心甚疑之。執事必知其詳，願垂一報。潘介岩既歸，則爲終焉之計，亦無一字入城府。但聞其卜築爲人所悮，未爲穩也。書生舉事，不免一疎，尤見此老之淳德。林國録稌、韓架閣境皆寓金華，二公人物雖不同，皆佳也。亦得時奉從容，餘非淺陋所知。執事一出五年，乍歸家山，其喜可知。僭有《高風行》一篇，姑見頌美之意，幸垂藻鑑。謹專人詗候起居，家兄臂痛，不果修書，立齋姪别已拜書。令似諸位德業日進，和父既得胄牒，魁占無疑。不敢拜狀，乞斥名。瞻見未期，敢乞康濟一身，自致中和，倚需時運之復，以大發揮。

回楊行父

一别芝宇，轉矚十餘載，回首遊高明諸同志，如在天表，清夢栩栩，未嘗一日不懷想。瑞岩使至，忽領藻緘，高誼不忘，既慰且感。浯溪古刻分惠，此意尤厚。緬惟即日歲云莫矣，霜旭烘晴，侍學有相，雅候萬福，貴集中外，鴻祉惟均。某冉冉餘齡，待盡陋巷，幸有殘編繙閱，如見聖賢，此心不敢怠也。垂諭堂扁，極荷不外，某素不以字稱，何足以承盛意？只此二字觀之，則知學識迥出世表，所以處家持身得其要矣。遂欣然勉强一書，併綴數語，以復來施。未必可用，更惟裁處。某近刻何北山所著《魯齋銘》，以墨本納呈，至希一覽。無由會晤，願言力學躬行，善保斯則，爲千萬世子孫之基。不勝拳拳，謹奉狀，不宣。

回陳樵翁

維時急景凋年，雪慳寒薄，共惟梅邊雅興，塵外高譚，白龍薦祉，尊候動止萬福。雲關仙輯，錫慶川融。某束書聖則，獲並英游，餘十載矣。每辱加念，墮筆底龍蛇之寵，光彩陋巷，式重斷金，歲寒之心，度越世表，不勝起敬，不勝懷感！仙都水患固久，未聞連歲之頻仍，濕氣著人，故易成疾。此亦氣數適然，非一人所關係。于不堪其憂處樂亦不改，方見學力也。物價翔湧，非實貴也，會日輕而物日昂，勢所必至。小民從容，不見窘色，此最是好時節，不敢歎我生之不辰。某雖無用于世七十六年，喫了二百七八十石米，可謂古今之幸民，造物之賜侈矣。且莫入土，尚何言哉！尊諭書堂氣象翕習，聞之不勝欣慰。以諸賢扶持作成之盛，自應不同。但欲求前廡于他郡，殊非策也。第一是人情不相知，風俗不相入，却與仕宦者不同，佗職尚不可，況于直學乎！此尤不知所以上承雅意。敝里士風不競久矣，如某掩關衡茅，後生英俊，望望去之，罕曾識面，何由知其賢否？苟未有交承，則前職未可解組。或先有才望，佚之已久，不妨再任。儲材當在平時，若求于臨期，必至于苟且矣。惟執事加之意。風鰻之賜，甚感久要，不敢不拜。靖念疏陋，無益于聖則，每歲必蒙專价問勞，固足以見歲寒之盛德。但舊朋友在堂甚少，新者不相知，妄叨重惠，掛名簡書，起人厭薄。今天運將周，不爲不久，用敢拜手控辭〔一一〕，乞注于籍。今後不必專价，或因有便，一札半行，足表交情。臨楮忱禱，非敢自取疏外，不盡歡竭忠，聖賢之訓也。瞻際無期，願言金玉體府，以棟吾道。拳拳，不宣。

回于晦仲

某老境寂寂，急于歲莫，幸未寒殘編斷簡之盟，思我良朋，恨無飛羽齋藏。忽有好音，璪緘在手，垂露粲然。欣審即日霜旭烘晴，綱維聖則，台候有相萬福。來諭纏繞塵俗，此固人家所不能免，然日用醻應，何莫非事？事所當事，即此是學。一事一物之中，有無限道理，不當厭棄事物，閉門獨坐，方謂之學也。且聞堂中依前翕集，只是舊友甚少耳。況今右司新被朝命，主此精廬，神交氣感，多士景從，當衿佩雲合也。某衰盛，無益于書堂，每歲必蒙遣价訪問生死，此意甚厚，甚感激無窮。但年運而往，今已十載，無益有損，後之來者聲問不相接，必出勉強，或爲虛費之累，使拜受尤不安。願嗣歲倚閣此例，庶幾安分，免貽殘喘之羞，幸甚。玉峰得書云：今年書堂再被水浸，濕氣能爲人患，殊欠良策，不審〔一二〕可山頭起幾間否？今夏荷周平之來款數月，唤醒舊夢。但某生意甚微，不足挽其久處，爲之慊然。某被嘉惠甚腆，公帑私覿，兩極其至，祗受皇恐。無以侑書，謾以絳炬百兩，浼使价復于執事，切冀容留。會叙莫期，願言力學自愛，益大遠業。不勝忱禱，不宣。

回韋軒

某不敢以籤府彝儀，自取疏外，近領台誨，光風襲人，違仁滋永，思仁感深。曩者高軒數過，蒼苔問今猶隱隱有石聲也。伏蒙紆念寂寞，華予歲莫，五雲之朵，先春而來，欣備彩衣受命，玉筍催班。難爲弟難爲兄，一出一入；賢哉父賢哉子，拜後拜前。體真元爲萬化之幾，無思孝備一身之美，朝于王所，允若天心。豈特親愛之交懽，亶爲國家之盛事。聞郵音而倍喜，就慶牘以非恭，仰祈鑒宥。某衰伏窮簷，賴庇苟安。尚勤綏軫，頒寶劑以扶其龍鍾，封名畫以寓其繾綣。意重丘山，感深河海，少延殘息，實出大生。揭雙軸于坐隅，拱高風于天表。匆匆治報，未盡精微。惟洞然相白，不宣。

【校記】

〔一〕「其」，原作「真」，據四庫本改。

〔二〕「肆」，原作「律」，據《續金華叢書》本改。

〔三〕「困」，原作「用」，據四庫本改。

〔四〕「非知」，《全宋文》改爲「知非」。

〔五〕以下至篇末脱，據四庫本補。

〔六〕本篇至「孰有踰」脱，據四庫本補。

〔七〕「筆」，原作「畢」，據四庫本改。

〔八〕「字」，原作「事」，據四庫本改。

〔九〕「不」，原脱，據《全宋文》補。

〔一〇〕「濯纓佩」，四庫本作「濯纓垂佩」。

〔一一〕「辭」，原作「敢」，據《全宋文》改。

〔一二〕「審」，原作「矯」，據四庫本改。

魯齋王文憲公文集卷之十八

廬陵銅溪劉同編輯
鄱陽三臺劉傑校正

哀挽詞章

挽曹叔獻

野草何青青，野花亦菁菁。王園翳煙樹，東風開泉扃。靈辰倏祥練，祖載何因循。半生安陋巷，簞瓢澹無營。天命有窮達，書生多苦辛。北邙同一路，玄廬等枯榮。我本里中子，升堂托微媚。每懷梧渡語，惟士有常心。几杖雖疎闊，睠睠敬愛深。故家喬木瘁，不復典刑存。流水桃花育，飄零薤露音。幽宮一以閟，清淚洒芳春。

挽汪帥參

一世欽齋老，聲名四十年。冰融南省日，春滿洞庭天。笑語當時密，交情晚節堅。秀英今已矣，新閣獨巋然。

右一

世路艱危極，人情政可歎。未聞親子在，而有外邪干。軒冕多爲累，簞瓢未必寒。此皆身外事，且認一丘安。

右二

挽潛齋王樞相

忠簡流餘慶，文忠印此心。詞章傳世早〔一〕，事業得君深。不盡風雲會，寧知歲月侵。九重驚殄瘁，讒者舌方瘖。

右一

治命深衣斂，親題石像鐫。精神傳巨扁，風月掩遺編。流落人間境，陶鎔物外天。建安名教在，它日配先賢。右二

總角思先友，同宗麗澤傳。典刑諸老盡，文獻舊家全。交道從公晚，知音去我先。淵源誰與遡，愁絶伯牙絃。右三

精舍北之北，幽宮南復南。兩山生死寄，千古姓名諳。地勢蟠空壯，溪聲戰晚酣。青烏發天祕，萬壑拱遺龕〔二〕。右四

代挽王潛齋〔三〕

自立西山雪，聲名四十年。清思奎畫重，忠簡物情憐。廊廟風雲斷，園林歲月遷。潛齋元不死，有子續遺編。右一

先世論交早，名公不忍忘。共期霖雨施，忽掩斗樞光。北墅風煙慘，南山草木香。片雲

開白日，邮典耀龍幰。　右二

挽丁知縣〔四〕

蚤識北平貴，從遊五十年。遲遲登虎榜，急急到鳧仙。振起非無地，榮枯自有天。老成彫落盡，一壑鎖蒼煙。

挽施子華〔五〕

哭子天倫變，賢哉更可傷。毅翁悲祚斷，學者悼師良。缺月窺元室，凄風鎖〔六〕奥岡。身雖隨物幻，名筆起潛光。

挽郡博士待班劉公歌〔七〕

東風變九野，萬物負生意。素韠何欒欒，清血洒幽隧。猗歟静壽翁，歸全可無愧。人生托溟涬，消息同一氣。過化來者續，自昔歎川逝。温温夙好修，甄陶瑚璉器。凝乎觚自度，澹乎靚且邃。詩書以爲糧，忠信以爲饎。人皆崇榮途，公獨徐攬轡。三轉坐皋比，五鶚争自致。上培德誼種，下開文字瑞。一子通金閨，一子需大對。衣冠繪慶圖，豈料造物忌。學校失師模，鄉閭思善類。梅花已流水，草木誰臭味。惟有篤厚心，叮嚀期嗣世。

桐陽散翁挽詩〔八〕

縠水之西，巍然一峰。是曰道堅，翔舞而東。林巒蓊蔚，丘壑渾融。雍雍聚落，惟金之宗。五世積累，鍾此散翁。散翁頎頎，生有異質。學敏而博，心廣而實。迺孝迺睦，迺大其識。教子一經，維寬而栗。教人盡己，維久無斁。選舉法壞，取士以文。決于一夫，升沈遂分。良才美德，所甘隱淪。負我求我，負人非人。兩語垂訓，風俗反淳。我之識翁，因翁二子。典刑是親，翼翼亹亹。曾不幾見，翁遽不起。我來哭翁，亦已晚矣。匍匐之義，真可愧死。我既哭翁，亦相佳城。千嶂矗矗，萬壑沄沄。一丘永閟，昭明上征。萬壑沄沄，千嶂矗矗。子子孫孫，載昌載毓。

哭錢學老

魯國黔婁死，升堂吊者誰。不邪能至此，千載有妻知。凛凛默成德，清風百世師。舅甥貧到底，終老外家祠。

挽汪約叟

幸有靈光在，天乎作麽亡。生來最真實，病裏亦康强。和氣留丹鼎，清塵凝筆床。溪山呈秀處，風露悄凄凉。

右一

憶昔先君子，金蘭氣味投。中間有生死，一别幾春秋。曉漏傳幽夢，英魂覓舊游。城東煙月冷，應是訪新丘。

右二

挽鄧夫人

霜冷留賓髮，心融篆貝經。疏金重錦誥，琢玉璨芝庭。方禄參軍養，俄丹壽母銘。可憐萱草露，也解泣〔九〕儀型。

挽司直兄

老厭鴛行武，騎鯨不肯留。空存丹棘讞，未告紫宸猷。黄老辜初志，青山颺晚謀。夕陽無限好，心事竟悠悠。右一

典重班諸老，聲名始壁流。開尊拉佳士，幞被闖前脩。月冷金閨籍，塵生玉杖鳩。梅岩傷目處，雁影正賓秋。右二

晚始親荆玉，劬愉氣誼稠。泰壇霜月下，暑枕夜江頭。一困關公念，連書釋我憂。平生知己淚，寂寞洒新楸。右三

挽朱侍郎

國論多同異，身名有險夷。一從離紫橐，再不上丹墀。慷慨風雲斷，飄零歲月移。却因閒得早，冷眼看人癡。

右一

渺渺康湖水，峩峩蜀野山。是翁元不死，蜕骨此中間。草木券臺緑，莓苔翁仲斑。白雲傷北望，清淚更潸潸。

右二

宗夫人挽章

勳烈高忠簡，夫人衍慶源。春風南澗藻，秋雨北堂萱。鸞鑑傷孤影，芝庭茂兩孫。清霜凝素仗，璀璨滿西原。

挽何無適

二五之英，清通瑩徹。有鍾于躬，非賢則哲。烏乎無適，自幼卓絶。奴僕選騷，銓衡莊列。鞭霆走電，不可追躡。一操而存，肅整轡轍。著書未就，不幸短折。既賦以奇，未易泯滅。世外精神，筆頭風月。有閱斯立，有妥斯魄。既妥爾魄，既築爾阡。是曰反終，是曰歸全。人生斯世，豈必百年。欲動情勝，萬事出焉。孰好孰惡，孰嗤孰妍。孰過而改，孰善而遷。一征物表，浩浩其天。風定水止，月印萬川。陰陽不獨，動静不偏。既静復動，太極炯然。

馬華父母葉氏挽章

力疾呼兒語，民方弄潢池。兒職不可緩，母疾尚可爲。繡衣纔出境，肅斧旋芟夷。百姓得奠枕，歸來拜慈帷。母訓不敢墜，母喜開雙眉。陰功覃雨露，慶報當期頤。孟夏草木長，庭萱何遽萎。平生事儉約，猶有嬪時衣。熏爐經卷静，不復朝莫披。西風秋又晚，萸菊思年時。瞿瞿臨祖奠，清血應漣洏。明朝鶴岩道，舊冢連新悲。

挽頤軒張朝奉

藹然一氣備天和，不盡人間歲月多。鄉里同聲稱佛子，兒孫相繼奮儒科。蠲租捐廩今無有，封冢然燈可奈何。德在人心真不朽，幾多麟碣汙山河。

右一

挺挺長松施女蘿，平生能得幾相過。繐帷遠辱雙絇臨，淚眼猶瞻兩鬢皤。曾未經年成契闊，至今一慟竟蹉跎。吉人已矣難重見，山口悽悽薤露歌。

右二

挽張佛子

嘉慶圖傳世所稀，夫何佛子遽西歸。平生施予心無爲，時事艱難衆有依。德誼百年猶積累，詩書五世漸光輝。兒童父老傾山谷，洒淚追隨丹旐飛。

右一

陟屺雖頻莫慰心，見公猶幸母如存。東山何事遽陳迹，西路如今又斷魂。柳翣忽臨新冢

道，林花空滿舊時園。一衿和氣歸何處，化作功名遺子孫。右二

挽徐郎中

郎潛不復坦衿期，留得清名舉世知。老矣空還新虎節，歸來只是舊鴻禧。危言寧免班行忌，已死猶聞海内推。病裹僅能成大廈，當時燕雀不勝悲。

挽趙龍泉

滿擬田廬樂莫年，誰知鳧舄遽飛仙。鶚書連走文場捷，麟趾多推正脉賢。晚錫藍衫更鷴弁，徑分蒲璧鎮龍泉。春風滿縣開桃李，回首松楸鎖翠烟。

挽思泉居士

平生不蓄買山錢，晚得佳城豈偶然。官職叢中韜素志，風波險處謁名賢。只將和氣占心

地，尚想清尊養性天。宗部典刑難倒指，忍看庭玉淚濺濺。

右一

猶記年時訪故山，細聆舊話侍清閒。汲泉倚杖臨荒甃，尋塔呼僮厮野菅。回首恍如前日事，傷心已隔夜泉關。手攜菖歜歌清些，淚染含風細葛班。

右二

挽朱侍郎

蚤亞魁躍入諫坡，卻因忠讜蹈風波。龍墀一去江淵遠，鶴骨歸來歲月多。紫橐將隨時事轉，丹旌無奈夜舟何。萬松蒼翠皆親種，月露淒淒泣隴阿。

挽朱宜人

蜀峰飛來不記年，粲峩翠嵂青綿聯。康湖演漾吞萬壑，風雷日夜噴飛泉。水西葱鬱氣方壯，水南重得黄牛眠。深山大澤絶異處，造物冥錮難輕捐。龍翔鳳舞萃英淑，豈非天授夫人賢。綵雲落月相珪璧，山花庭草摇香鈿。虎羊甲士儼成列，萬松磨颱生蒼烟。夫君筆力扛九鼎，親著幽德熏蘭荃。應有山靈乘赤豹，千年呵護青瑤鐫。

挽何南坡

刻苦工夫真實心，一言體用已全陳。聖賢斷續三千載，伯仲漸摩八十春。保護斯文勤且讓，作成吾黨敬而親。我來不復瞻耆德，流水蒼烟迹已塵。

右一

少公禀氣後三年，易簀翻居三日先。學數弟兄猶間有，壽隨父母獨誰全。悲哉易感精神往，造化難憑禍福遷。應恨南山人遠去，從今獨卧北山阡。

右二

籬落縱横一逕分，平生杖履幾登臨。某山某水機械露，彼室彼廬情〔一〇〕分深。檢校舊規心欲折，摩挲新誌淚難禁。素車白馬人歸後，鶴唳猿啼總些音。

右三

林省吾挽辭

羌若人兮大帶而深衣，張拱徐趨兮儼乎其若思。動有則兮神定，澹無欲兮心夷。便儇嶔巇之紛吾前兮，醯雞起滅。忠信傳習之省吾躬兮，聖賢我師。伊春陽之冉冉兮，生意方懋。何雪霜之不仁兮，荃蘭遽萎。搴三后之純英兮，時不得而榮瘁。抱太極而永歸兮，哀與我之其誰。雲沈沈兮淒巇，風稜稜兮斷凘。長田長田兮，寂寂永夜。暢旨獨立兮，千古名垂。

滕勿齋内楊氏挽詞

東風捲地兮摧千紅，松柏青葱兮啓幽宫。龍輴廣柳兮辭簾櫳，埋香掩玉兮甘長終。芳草萋萋兮春又空，東君寂寞兮誰與同。

右一

吴門山少兮煙水寬，一錙千金兮尚云慳。夫人勤儉兮同艱難，子荆苟美兮營玄關。平生首丘兮志應寒，雙溪渺渺兮何時還。

右二

憶昔登堂兮拜淑儀，小子丱角兮勤將攜。夫君念我兮力不遺，歲月滔邁兮鬢成絲。西望紫翣兮清魂飛，檝哀千里兮空漣洏。

右三

陳卿内邵氏挽詞

群山峨峨兮屏下環，鍾爲人英兮司賢關。風雅解頤兮簪佩珊珊，有女穎悟兮拱聽帷間。識性情之正兮婦德閑，雞鳴警戒兮夜漫漫。冰清玉潤兮卿月相傳，夫君騎鯨兮今幾年。綱紀繩繩兮閨門肅然，樂山堂兮花木正妍。蕙槁蘭萎兮棄釵鈿，凄凄東塢兮藏風烟。畫翣流雲兮去翩翩，飛絮寂寞兮隨珠軿。忍看雙璧兮沈黄泉，龜趺螭首兮何時鐫，山靈呵〔一一〕護兮祚綿綿。

鄭寺正挽辭

北山崚嶒兮配井絡之勳名，子孫繩繩兮聿彰厥聲。一麾不顧兮番禺君，甘領祠官兮挂長纓。操存益固兮涵養益深，臨行一念兮之清明。右一

坦溪渺瀰兮配流慶之深長，園林帶宅兮風月無疆。鷗鷺受盟兮舉清觴，胡不百年兮長徜徉。澡身更服兮容氣安詳，遺頌洒然兮墨耿光。右二

北山寂寞兮號東風，坦溪嗚咽兮繞玄宫。曉露滴滴兮泣蒼松，芳草萋萋兮券臺窿窿。體魄永藏兮魂徂太空，一聲蒿里兮春無容。

右三

馬華父母葉氏挽詞

苕溪猩鬼兮呼嘯幽篁，綉衣一出兮血膏斧鉞。笳鼓歸來兮拜舞北堂，潢池夷靖兮母訓是將。慈顔開喜兮家國之祥，薰風自南兮草木正長。胡不百年兮俾壽而康，庭萱夜殞兮奩玉晝藏。使者菲屨兮桐杖皇皇，一道生靈兮悲如我傷。

右一

瑶岩嵯峨兮龍翔鳳飛，玄廬肅啓兮松楸露晞。東望宰隴兮券臺依依，靈辰不留兮夷牀曉移。紫萸黄菊兮奠祖一卮，熏爐經卷兮儼如生時。靈幄香銷兮猶有嬪衣，音容寂寂兮萬古永歸。龍輴黼翣兮驂神魁，一聲蒿里兮風號谷悲。

右二

李三朝奉哀詞

羌與公別兮幾二十年，思渺渺兮路曼曼。棹剡溪兮乘興，訪故迹兮愴然。下晋齊之拜兮如夢，挑燈道舊兮猶平生歡。我少公兮六歲，悼彼此兮華顛。解予佩兮授予館，言未終兮歲已闌。會公疾兮孔熾，怛毉窮兮技殫。聞易簀兮數語，意穆穆兮詞嚴。湛神爽兮不變，驗學力兮罙堅。自磐川與玉局兮，交一世之名賢。宜公之好脩兮，羞芳蕙而糗荃蘭。退静處而莫我知兮，老冉冉其流連。厭塵世之轇轕兮，倐昭明而遂仙。幸與公兮永訣，撫往事兮自憐。言告言歸兮邁邁，有懷渭水兮淵淵。棲遲故隱兮，全純愚而孤處。當歲莫之急景兮，聞公窀穸之有端。皎皎兮懿行，卓卓兮瑶鐫。涵泳以適意兮，鳳岡樵隱之遺稿。纂記以廣業兮，春秋族系之巨編。豈待是而不朽，掩既往之孤搴。蘭風之臯兮望不極，歌薤露兮有淚懸泉。

蔣叔行挽辭

萬山蟠兮有宅一區，吁嗟吉士兮心古而色愉。平生激烈兮談忠義之事，求師教子兮必有道之儒。流德誼兮鼎鼎，浸策足兮功名之途。引壺觴兮自適，玩日月之雙車。有淑兮爾配，絲枲兮劬劬。指期頤兮二豎立病，既偕老兮亦相繼而長徂。望雙旌兮有慟，酹一束兮生芻。

右一

萬山蟠兮新此一丘，吁嗟乎吉士兮靈辰不留。佳城鬱鬱兮馬跼不進，前岡隱隱兮牛眠是求。窀蜿蜒兮有隧，枕皋隰兮沃流。東望兮廬舍，西望兮松楸。白雲兮生死同壑，黄壚兮杖屨昔遊。孤哀哀兮罔極，悼愁愁兮千秋。悵素紼兮莫執，相爾些兮商謡。

右二

朱昭父挽些

春風初開兮別君南浦，詠君輀軸兮冬又暮。曾歲律之未改兮生死異路，吁嗟乎實齋兮有前修之風度。瑟瑟僩僩兮凝然寒素，不忮不求兮未嘗偭繩墨而改錯。視萬馬之奔逸兮斂組轡而獨駐，安于一實兮豈斯世之足語。天何賦之厚兮而奪之遽，何旅翣之未返兮合豺虎而哮呼。凜世道之䁥兮良士瞿瞿，想君一笑于冥冥兮豁然大悟。山靡靡兮旁圍，水潺潺兮〔一二〕在下。付萬事兮雲空，顓一壑兮千古。

悼蔡修齋

羌世運之緯繣兮，何故老之不憗遺。持寸膠而救千丈渾兮，誰與同而共治。身一約而蹈遺烈兮，不沽直而不徇時。西極八桂東連吴會兮，貫南紀以周馳。以節用愛人兮，以静重爲威。謂直方大之德才學識之長兮，親結上知。方增重乎本朝兮，而疾疢以乘之。猶癯癯乎筆削之志兮，浩浩乎汗青之未期。遺稿山積兮，孰續而孰維。擅一代之鉅典兮，疑造物之好虧。吁嗟乎，修齋之典刑兮，蹇長歌乎已而。余幼好此奇服兮，今冉冉而華顛。悼窘步之數奇兮，安陋巷之瓢簞。公獨閔其寂落兮，擥微芳而遐搴。時舒愛而申情兮，曾不問夫郵傳。弭嫠節而西來兮，拱茂行之淵淵。吸松齋之沆瀣兮，飽坐嘯之蘭荃。鳳高飛而莫縶兮，徒延佇而路曼曼。何音問之不淑兮，駭騎箕而遂仙。睇長江而太息兮，涕淫淫而惘然。撫巨編之遺則兮，神馳乎洋奥之佳阡。念歲律之云莫兮，奈狂風之鼓天。

挽時僉判

靈辰不留兮，挽者何悲。羌茂行之皎皎兮，而今已而。惟孝友百行之首兮，何習俗之日醨。惟不虧其降衷兮，何足尚乎浮辭。靈辰不留兮，斯人永歸。薤露一聲兮，行人淚垂。

右一

靈辰不留兮，挽者徘徊。羌若人之秉德兮，佩先訓之不回。以直道事人兮，任當路之疑猜。坎壈一官兮，窮達何有于我哉。靈辰不留兮，君社塘之夜臺。薤露再歌兮，亦孔之哀。

右二

靈辰不留兮，挽者邁邁。羌前脩之典刑兮，何後生之昧昧。平鄉常人之號兮，豈直欲以之而自悔。静觀世道之日詭兮，蓋亦惡夫奇奇而怪怪。靈辰不留兮，路曼曼乎長夜。歌薤露之三章兮，識者爲之永慨。

右三

徐制參挽歌

北風高兮歲律將殘，望東隴兮目斷旌丹。有美君子兮擥衆芳而自飾，直哉惟清兮不亢不激。鬱十五年之朝望兮，僅影纓于列院。參幕府以自詭兮，乃劬劬而忘倦。宜表世而厲俗兮，曷止于斯。靈辰不留兮，祖奠載期。薤歌之一章兮，孰不孔悲。

右一

歲律殘兮北風正南，渡梅花之橋兮龍帆鑣鑣。有美君子兮蒼梧翠竹，善繼善述兮恢韋齋之芳躅。羌世道之緯繣兮，孰識夫異體而同氣。惟不忘其所由生兮，合群從而一視。慨垂絶之叮嚀兮，欲蜕而理融。靈辰不留兮，將永閟于幽宫。再歌薤露之章兮，號萬壑之長松。

右二

北風北風兮歲律告終，豈惟歲律兮嗟世道之益窮。有美君子兮，非斯世之人物。有古人之風兮，有無我之德。我亦何知兮，託先世之餘契。兩書相勞苦兮，藹然敬愛之意。迹雖疎兮此心不忘，死生契闊兮悵十二里之高岡。歌薤露之卒章兮，有淚滂滂。

右三

挽邵公容春

北風獵獵兮申原之幽，玄扉啓兮靈辰不留。蘇黄之像兮儼其如在，容春之人兮杳不可求。一棺兮厚德，萬古兮高丘。

右一

申原幽幽兮北風正高，薤露一聲兮山鬼夜號。古人考終兮如蜕，遺編不朽兮風騷。一丘

兮安固，萬古兮滔滔。　右二

北風北風兮丹旐飛飛，申原邁邁兮鐸聲孔悲。素韠欒欒兮二子皇皇，如有望兮魂其來歸。地有靈兮人傑，表爾隧兮豐碑。　右三

宋史館檢閲所性先生時天彝父挽些

大專槃物兮剛柔盪摩，五行雜揉兮顓蒙孔多。陶一氣之奇佹兮奄宇宙之幾何，握異采之陸離兮蹇儃佪而逶迤。襲正軌之茂則兮恥踐迹而循科，御長轅而獵太空兮摧九折之峨峨。孑不群而介立兮衆嚻嚻而肆呵，玄虬蹶泥兮浸雄虹于頽波。隴廉孟娵之莫辨兮世揆揆其層峨，神藐藐而上征兮訴緯繣于太和。忽倏靈之聿皇兮任侏儒之傞傞，砦將誰執兮豈天賦之未邁。落日下大壄兮慨高風之吟哦，羌若人之莫見兮感生意于庭柯。卓豐詞兮九里，亘千秋兮不磨。

挽蔡文叔

南風之薰兮五絃絶，可以解愠兮憂心益惙。念寓形于溟涬兮，藐一漚之起滅。前乎數千年之名世兮，後方來而未歇。往者不我留兮，來者不我接。何彼頑之弗夭兮，而獨萎乎此哲。非夫人之立極兮，凛世路之迫阨。惟聖斯惻兮，建學校以壽吾道之脉。士不可辱兮又焉可殺，孰悟我聖明兮幾襲秦之亂轍。我公之忠憤貫日兮，所以疾驅而朅朅。一去國兮一陰方猾，再去國兮重陰栗烈。鄙夫熟視兮，壯群邪之蟠結。目斷留田兮，歌南風之闋。

右一

南風之時兮吹彼棘薪，喬木斯壞兮棟梁曷任。欂櫨椳闑與居楔兮，匠眯眯而弗尋。况承天之八柱兮，窮歲月而莫登。天豈不生材兮，鬱牛山之嶙峋。雨露之所潤兮，存日夜之肫肫。及大厦之將顛兮，無一木之可乘。羌小民之怨咨兮，謂天不仁。非道通乎三極兮，孰識天心。天既仁愛我民兮篤生偉人，一去就兮治亂攸分。天亦仁愛我公兮，不使見犬羊之駭奔，危機發兮衆寐昏昏。秉離明以爲燭兮，魂營營而上征。目斷留田兮，歌南風之再吟。

右二

南風南風兮，莫甦槁質。坎離互宅兮，已翩翩乎月窟。駕朱鳥以啓路兮，潛元宫而永息。

終長夜之漫漫兮，委人間之正則。道所以經世兮，名不可以虚得。方一去而即悟兮，可以淑艾乎士習。倘再去而能悟兮，庶姦諛之屏迹。使長孺居中司馬遂相兮，狂酋當爲之怵惕。又何至于闖江踰嶺兮，喋血上國。思魏徵而莫九齡兮，吁其何及。公雖九原兮，疑遺忠之尚盡。我被公之知兮，始終如一。不得哭公于堂兮，不得執公之紼。我何負于神明兮，兩足如縶。歌南風之三疊兮，恨無極。

右三

哀倪孟容父詞

憶昔見公兮，季原之堂。兄弟怡怡兮，清約是將。藹子姓之弦歌兮，頭角昂昂。來者起敬兮，知德義之日昌。造化無情兮，慨有季之先亡。氣象少異兮，燈火凄凉。幸二子之自奮兮，視前有光。何禄養之不久兮，遽驚風木之傷。痛日月之未改兮，已變故常。以公之剛介兮，豈北面于緇黄。我知公之心兮，縈不足以挽其恨之長。東風作惡雪絮正狂，黄壚曉啓兮松楸蒼蒼。勞生兮永佚，世事兮茫茫。交之道兮日落，老有淚兮滂滂。

盛化州挽些[二]

悼世習之緯繣兮，爭騖乎險阸。蘊異采而儃佪兮，已喧豗而吠怪。孰視衣冠之故宇兮，蓁雜菅〔一三〕蒯。酣一盎之醯蚋兮，較得失乎晻曖。公胡爲乎高搴兮，提一劍以北指。恐脩名之不立兮，氣軒軒而有偉。捫風以談當世之務兮，江東莫比。燼世讎于蔡焰兮，同雪國恥。驅馳乎蠶叢魚鳧兮，上功萬里。中原咫尺兮，莫歸寸疆。素志剥落兮，怊惝怳而凄凉。靃輪縶馬兮，猛思故鄉。晚得一障兮，遥遥乎南荒。時繽紛而易變兮，又何可以久留。謫星墮境内兮，吾將奚求。魂營營而上征兮，叩太儀之幽幽。斂智囊而不售兮，遺恨千秋。夙聞公名兮，意卓犖而不羈。解后公之揮麈兮，心朗氣夷。嘗叩公之所歷兮，動中事機。將款密乎山扉兮，杳璜佩而莫追。悲風起兮江村，白日下兮大墅。表獨立兮雄碑，閲一丘兮今古。

挽通守陳帑院

羌西岃之屹然兮，鍾此奇才。方世道之緯繣兮，棄騏驥而駕駑駘。以一尉而誅二凶兮，宜異言之喧豗。炯此念而安民兮，皇恤乎身災。公論雖屢蝕兮，猶有時而復開。開之何未久兮，而終不能遂公之壯懷。詩書兮自適，優游兮力齋。扶疾而告修善之訓兮，俄怛焉而順隤。彼西岁之無情兮，忍璜佩之沈薶。生于是死于是兮，湛一氣之去來。惟心無媿而氣不餒之言兮，萬古莫得而塵埃。況有不朽之銘兮，表獨立于崔嵬。

挽施子華

二五交運兮，雜揉乎剛柔。美惡厚薄兮，何稟生之不侔。厚者未必薰兮，薄者未必蕕。羌寓形于溟涬兮，藐起滅之一漚。惟父母之哭子兮，蹇彼蒼之大尤。吾嘗抱此至痛兮，知毅翁之恨難收。雖我不識子兮，知謹實而好修。撫新碑而感慨兮，相鐸聲之□謳。奥山兮泉瀏，淒巘兮雲幽。夫子有命矣夫之嘆兮，可以釋而翁之憂憂。

挽王夫人

秋山蕭蕭兮，連山之岡。有幽一宮兮，千古其藏。毓野堂之世則兮，綿瓜瓞以承芳。來宗牖而自度兮，如奉姑嫜。相君子之婉婉兮，發軔康莊。囿一世之天兮，遽瘞佩而沈璜。秋

風蕭蕭兮，連山之岡。　　右一

連山之岡兮，秋風蕭蕭。有永千古兮，幽宫迢迢。一編之女訓兮，慨遺音之寂寥。藹清芬其如在兮，聲帨髣髴。忍雙親之望望兮，遲女歸而魂消。靈辰不留，誰其擬招。連山之岡，秋風蕭蕭。　　右二

【校記】

〔一〕「早」，四庫本作「久」。
〔二〕第三首、第四首原脱，據《續金華叢書》補。
〔三〕此二首原脱，據《續金華叢書》補。
〔四〕此詩原脱，據《續金華叢書》補。
〔五〕此詩原脱，據《續金華叢書》補。
〔六〕「銷」，四庫本作「鎖」。
〔七〕此詩原脱，據《續金華叢書》補。
〔八〕此詩題原缺，據《續金華叢書》補。

〔九〕「泣」，原作「位」，據四庫本改。
〔一〇〕「情」，原作「精」，據四庫本改。
〔一一〕「呵」，原作「何」，據《續金華叢書》改。
〔一二〕「兮」，原作「首」，據《續金華叢書》改。
〔一三〕「菅」，原作「管」，據《續金華叢書》改。

魯齋王文憲公文集卷之十九

廬陵銅溪劉同編輯
鄱陽三臺劉傑校正

祭文

祭趙星渚文

維咸淳八年歲次壬申，九月丙辰朔，二十日乙亥，金華王某謹以香茶敬祭于近故待制侍郎星渚先生趙公之靈曰：嗚呼〔一〕！惟公蚤親有道，浚迪淵源，堅却官牒，高蹈丘園。河洛所啓，考亭所論，探討玩索，如誦己言。審其將發，控制放奔，驗彼未發，培植本根。貌恭而安，色厲而温。恢拓日廣，聞望日尊。帝曰嘉哉，汝其通籍。時酣利禄，是獵是弋。孰嗜義理，是保是式？易退難進，翔而後集。翼翼道山，巖巖講習。浙水東西，亦駕熊軾。一念如春，一清徹骨。紫橐逼人，皤然去國。有嶀蒼古，有渚泓澄。地靈人顯，迹隱身榮。後學矩矱，斯世謌詠，兩朝之眷，四海之名。胡不百年，而遽奄傾？舉朝失色，天子震驚。贈恤之典，有煒丹旍。未知節惠，爲誠爲明。嗚呼哀哉！某束髮讀書，恨不立志，慕德實深，登門莫遂。公鎮天台，作成士類，乃撤臯比，束帛來賁。冒然而前，求所未至，一見傾倒，若符若契。學既同方，合固以義，窮深極微，展也一致。歲云莫矣，蹈雪告歸，叮嚀宿約，春以爲期。疾病事變，一諾差池，有懷斯愧，公心不移。書疏絡繹，使者交馳，乃請于朝，督命下貽。暨陟崇領，公已交麾，棠陰未改，有黯其思。己巳之秋，拜書寓里，聞公卧疾，英嗣報啓。曾未踰時，誨言累紙，慰此孤陋，不寐而喜。什襲珍藏，如古罍洗，十有大字，嚴正瑰偉。千載北山，夜號萬鬼，言志之傳，神幾之似。無極之妙，太和之始，《家語》之書，少母之祀，未終所疑，未訂厥指。水陸遥遥，尚期操几。誰謂絶筆，遽同麟史！斯文未喪，世道方敉。萬目睽睽，爲蒼生起。泰山曷頹，梁木曷圮？識與不識，莫不痛痞。有訃莫聞，有含莫匕〔二〕。匍匐一慟，如刖斯趾。内省而疚，媿此生死。南豐瓣香，歸心久矣。有炬傾筐，有茗盈篚。東望長號，老淚滂只。湛然清明，鑒此哀誄。尚饗〔三〕！

祭常簿姪孫文

維年月日，王某祭于姪孫常簿之靈曰：嗚呼！莊敏擢第，百五十年，曠焉四世，餘芳始傳。家庭孤棘，學校艱闗，官轍屢駕，驅馳淮堧。春融卞幕，風壯談塵，躋名閨籍，蜚聲縣譜。列院開祥，曲臺接武，鬖鬖華要，公論共許。世道莫料，再斥而歸，皤然内省，痛削町畦。有感斯嘿，有扁斯規。志氣未倦，疾病乘之。原始反終，急急作計，衣衾棺槨，整整咸備。修身以俟，壽夭不貳，凝定泰宇，怛然而逝。鄉閭驚駭，宗黨痛傷。回首冠子，禮賓舉觴。曾幾何時，會哭此堂。日月流邁，音容永藏。幽幽横舟，寂寂西廡，一死一生，交情可覩。有酒盈樽，有殽在俎，我酹爾靈，有淚如雨。

祭潘蔚平

嗚呼！某與仲氏，憶昔送公，長亭話別，黯然秋容。誰謂此行，雙溪路絶，一時分袂，死生永訣。嗚呼哀哉！如公人物，屈指無多。多亦時屏，亦未爲侈〔四〕。何志涉南，海之鯨波。再掉徐聞，幸已北向。征車復左，更入煙瘴。是孰使之然哉？抑定數之不可挽之耶？尤使人于此而極其恨也！嗚呼！士窘才調，公獨迅敏。風醻電酢，神色暇整。士窘筆札，公得天葩。冰清玉潤，紙上龍蛇。公之執謙，和氣融融。拱規蹈矩，折旋蟻封。一言相投，坦然心曲。抵掌劇談，脱略邊幅。内無聲色之奉，外無玩好之供。諳仕途之局面，熟世道之機鋒。當其勇往，霆轟電裂，意所不可，萬仞壁立。及其事定，月霽雲收，一絲不掛，一痕不留。南轅北轍，崎嶇萬里，神皋一息，飄然遠逝。鷩宦海之風濤，豈甘心于避世？公初入南，通籍金閨。公再入南，雙舄鳧飛。鼓滄溟而三駕，去鄉關而益遠。乃攝左符，乃次五筦。及帝恩之重霈，何宦情之頓嬾〔五〕。乃正元日，拜公題箋，詞情藹藹，歸興浩然。掛冠之志，堅不可破。高公絶識，致書贊和。計厮赤之半道，俄訃音之已傳。方驚疑而未信，駭遺槖之遽南。公果仙而不返矣，掩涕泣之漣漣！某等無似，世莫我知。公何所取，獨契衿期。綢繆繾綣，久而未衰。悵從游之甚晚，恨不識公之早歲。每誦尋梅之六絶，遐想風流之高致。勒黎母之堅珉，有邦人之雙識。是亦足以不朽，雖蓋棺而無愧。旆旌悠悠，津堠茫茫。風轝露翣，來返故鄉。神其寧矣，山深水長。誼當匍匐，伏哭道傍。病不能往，寫此悲傷。

祭徐彦成

嗚呼！自八行表公廬之望，逮移巒分石筍之春，蔚蔚故家之喬木，森森玉樹之階庭。雖芬敷而異圃，實一氣之流行。往歲奪其冢嫡，今年喪其元孫。豈曰蘭自榮而蕙自槁，我則同此痛而同此心也。矧予與子，自昔相親。憶子之幼也，玉雪可念；方子之壯也，老氣夙成。功緒沈著，志慮堅凝。颯颯霜穎，琅琅夜燈。或談古而忘寐，或兀坐而不言。尺度翦翦，風鑒稜稜。疾惡掀髯而張目，見賢色暢而神温。扶義以竭其力，責善以傾其情。豈特一家之佳子弟，實爲吾黨之良友朋也。可謂得五行之貞淑，意其開萬里之脩程。一夢不返，前所罕聞。割雙親之心膂，飛病婦之驚魂。風濤壯兮維楫失，大厦落兮梁棟傾。悵遺恨之襞積，空搔首于冥冥。日月滔邁，即幽戒辰。有梅花兮被壠，玉露冷兮冰清。何必豐碑于隧道？此即千載之餘馨。思昔聽月窗之曉角，拄山行之老藤，不復共此風致矣，徒涕淚之交零。有肉在俎，有酒在尊，以酹爾斝，以祖爾靈。尚饗！

祭松下胡子升

嗚呼！俗弊道衰，《大雅》不作。學不爲己，工乎剽掠。投時射利，不知愧怍。一與己異，立號嘲謔。百鳥喧啾，忽見一鶚。衆寐方昏，君乃獨覺。刻意尚古，若與世角。早悦象慈，晚會濂洛。必《論》必《孟》，《中庸》《大學》。豈無他書？束之高閣。歲不我與，難窮者博。乃踐乃實，乃守乃約。一掩楚咻，直居莊嶽。尊賢慕義，白首益勤。聞過内訟，聞善服膺。自曰大欠,書爲幽銘。周旋俯仰,格言盈庭。匪事呫嗶,亦反諸身。惡衣惡食,嗤彼世榮。捫蝨談道,倒屣迎賓。清苦之味,慷慨之評。不求聞達,婆娑丘陵。一鄉善士,一家典刑。夙興夜寐,欲常惺惺。易簀之際,炯焉主人。胡不世用,汛掃貪氛?胡不百年,恢弘正音?間闊幾何,遽隔死生!於乎!某等狷陋,與世落落。君獨知心,言真意確。恨不朝夕,更攻互琢。二十年間,能幾醻酢。交游雲散,反不如昨。又弱一个,惕焉共愕。我來松下,風度儼然。有書在架,嗟其可傳。山瓢一酹,野蔌加籩。清淚如瀉,君其鑒旃。

祭定海縣丞楊元定

嗚呼元定,奮太元之寂寞,稟清秋之沆瀣。夙就有道,捷出行輩。如佩珩璜,如裸匜敦。凝然而不仁者遠,確然而有識者愛。表群居之月評,動諸老之風裁。乃聘斯塾,乃館斯妃。澹無與于得失之塗,終自勉于命義之戒。逡巡而出,從容而退。方垂裕于後來,忽堅卧而遐逝。貿貿井里,寂寂斯世。嗚呼悲哉!某蚤聯姻婭,晚契言誨。迹若落落,心實洩洩。指伊洛之軌轍,導盤溪之衿佩。鳶飛魚躍兮遐不作人,秋月寒水兮吾猶昧昧。恨未窮幽而痛講,交琢互磨于一致。君其已矣,吾亦何冀?惟知自修而補過,庶不負津堠之大惠。君其有知,鑒此芳酹。

祭鼓院叔父

嗚呼！叔父天姿，璞玉渾金。叔父學問，陶鎔性情。南軒先生，侍講交承，叔父及見，服膺典刑。晦庵先生，講道于閩，叔父綵侍，北面受經。由是得《易》之元，得《禮》之誠。餐和履粹，仁熟理明。當其處也，則宦情澹泊，志在乎浴沂而鼓瑟。及其出也，則不負所學，有心乎致君而澤民。其律己以潔兮，撓之而不濁；其接物以恕兮，盎然而如春。議論則正大而高遠，政事則豈弟而廉平。何善人之不淑兮，禍福之莫測！嗟彼蒼之茫茫兮，號呼而弗膺。追念疇昔，歲在甲寅，先皇御極，群才彙征。于時叔父，仕版疏榮，越三十年，僅綴廷紳。造滕三事，感動帝宸，眷注方隆，意自此升。叔父乃曰，福過灾生，露章力請，求老山林。爰握符竹，退安里門。堂空晝永兮玉川之風腋，更闌燕坐兮一縷之煙沈。嘆雁聯之寥落，吊隻影之煢煢。意謂叔父，獨殿于諸老，天必萃餘慶以錫修齡。何葆衛之素謹，而疾疹之相承；何梗芬于胸臆，而憂念之獨深；何鼎烹之弗御，而藥石之莫憑！語蹇步弱，數日康寧。方展初陽之慶，倏驚長夜之魂。竊意仲秋，先皇上賓，天以叔父，先朝舊臣，生不能大用于斯世，死將收名于仙京。鶴馭冉冉，玉樓告成。修竹遶屋兮霜風悲吟，寒梅掩色兮夜月傷神。勁畫淋浪兮墨猶新，一室蕭然兮榻生塵。風度凝遠兮尚可求于夢寐，諄諄誨語兮不可得而復聞。嗚呼痛哉！石筍一氣，棣華五人。衮衮通籍，奕奕家聲。諸孤積釁，降禍弗矜。惟餘叔父，亦繼湮淪。澆風獵獵兮舟喪楫，世路崎嶇兮車析輪。酹巵酒以慟哭兮，雖可寓猶子之哀悃。非相與以勉旃兮，何以慰叔父之英靈？伊冥壤之遼邈，鑒此意以來歆！

祭吴充之

哀哀充之，粹如珪璧。幽濯蘭茝，伶俜鶴骨。含英漱潤，博觀厚積。意其鼓南溟之九萬，而乃移夜舟于四十。君之先世，百年積德。君之諸父，聯華桂籍。鸞停鳳峙，萬竿寒碧。交一世之豪俊，焕郊扃于改色。何其盛耶！鯉庭聞見，螢案專精。渴硯枯筆，手抄不停。酌今汲古，一綆千尋。角銀袍于百戰，追青氈之舊氛。何其勤耶！既不使之傳簪襲組，又不付之振殘表微。經營雞饌，琴書屢移。慨翟門之寥落，炯心事之孤奇。責重力眇，羈愁夜噫。精澤内耗，形神外離。又何其困耶！某托親非一日，過從幾十年。氣味偶合，交情遂堅。月窗雪屋，切磋素編，春花蒔圃，杖履盤旋。聯洞天之野步，扣西湖之畫舷。握手道舊，洞示肺肝。謂家聲幾墜[六]而未振，幸玉季奮跡于賢關。一旦淪謝，吾何賴焉？由手足之愛也，雖易簀而同卧；致二豎之靈也，乘氣弱之縈纏。方養痾于寓館，忽冒雨以言還。枉緘題之款密，報近恙之差痊。七月之初，尺素來惠，字益精妍。誰謂數日，倏以訃傳！義當匍匐而往吊，夫何事勢之拘牽，幽明之間，有愧莫湔。嗚呼！堂有老母兮夜哭孔悲，下有稚子兮咿嚶繐帷。庭前之寒梅瘦竹兮，如故人之風度。充之不可得而見矣，無復訊之以來期。銜詞薦恨，涕淚漣洏！

祭汪約叟

嗚呼！《伐木》始廢，《谷風》繼興。飜覆雲雨，老杜太息。一貴一賤，翟公署門。惟先君子，不苟交情。金蘭落落，倒指數人。于公伯仲，契好尤深。豈酒食之詡詡，豈勢利之營營？破鐍削町，敷肝露誠，道義同趣，憂喜一心。燕話終日，呼僮命燈。清夜促膝，曉雞屢鳴。悵獨善之先往，痛親庭之繼傾。藐爾諸孤，賴公尚存。折節行輩，言和氣温。勸勉期望，如親父兄。二十年矣，景物飄零。不替疇昔，不問死生。感義槩之猶古，豈今人之可倫？侍公歌笑，曾幾何日，忽報公訃，驚悼失聲。而今而後，何所依承？此故感先契而哭公也。麗澤夢奠，日月浸長，邦人祀事，春秋不忘。而公薦祼于上，龐眉皓首，陟降乎夫子之堂。起敬于上者相與指之曰，是嘗親承乎道德之光。熏和染粹兮濟濟乎前脩之軌度，揚葩振眇兮恂恂乎後學之津梁。瑞芝靈草，霜雪摧謝，猶有古松兮偃蹇乎孤岡。玉繩璇象，清曉隱滅，猶有長庚兮煌燿乎西方。嗟老成之彫落，而典刑之遽亡。此故爲鄉黨而哭公也。方玉巵稱北内之壽，而璪旒推錫類之仁。鮐背黄耇，詔以名聞。安車駟馬將見其加璧之召，前哽後咽兮庶幾乎親饋之勤。此蓋熙朝之盛典，豈徒梓里之光榮？邦君謂公，德齒俱尊。一紙之奏，方離于畫戟，如綸之命，將下于楓宸。何掉頭之不顧，乃高蹈于冥冥。錦誥奕奕兮竟不得屈公之膝，青衫閃閃兮竟不得加公之身。此又爲朝廷而哭公也。嗚呼！人孰不有生？所不足者期頤之年。人孰不有死？所可畏者疾病之纏。公壽開乎九袠，炯視聽之益妍。蚤灌鍊于玄鼎，而陶鎔乎性天。雪鬢燦爛，鶴骨蹣跚。與物無競，神怡體安。精覃孔孟之奥，時吟約叟之篇。近染微恙，藥既告痊。溢喜氣于簡牘，慶杯酒以檀欒。人影方散，肴核未捐，變忽生于肘腋，舟遽移于夜川。一劑不及進，一語不及宣。嗚呼痛哉！素編記日兮墨猶未乾，遺恨滿樓兮溪山黯然。女牆寂寂兮愁夜月，錡釜漠漠兮沈曉煙。故公之生也，人莫不敬，及公之死也，人莫不憐。嗟先世之交游，至是而絶迹矣，徒泣涕以漣漣。敬陳薄奠，侑以菲言。

祭南坡老人

天挺濂翁，太極溟濛。知其有道，惟程太中。見其二子，執經北面。手授圖書，異乎聞見。春融天理，弄月吟風，德崇業廣，百世所宗。道否嘉泰，黨禁奔駭。考亭夢奠，同志盟解。維時勉齋，獨得其傳，弦歌百里，孰相後先？侃侃崇道，義同契合，冰雪交礪，伯仲受業。歲月于邁，兩翁俱仙。淵淵盤溪，吾道繫焉。勉齋遺書，悲哉散逸，公獨尋訪，劬劬手筆〔七〕。什襲來歸，以開我人，流傳四海，私淑功深。高蹈山林，塤箎迭和。天相耆德，風猷遠播。少公不疾，悠然考終。長公驚悼，亦既搆凶。一門兩喪，曾不旬浹。閭里奔吊，接武帶絰。昔我侍坐，肅肅雍雍。皓首聯席，誨我從容。今我來思，欒欒素韠。有薄斯奠，有啜其泣！

同祭北山何先生〔八〕

鄒魯云遠，天啓濂洛，理一分殊，以覺後覺。龜山之南，宗旨是將，羅李授受，集于紫陽。研幾極深，大肆厥功，縷析毫分，惠我無窮。有的其傳，鰲峰翼翼。孰探其源，遂通其釋？墜緒茫茫，孰嗣而芳？公獨凝然，精思不忘。莘莘學子，孰定其力？公獨屹然，堅守不失。衣錦尚絅，世莫我知，發揮師言，以會于歸。有毓斯和，誠意惻怛。有實斯踐，光輝四達。先皇末命，嗣聖訪落。進之太史，以輔帝學。詔書屢下，公志莫移。各盡其義，匪激匪隨。高風凛然，厲世範俗。鼎呂吾道，云何不淑？嗚呼先生，壽考奚憾？嗟我後人，茫無畔岸。立志不勇，樞趨日稀，儀型遽隔，悔不可追。春回萬象，月冷夷清。忍奠斯酒，忍讀斯文！

祭時遁澤墓文

憶昔兮杖屨，幾度兮同遊。倚晚霞之危檻，泛夜月之輕舟。梧中兮傾倒，言外兮綢繆。乃隔千古，乃顓斯丘。青山詩料兮供不盡句，流水世情兮涵不盡愁。曠落寂而無友兮，誰爲玩此芳草？嗟來者之不我接兮，往者之不我留。渺八荒兮君逍遥于何所？奠桂酒而歌《大招》兮君其來下！

祭王堂賓文

壬戌之役，首覿老成。酡顔鶴髮，玉裕金貞。侃侃士檢，藹藹鄉評。于時實翁，風教盡心。肇啓蔡祚，妙攬台英。皎皎鑑裁，歷歷弓旌。孰正孰糾，孰諭孰賓。衿佩有雅，履屐亦精。迺俾疏遠，是講是承。不我遐棄，意氣盡傾。公篤宗誼，庚甲相鄰。老及人老，慰藉甚勤。我歸故里，停雲屢吟。每至冬晚，手書叙情。敬愛無斁，終始一誠。去歲之臘，亦拜問音。筆勢少異，蜿蜒伶俜。乃謂病瘍，候證不輕。已分必死，賴天之靈。攝養如故，人曰再生。我省斯語，且喜且驚。雖曰充實，德齒已尊。血氣幾何，而朘其根！曾未兩月，倏爾訃聞。有客對坐，不覺失聲。書猶在几，已隔古今。東望慘愴，僅疏唁忱。衰病跛曳，匍匐未能。日月逾邁，交情就堙。遥陳薄奠，有淚沾衿。

立齋大祥祭文

天道流行，過化來續，死生晝夜，同此機軸。立齋之喪，轉矚再祥，音容益遠，悲悼彌長。賢愚貴賤，莫不有死，名節苟喪，爲世大恥。子德在人，子書在笥，子學有傳，次第鋟梓。子孫未艾，足慰子心，永安宗祏，百世嘗烝。詩書燈火，追念疇昔，傷哉一奠，老我孤立。

北山行狀告成祭文

我昔問學，莫知其宗。有過孰告，有偏孰攻？淵源師友，孤陋莫通。有慨其慕，天侈其逢。得公盛名，于船山翁。獲瞻典則，乙未之冬。立敬居志，首開其蒙。自是尺牘，載磨載礱。不憚往復，一告以忠。遠探濂洛，近述巃峰。理氣之會，造化之工。仁義大本，聖賢大功。體必有用，和必有中。無疑弗辨，無微弗窮。毫分縷析，萬理春融。匪矯而異，匪阿而同。曰味厥旨，體于爾躬。必平而實，必拓而充。媮墮弗勇，霜鬢已蓬。卒未聞道，以此負公。幸公耆壽，身康氣沖。不聞公病，遽以考終。有邦殄瘁，吾黨閔凶。茫茫墜緒，卒業無從。歲月流邁，行即幽宫。公之仲子，莫泄哀恫。抱公言行，囑筆衰慵。强顔叙次，慨想音容。如持寸莛，來撞巨鐘。惟德之盛，惟禮之恭。蕪詞弗稱，有愧蟠胸。奉以薦陳，鑒此微衷。

祭趙草巢文

昔拱蒲璧，來君烏傷，撫摩彫瘵，振起俊良。昭揭仁問，示之嚮方，激厲小學，誦聲琳琅。訪我陋巷，宛然舊識，如惠之和，如衰之日，如飲醇酎，如春著物，不流不矯，始終如一。我亦造公，清風滿庭，左圖右書，前籩後尊。事平而理，意疏而真，聞善則服，不矜己能。自時厥後，敬愛無斁，忽賦「歸來」，白駒無縶。塵滿空囊，面無慚色，繼者數更，竟成廢邑。我至聖則，公仕于京，訪公桑梓，識公外孫。我倦而退，皋比鼎新。月旦精審，無如老成。屈公步武，典教鄉國，衿佩莘莘，鐸音奕奕。去公雖遠，音問猶密。去冬書來，自言多疾。意偶然爾，或老之常。龍津告我，云公已亡。驚嘆失聲，冰炭我腸！設位一慟，子姪在行。朋友道喪，天倫廢缺，勢利是競，往往一轍。人物如公，陸沈莫挈。豈無故人，死有餘責。公則有守，出處恬然。退不易介，進不隱賢。歸尋三徑，野草荒烟。一觴一咏，所樂者天。我實無似，殿公庚甲。亦豈能久？千古契闊。有味匪茗，有歆匪香。有淚斯痛，辭短心長。

祭蘇愚翁文

嗚呼！昔别道左，轉矚六年。遺愛郡邑，棠陰未遷。雲横太括，音問間傳。繾綣道義，益久益堅。思公典刑，神肅氣寛。敬公晚節，高蹈莫攀。厲世範俗，追古尚賢。今秋英嗣，道出舊廛，惠然過我，聞公燕安。辱公手筆〔九〕，字益精研。喜公耆艾，心廣體胖。何音不祥，謂公已仙！不疾不藥，遺墨粲然。從容考終，學力驗焉。執訃駭愕，乃盡乃酸。義當匍匐，伏哭柩前。有阻斯地，無間斯天。東望一慟，公其鑒旃！

【校記】

〔一〕此段馮本、阮本無。

〔二〕「匕」，庫本作「吐」。

〔三〕馮本、阮本無「尚饗」。

〔四〕「多亦時屏，亦未爲侈」，四庫本作「乘時致用，允爲克副」。

〔五〕「嬾」，原作「嫩」，據四庫本改。

〔六〕「墜」，原作「忌」，據《續金華叢書》改。

〔七〕「筆」，原作「畢」，據四庫本改。

〔八〕馮本、阮本作「同祭北山何先生文」。

〔九〕「手筆」，原作「乎畢」，據四庫本改。

魯齋王文憲公文集卷之二十

盧陵銅溪劉同編輯
鄱陽三臺劉傑校正

墓誌銘

宋金華令蘇公墓誌銘

咸淳乙丑七月既望，瑞安蘇公解金華組，求去甚力。太守勉之不可，同寅挽之不可，帥府移文力留之亦不可。越二日，邦人士餞公于郊，有曰：「歸裝比自來時省，公案留教去後看。」此最爲實録。莫不惜其去而仰其高風，咸曰：金華非大不可爲之邑也，公非有慊于中而去，非有拂于民而去，非有獲罪于上而去，或有矯于時而然乎？抑有冀于後也？要其終而後見。既而歸家自適，不謁選者久之，江閫辟之而不出，東總辟之而又不出，是果無宦情也矣。後世進取之謀無所不至，自一試之得失，一職之陞沈，欲心滔天，垂死不已。公非有阨于勢而不可出，非有局于法而不可出，非有屈于才而不可出，非有疾病于身而不可出，其無所爲而然乎？或有問不出之意，公曰：「吾豈敢借隱以沽名哉！吾年已如此，必待龍鍾而後止乎？」或曰：「何不徑上掛冠之請？」曰：「康節有云，既閒，何用更名爲？」公之心事坦然，實無所爲也。無所爲而爲之，豈不足以厲世範俗哉！彼南轅北轍，奔走于名利之途，冥行而不知休者，聞公之風亦可以少悟矣。自公之歸五六年，屢得公書相慰藉。庚午冬，倏聞公訃，驚嘆失聲，爲位于蘭若哭之，亟走介吊。其子樸復書：先君歸家，杜門静坐，惟取故書玩味涵泳，或乘興吟誦陶、韋諸詩，暇則抱弄諸孫，怡然自得。是年春，因葬季子，亦自卜歸藏，預備衾櫬，編古人達死生之詩，名《先覺録》，有《讀先覺録》之句云「至死了不惑」。兩日前草分韻詩，有「羽翰一息凌霄去」之語，若微示將行意。一朝不疾不藥，無一語，悠然而逝。予執書而悲，且感公于死生之際，從容如此，非有大學力者不能，其進退出處所以裕如者，特餘事爾。然世亦未嘗無知公者，或以廉吏舉，或以廉勤辟，或薦以不特廉于利而亦廉于名。彼所謂廉，止稱其不貪也，殊不知廉之爲義，何止于不貪！吾夫子以廉對忿戾言，先儒釋之曰「有稜角」；孟子以廉對頑言，先儒釋之曰「有分辨」。有分辨則自然稜角生，雖夫子之可仕可止，可久可速，孟子之可取可無取，可與可無與，亦不過明此分辨而已。蓋廉者，事之别而義之用也。予亦以廉稱公，其亦異乎世俗之所謂廉也。既月，樸書來云：「某不天，無以慰罔極之痛。惟是先君墓上之碑，敢泣血有請，庶幾乎不朽之託。」噫，予何人斯，而可以託不朽哉！予不忍深拒，而亦不敢輕諾。越三月，書又至，介遺事而申其請。朗誦三復，而益信予之所謂廉也。公諱某，字基先。始祖自閩徙温之瑞安，今八世矣。曾祖諱某，祖諱某，積善發聞，紹開厥家。父諱某，濯秀未振，降年不永，嘗手書前賢種德詩語爲訓。伯父桂陽使君爲作字辭，有「培厚根原，涵養氣節」語。公之有分辨，蓋是基于此。年十有八而孤，居喪已卓然能自立。從師講學，朝夕不惰，擇交游，謹出入，諸老先生皆以遠到期之。年二十有二中上庠選，例以字跡疑似沮。監史有竊原卷誘公換易者，公正色遣之，不以爲意。端平初，廟堂收拾士心，凡有小嫌，悉試後省，復其名。既入館下，益自淬礪，連貢于春官。自是坎壈不偶，親友有勉其就晚科者，公謂自墮地時有無遲速已定，不敢逆天命以自速非所當得之譴。會丁内艱，服除，遂登寶祐癸丑第。初調臨安府浙江稅，兼惠民南外局，公于是年五十餘矣。筦庫雖猥瑣，簽署文書外無餘事也，人以公爲吏隱。間攝城南厢，閭閻之訟填委，公與之剖析化誨，皆歡呼而去。當路動色，争以關陞舉。再調保寧軍節度推官。婺爲劇郡，前史君尚寬慈，公在幕府，以振紀綱、明剖決佐之，事有關天屬之争，必與之委曲開曉，俾還其初而後已。聞者感慨擊節，史君亦以情理俱到，有益風教，傳示僚寀，首以京剡旌之。後史君尚嚴急，公以一真務篤實佐之。守亦多聽從，密以金華令辟公。其辭以撫字催科必知所先後，非公所樂，力辭不許，意其必不以趣辦督迫也，或可以小試學道愛人之政。止閱四月，囹圄屢空，郡已忘其先後之戒，公笑曰：「吾有辭而去矣。」

亟上印綬,乞歸故山。守謝過,復欲留幕府。會守有召命,公大書《歸去來辭》,得遂其志。《歸去來辭》千古一靖節也,彼特借曠達之言,以伸其君臣之大義,是未爲無所爲也,公則真得「無心出岫,倦飛知還」之趣者歟!公天性至孝,自喪父終身不衣華侈,遺文片詞必寶藏。母夫人嚴毅,色養無違,疾必親嘗藥,夜不解衣,嘗露禱損己年代母。居喪,哀毀盡禮,卜地改葬,備殫勞瘁,拜墓下必徘回悲愴不忍去。歲時祀享,必齋潔,思其居處笑語,竚立追慕,如親見之。友愛甚篤,處鄉黨姻舊一以謙和,不爲翕翕熱。端重凝遠,無自矜之色。不妄交際,初若嚴冷,久有餘味。爲人謀必忠告之,未嘗含糊依違。胸中耿直,與人言必及前賢德行,至〔一〕論人心世變,必感慨蹙頞,人多謂之迂闊。公自少年,沈潛經史,日求其所未至,常恐不及。伯父師岷隱戴公家,藏書頗豐,公盡得而徧讀,抄不以倦。親叩諸老,磨礪辭章,温潤雋永,不事琱飾。作詩平淡潔雅,人多不好也。正書淳健結密,行草有楊少師風致。嘗有感于程子之言「若不會處置,放下便是無義無命」,延平先生曰「事雖紛紛,須還我處置」,于是纂集前賢立朝居官出處等事爲一書,時時遊覽。每訓諸子:「讀書要在明理,理明識見自高,不患不能處事。」又曰:「讀書要平生受〔二〕用,修身正心,做天地間一箇好人。凡聖賢一言一行,皆是做人好樣子。康節『檢束』二字,勉齋『憂畏』二字,真可以藥後生之膏肓。」公之尊德性、道問學有分辨如此,安得不謂之廉乎?使其蚤二十年入仕,事業必有可觀者。惜乎銓歷僅書六考,階止文林郎而已。生于慶元己未仲冬乙卯,卒于咸淳庚午孟冬丁亥,得年七十有二。卜以明年某月某日葬于帆遊鄉唐嶼先塋之下，從治命也。娶葉氏，繼薛氏。男三人：長樸，博雅有識，兩薦于浙漕；次與權，承信郎，差充國史實録所主管文字，繼從弟將仕後；次楷，將仕郎，先五年卒，少俊敏，公哭之甚哀。女二人：長適蔡堅，亦先卒；次適周麟孫。孫男三人：芸孫、茂孫、蓺孫，公命茂孫爲楷後。孫女一人，在室。有《處事録》十卷，《好生録》十卷，《讀書録》十卷，文集若干卷，自號愚翁云。初予識公于郡太守傃軒趙公之門，繼爲邑下士，予非有求于公，公亦非有德于我，亦未及相與劇論學問文章之淵原，雅相敬愛于既去之後，而莫知其意。今樸之請，詞確而情哀，予是以不敢堅辭。於乎！世降俗薄，以恬退爲矯激，以嗜進爲真情，蒙諂負義，媕婀臾詬，身雖貴而氣已腐。公之風操峭厲，檢履純固，身雖屈而氣常伸于萬物之表，不可不銘也。銘曰：

峻而裕，介而不倨。有祔斯窆，千古永慕。過者起敬，是曰宋廉吏蘇公之墓。

宋故太府寺丞知建昌軍王公墓誌銘

江左名家，王爲著姓，其後散居會稽，譜牒不紹。婺之七邑皆古烏傷之地，而隸會稽。烏傷有鄉曰鳳林，里曰王邨，皆王氏之聚居。皇祐中有諱固者，始以進士決科，邑人榮之，改曰折桂里。自鳳林徙于浦陽者未有顯人，由浦陽徙于吴門而顯者忠惠公也，自浦陽徙于金華而顯者公也。公諱夢得，字起巖，舊名秀〔三〕之，字子俊。曾祖諱吉，故秉義郎。祖諱汝謀，擢秀未振，兩舉于浙漕。父諱朝佐，積善發聞，筆耕終其身，以公顯，累贈中奉大夫。妣薛氏，贈令人，奇山先生之孫女也。公生于嘉泰癸亥九月辛卯，少同□氏，師鄉先生徐公仁傑，業勤志專，日頳面不避。繇京庠陞太學，凡三年，每試輒中，竟擢端平乙未第。時方更化，召真文惠公典貢舉，士氣欣躍，發策問《大學》之要，公以敬爲一篇綱領，援證詳明，適契真公意。既第，往謝，真公力疾延見稱賞，勉以遠者大者。授迪功郎、臨安府錢唐縣主簿，兼領學事。舊有夫子廟而無學，公曰：「玆非缺典歟？」即白京尹趙公與權。尹慨然發帑繼廩，命公董其役，禮殿講堂、齋館門序，翼翼沈沈，嚴邃深靖，款謁有次，公養有廩，像設禮器，咸應法度。既成，潼川吴公泳爲之記。趙公素嚴，或呵叱僚寀。公獨當其意，檄入僉幕攝臬事，莫不異之。是時水失其性，京邑靡寧，以修江築垻爲急務，委公受給物料錢米，鋭意事功，戴星出入，靡勞敢憚。趙公白于朝，連進兩資。淳祐辛丑，浙漕魏公峻辟充犒賞所準遣。癸卯，都承韓公祥領鹽事，請于朝，差兼浙漕幹官，提督鹽場。京尹趙公與憲兼漕，以和糴賞奏貤乃僚，故公自關陞四轉承直郎，以考舉改合入官，轉奉議郎，差知臨安府鹽官縣。時史嵩之當國，都承韓公謂公曰：「某已薦公于廟堂，許除掌故矣。」公力辭僥倖改秩，法當作邑，不敢躁進，韓公竦然。未幾，嵩之去國，人以公有先見之明，公以爲自立之道當然也。京尹以鹽官以次遠，因怒於潛宰，欲劾以辟公，公曰：「奪人之職不忍爲。」亟奉母東歸。弛勞里居，訪尋師友，益求其所未至。丁未十一月，趣領縣事。是歲，兩浙大旱，臨安爲甚，公即講荒政，列爲四等，以甲户勸分，工商自營，細民糴貧乏賑。米價既翔，常平府倉所發有限，而續食尚遠，于是痛撙縣帑，分甲户糴于鄰境，凡一千七百石有奇以濟。自督四隅，分委佐官督六鄉，官吏日劵扉屨之費，皆優給之，不使一毫擾都保。巡視既頻，訪問又審，而欺弊自縮，民霑實惠，百姓樂業。詳見葛應龍《賑荒記》。自公筮仕，連七年，勤勞盡瘁，幸需邑次，始得休養精神，爲作邑之本。故宰壯邑，詞訴雖繁多，據案剖決，民無稽訟，獄無停囚。事至見一定，不畏强禦，不可轉移。或以拘執議之，公曰：「吾平生亦頗得執力。」淳祐己酉閏日，丁母夫人憂，辛亥服闋，壬子五月差知和州含山縣。王公埜守金陵，檄入制幕。甲寅，復辟爲江東帥機，王公還朝，解職。十月，差充安邊所主管文字，待次，丙辰供職。本所文字最爲繁夥難考，一付吏手，公爲之置籍。諸郡諜入易于拘榷，積欠至累鉅萬。公疏剔白于朝，截界蠲免，丞相程公元鳳傾心從焉。戊午十月，差幹辦行在諸司審計司。開慶己未七月，除太常寺簿。時丁大全當國，有薦公者，丁欲除察官，使戴慶炣諭意。公巽辭，又使王立慶來覘之。公力言「愚不識時，豈堪任此」？立慶〔四〕復命，言必不爲用。丁怒，嗾汪自强劾公。未幾丁敗，公奉玉局祠。辛酉，除太府寺丞。會朝廷委書，擬提領内帑綱解所，或疑公陰奪其權，譏于侍御史范純夫奏免。癸亥又奉祠。咸淳乙丑，差知建昌軍待次。戊辰三月有旨，奏事訖之任。公首言：典學者帝王第一義，有格物致知誠意正心脩身之功，而後有齊家治國平天下之效。苟誦説徒勤而無踐履之素，觀美是務而無真實之行，則是内外判而爲二，而帝王之道可以襲而取也。使虛言可以修己治人，則二帝三王何爲兢兢業業，爲是煩重勤苦哉！今日之天下，正在于文太盛而質太衰。懇惻篤厚之意，樸素真純之風，幾消泯而無餘，媮薄欺僞愈出而愈巧，粉飾塗抹日密而日精。發號施令可誦而述，而奉行脱略，遞相欺蔽。分司列職，繆爲勤勩，而畏嫌避跡，不究底藴。號爲良吏者亦不過擇其可以得美名則汲汲行之，百姓隱憂未嘗拯恤也。最是士大夫心術日壞，掇拾先儒緒言以爲裨販之地。由是起聲譽，由是竊高爵重禄，責以實政，平日無具，臨事顛倒錯謬，又善爲强辨以文之，以至比閭族黨之士，終身酣痼于無用之言。四方之賈，百藝之工，懋遷之急，制造之勤，類皆輕薄纖靡，不傳于質。舉天下之廣，熏蒸鼓盪，天地之氣，朘削亦薄，物産安得而可裕乎？願陛下以一身爲天下準，發自淵衷，允蹈實理，體之于身心，驗之于宫庭，察之于視聽言動，一本于典學之實。意氣之所感動，精神之所振刷，人安有不率從者哉！進退人才[五]不取白望，必考實績。凡議論之偏，迎合之巧，當抑而不用。或傳聞之失，疑似之混，必别真僞，不亂于浮言。真材實能庶可得而擇，治功安有不集者乎？第考其大略，謂今日千里長民之寄，事之集不暇給者，綱解是也。綱解之所以難者，賦税陷也。于是都省有推排之令，布告四方，越四載，未有就緒者，何哉？要須先定規模，曲盡事情，使之持久而不變，然後可以成功。夫自州而縣，而鄉都官，而保，寸寸而較之，夫豈易事？其勢不容不自鄉都官始，此皆豪家大姓實爲之。昔者，官吏精明，覽察嚴而稽考密，鄉都有所憚，不容其私。今也不然，州局無可專委之官，胥徒皆少年無賴之輩，豪家大姓先生慢心，鼇改在其手，步算在其手，造籍在其手，雖親戚故舊之産猶不容不隱，况糾正其自産哉！懷私得便，平日併吞之心反因是以售其奸。况守令更易靡常，識見不同，規模屢易，貧弱長受困苦，而賦税卒不得其實。願于户部暫建一司，擇通練之才專督其事，審定規模，守令不得輕紊，州縣申命一司專任關割之任，就以牙契委之。交易必用官紙，不許用私紙，因得以考其關割，户籍不至陷失。一劄自上而下，由本以及末，一劄自下以上，由末以推本。非更歷世變之深，考察物情之熟，不能道也。六月，至旴江視事。旴之地，據東南上游，山高而水清，故士以經術議論詞章擅名者，代不乏人。其俗剛而其材武，易動而難安，挾干戈嗜劫掠，亦時有之，必一大治而後定，不過一二十年又起，多由富家征取太苛，而民不能堪。是時有羅動天者，怨其主諶氏，相挺劫其家，乘勢入縣焚燬。公急調兵收捕，多立賞格離其黨，不旬日擒其渠魁，法外梟其黨幾二十人，咸謂平内亂未有如是之速者。前乎此，每有警，多藉隅總協力，其勢不容不白諸司。援兵之至，速則縱殺大掠，反甚于寇，緩則忌功生事，此前事〔六〕之通病也。公以自劾待罪，有旨無罪，憲使猶上爲法受惡之章，竟予祠。一時賢士大夫公論翕然惜其去，公自以爲當去無尤也。家居三年，優游自適，出于吉凶悔吝之外，舊號約齋，更曰澹軒。辛未之春，忽患壅嗽，自是脾虚不喜食，荏苒半載，雖羸弱力疾無惰容。一日，子姪進藥，忽正色曰：「吾至此，何以藥爲？倦甚將寢。」左右解其意而衣冠之，扶以寢，氣漸微而卒。時一月二十八日，得年六十有九，積階至朝請大夫。娶邢氏，先十有九年卒。子曰某官。女一人，在室。孫女一人，尚幼。公檢履純固，丰度閒雅，未嘗有慢易之色，而不失于和。未嘗無嫉惡之心，而終歸于恕。每恨少孤，祭必盡敬，終日愴然。墓木毁于風，亦感嘆流涕，曰：「吾不復見此木之成矣。」奉母事兄，怡怡愉愉，以禄養爲幸。中年哭母哭兄，哀瘁殊甚。敬丘嫂如母，撫孤姪如子，教之成朔之澤，一門和氣，人無間言。自奉至簡，衣食不求豐，出仕三十年，儒素如故。少游鄉校，時迂齋樓公典教，作興士類，尤器重之。及驅馳宦轍，刮目交譽者皆當世偉人。八刜三□□□□有所挾地，凡贊幕府，宰畿邑，剖決斷擬，當代吏師皆印可。生平手不釋卷，異端雜説不肯一過目。與人交未嘗汎予，久而彌敬。無詆訾之態，戒子姪擇交，必取其謹重有識者爲友。尚謹嚴，厭鐫鑿，謂寧過于平淡，不可過于浮靡。每聞四方水旱盜賊，及當路政事或未當，憂形于色，若身任其責者。此皆公之實行也。予每誦公之奏疏而有感焉。旨哉，文之太盛乎！古之所謂文者即道也，君臣父子之敬愛，長幼夫婦之别，威儀之則，詞章之懿，皆天理人事自然之文也。以之制禮而作樂，以之經天而緯地，以之美教化而厚風俗，以之播告四方，流傳萬世，無非此文之全體大用，與天地並立而不可泯者。吾但憂其未盛，而豈憂其太盛哉！後世以文取士，而文始衰，権無用之詞爲有用之的，上慢于擇，下苟于應，上下以虚相與，遂至于天下無實學。無實學則無實才，無實才則無實政，聖賢明善誠身之本、禮義廉恥之教幾泯焉不聞。俗弊風訛，迭相誇尚，心迹言行曉然相違而不以爲異，事情物理公然相背而不以爲羞，舉天下驅而囿之于一虛之中而不知變，此公之所謂太盛也！人競趨于虛，公獨趨于實，宜宦塗坎壈而卒不得大試也。嗚呼悲夫！將以明年某月某日葬于赤松鄉梅砂湖之東阜，從治命也。公之子姪以予與伯仲從游之久，必知公之實，來請銘其墓。予以才思刊落固辭，而請益堅，遂爲之銘曰：

天賦之介，而濟以通。中立不倚，出處從容。妙齡筮仕，有驅其疾。兩寘周行，孰媒孰隙？白首承郡，入告于庭。文弊賦殘，本末備陳。旴俗易動，亂宜速殛。曷忌曷仇，義當坐黜。既適我願，既返我廬。堅守我約，澹然自娛。進不隱賢，退不茹愧。疾病莫昏，油油而逝。東阜之卜，沙湖之旁。手植松檜，祖阡在望。沙湖之旁，東阜之卜。有勒斯銘，永相遺躅。

徐彦成歲月記

金華徐基之嗣子順，字彦成，生于嘉定戊辰閏月二十有八日，卒于淳祐丙午閏月二十有五日。娶時氏，無子。幼勤敏端重如成人，視群兒相與歡笑跳躑于前，漠若不知。坐立儼然，未嘗有戲慢之色。雖有喜相玩狎者，亦莫之敢侮。讀書不待警策，如良馬在御，蹀蹀不自止。編摩抄録，疾如風雨，先君深愛之。至于談古論事，亹亹有本末，而聽者輒忘倦。與人交若簡淡，而忠厚之誠藹然，乃有所不爲，確乎其有守也。事親問寒燠藥餌惟謹。年來吾敕斷家事，善兒亦自力以佚吾老。師友稱其可與共學，鄉黨許其可以宜家，吾亦日望其有于成也。今不幸死矣，而反有以重吾之悲。於乎！汝雖得其氣之粗淳，而局于數之不永，天所命也，吾何言哉！是年十有一月甲申，葬于赤松鄉陳家塢之原。煙巒風壑，永閟汝身，千古茫茫，藏吾至痛。吾亦將卜竁相從于斯云。

太學進士樓叔茂墓誌銘

國家取士，沿襲李唐，未能復古。考諸科名記，賢公卿參伍相望，此法之幸也。蓋天下之士，氣稟不一，詞章亦異，遇主司之能，猶未免以志尚爲離合，况承訛襲舛者復不少乎！此非科舉之法難中，實有司之見難遇耳。然其法雖不足以盡天下之奇才，猶足以成就天下之賢士。方年少鋭氣英發，芒彩烜燿，一鼓有餘勇，再而三則餒矣。間有介然之悟，收斂精華，追尋根柢，講習討論之業既備，省察克治之功亦密，陶鎔德器，涵養益宏，雖終不遇，不失爲士之良師。至于困躓摧挫，厄窮無聊，老且死，固比比也。雖爲士者不自愛重，而天地英秀之氣沮于科舉者亦不少矣。予以是于樓君漢章而有感焉。君諱奎，舊字叔懋，婺之東陽人。曾祖諱瑞，祖諱允載，父諱雷，皆不仕。樓自漢以來，指東陽爲望族，其後徙于鄞者以參政宣獻公顯，居于永康以樞密襄靖公顯，惟東峴之宗獨微。十二府君允載爲鄉曲所尊敬，攻媿先生實誌其墓，知其後必有人焉。君少而穎悟，日誦萬言，下筆輒出新語，人謂東峴之興必此子也。既長，出從誠齋國録陳公、山堂國博章公學，皆器重之。時迂齋樓公來掌鄉泮，以作成人才爲己任，愛公之文，厲以準度。自是骨骼開張，精神縝密，老成皆放出一頭地，謂一第特易易耳。既而補上庠，以小疵沮抑者累年。孔山喬公奇其才，授以漕牒，即與計偕，禮部屢黜之。再中上庠，成外校與秋薦，復爲禮部所黜。君恐負師友之期、父兄之望，將斂華就實，大其所成。天不永年，以淳祐辛丑六月甲申終于正寢，得年五十有一。娶平江朱氏。子男二人，衎、衢。卜以辛亥二月丁酉葬于縣之孝德鄉南山。君資峭勁，尚氣節，意度軒豁，與四方奇偉之士把酒劇談無所忌。往往以功名相避遜，然面折不容人過，亦或憚之。乃若事親從兄，友愛弟姪，愉睦無間言。以君之天才〔七〕卓犖，氣吞餘子，乃俯首下志，工聲律之業，以求合有司之程度，固不能不縮武〔八〕矣，何至屢興屢仆，終不遇而死哉！而謂科舉之法能盡天下之人才，予以是歎人才之不幸也！於戲悲夫！銘曰：

天與之秀，又開以名。孰扶孰抑，莫究厥成。有丘斯閟，有石斯銘。遹紹爾志，相維後人。

定海縣丞楊公墓誌銘

君諱某，字元定，姓楊氏。曾祖諱淵，祖諱伯玉，父諱林，皆不仕，世爲婺之金華人。誠齋先生國録陳公上第也。生于淳熙丙午七月甲辰。自幼天姿凝重，家雖貧約，不與凡兒伍。父兄異其志，命從學，刻苦肄業，進不可禦。里師巷塾不足以應其求，始進于大師講下。友朋交譽，藉藉以儁。是時麗澤收聲，其門人橘坡王先生、山堂章先生與誠齋先生皆以汲引後進爲己任，而静軒吕公克紹家世，相與切磨其間。鄉評之所取重，雖不能不以舉業爲工程，然躬行之實，講説之正，固已大異于習俗。由是學有所宗，士有所則，數十年儒風不墜者，作人之功未泯也。君執經誠齋之門，克勤克敬，如事嚴父，誠齋視之亦猶子也。賓至，多侍講論，或至夜分，于是多識前言往行，得爲學之本。嘉定庚午貢于鄉，辛未中上庠選。時絜齋袁公爲司成，天台潘公子善爲正録，黨禁初開，正道昭著，氣象翕然，静軒導君于潘公，又得聞學問淵源之懿，觀感服習，心平氣降。律己自是益嚴，擇友自是益切，功名之念自是而益輕。鈍于場屋者凡二十有餘年。己卯僅一薦，又屢黜于春官。端平乙未，因以累試恩奏名天府，廷對入等，授迪功郎、常州晋陵縣主簿。再調臨安府於潛縣丞。遠勢利，安澹泊，與長官爲文字之交，户庭寂然，人不知其爲官府也。未嘗求知于人，諸公多得于案牘間，皆知其學之有源也，交薦于朝。秩滿，府尹欲羅致之，君翩然而歸。踰年始謁選，更授慶元府定海縣丞。宦情既薄，不欲矯世掛冠，其無意于斯世也久矣。寶祐改元二月甲戌，以疾終于正寢。初，移鑾居士徐公求賢士以淑諸子，君以少年應聘，矩度修整，言語謹確，起公之敬，遂以其子妻之。子曰璐，國學免解進士。女一人，適迪功郎、紹興府餘姚縣主簿唐爍。孫女二人，尚幼。以是年十一月壬寅葬于赤松鄉五石山之原。一日，璐以墨經來請曰：「某已礱石，而先君墓上之文未有所屬。知吾父者無踰于子，願有以紀其平生，以慰不肖孤罔極之痛。」予謂顯親宜求當世聞人，昧昧陋巷者何足以垂後？曰：「吾但求其知不知，不計其聞不聞也。」予不得而固辭。雖然，君嘗察予無用于世，勉以爲己之學，導之以師友之正，是君知予者厚，而予不足以知君。予見君之居家也，終日儼然，青燈永夜，手不釋卷，沈潛涵泳，俗事一毫不入于心。坐立有常處，未嘗傾倒跛倚；語默有常節，未嘗戲言苟笑。孝友篤至，夫婦相敬如賓。與人交恭而有信，澹而能久。不爲激訐之言，不爲表襮之行，誠意既格，上下益信服之。予所知者如此。嗚呼！士患不知學，學患不知道，而固守力行之勇，内不爲私欲所牽，外不爲俗習所動，斯尤難也。自君之亡而爲學之士益就寂寞，作人之功不幾于泯乎！是可爲世道懼也。而繫之以銘曰：

人孰不學，學必爲己。斯焉取斯，魯之君子。既承其原，益豐其委。亦曰于仕，我行我止。亦曰于止，若無它嗜。青燈素編，有永于味。五石之山，窅然爾邃。一氣之寧，千古之閟。我其銘之，以篤來裔。

右詩文二十卷，宋魯齋王文憲公之所著也。其爲言正大純雅，閎肆典實，而天道之顯晦，人事之治否，物理之盛衰，莫不具焉。故其羽翼乎聖賢之學，而爲一代之所宗者也。正統辛酉秋八月，予來官金華，因公之六世孫四川憲僉王公迪得公遺稿，讀之深有契于心，如飲醇酎不自知其醉矣。遂與貳尹鄱陽劉君仁傑商訂編校，命公之鄉生何贊繕寫成書。已而謀諸同寅各捐禄米，鋟梓以傳，復得邑民陳乘忠助力而成。始工于壬戌之冬，訖工于癸亥之夏。予故書此以識歲月云。廬陵劉同識。

【校記】

〔一〕「至」，原作「玉」，據《續金華叢書》改。

〔二〕「受」，原作「愛」，據《續金華叢書》改。

〔三〕「秀」，原脱，據《續金華叢書》補。

〔四〕「慶」，原作「愛」，據四庫本改。

〔五〕「才」，原作「佘」，據四庫本改。

〔六〕「事」，四庫本作「世」。

〔七〕「才」，原作「下」，據四庫本改。

〔八〕「縮武」，四庫本作「少貶」。

附録一　佚詩文

早梅有感

新陽來復未十日，窗外梅花已狼籍。晴光烘過冰雪融，微風不動暗香密。急呼清樽相慰藉，無數落英墜巾帙。兒童但喜花開早，太早翻令我心慄。今年寒色苦未老，户穴不固泄萬蟄。造化不翕何以張，不然生道幾于息。明言歲事未足言，深憂南氣日馳北。誰道東君庾嶺來，煮酒銀瓶薦嘉實。

（輯自《永樂大典》卷二八〇八。）

商鼎歌壽潘介軒

乘興而來，適值申生之旦；知心既久，可無頌魯之章？僭成調鼎之歌，仰侑壽卮之祝。

光霽樓前春正長，梅花已作鼎鼐香。旄倪同指南極瑞，客星高映屏星光。我聞陰陽根太極，天以中和生萬物。正通之氣鍾爲人，亦以中和融盛德。中和時候出大賢，平生學力全其天。花溪上接丹溪派，毅齋衣鉢曾親傳。嚴亦毅齋之仕國，嘗以疏横扁其室。先生亦有梅兩株，即日架亭名玉立。梅花本不貪春風，清標凛凛專窮冬。浮花落盡真實見，微酸一點心事同。愛心憂國丹心折，何意平分風與月？去年拯民魚鱉中，今見桑麻已萌達。桐山高兮桐水長，梅花兩處留餘芳。小摘青青祝公壽，和羹滋味須先嘗。

（輯自《永樂大典》卷二九五七。）

和遁則韻取臨江叔父墨梅

我翁久駕白雲歸，誰寶冰綃一舊枝。疏影暗香浮細墨，光風霽月惠仙姿。只疑和靖舊爭長，縱是逃禪甘伏雌。寄語古樵毋睥睨，青氈歸我不應遲。

（輯自《永樂大典》卷二八一二。）

和仰庵兄池上梅韻

窗外梅兄不可無，山人一見兩眉舒。江頭千樹應難得，池上數根宜有餘。蟾魄浮香無定相，虬枝壓水可常居。

（輯自《永樂大典》卷二八一二。）

題墨梅七首

歲寒無與偶，獨抱幽貞長。筆下孤梢瘦，冰花紙上香。

筆頭開造化，花外越精神。偃蹇虯龍表，新梢最可人。

冰蕤開雪穎，墨妙發孤香。不襲逃禪印，枝頭有異光。

窮冬天地閉，萬物正凋殘。玉立清梢表。天然獨耐寒。

胸中含静操，筆下走寒梢。一見孤山客，清香盡拆苞。

素質天然静，清芬繞鼻根。更于翹楚上，一筆起冰魂。

一枝横出曉，霜外數花開。誰識生綃上，清香静處來。

（輯自《永樂大典》卷二八一二。）

和咏飛春蔬二首

東軒清節樂春蔬，傳到孫支百載餘。一朝拂袖竟歸去，應嗤介甫未忘魚。

社日何曾夢蹴蔬，遯翁波及實君餘。菜根牢咬真吾事，明義從知合舍魚。

（輯自《永樂大典》卷二四〇七。）

題畫梅

枝頭寂寞若爲情，唤起毛錐爲寫神。月下風前長玉立，娟娟一紙四時春。

（輯自《永樂大典》卷二八一二。）

題花光梅十首

懸崖放下

着脚孤高太出奇，馮空斜落兩三枝。大風動地吹崖裂，正是冰姿藴藉時。

絶後再甦

深山大澤老龍僵，不染樵人斧上霜。月魄存存枯槁裏，忽然枝頭弄精光。

平地回春

見説前村破雪開，我來雪影浸蒼苔。平生不識春風面，却道春從花底來。

淡中有味

一丘一壑似夷齊，動雪繁霜特立時。瘦影横斜清峭峭，世間幾箇赴心期？

五葉聯芳

裁冰鏤雪幾多工，次第開時個個同。夜半傳香來庾嶺，至今拈起作家風。

一枝横出

踏雪巡香幾度吟，吟詩那得似花人。水村雪壑抽身出，月掛疏籬别有春。

偏正自在

枝南枝北出天然，雪艷烟痕若可憐。冷面峥嶸無向背，何嘗有意向人妍？

高下隨宜

亞水淩空任短長，枝枝風度要平章。一樽月下吞花影，剔在須頭點點香。

幻花滅盡

孤標不肯結春緣，細雨黄昏臘正殘。望斷落花流水遠，枝枝點點是微酸。

實相圓常

青青葉底未堪嘗，已作商家鼎鼐香。四月江南煙雨闊，安心且待那時黃。

（輯自《永樂大典》卷二八一二。）

和諸庵花光十梅頌

一筆劃斷寒崖，疎蕊數枝低亞。不待雪壓霜摧，已自全體放下。

孤山樹槁神枯，一段底死工夫。脈脈不知機轉，忽然嘴角皆甦。

空裏翻身透出，風前玉立精神。百草頭邊未覺，還他獨占光春。

不問東風來未，冷冰冰中得意。誰于筆外相知，更有無味之味。

接得少林枝葉，滿腰風雪馨香。一自飄零庾嶺，花光也解流芳。

江頭千樹紛紛，紙上不堪狼藉。翻思洞口風流，忽見半梢横出。

孤標向背從地，枝頭各自精彩。堂堂妙用縱横，誰識筆根所在。

大化元無揀擇，墨光隨手高低。但得歲寒風度，自然處處皆宜。

幾度落花流水，何待空枝方省。要須投筆虚空，幻習與之俱盡。

推出突欒本相，雨肥葉底清黄。熟後何曾酸澀，舌根自不尋當。

（輯自《永樂大典》卷二八一二。）

古梅行

蒼龍蟄大澤，浩莫知歲華。不肯作霖雨，偃蹇眠煙霞。玉皇欲强起，六丁下谽谺。紫蛇掣金電，霹靂轉香車。振鬣欲騰奮，夭矯勢攫拏。神通學蟬蜕，僵作老樹丫。大枝露鱗爪，雨蝕成智汙。小枝半朽折，苔蘚對楂牙。生意甘寂寞，時著三五花。花少香氣壯，積雪應難遮。

牧豎惡皴散，梓匠嗔虬斜。日月自今古，獨免斤斧加。可謂遁世巧，全真傲幽遐。豈知好事者，僻性尋枯槎。業薄一見面，倚仗生驚嗟。攜鉏斸明月，移入蓮宇誇。詩翁爭著句，詩價方喧譁。老我有深意，默默不汝嘉。戒汝更藏拙，慎勿抽新芽。寒崖枯木上，何用開冰葩。古樵當厭汝，乞與山人家。我即乘之上河漢，千載不數張騫槎。

（輯自《永樂大典》卷二八〇八。）

重聘古梅行

千金卜得𨂂非熊，木德將興獵太公。槐安與國已陳跡，盛衰直與陰陽通。知龔自昔親受記，飲冰齧雪工磨礲。此中洞洞無所有，徹上徹下俱玲瓏。苔膚蜕骨半榮悴，連峰峭厲飛銅驄。生意雖偏未嘗斷，猶有王氣居東南。南柯突出已奇甚，連蜷夭矯翔虬龍。東邊新梢更絶特，轉要作勢將騰空。風號竹塢月黯淡，露灑松壑泉琤琮。一花玉立蒼鬣表，萬花辟易難爲容。輸環四海無處覓，只今歲晚纔相逢。酹酒高歌盟萬古，天意絶不寒孤風。

（輯自《永樂大典》卷二八〇八。）

烏傷行

惟皇降衷于下民，暴秦莫殄心之仁。孝哉顔氏有一感，畢逋啣土成丘塋。彼亦莫知其所以，自甘血觜含餘辛。志壹動氣氣動志，鳳儀麟出理亦均。環百里地畫疆井，千有餘載蒙嘉名。繡衣使者迂六轡，下馬肅拜心凌兢。大書瑰辭鎮松柏，便有山鬼呵崖陰。明刑弼教期無刑，何如先使教化明？流傳墨本到此屋，有人心者俱作興。但願人心常此心，安得作亂干章程。

（輯自《永樂大典》卷二三四六。）

題澤翁梅軸後·酹江月

今歲臘前，苦無多寒色，梅花先白。可惜横斜清淺處，誰訪孤山仙客？玉勒尋芳，金尊護冷，定與心期望隔。夜闌人悄，可無一段風月！　怕它香已飄零，羅浮夢斷，不與東風接。買得鵝湖千幅絹，留取天然標格。樹老梢癯，蕊圓須健，不放風騷歇。花光何處，兒孫身價方徹。

（輯自《永樂大典》卷二八一三。）

丙辰上廟堂書

某切謂：今日内治，無一之可言，惟治外之心，尚存畏懼，未敢盡出于私意也。凡有愛君憂國，亦于可用力者竭其慮而已。今日孰不曰「鞑兵斡腹之謀，最可憂也」？愚則曰「此不足憂」。蓋思播之至辰沅，千有餘里，中間山川之險阻爲最多。兵法：百里而趨利者，蹶上將；五十里而趨利者，軍半至。豈有踰千里險阻而能謀人之國哉？惟無蜀爲可憂耳。况今蜀之兵將，尚可軒輊。鞑果有入寇之謀，豈不慮蜀兵之尾其後，可以抄其輜重，可以絶其糧道，可以斷其歸路。鞑之狡謀，必不如是之疏也。廣西湖北，固不可不備，而不足憂；不然，海道又豈不足乎？夫海舶與江艦不同，進退實係于風，非人力之可必。得風而進也固易，失風而退也極難，彼豈能爲必勝哉？能無慮其欲退乎？是海道不可不防，而亦不足憂。惟平原曠野，飄忽震蕩，長驅直擣，是其所長，其實所當憂者，只在兩淮耳。然則自古擁重兵以窺江者，未有不敗。若狡虜黠酋知用羊祜之策，識王朴之謀，時出輕兵以擾之，或據我一、二城，左右望以俟間，是淮南無日不被兵也。江南之力，日消月削，雖有上知，莫能爲之謀矣。前日維揚之兵，以累年虜至不戰，有以召其來。今春之捷，以背城一戰出其不意，所以敗而去。後日雪耻之師，勢所必至。來之速，憤兵也，雖可畏而謀必淺；來之遲，則謀深而不可測。但淮之列郡，凋弊甚矣。因其未至，若不增屯積粟，保險據勢，有以大挫其鋒，則兵禍未易解焉。論今日備禦之道，未論某將當陞，某將當黜，某屯當脩，某險當守，某兵可以爲某援，某粟可以爲某糧，大略規橅不立，疏陋苟安，其弊固不止一事，而其至深至切之害，莫甚于清野。非特無禦外，亦併其内而大困焉！而舉國不以爲非也。昨自嵩之創此繆畫，二十年來，號爲奇謀妙計行之。愚言之不以爲恥，如出一人，如同一口，而今日江南之困，亦已深矣，而猶未之思也。蓋自三代以來，但聞募民徙塞下矣，詔民入粟實塞下矣；至于屯田之利，兵民雜耕，書于史册，前後相望，未聞以清野爲奇謀妙計也。使清野果可以爲外治之上策，則自古謀臣良將，凡英傑智略之人，不應皆如是之愚，而不知計之出此也。古人亦自有清野之時，援兵未至，閉城自守，使敵至無所資，以爲一時之暫可也。當嵩之時，適中原荒殘之後，蘆葦一望數千里，虎豹出没其間。虜人賫糧遠戰，易于乏絶，不能不指南方爲續食之計，是時清野以待之，可坐而困敵，能僥倖數年之安。後之來者，不知通變，守以爲不可易之論，而不計其術之窮也。苟輒人必有南牧之志，我雖清野，彼自運糧積粟于沿淮諸郡，輕騎裹糧，一日夜可以直扣長江，此時復可清野以待之乎？譬之富家巨室，平日贍養群奴，其費固不貲也，日足以爲藩屏之衛，夜足以爲盗賊之防。今有人爲之謀曰：盗之所以窺伺者，以主家有物可取耳，使主家盡鬻其所有，空室以居之，群奴可以熟睡，無巡警之勞，盗自不至。不亦善乎？盗則果不至也。其如主家坐困而無以贍群奴何？特此規橅不立，疏陋苟安而已，豈知其爲根本害也！夫自南渡以來，兩淮非不時時被兵，而每年粟米麻麥絲綿漆果之過江南者，舳艫相尾，江南藉以爲用，國以富强。自清野之後，此利遂絶，使淮南之貨，不及江南，猶未爲大害，今則不免竭江南之力以贍江北之屯。凡昔之渡江而南者，今反盡輸于江北矣。又不止此也，兩淮之流民内徙，扶老携幼，百十爲群，纍纍于道路者不絶，此辨于江南以爲生者也。今不知江南沃壤盛大之區可數者幾，而可久充江北無窮之需乎？所以爲根本之大害者此也。夫兵食出于農者也，養兵所以衛農業以自給。今既不足以爲農業之衛，又從而奪其常業，驅其老弱使之轉乎溝壑，是豈養兵之道與？愚請得以索言清野之大謬：安土重遷，民之至情也。昔盤庚不忍民之罹水患也，開陳利害，反覆叮嚀委曲，以勉其不可不遷，猶不能止百姓胥怨之言。况鞑騎之來，未如患水之不可措乎？老弱者勢不能拒而自知逃避，正不必驅之避也。自避與驅之避，其事情大不同。自避者心死意銷而無他念，驅之避則含怒蓄怨有時而發。彼甘心于自避者，皆老弱：强壯者或欲自相團結，或保險阻，或俟利便奮身擊逐，皆可一當百，蓋彼自護其生産作業，不待令而出死力以敵之。善用兵者，不過能發人心之情，導其勢而已。今既足以分官軍之勞，且無饋餉供給之需，亦何苦自失其助哉？方鞑虜未至，生業垂成，遽下清野之令，焚其廬，毁其業，驅迫流離之人，未見鞑騎之害而先受官軍之苦，彼疾視其長上而歸怨于朝廷，何可解也？苟有勇士一呼，皆爲劇盜，其憂未易平。一則失民兵之利，二則失邊民之心，最大者自困江南之力，其病在于各自爲謀，〔彼〕此不相恤。在外者，不恤朝廷之乏，不恤民力之困；

在内者不恤邊備之虚，不恤軍士之貧：此愚所以夙夜隱憂。而言不足以達君相之聽，智不足以破通國之惑，若夫省觀大勢，斟酌可否，操持大柄，豈不在朝廷乎？欲望鈞慈，特賜敷奏，下此一劄，令侍從、給舍、臺諫、館學、百執事集議于朝，條具其清野利害之實，與夫今日備禦之策，及所以區處流民之道，惟聖天子平心遠覽，采其良策，力主于上，力行于下，天下幸甚！宗社幸甚！

聞禦戎之策有三：曰戰，曰守，曰和。因時施宜，雖執一，然其事則未嘗不相關焉。鋭于立功者則曰：殘虜煙滅，中原丘墟。振兵直前，當如摧枯拉朽之易，不特慰來蘇之望，尤可成尅復之勳。是則攻戰之舉，固不容緩。然深謀遠慮者則曰：理内斯可禦外，强本斯可折衝，兵財俱乏，事力不繼，而遽尋干戈，則召釁稔禍，功未成而害已見，其不可爲備守之圖。然城壘方營，而侵軼已至；糧食甫積，而剽掠時警。羽檄交馳，將左支右，吾之不暇，其能固其圉乎？是人不容于不和也。是必和親以紓其擾，然後備守之計爲可圖；備守以壯其勢，然後征伐之謀方可舉。是以古人雖和，未嘗不爲守；雖守，亦曷嘗忘爲戰之備哉？請以漢家之事明之。漢興之初，平城之圍未報，嫚書之辱未雪，犂庭掃穴，似不容已，然而樊噲横行之請則却之，賈誼三表五餌之策則謝之。和親之約，細過之棄，冠蓋往來，金繒賂遺，曾不以爲勞且費，何耶？蓋小屈者所以爲大伸之基，而斂翼匿形者，未始不爲搏擊計也。况當是時，民之瘡痍未瘳，而休息之政未施，公私之積尚乏，而邊陲之警未寧，則所以拳拳于議和者，將以爲備守之圖也。故塞下之粟可得而積，内帑之錢可得而羡；材官騎士，蒐閲于都試；六郡良家之子，閑習于馳射。凡此者，孰非爲攻戰之備也？迨夫國勢已强，皇威益振，然後馳陰山之北，而使漠南無王庭焉。極其盛也，款塞而慕義，稽首而稱藩，推所由來，亦和親之計有以基之。今之和好之議，意或出此，是豈怯懾而不振者乎？所患者玩一時之少安，而忘備禦之大計耳。況狼子野心，背服靡定，其吞併種落，每以和好爲豢敵之計。今當深思曲防，以伐其謀。外姑示講和之意，而内實爲强本之圖。厲兵堅守，常若寇至；來則應之，侵則禦之，庶乎其可以自固也。廼者軺使之來，或欲絶之以杜其窺伺，或欲卑之以示吾名分，或疑其虚僞而不欲加禮，此固所以尊國勢而挫戎心。然此既通好于彼，彼以復命而來，已抵中都，亦難遽絶。寵以錫賚，勞以燕享，隨時施宜，不得不爾，初非過于懲創而自損威重也。雖和好成否，難以預計，然絶之卑之，則憤心一生，其能保其無間言乎？釁端一開，其患立見，蓋不止于威重之少損也。爲此舉者，姑欲因此而達和好之意，款侵擾之兵，而爲安邊息民之計耳。使和談既成，尚當嚴于備禦，況議猶未定，可不亟思所以處之乎？且今之師旅，疲于攻守，財用耗于調發，郡邑困于應辦，盡心力而爲之，猶懼不給，一或少緩，突如其來，得無徬徨失措乎？兵之闕額者當補，而訓練之必精；城之頹圮者當修，而防捍之必嚴。事事而爲之慮，使無一之不盡，所謂無恃其不來，恃吾有以待之者，此乃禦戎之上策也。吁！内脩者如支傾，極力拄撑，不急則仆；外攘者如弈棋，當審彼己，輕舉則失。苟爲計既審，而又極力以拄之，安强之効，自可坐致。雖然，能戰而可以守，苟徒曰守之可以無虞也，彼長驅而來，與吾對壘，擁兵直前，其能閉關以保乎？抑鋒鏑不容于不交乎？是則攻戰之具，尤所當講，今雖未爲開拓之謀，然豈終忘規恢之計？生聚教訓，可以成報復之功；内修政事，可以收外攘之效。根本苟强，皇威益振，天道好還，寧無可乘之機？第今未可爲耳。今主議于中者，既有定論，而宣力于外者，當爲遠謀。羊祜在襄陽，務修德信，使命常通，刹穀爲糧，則輸絹以償，欲進詭計，則却而不納，二境之間，懽然交和，疑若安于苟且而無遠略矣。孰知夫規恢之謀，已寓于此，而混一之功不旋踵而成。今之任責者，當以是爲心。毋貪小勝以窮追，毋校小嫌而起釁，養威持重，待時而動，復文武之境土，當侔德于宣王矣。惟陛下與大臣亟圖之，取進止。

（輯自《永樂大典》卷一四四六四。）

《永樂大典》共存王柏詩四十一首，詞一首，書一篇，除去與正統本《魯齋集》重複外，可補詩三十七首，詞一首，文一篇。《全宋詩》亦收録此三十七首詩。題爲王柏《甲寅稿》存詩三十八首，詞一首，書一篇，其中《早梅有感》《商鼎歌壽潘介軒》《和遁則韻取臨江叔父墨梅》《和仰庵兄池上梅韻》《題墨梅七首》《和咏飛春蔬二首》《題畫梅》《題花光梅十首》《和諸庵花光十梅頌》《題澤翁梅軸後·酹江月》《丙辰上廟堂書》等詩三十四首，詞一首，書一篇爲正統本《魯齋集》未録。收録于《甲寅集》中的《和易岩芙蓉吟》《和立齋臘梅》《日新齋銘》《夜存齋銘》四首收録于《魯齋集》卷二、卷七中。

《王會之集》二首：《古梅行》《重聘古梅行》，爲正統本《魯齋集》未録。題名爲王柏詩《烏傷行》亦未録。

三君子贊爲金吉父書

朱文公

龍門餘韻，冰壺的源。理一分殊，折衷群言。潮吞百川，雷開萬户。灑落荷珠，沛然教雨。

張宣公

歷埃勇進，欲蜕理融。濂溪霽月，沂水春風。先立乎大，未見其止。志義偉然，死而後已。

吕成公

片言妙契，氣質盡磨。八世文獻，一身中和。手織雲漢，心衡今古。鼎峙東南，乾淳鄒魯。

（輯自《濂洛風雅》卷一。）

秋蘭辭

蘭之青青,其勢幽幽。空山露冷,其誰與儔?靈均邈矣,高風颼颼。濯之清泉,植以古甌。相彼草木,臭味相求。豈無君子?德馨與侔。

(輯自《濂洛風雅》卷一。)

懷古呈通守鄭定齋士懿四首

東方有猗桐,菀彼雲之岑。良工一斤斧,斲爲膝上琴。朱弦輕拂抹,盎然太古音。不彈箕子操,不調《離騷》聲,安得夔典樂,天下終和平。

南方有良藥,神妙難具寫。沈疴一刀圭,無不立愈者。性烈必瞑眩,色惡如土苴。倉公一見之,寶愛不忍捨。欲起國膏肓,先當醫苟且。

西方有精鐵,淬以百鍊堅。範爲三尺劍,炯炯霜花寒。勿以埋厚地,勿以投深淵。未染蛟龍腥，未睨奸雄元。丈夫纔把握，且以破拘攣。

北方有大井，深濳幾萬尋。前爲東阿膠，瑩徹如球琳。持此一寸微，可救千丈渾。世道一以濁，貪風方襄陵。誰能汲此水，淨滌四海心。

（輯自《濂洛風雅》卷二。）

西倅廳冰雪樓次韻

我生山水窟，一静了萬境。登臨始識奇，已與凡目並。大哉飛躍間，一物具一性。冰雪有妙理，言言苦難聽。開藏古制存，以抑揚氣騁。稜稜六花嚴，中有生意瑩。非貞曷爲元，妙斡舒慘正。爕調不可偏，相資不相病。陽和一以泄，品彙反不競。新政冰雪清，洗濯炎蒸淨。陰痼一陽微，震裂萬蟄儆。酧酢極變態，不失本來静。一樓駕高明，俯仰動微省。深恐神鑒昏，萬事如捕影。繰藉嚴冷名，賡歌歲寒咏。即此求友心，已見無不敬。行到百尺頭，脚力須用勁。

（輯自《濂洛風雅》卷三。）

老菊次時所性韻

獨步東籬餐落菊，一幅烏紗漉浮玉。悠悠謝客欲醉眠，懶拾枯枝炊脱粟。靖節先生骨已寒，回生何必須神丹。紫陽一字冠青史，名節恃此安如山。義熙一去知幾變，金鈿翠葆猶年年。我生因循鬢已華，甚矣今年脱左車。嘲紅弄緑少時態，歲晚相對惟寒花。雨荒深院黄金盡，誰謂顔色埋塵沙？高風雅致隨遇見，簷外玉立横枝斜。

（輯自《濂洛風雅》卷三，又見于《何北山先生遺集》卷二，作者或爲何基。）

野渡

名利驅馳急，江山自古今。舟行水上意，人立渡頭心。

（輯自《濂洛風雅》卷五。）

山居已上並題畫

疊巘雲烟表，茅簷竹樹中。起予深隱趣，筆底有高風。

（輯自《濂洛風雅》卷五。）

迷道有感次韻

未識大安道，行行多路岐。人言訛近遠，山路倍嶔巇。自有康莊處，多因便捷移。我今知堠子，萬里不須疑。

（輯自《濂洛風雅》卷五。）

新竹次韻

瞻彼依依竹，來依夫子牆。密含千畝勢，清閟一窗凉。直節生來瘦，貞標静裏香。緬懷儀鳳意，不記歲年長。

（輯自《濂洛風雅》卷五。）

張子房

圯上相逢一老翁，誅秦蹙項笑談中。報韓偶得劉郎用，更有商山聽下風。（輯自《濂洛風雅》卷六。）

題諸葛武侯畫像

隆中高卧非無情，鼎峙規模豈素心。自是將軍三顧晚，坐看世變轉移深。（輯自《濂洛風雅》卷六。）

羊叔子畫像

天下三分事未終，已施德惠過江東。誰知叔子深長計，但道中興是茂洪。（輯自《濂洛風雅》卷六。）

陶淵明

義熙鼎向寄奴輕，歸去來兮絶宦情。特筆誰書晋處士，千年心事一朝明。

（輯自《濂洛風雅》卷六。）

元夕獨坐

頗聞燈火閙熒熒，何似書窗一點青。尚喜今年民意樂，一般簫鼓兩般聽。

（輯自《濂洛風雅》卷六。）

贈尋賢趙相士袖中有尋賢牌

赤腳佯聾術有神，賢才未必要賢尋。尋賢牌子非賢物，自是君王坐右箴。

（輯自《濂洛風雅》卷六。）

蘭亭記

風流盛集數蘭亭，刻石紛紛豈有真。嗟老感時何足慕，千年誰記浴沂人。

（輯自《濂洛風雅》卷六。）

題書目

博而寡要豈通儒，三萬牙籤亦太虚。一編《論語》用不盡，世間何必許多書。

（輯自《濂洛風雅》卷六。）

題愚齋梅軸

悄然筆下有心期，寫出寒梢玉立時。何事巧藏烟雨裏，孤標深不願人知。

（輯自《濂洛風雅》卷六。）

端平乙未新元

臺曆更新德未新，讀書未濟腹中貧。屢因快意行來錯，却向閒中認得真。性性不忘千聖旨，惺惺毋欠滿腔仁。榮枯冷暖自消長，但見流行總是春。

（輯自《濂洛風雅》卷七。）

時充之訪盤溪有詩次韻

賢賢不出此心公，有爲爲之未必充。絶學當歸三洞左，正源欲障百川東。坐春立雪誰能繼，弄月吟風豈浪從。方已烏頭力應鮮，因循又過一年終。

（輯自《濂洛風雅》卷七。）

何無適同宿山中次韻

虎踞龍盤釋子宫，藥香時出小橋東。人眠依約三更後，月在清明一氣中。千古心期應共遠，半生懷抱此時融。清泉白石分明記，出處他年未必同。

（輯自《濂洛風雅》卷七。）

科舉

紛紛衿佩止時文，競巧趨新做日程。一試奔馳天下士，三年冷暖世間情。清朝不許人心壞，舉子安知天爵榮。所用是人行是學，不知何日可昇平。

（輯自《濂洛風雅》卷七。）

有人說用

寄語紛紛利欲人，不知何者是經綸。行藏未可便輕議，學問先須辨得真。莫把空言來悞世，要明明德去新民。大凡體立方言用，且着工夫檢自身。

（輯自《濂洛風雅》卷七。）

和伯兄適莊訪立齋

園林襟帶兩三家，翁季怡怡意度嘉。時把酒杯傾月影，或燒石鼎煮天花。青編有味毋吾隱，白髮無情任汝加。翠竹數竿新聘石，歲寒只此是生涯。

（輯自《濂洛風雅》卷七。）

送趙素軒去婺守爲本道倉使

人物乾淳舊典刑，滿腔全是遠庵仁。來時懶作三刀夢，去日留爲一道春。千里桑麻深雨露，雙溪風月更精神。出門父老歡迎處，猶有文公舊部民。

（輯自《濂洛風雅》卷七。）

以上二十八首輯自《濂洛風雅》。

懷友

攜書入空山，幾若與世絶。俯仰一室間，頗見古人別。良朋令人思，思君意彌切。食荇差自甘，那得共君啜？

盛雪巢

皋陶不著書，周召不決科。端坐廟堂上，四海臻泰和。吾道固如是，後來文藝多。嗒然空山中，獨抱良朋歌。

（以上二首輯自《吴禮部詩話》。）

招隱

金風瑟瑟兮斂素秋，黄雲逝兮委空疇。歲冉冉兮于邁，形役役兮奚求？彼美人兮襆被命駕，指北山兮爽氣朝浮。揮囂氛兮遠卻，策枝笻兮娱憂。穿松關兮深以悄，潛玄宫兮清以幽。

仙道恍惚兮亘千古以難悟，遺像寂寞兮想二子之精脩。噏清岑兮飲玄玉之液，餐芝英兮嗽華池之流。叱群羊兮共化，駕雙鶴兮同游。朝崑崙兮暮玄圃，挹羡門兮訪丹丘。横八風兮上下，歸兩澗兮綢繆。嗟彭殤兮均一夢之不返，何虞象兮同一氣而不侔！嗟子房之末智兮捨圯上之老，黄石有約兮猶封留。念予生之多艱兮命與事仇，髮已種種兮盍早爲謀？何時結茅兮憑井竈之餘休，嘯日月兮跨蒼虬，飛紫府兮棲瓊樓，二三子兮其從予否？

風露高寒夜向闌，月光穿縷萬琅玕。寂然不是人間世，多謝仙家露一斑。

每日城中喜看山，却來絶頂望塵寰。白雲何處爲霖雨？尚在山尖蓊鬱間。

自陟山橋路，青巒步步奇。探幽忘倦懶，脱險得平夷。香火分雙寺，風流訪斷碑。我來風雨甚，妙處未容窺。

（以上四首輯自王柏《長嘯山遊記》一文，其中第三首又見于《光緒金華縣志》卷二。）

朝奉大夫葉格公像

器宇軒昂，職列冠裳，忠貞冠日，千載流芳。

（輯自《金華天鍾湖葉氏宗譜》卷十五。）

小四翁像贊

箕裘克紹，瀟灑出塵。身能致主，澤足及民。厥裔象賢，令範尚存。

（輯自咸豐九年重修本《義烏葉氏宗譜》卷一。）

十八學士登瀛圖四首録奉思軒韓先生一覽

鳳樓迓春春色回，木天倚日春光來。千芳承恩湧太液，百鳥朝鳳如蓬萊。

鸞坡新闢英雄拔，濟濟神仙登十八。貞觀豈誇澤封功，煌煌文德開庭風。

高槐緑長陰午圓，玉署兩餘清潤天。文書晚絜銜未放，日影尚帶傾花磚。
雅歌動客仙倡偶，絲竹愔愔鸞鳳奏。不須雪檻堆嚴嚴，自有一道清水銜。
花懸銀闕麗秋暉，露華洗桂香綸闈。青錢學士盡萬選，豈獨五鳳來齊飛。
煙嵐交映東西閣，海棠喜鵲鶩鈴索。仙筵縹緲不可攀，黄流隔斷三神山。
北扉煌煌閣倚鏊，寒威不到清華曹。新霜一點下金馬，詔賜紅錦盤花袍。
案香已襲青綾絨，午夜傳宣揮密封。中官扶醉争脱韡，凍筆仍敕仙媗呵。

（輯自《江西玉懷堂韓氏宗譜》。）

魯齋自贊

石笋嚴嚴，曷培而崇。綉湖洋洋，曷浚而通。茫茫遺緒，耿比爾哀，孰融爾氣，孰秀爾融。棱棱霜月，習習春風。匪範爾德，用警爾慵。

（輯自《金華雅里王氏族譜》卷二。）

何師母周氏夫人像贊

濂溪閨秀,淑慎端莊。廬江内助,潛德幽光。相成道學,扶植綱常。母儀展肅,奕禩流芳。門人王柏頓首拜撰。

(輯自光緒庚寅年重修《義烏愛溪何氏宗譜》卷十一。王柏《跋寬居帖》:「明年暮春,得君之壙記,哭君夫婦之喪于摩訶様,授之以挽辭。予之情備見于此矣。」又記述何師「諱子舉,字師尹,少年以英邁之氣,挾麗藻之辭,談笑功名之場。中更排根,始就收斂,闖北山之籓籬,探伊洛之旨趣。移以北山書爲介紹,下顧予于陋巷之中。自是交遊十餘年,敬愛無斁」。)

朱子遺像贊

龍門遺韻,冰壺酌源。理一分殊,折衷群言。潮吞百川,雷開萬户。灑落荷珠,霈然教雨。

(輯自《朱子實紀》卷十。)

詩評

評朱晦庵《敬恕齋銘》

王文憲曰：夫子答仲功問仁一段，即敬恕之道。此先生早年作。

（輯自《濂洛風雅》卷一。）

評張南軒《讀書樓》

王文憲曰：此篇駿健通達，足以起千載之沉痼。

（輯自《濂洛風雅》卷一。）

評横渠《鞠歌行》

王文憲曰：此古樂府之名。張子嘆道之不行，思欲著書以覺來世，因述己志而作也。分爲三章：第一章乃聖賢憂世之誠；第二章欲托空言以啓來世；第三章嘆作具之難，但盡其在我而已。

（輯自《濂洛風雅》卷二。）

評朱韋齋《負暄》

王文憲曰：此篇善形容推廣，學問浹洽于胸中者亦如是。

（輯自《濂洛風雅》卷三。）

評朱晦庵《齋居感興》二十首第十四首

王文憲曰：此嘆先天太極圖之傳出于隱。

（輯自《濂洛風雅》卷三。）

評李果州《虎丘謁和靖祠》

王文憲曰：李果州雖不及師文公，卻能尋訪考亭門人，相與磨礪。此詩不特提出和靖精微處，爲學之要，盡在是矣。讀者曷潛心焉？

（輯自《濂洛風雅》卷三。）

評李延平《柘軒》三首

王文憲曰：《柘軒》三詩，體用具備，非先生固莫能道也。先生文字見于世絶少。近有建中七友傳此，只看首句已超絶世俗。第二、第三尤有力，語壯而意遠，人可自同于草木乎？

（輯自《濂洛風雅》卷五。）

評朱晦庵《觀書有感》二首

王文憲曰：前首言日新之功，後首言力到之效。

（輯自《濂洛風雅》卷五。）

評《題真》此評又見于《魯齋集》卷十三《朱子詩選跋》中

王文憲曰：此詩去易簀一月，其任重道遠之意，凛凛乎于十四字之間。

又曰：《遠遊》《寫真》二詩，此先生爲學之始終也。

（輯自《濂洛風雅》卷五。）

評濂溪《南豐曾雲巢極景建》

王文憲曰：後兩句似知道者驗動静于山水間似亦尚小。

（輯自《濂洛風雅》卷五。）

鳳林王氏原譜序

昔龜山先生問《西銘》之旨，而程子答之以理一分殊。蓋品物流形，俱禀陰陽之氣，故天地者，萬物之父母也，此之謂理一。别生分類，各有陰陽之本。故父母者，吾身之天地也，此之謂分殊。自吾一氣之本原者言之，生生不息，初無間斷，雖數百十世之遠，均吾親也，此又分殊中之理一。自吾一氣之流行者言之，親疏、遠近固有分别，而三從袒免之外，遂無服也，此又理一中之分殊。知其分之殊，則功緦之制、厚薄之節，有不容不辨；知其理之一，則尊卑之序、親愛之情有不容自已。但所謂理一者，實貫于分殊之内，而未嘗相離耳。吾故于氏族之譜系而得理一分殊之旨尤明焉。然譜系之大義有二：一曰謹始，二曰明繼。《大傳》有曰：「上治祖禰，尊尊也；下治子孫，親親也。旁治昆弟，合族以食，序以昭穆，别以禮義，人道竭矣。」此之謂也。夫王氏之得姓，其來甚遠，盛衰治亂，遷徙靡常，本支世次，不幸而至于不能前考，今哀痛而缺之可也。五季末，府君自會稽避亂來居烏傷之鳳林，是爲吾族之始祖。自是而下，圖系昭然，今十有二世矣。遡是而上，歲月既荒，譜牒散軼，金石無載，不得而推也。孝子慈孫，豈不欲上考其傳世之長，以篤追遠之誠？至于無所徵驗，或以傳疑而遽加牽合，不惟非君子闕疑闕殆之義，正恐昭穆雜糅，尊卑易序，豈不反爲祖宗之罪人乎？故本始不可不謹。古之無子，必以族子繼之，取其一氣流通，可以嗣續而無間。此大公至正之本，聖人安于當然，不以爲諱也。後世聖學失傳，經義晦蝕，不知尊祖敬宗之義，立後令繼，不擇異同，汨亂紀度，紊瀆人倫，名爲有子，而宗嗣實已傾覆，蓋一氣間隔而不相屬也。是故民不祀非族，神不歆非類。《春秋》鄫子取莒公子爲後，聖人書之曰：「莒人滅鄫。」此萬世繼絶之大戒。故繼嗣不可不明。嘗聞《杕杜》之章有曰：「豈無他人，不如我同父。豈無他人，不如我同姓。」未嘗不三復而有感焉。兄弟者，吾父母一氣之分；族黨者，吾祖宗一氣之分也。則其相依、相親、相睦、相卹，宜有自然之恩，固非他人之可比。善乎范文正公之言曰：「吳中宗族甚衆，于吾固有親疏，然以吾祖宗視之，則均是子孫，固無親疏也。苟祖宗之無親疏，則飢寒者吾安得不卹也？」故宗族尤不可以不篤。知一氣之所同，則于宗義不期厚而自厚。知宗義之當厚，則于嗣續之際不待正而自明。吾爲是懼，遂修王氏一原氏之譜，以示于後。若夫書法一循常度，其未詳者今闕之。時大宋淳祐甲寅月第十二世孫柏謹叙。

（輯自《鳳林王氏僉祠總譜》卷首。）

六義字原序

學之不古也，無一事得其正。字爲學之始，不得其正尤甚焉。自皇頡、史籀之制作大壞于斯，邈之手，由是訛增訛而謬生謬，展轉相因，文義舛鑿，最爲學大病。書之六藝雖晦，而六書之名幸未湮没，後人猶得以有所考。古人自小學則已識其大要，今之老師宿儒猶未究其彷彿。蓋高者留心于道德性命而不屑爲，下者役志于功利進取而不暇爲，故字學終無時而復明也。中間一二儒者，振意復古而不本六義之旨，則文字之源流、音訓之本末，何所折衷哉？古今字學之書亦不爲少，惟許叔重《説文》簡古詳備，亦坐六義之未精，而子母混雜，識者未深許之。後又有《古文尚書》行于世，名固可尊也，而字實非也。漢儒不識古文，猶能曰：獨體爲文，合體爲字。文固母也，字則子也。一字之中，既合二體或三四體，必有一體爲母。子承母，天下之大義也。今觀其所以取爲母，又多其子焉，與母抗行，則于漢之法度已不能守矣。

夫六義者，惟象形、指事，當然爲母。蓋製字之義始于象形，形不可盡象而後屬之事，事不可盡指而後屬之意，意不可盡會而後屬之聲。曰意曰聲，固非一體，則不可得而母也明矣。曰轉注，曰假借，尚有屬之母者。然母有不生，而子或生生不已者，不謂之母，又不可也。所謂本同而末異，源一而派分，此聖人所以立大宗、小宗之法焉。

惟小大之法不立，故子母所以混淆而不分也。有能立宗法以定其生。生之本，于每部之中，字字訂核，别爲何義，其俗書亂正者，悉從而審辯之。豈不爲字學之大幸？惜未有肯任是責也。近世南山甘谷子倪孟德父，留意于此有年矣，書未脱藁，他時足以名家。柏學識荒陋，雖未上知道德性命之奥，而下則免于功利進取之累，故暇日猶得游神于偏旁字畫之微，每有望洋之歎。嘗讀《易大傳》曰：古者包羲氏之王天下也，仰則觀象於天，俯則觀法於地。觀鳥獸之文與地之宜，近取諸身，遠取諸物，于是始作八卦以通神明之德，以類萬物之情。愚竊謂太極、兩儀、四象、八卦者，其畫之始而字之原乎？于是推此又爲制字之端。姑以許叔重所立字母五百四十字，先以六義分之，則每部之内，字字亦可以類推之也。參以賈昌朝之音辨、鄭夾漈之假借、五世偏旁之考，而甘谷之《六書本義》目録附焉。因輯成編，將求正于好古博雅君子。紫陽子朱子常曰：字畫音韻是經中淺事，先儒得其大者，多不留意。然不知此等不理會，却費無限辭説牽補，而卒不得其本義，亦甚害事也。愚亦未知其有合於朱子之意云。淳祐元年陽日。

（輯自馮如京本《魯齋集》卷十三；民國十四年重修《金華龍門倪氏族譜》卷三十八亦收録此文，有删節。）

魯齋王先生詩準詩翼序

詩者，聲之文也，樂之本也。心有所感，不能不形之于辭，歌以伸之，律以和之，此樂所由生也。五帝有樂，固有聲詩，世遠無傳焉。康衢之謠，其大章之遺聲乎？南風之歌，其《簫韶》之遺聲乎？

昔者聖人定書，特取其賡歌警戒之辭，五子憂思之章，俎豆乎典謨之上下，此三百五篇之宗祖也。聖人在上，禮樂用于朝廷，下達于閭里，命之以官，典之以教，所以蕩滌其念慮之邪，斟酌其氣質之偏，動蕩其血脈，疏暢其精神。由是教化流行，天理昭著，使天下之人心平氣定，從容涵泳于道德仁義之澤，故感于心，發于聲，播于章句，平淡簡易，有自然之和。雖傷時嘆古，亦無非忠厚之至，可謂洋洋乎，得性情之正矣。聖賢不作，教化陵替，謳吟于下者，淫褻鄙俚，傷倫悖禮。上之人殊不知懼，抑又揚其瀾而煽其烈。琢句鍊字，獵怪搜奇，按爲事業，資爲聲光，鑿之使深而益淺，抗之使高而益下，疲精勞神，雕心鏤肝，而終不足以鏗鏘于古者，畎畝旄倪之側，尚可望其動天地感鬼神，而有廣大深遠之功用乎？昔紫陽夫子考詩之原委，嘗欲分爲三等，别爲二端。自書傳所記虞夏以來，及經史所載韻語，下及《文選》，漢魏古辭，以盡乎郭景純、陶淵明之所作，自爲一編，而附于三百篇、《楚辭》之後，以爲詩之根本準則。又于其下二等，擇其近于古者，各爲一編，以爲之羽翼、輿衛，紫陽之功，又有大于此者，未及爲也，每撫卷爲之太息。友人何無適、倪希程前後相與編類，取之廣，擇之精，而又放黜唐律，法度益嚴。予因合之，前曰《詩準》，後曰《詩翼》，使觀者知詩之根原，知紫陽之所以教。蓋其言曰：「不合于此者，悉去之，不使接于吾之耳目，而入于吾之胸次，要使方寸之中，無一字世俗言語意思，則其爲詩不期于高遠而自高遠矣。」嗚呼！至哉言乎，于是序其本旨，冠于篇端云。淳祐癸卯暮春望，金華處士王柏仲會父序。

（輯自民國十四年重修《金華龍門倪氏族譜》卷三十八。）

南陽葉氏宗圖叙

古者國有史，自卿大夫以下家有乘，乘猶史也。史以載國，乘以載家，分殊而義合也。周官小史之職，掌邦國之志，辨世系，别昭穆。説者謂志若春秋、周志、國語、鄭書之屬，系世則帝系、世本之屬是也。蓋列國之私書，雖作于侯國，而藉則掌于王官。魏晋以來，宫有簿籍，家有譜系。官之選舉，必由簿籍；家之婚姻，必由譜系。歷代並有圖譜局，置郎、令史以掌之，仍用博雅之儒知撰譜事。凡百官族屬之有家狀者，則立之官，爲考定詳實，藏于秘閣，副在左户。若私書有濫，則糾之以官籍。官籍不及，則稽之以私書。所以人尚譜牒之學，家存譜系之書。自唐五季散佚不傳，非獨官無秘閣、左户之職，而士大夫能通譜牒之學者，以歐、蘇貳家之外，稱渺少矣。

南陽葉氏之先，出自沈尹戌生諸梁，字子高，食采于葉，是爲葉公，子孫因氏焉。繇漢以至唐，代有聞人。予友静軒先生，嘗輯宗圖一帙，俾予叙之。予惟族譜之作，所以推其本，聯其支，而尊尊親親之衜存焉。世之譜其族者，蓋多有之。然誕者上推古昔以爲博，誇者旁援佗族以爲榮，不幾于誣其祖乎？今葉氏之譜，據其所可知而不失之誕，缺其莫不可攷而不失之誇。推其祖之所自出，有尊尊之義焉；詳其族之所由分，有親親之義焉，真得古人作譜之法矣。雖然，所貴乎文獻故家者，非譜其族之爲難，而克紹其先之爲貴。爲之子孫者，迪厥德，踐厥猷，以亢厥宗，斯有光是圖矣。傳曰：「公侯之子孫，必復其始。」予于君有望焉。淳祐三年仲冬朔婺州王柏撰。

（輯自民國二十四年重修《蘭溪瀫東葉氏宗譜》卷一。）

宋諫議大夫元瑜公傳

張埴字無瑜，四川漢州綿竹縣人，魏公浚之五世孫也。嘉定十年祖奉議大夫元吉徙居明州，嘉熙四年庚子首魁賢書，登淳祐辛丑進士，任諫議大夫。時平章賈似道秉政，埴鯁直不阿，未嘗奔走權門，惟與參知政事江萬里、直學士院文天祥詩酒過從，深相結納。晚年致仕，由明州鄞縣遷居會稽郡姚江之雲柯里，適意林泉，怡情花鳥，絶口不談時事，絶足不入公門，與隣老社飲劇談，絶無貴倨之色。咸淳九年三月十二日壬午無疾而逝，年五十有七，葬于黄山湖龍口珠之原。

咸淳十年歲次甲戌孟陬月上澣穀旦，金華魯齋王柏撰。

（輯自《姚江三牆門張氏宗譜》。）

宋工部侍郎謚文肅徐邦憲墓碑

徐邦憲，字文子，少負雋才，學問超詣，弱冠即聲動名流，如王藺、蔡幼學、葉適、徐元德諸公一見皆器之。試浙省及禮部俱第一，登紹興四年進士，由秘書省正字遷校書郎，乞補外差，知處州。時嘉泰四年，韓侂胄用事，方議北伐，邦憲陛辭，因言兵不可妄用。其略曰：古分裂之際，北人常以河南爲棄物，南人不得以河南爲倖功，元嘉之事可見矣。正使内治素修，聲迹未著，乘其不意，急擣空虚，河南之地固不患其難得也。既得之後，内自朝行，外至卒伍，論功行封，侈然受賞，校之太平之盛典，不幾千百倍于此，因以盡空吾國矣。又漕江東之粟，發江上之師，以守新得之地，若昔燕山之事，又盡耗吾民矣。然後□入崔浩之遺策，賈元魏之餘勇，徐起而復圖之。戰勝則勞費如初，戰而不勝則退舍愈遠。由是言之，河南之地，得之不足以爲功，況虚聲既著，未必可得乎？捐百萬生靈之命，而祇求不可得之地，此將帥倖功之利，而豈國家之福乎？夫灞滻不度，而王猛知其不足附；交河淺攻，而崔浩笑其勢屈。南師之出，要當大舉渡河，擣其巢穴，然後能使天下響應。不知陛下之將誰與領此者乎？自古將帥立功，蓋有二説：一則興王之君，其神武自足驅策群雄而震慴乎遐邇；一則中外士大夫智略深沈，才具特達，或足自當一面，有以鎮撫其邊陲。陛下端拱九重，德澤有加，而神武未著。朝列群工，久處順境，未識意外之變。兵革一動，變故横生，虎豹豺狼，怪異日出。君臣獨運之智，果足以坐鎮之乎？其言剴切，大意類此。開禧二年，被召赴闕。時兵端已啓，邦憲申前議尤力。且乞建儲，因賜赦以弭兵。疏奏，侂胄怒，諷臺臣徐柟劾之。降兩秩，罷遣。繼而邊將多失利，廟堂諸人惜不用其言。是年冬，除江西憲職。明年春，改江東。未上，又改江東運判。視事閱月，除户部郎官，總領江東淮西軍馬錢糧。嘉定元年，除吏部郎官，兼太子侍講。改司封郎官，兼太子侍讀，遷左司郎中。二年正月，遷宗正少卿，十月權工部侍郎，兼知臨安府。以母老乞還鄉，除提舉江州太平興國宫。六年知江州。七年改知太平州。至郡，疾作，乞挂冠。除集英殿修撰，進寶謨閣待制、工部侍郎致仕。卒年五十有七。尋謚文肅。妻封宜春郡夫人。葬于長安鄉湖山麓白雲莊。自登第，外僅爲隨州太學掾，即登學館。初未嘗歷州縣，而麾節所臨，剖決如流，所至聲稱籍籍。既宦達，尤喜拔擢人物，然有鑒戒而不輕于許可。平生慷慨剛決，器識宏達，多建事功，而天嗇其年，論者惜之。有《東軒集》四卷，《奏議》三卷，《周禮解》六卷，《史記考》十卷行于世。邦憲有異質，性敏好學，築室湖山之麓，讀書其上，號爲書臺山云。

（輯自《嘉慶武義縣志》卷十。）

故友帖自序

魯齋先生有友十一人，皆生平志同道合，既而相繼卒。先生思之不寘，乃裒其手簡，爲《故友帖》一卷。自爲文以識，及北山諸公咸題跋其後。按先生自叙其略云：

始予爲爲己之學，實開端于汪元思。汪元思，獨善先生之孫，堅厲勇往，自拔于困苦之中。善規過，晴窗燈夜，更攻互磨，劇辨不置。然塗轍未能自信，議論無所折衷。既而獲登堂劉公、船山楊公之門，因交其二子。劉君復之，勤敏謹確，無世俗纏繞之習。蔣君叔行，慷慨傾倒，得家庭聞見之廣。後又得倪君孟陽，服善喜聞過，專志乎下學之實。胡君子升，老而慕道，不耻下問，足爲一鄉之善士。杜君誠父，堅守家學，以苦硬爲世所敬。劉君翼夫，毅齋徐子之門人，蔡子初甫承嘉，文懿公之猶子，皆有志于爲學，而未及痛講者。晚又得上饒克齋之門弟子王子抑之，玩索精熟而志操不苟。吏部康子淳，淳篤有守，亦師事毅齋，能推所學而爲政者。監丞楊君，老不釋卷，而考覈精詳。凡此十一君子，皆不鄙予之孤陋，嘗辱與之交，而今悉亡矣。庚戌之秋，整次故篋，得諸君之真蹟，粲然如新，而不勝其死生契闊之感。世衰道微，歲月滔邁，而學不加進深。懼氣質之偏，卒墮小人之歸，而無以振策于後，安得復有如諸君者，相與終業哉？蘭枯柳亦衰，此陶靖節所以有相知不忠厚之嘆，於乎悲夫！緝其遺書，各取一二，萃爲此軸，留之几格，時一省覽，庶以慰死生契闊之思，且不敢忘往昔相期望之意。

嘗歌歐陽子重讀徂徠之編曰：「如聞子設論，疑子立我前。乃知長在世，誰謂已沈泉？昔也人事乖，相從常苦艱。今而每思子，開卷子在顔。」吁，豈特歐石之交爲然也！尚友千載，亦用是道，况予之故友，而諸子之手澤盡在是乎？爲之悲喜，書于後。

（輯自民國十四年重修《龍門倪氏族譜》卷三十八，亦見于《萬曆金華縣志》卷七，有删節。）

周書附傳序

古之王者必有史，君舉必書；左史記言，右史記事。又有外史，以掌四方之志，故諸國之史皆藏于王室。記言之體，今之《尚書》是也；記事之體，今之《春秋》是也。朱子曰：「《春秋》編言通紀，以見事之先後；《書》則每事别紀，以具事之首尾。」蓋古今史體，不踰此二端。左氏之傳《春秋》也，不該失記事之體，而復聯合八國之語，模倣《書》體以相錯綜。自太史公一用記傳之法，後世史氏更相祖述，而編年之法，亦幾于亡。司馬温公纂脩《資治通鑑》，以一千三百六十二年之事，一以編年係目，若長江大河，一瀉萬里，風濤百怪，起伏包涵，駭心眩目，應接不暇。而學者無大心胸，不强于□，反病其事之不相連屬。于是建安袁公編爲《通鑑本末》，而朱子撫卷太息，許之以「國語」之流。信乎！史之二體，不可偏廢。夫係目之録，承赴告，直書其事而已。至于採合連比，蓋有作筆焉，實難工也。《國語》之爲書也，氣弱而事疏，詞繁而理微，去《書》體爲甚遠。左氏之傳，解經少而自叙多，間與經相牴牾，大失傳經之體。每抱此恨，有年于兹。一日求正于朱子之書，得其提綱挈領，炳如日星，豁焉斯覺。于是類編成書，曰《紫陽春秋發揮》。又以朱子稱左氏曾見國子，文事頗精，輒以左氏傳裂而爲二，其發明經旨者仍其舊名，曰《正傳》；别其辭章記叙，事以國從，國以事類，删剪澡滌，各自成章，名《周書附傳》。于是有周傳、魯傳、衛傳、晋傳、齊傳、宋傳、鄭傳、秦傳、吴傳、諸小國傳。於乎！夫子定《書》，終于平王之始，而《春秋》乃始于平王之終。夫子以國史續書，合于書體傳史。一聚一散，錯綜而觀，終始離合，本末參□，互相羽翼。竊謂史法于是而庶幾焉。因脩而删，脩之目：一曰分經傳，二曰别凡例，三曰辨君子，四曰叙賦詩，五曰述師春，六曰削怪妄。昔吾夫子之爲彖象傳也，未嘗與經參，離經合傳，漢儒之陋也。杜征南于左氏，亦從而效之。分經之年，與傳之年，皆相附近比。今去之，經自爲經，傳自爲傳，使聖人之經，既破碎而復全之，傳無比經之僭，此分經傳之旨也。夫子之脩《春秋》也，因魯史之經文，有元惡大憝，隱其實者，正之而已，所以亂臣賊子懼。初未嘗句句筆創，字字褒貶，故朱子曰：「《春秋》傳例，多不可信，聖人記事，安有許多義例？」今去之，諸稱書、不書、先書、故書、不言不稱、書曰之類，悉附于正傳，自成一家。此别凡例之旨也。朱子曰：「《左傳》『君子曰』，最無意思，如芟夷藴崇之一段，是關上文甚事？」因曰：「林黄中謂：此是劉歆之意。」朱子不以爲非。《左氏傳》顯于劉歆，間加論辨，幸門人以「君子曰」别之，否則雜于左氏，後世何由分也？今自爲一卷。此辨君子曰之旨也。古人引詩，以其言有盡而意無窮，咏古詩以寓言外之味，嘉賓宴酬，《小雅》之正體也，不過祝頌而已。《春秋》百業衰而浮勝，于以含歸思感德之情，意味已淺，《左氏》附會吉凶，占其平生，此所以謂之誣也。今别爲一卷，此序賦詩之旨也。昔杜征南紀汲冢中書有云：「别一卷，純集《左氏傳》卜筮事，上下次第及其大義皆與左氏同，名曰『師春』。似是抄書人姓名。」今從此例，附之以夢相之事。此述師春之旨也。夫子不語怪力亂神，而左氏酷信之，喜談樂道，以神其感應，今傳聖人之經，乃以此等語點污蕪穢于其間，無識甚矣。開卷第一段即以魯夫人之手文，瞽先經之一目，如内外蛇鬬、蛇出泉臺、見申生、豕人啼之類，怪妄不一，今黜之。此别怪妄之旨也。分經傳者，所以存全書也。别凡例者，所以惡穿鑿也。辨君子者，所以著異詞也。叙賦詩者，所以去誣讖也。述師春者，所以黜附會也。削怪妄者，所以正人心也。若夫左氏一人而變其稱，或名或字，或官或謚，務以或人，當從而一之，慮誤者反惑焉，尚存其舊。念才疏淺陋，妄意編摩，荏苒三載，始克就緒，今成《紫陽春秋發揮》凡四十卷，合一百四十年。將謄寫以求正于當世之君子云。

（輯自阮元聲《金華文徵》卷三。《金華經籍志》《金華縣志》及葉由庚《壙志》均記載此書。）

魯齋記

昔者洙泗設教，各因其材。雖以夫子之道如元氣流行，隨其所賦而無不充，然或進或止，或不惰，或自畫，實在乎人如何耳。以子貢之敏悟而一貫之旨，猶未能融會。至于聞道無疑，豁然默契。乃在魯鈍之曾子，人皆見其質之魯鈍者，忽頓悟于一唯之下，豈知其篤學力行，固非一日之所致乎？夫子嘗曰參也魯，程子曰參也竟以魯得之。夫魯之質非可以得道也，而其所以得道者，正以氣質雖魯而不安于魯爾。今考其學道之方，用功之序，惜乎見于書者甚鮮。觀戴記所載《曾子問》一篇，其問禮之曲折，毫髮無遺，則其道問學之功，至纖至悉可知矣。又觀《魯論》所記啓手足之言，戰戰兢兢，如臨深履薄而後免，則其尊德性之功，至嚴至密可知矣。大抵氣質之偏，最難變化，精微之旨，未易頓融，而曾子收效反如是之速，非其不安于魯，而百倍其力，能至是與？蓋嘗聞之，天之生是人也，莫不與之以仁義禮智之理，有是四者根乎其中，無有不善。此所謂天命之性，惟二五交運，氣質雜揉，不免有剛柔清濁之分，昏明純駁之異，則其所稟以生之氣，而天命之性固存乎其間，是氣亦性也。張子曰：形而後有氣質之性，善反之，則天地之性存焉。氣質之性，君子有弗性者焉。若曾子者，可謂能善反而復其降衷秉彝之初者矣。僕幼嘗慕諸葛武侯之爲人，以「長嘯」自號。一日讀《論語》，至「居處恭、執事敬」，惕然懼曰：此非所以爲進德之助也。揆以聖門持敬之道，所以固其肌膚之會，筋骸之束，以致其操存涵養之力，誠有所未至也。況其氣質之偏，心放而不知求久矣。年三十有八猶未知學，世故汩迷，讀書過目輒忘，雖所得片言隻字于寤寐俯仰間，或已不能追憶。孤陋荒疏，魯亦甚矣。由是不能釣聲名、干禄利，是當安于魯也。若夫求師取友，參伍磨琢，由其序以求，至于至善精微之地，其可以氣質之偏，自暴自棄，而亦安于于魯乎？甲午歲晚，易其扁曰魯齋。竊取古人盤盂有名、几杖有戒之義，于名齋亦庶乎其遺意焉。張子曰：德不勝氣，性命于氣；德勝其氣，性命于德。窮理盡性，則德天性、命天理。氣之不可變者，獨死生脩短而已。僕誠不敏，深有感于曾子發化之功，而三復張子之言，書以識之，朝夕見于屋壁之間，庶有以警其或懈云。

（輯自《金華叢書》本《魯齋集》卷六。）

何北山先生行狀

先生諱基，字子恭，崇道公仲子也。曾祖溟，故贈朝散大夫。妣吴氏，贈宜人。祖松，故任朝散郎，通判徽州軍州事，贈中奉大夫。妣曹氏，贈令人。父伯慧，故任承議郎，主管台州崇道觀。妣蔣氏，封安人。先生稟氣清而質甚弱，逾小學始受師訓，端重寡言笑，與群兒異。年浸長，俾從鄉先生國録誠齋陳公震習學舉子業，陳先生一見奇之。有以達尊廉潔稱贊者，先生曰：「廉潔乃士大夫分内事，何足爲高？」陳先生益奇之。程課若不得已，潛心義理之工居多。陳先生喜而語之曰：「爲學修身之要，義理無窮。由是益自充拓，若泉之始達，火之始然。」弱冠，崇道公宦游臨川，而勉齋黄先生適爲令。二公言論風旨，制行立事，犂然各有當于心，不啻如同門素友，崇道公見二子而師事焉。首教以爲學須先辨得真實心地，刻苦工夫，隨事誘掖，始知伊洛之淵源。臨别告之以但讀熟《四書》，使胸次浹洽，道理自見。此先生所以終身服習，不敢頃刻忘也。一室危坐，萬卷横陳，存此心于端莊静一之中，窮此理于研精覃思之際。每于聖賢微詞奥義，疑而未釋者，必平其心，易其氣，舒徐容與，不忘不助，待其自然貫通，未嘗參以己意，不立異以爲高，不狗人而少變。蓋其思之也精，是以守之也固。充其知而反于身者，莫不踐其實。無疾言，無遽色，無窘步，無叱喝聲；不匿情，不逆詐，不伐善，不較利害。事父母盡其孝愛之道，婉容柔色以得其歡心。事兄長，盡其和孺之樂，恭敬退讓，曾無間言。處族姻崇仁厚之風，交朋友盡忠告之責。御童僕婢妾，則寬而有制；見田夫野叟，必勞之有恩。貧困者必施，不計其有無；患難者必救，不問其遠近。捐逋已責，不以爲難；遷善改過，尤極其勇。凡聞一善言，見一善行，喜形于色，若己有之。或朝政有闕，四方有警，憂形于色，至忘寢食。是以父母愛之，兄弟懷之，族姻德之，朋友信之，閭里尊之。海内慕之而不得識其面，天子思之而不能必其來。蓋其澹然無欲，不屈于萬物之下；立乎其大，得友于千載之上。此皆尊德性，道問學之功也。以其餘事言之，先生之文温潤融暢，先生之詩從容閒雅，皆自胸中流出，殊無琱琢辛苦之態。雖工于詞章者，反不足以闖其藩籬。先生作字清勁結密，世傳柳法，無一書一集，不加標注，小楷精肅，見者莫不心開目明。先生文房，巨編山立，無一書一集，不施朱抹，端直切要，讀者莫不意融心服。此皆心德之所發見于事者，雖至微必謹如此。盤溪之上，有宅一區，翛然于水竹之間。山未爲甚深，林未爲甚密，先生遯世不見知而無悶，閭里鮮有知其學問者。自船山楊先生與立一見之後，人始聞之，好學之士，次第汲引，而願執經門下。先生勞謙固拒，雖後生小子，亦不肯受其北面之禮。請問者未嘗不竭盡無餘而與之言。嘗謂：爲學莫先于立志。每讀朱子《遠游歌》，見其爲學立志之初，便已有此規模，晚年亦只是充踐此規模而已。所謂顧子馳堅車、獵險崖，其剛便有凜乎任重道遠、死而後已氣象，使人卓然有立。爲學之始，須有此大規模，又須不問難易，不顧生死，鞠躬盡力，以必至爲期。若出門便已不敢展脚，況南北東西，豈有可至之理哉？又曰：規模不大，則心志不堅；新工不加，則舊學日退。而知識隨血氣爲之盛衰矣。然義理儘無窮，未易便到極處。則吾輩講學，正要相與合力，精思明辯，大家討一箇分曉的當受用處，又各要辦得倚耐煩無我之心。耐煩則不厭往復之詳，無我則庶無偏私之蔽。縱有未明，雖十往反而不憚，如是則始得個至當之歸。論讀《詩》別是一法，與讀諸經不同。先須十分掃蕩胸次令潔淨，却要吟哦上下，從容諷咏，使胸中有所感發興起，方爲有功。謂箕子所以告武王者，綱領宏碩，條目明備，議論又自精深嚴密，本末畢舉。因參以《大學》《中庸》，其大本大經，蓋有不約而符契者。曰「敬五事」則「明明德」之謂，曰「厚八政」則「新民」之謂，曰「建皇極」則「止于至善」之謂。至于皇極則有休證而無咎證，有仁壽而無鄙夭，則「致中和，天地位，萬物育」之謂，蓋皇極之極功也。謂讀《易》者，要當盡去其膠固支離之見，以潔淨之心玩精微之理，沈潛涵泳，庶有以得其根源，識其綱領，乃可漸觀爻象，究其義理。又謂《太極説》本自明白，以其無形而實有理，故曰「無極而太極」；以其有理而却無形，故曰「太極本無極」。又謂《定性書》句句是廓然而大公，物來而順應。又曰：「學者讀書，先須以四書爲主，而用《語録》以輔翼之。大抵《集注》之説，精切簡嚴；《語録》之説，却有痛快處。但衆手所録，自是有失真者，但當以《集注》之精嚴，折衷《語録》之疎密，以《語録》之詳明，發揮《集注》之曲折。」此先生編書之規模也。他書亦本此意。其後又曰：「近温習四書，覺得義理自足，意味無窮，須截斷四邊，只將本書深探玩繹，方識其趣。若將諸家所録來添看，意思反覺散緩。」此先生晚年精詣造約，終不失勉齋臨分之意。柏既未得其遠者大者，而所聞僅僅如此。與其他學者言，裒類未就，不可得而備述也。先生隱居求志，不願人之知，真無媿古人爲己之學，然山輝川媚，終有不可得而掩者。歲在甲辰，勉齋門人庸齋趙公汝騰來鎮東陽，首加延聘，且以名聞于朝。故先生有詩曰：「閉關方喜得幽棲，何待邦侯更品題？自分終身守環堵，不將一步出盤溪。」先生不肯出之意，實權于此。自是羔雁踵門，鶚書翩翩而上。久之，始賜初品，官本州文學員外兼麗澤山長。先生力辭，以爲曩者郡太守嘗以開講延聘，每至而每辭，所以不敢當者，力不足也。今乃聞朝命而遂起，翘然于先而幡然于後，却其虚名而取其實爵，于義得安乎？廉恥一事，于吾道中固非深奥，然爲士者最不可不謹。豈于此尚不能守，而能明教以淑人心乎？下不知其不可而辭之，上知其非僞而聽之，此古今辭受之通義也。辭避未竟，而理宗上賓。嗣聖踐祚，復有史館校勘之命，御筆俾兼崇政殿説書，又頒詔劄。帝意若曰：「先皇帝貽厥孫謀，莫詳資善之一記。予小子，兹迪彝教，狎親博雅之群儒，既登進于舊游，且旁延于時望，開予以厭飫優柔，迪我以高明光大。」玉音丁寧，邦侯勉諭，上之所以期待于先生者至矣。先生控辭益力，上不得已，特改承務郎，主管華州西嶽廟。先生亦不敢祗受，遂有「皓首何妨一布衣」之句。或者疑先生之學，有體而無用者。吁！是何言也？《語》《孟》六經，未嘗有體用字，後世儒先始取之以明理。朱子送胡籍溪、劉恭父之詩，胡五峰以爲有體而無用，分對二字言。朱子曰：天下無無用之體，亦無無體之用。先生之體立矣，而其用固有以行矣。年運而往，精神踰邁，因以不用用之，非無用也。況自僞禁胎禍天降，割于斯文，考亭輟響，伊洛之學，銷毁僅存，孤立無助。勉齋黄先生，續遺音于絃斷絲絶之餘，鼓而和者不過十餘人。如大病方甦，元氣未復。先皇帝崇尚正學，表章四書，躋五子于孔廟，明示天下以進取之學，非所以自盡。猗歟盛哉！此千載一時之遇，其奈老師宿德相繼零落，後生晚輩散漫無依，不見典刑，無所則效，而科舉利禄之誘，反甚于前，其能卓然自立者難矣。先生鍾江山清明淳淑之氣，滌之以祖父詩書之澤，培之以師友道義之傳，磨以歲月，鍊其窮理盡性之工，晦以山林，稔其樂天知命之趣。

其所成就者，豈一朝一夕之力？先皇帝聞先生之名久，不敢輕于用者，所以爲燕翼之深謀。今上嗣服之初，即廣厦細氊之上，舉累朝不數見之典，求賢之心，如日方升。使先生可以造朝，則陳善閉邪，正心立極，豈不足以培養聖學，薰陶德性，以盡其職分之所當爲？衰病相乘，有孤訪落之意，豈非天乎？夫自嘉定以來，黨禁既寬，名公巨卿，分布内外，不爲少矣，然終不足以追乾道、淳熙之盛者，何哉？往往根本不壯，分量易滿，爵禄之味深，而性命之識淺，失其本心，瀾倒而風靡者，亦不爲少。其間小智纖能，剽略見聞，以資口給，亦足以欺世盜名。豈不大有負先帝崇儒重道之心？使後世亦有介然獨立，始終不變如先生者，豈特吾道之幸，允爲國家之光，是亦天也。不然，則何以宅天衷、奠民極、障人欲、袪世迷乎？柏昔獲拜崇道公，公見客，先生拱立以待，客不寧者久之。柏請教于先生，爲言崇道公，公笑曰：「泰山微塵耳。」柏惘然。自公即世，乃獲與編次公之行事州里世系已見于前，此不復著。其配周氏，弋陽人，故少傅禮部尚書諱執羔之孫，常州判官諱珵之女，先生之姑之所生，甚愛之。嚴于得配，惟先生當其心。有閒静之德，甘澹泊之味，以勤儉相夫。君得一意于問學，無閫内之累。歸十年而病，又七年而卒，實紹定壬辰九月二日也。先葬于金華縣循理鄉油塘之原。先生以禀質素弱，竟不繼室，絶欲自愛，故得年八十有一。生于淳熙之戊申十月己卯，終于咸淳戊辰十二月乙未，卜以明年十有二月朔，合葬夫人之兆。子男二人：長欽，後先生半年而卒。次鉉。女三人，二夭。其季適同郡張復之，見任平江府崑山縣令。孫男三人，宗玉、宗瑜、宗瑀。

孫女三人，長許嫁王莊敏之孫螢，次許嫁東陽縣世戚曹濟，次尚幼。先生平時不著述，惟研究考亭之遺書，兀兀窮年，而不知老之已至。僅有編類《大學發揮》十四卷，《中庸發揮》八卷，《大傳發揮》二卷，《啓蒙發揮》二卷，《太極通書西銘發揮》三卷，有力者皆已板行。猶有《近思録發揮》未校正，《語孟發揮》未脱藁，文集一十卷，裒集未備也。鉉以柏受知于先生最久，受教于先生最深，俾柏具先生之行實，以有請于當世。柏雖不敏，不敢辭也。柏竊謂國朝典禮，生有顯秩，死有恤章。其間學問德行，爲世師表，爵位雖未稱，未嘗無節惠之賜。今先生受學勉齋，的傳濂洛，晚被兩朝之異遇，抱道隱居，確守不移，不辱師門，不愧古義。異時錫謚于公朝，立傳于信史，譜入于儒林，譜入于隱民。或譜入于考亭弟子之後，惟太史氏采擇焉。

（輯自《何北山先生遺集》卷四。）

正始之音

序

夫載道傳世，書之功大矣。書有六義，其來已久。蓋自蒼頡始制文字，雖點畫偏傍之微，有精義入神之妙，有自然布置之宜。後人推之，以爲有象形、指事、會意、諧聲、轉注、假借六者之别。雖分千衍萬，要不越此。夫象形者，寫其迹也；指事者，推其義也；會意者，合其形而兼乎義者也；諧聲者，合其聲以附乎形也；轉注者，形之變也；假借者，聲之變也。學者精辨乎此，則古今文字若綱之在綱，有條而不紊矣。是以古之小學之教，自十歲則教之書計，而大司徒之屬有保氏者，所以誘掖夫未成之材而教之道。藝者，六書居其一焉。蓋將使之自末以窮本，繇藝以達道，因小學之流泝乎大學之源，小而習之，終其身而不厭。古人于六書之義，其重若此。蒼頡而下，至周宣王時，有史籀者演暢古文，著爲大篆。《漢志》謂爲周人教學童之書。雖時與古文少異，而六義未失也。自秦斯輩省改古籀，約爲小篆，而古文浸微。獄吏程邈欲趨約易，變爲隸體，而籀篆亦廢。又有草書者日趨簡便，而六義亦幾乎絶。漢人猶稍知尊崇字學，尉律試吏者課以八體，而必使諷籀至九千字以上。吏民上書，或劾其不正者。然而古法既變，雜體紛然，非復蒼史之舊。其後揚雄之《訓纂》，相如之《凡將》，史游之《急就》，以致甄豐之改定古文，是雖有意於存古，要皆略而不備。及後漢和、安時，許慎受學賈逵，迺始兼采史籀、雄、斯，作《説文解字》萬六百有餘，上之。其書詳博，最爲近古。然隸學行之既久，行草八分，雜然並出，視史籀反爲奇怪。鍾、王而降，真、草争妍，顧野王廣益《説文》爲《玉篇》，始從其楷。孫愐增加陸法言《切韻》，更爲《唐韻》。《説文》雖存，而學之者鮮矣。逮大曆中，李陽冰始尚《説文》，修正筆法，自謂篆籀中興。然時持臆説，排斥許氏。識者謂其筆力雖殊絶而古體益壞。歷考古今，紛紛異尚，固無以加于《説文》也。然叔重止得象形、諧聲二義，而其餘復略，且病于子母之混淆。國初，詔徐鉉校定《説文》，雖曰不遺六書之體，然大略亦得二義而已。但《説文》無翻切，鉉始取孫愐音切附益之。大中祥符有詔，刊正《玉篇》《廣韻》。而《説文》復衰。又有丁度《集韻》、司馬《類篇》之屬，其名不一，或訓或釋，或證或辨，至王安石《字説》作，而又一以會意解之，固未有全六義者也。《玉篇》類形不類聲，《廣韻》類聲不類形，大抵形可考而聲爲難工，蓋形有定而聲無窮也。類形者少，類聲者多，類聲雖多而未有正其始音之的者。世革風移，轉相假借，方音清濁，譌變因乘。甚矣始音之難知也。

柏知學最晚，小學工夫固大缺略。諸經雖多釋音，每病始音之未明，既而求于《説文》，又病從聲之難曉。一日以《説文》翻爲楷字，又得李文簡燾《類韻》之編部叙，雖非叔重之舊，然亦頗便于討閲。既而又得夾漈鄭公樵所著《六書略》一篇，喜不釋手。蓋其訂覈精整，六義粲然，一掃千古之陋，而于假借一門，始音之義亦備，故獨取以附于《説文》翻楷之後。又得賈昌朝《群經音辨》，取其三麗之詳説徐《音》賈《辨》鄭《略》，微有異同，互相補發，按古證今，訂譌正誤，以之讀聖賢之書，于音義亦庶幾焉。今合而一之，名曰《正始之音》。嗚呼！昔沈約以《郊居賦》示王筠，讀至「雌霓五的反」，撫掌笑曰：「僕常恐人呼爲五雞反。」遂以爲知音。以「霓」字從雨從兒，義合諧聲，固當讀爲「五雞反」，烏在其爲知音哉。韓昌黎鄙《爾雅》謂非磊落人，《爾雅》固未爲盡善，是亦學之一端而遽鄙之，過矣，而況後世自兒已習爲進取捷徑之學，固視此爲迂也。迂非柏所敢避，但自念日月斯邁，于六藝始求其一而未究其蘊，方自笑其苟焉耳。因並識其編鈔之歲月云。端平丙申秋仲晦王柏書。

字音清濁辨

賈昌朝

王，於方切，君也。於放切，君有天下也。

子，將此切，男女通稱。將吏切，子育下民。

女，尼呂切，女未嫁稱。尼據切，以女嫁人。

妻，七奚切，與夫齊者。七計切，以女適人。

親，七鄰切，媚也。七吝切，婚媚相會。

賓，必鄰切，客也。必吝切，客以禮會。

衣，于希切，身章也。於既切，施諸身。

冠，古桓切，首服。古玩切，加諸首。

枕，章荏切，藉首木。章鴆切，首在木。

飲，于錦切，酒漿。于禁切，所以歠。

麾，許爲切，旌旗。許類切，所以使人。
冰，筆淩切，水凝。彼憑切，所以寒物。
膏，古刀切，脂凝。古到切，所以潤物。
文，無分切，采章。亡運切，所以飾物。
粉，夫吻切，白飾。夫問切，所以傅物。
巾，居銀切，帨也。居吝切，所以飾物。
薰，許雲切，煙出也。許運切，所以爇物。
陰，於金切，氣之濁也。於禁切，所以庇物。
采，倉宰切，取也。倉代切，所以取食。
輕，去盈切，浮也，對重。苦政切，所以自用。
兩，力奬切，偶數。力讓切，物相偶。
三，蘇甘切，奇數。蘇暫切，審用其數。
左，臧可切，左手，對右。臧個切，左右助之。
右，雲久切，右手，對左。尤救切，左右助之。
先，思天切，前也，對後。思見切，前之。
卑，補支切，下，對高。部止切，下之。

遠,兩阮切,疏,對近。於眷切,疏之。
離,力支切,兩也。力智切,兩之。
傍,蒲郎切,近也。蒲浪切,近之。
空,苦紅切,虛也。苦貢切,虛之。
沈,直金切,没也,對浮。直禁切,沈之。
重,直龍切,再也。直用切,再之。
數,色主切,計之也。色句切,計有多少。
量,龍張切,酌之也。龍向切,酌有大小。
度,徒洛切,約也。徒故切,約有長短。
高,古刀切,崇也。古到切,度高幾許。
深,式金切,下也。式禁切,測深幾許。
長,持良切,永也,對短。持亮切,揆長幾許。
廣,古黨切,闊也,對狹。古曠切,量廣幾許。
染,而剡切,濡也。而豔切,既濡。
折,之舌切,屈也。市列切,既屈。
別,彼列切,辨也。皮列切,既辨。

貫，古垣切，穿也。古玩切，既穿。
縫，符容切，紩也。符用切，既紩。
過，古禾切，逾也。古臥切，既逾。
斷，都管切，絶也。徒管切，既絶。
盡，即忍切，極也。慈忍切，既極。
分，方雲切，别也。扶問切，既别。
解，古買切，釋也。胡買切，既釋。
行，户庚切，履也。下孟切，履迹。
施，式支切，行也。式豉切，行惠。
相，息良切，共也。息亮切，共助。
從，疾容切，隨也。秦用切，隨後。
走，臧苟切，趨也。臧候切，趨向。
奔，逋昆切，趨也。逋悶切，趨後。
散，蘇亶切，分也。蘇岸切，分布。
還，胡關切，回也。胡患切，回繞。
和，户戈切，調也。胡臥切，調絜。

調，徒聊切，和也。徒料切，和適。
凝，魚淩切，結也。牛證切，凝固。
彊，其良切，堅也。其亮切，堅固。
齊，徂奚切，等也。在計切，等平。
延，余然切，長也。余見切，長引。
著，陟略切，置也。直略切，置定。
冥，弭經切，暗也。弭定切，暗甚。
廛，池珍切，土也。直吝切，土汙。
煎，子仙切，烹也。子賤切，烹久。
炙，之石切，炮也。之夜切，炮肉。
收，式周切，斂也。式救切，斂之。
斂，力檢切，收也。力劍切，收聚。
陳，池珍切，列也。直刃切，成列。
呼，火吳切，聲也。火故切，大聲。
悔，呼罪切，過也。呼内切，改過。
如，人諸切，似也。而預切，審似。

應，於陵切，當也。於證切，相當。
當，都郎切，宜也。都浪切，得宜。
帥，所律切，總也。所類切，總人。
將，即良切，持也。即亮切，持衆。
監，古銜切，莅也。古陷切，莅事者。
使，疏士切，命也。疏事切，將命者。
援，於元切，引也。於眷切，引者。
障，之良切，壅也。之亮切，壅者。
防，符方切，禦也。符況切，禦者。
任，如林切，堪也。如禁切，堪其任。
中，陟弓切，任也。陟仲切，任其宜。
閒，古閑切，中也。古莧切，厠其中。
足，子六切，止也。子豫切，益而止。
勝，識烝切，舉也。詩證切，舉之克。
觀，古完切，視也。古玩切，諦視。
號，胡刀切，呼也。胡到切，謂呼。

爭,側莖切,鬭也。側迸切,謂鬭。
迎,魚京切,逆也。魚映切,謂逆。
攻,古紅切,伐也。古送切,謂伐。
守,式帚切,保也。式救切,謂保。
選,思兖切,擇也。思絹切,謂擇。
聽,他丁切,聆也。他定切,聆謂之。
禁,居吟切,制也。居蔭切,制謂之。
知,張離切,識别也。張義切,識謂之。
思,息兹切,慮度也。息吏切,慮謂之。
評,蒲兵切,訂也。蒲柄切,訂語謂之。
論,魯昆切,説也。魯困切,説言謂之。
便,蒲連切,欲也。蒲練切,得所欲謂之。
好,呼皓切,善也。呼到切,向所善謂之。
惡,烏各切,否也。烏路切,心所否謂之。
喜,虚己切,悦也。虚記切,情所悦謂之。
怨,於元切,尤之也。紆愿切,意有所尤謂之。

操，七刀切，持之也。七到切，志有所持謂之。
語，仰舉切，言也。牛据切，以言告之謂之。
令，力丁切，使也。力政切，所使之言謂之。
教，古肴切，使也。古孝切，所使之言謂之。
雨，王矩切，天澤也。王遇切，雨自上下。
種，之隴切，五穀也。之用切，謂播種。
宿，思六切，止也。思宥切，日星所止舍。
生，所庚切，育也。色慶切，謂育子。
乳，耳主切，生子也。而遇切，謂飼子。
吹，昌垂切，呴也。尺僞切，謂呴氣。
烝，章升切，氣嘘也。之勝切，謂氣嘘而澤。
經，古靈切，東西也。古定切，東西其緯。
緣，羊專切，循也。羊絹切，循飾其傍。
編，補年切，次也。步典切，謂所列次。
封，甫容切，授爵土也。甫用切，謂所受爵土也。
載，作代切，舟車以致物。昨代切，謂所致物。

張，陟良切，陳也。陟亮切，謂所陳事。
藏，徂郎切，入也。徂浪切，謂物所入。
處，昌吕切，居也。昌據切，謂所居。
爨，七耑切，炊也。七亂切，謂所炊處。
柱，知庾切，支也。直主切，謂所支木。
乘，食陵切，登車也。食證切，謂其車也。
卷，居兖切，曲也。居戀切，謂曲也。
祝，之六切，祭主贊詞者。之又切，謂贊詞。
要，伊消切，約也。於笑切，謂約書。
傳，直專切，授也。直戀切，記所授。
名，緜并切，目也。緜政切，目諸物。
首，書久切，頭也。書救切，頭所嚮。
嗁，杜奚切，獸足也。大計切，足相躗。
始，式氏切，初也，對終之稱。式志切，緩言有初。
聞，亡分切，聆聲也。亡運切，聲著于外。
稱，尺蒸切，舉也。尺證切，舉事得宜。

譽，羊諸切，稱也。羊洳切，稱名當體。
平，蒲兵切，均也。蒲柄切，品物定法。
治，直基切，理也。直吏切，致理成功。
衷，陟弓切，中也。陟仲切，處事用中。
裁，音才，制也。音在，體制合宜。
勞，力刀切，勤也。力到切，賞勤勸功。
興，虛淩切，舉也。許應切，舉物寓意。
累，力水切，連也。力僞切，牽連而敗。
與，羊主切，授也。余慮切，授而共之。
比，畀履切，近也。毗志切，近而親之。
難，乃干切，艱也。乃旦切，動而有所艱。
繫，古詣切，屬也。胡計切，屬而有所著。
爲，於嬀切，造也。於僞切，造而有所徇。
遲，直尼切，緩也。直利切，緩而有所待。
妨，敷芒切，害也。芳亮切，置而有所害。
屬，章玉切，聯也。時玉切，聯而有所係。

亨，呼兩切，獻也。呼亮切，神受其獻。
棺，古桓切，柩也。古患切，以棺斂。
緘，古咸切，束也。古陷切，齊謂棺束。
含，胡南切，實口中也。胡紺切，謂口實。
遣，苦演切，送也。苦傳切，送終之物。
引，以忍切，曳也。余刃切，曳車之紼。
臨，良尋切，莅也。力禁切，哭而莅喪。

彼此異音辨

假，古雅切，取于人也。古訝切，與之。
借，子亦切，取于人也。子夜切，與之。
乞，去訖切，取于人也。去既切，與之。
貸，他得切，取于人也。他待切，與之。
壞，音怪，毀之。户怪切，自毀。
敗，音拜，毀之。薄邁切，自毀。

毁，許委切，壞他。況僞切，自壞。
風，方戎切，上化下。方鳳切，下刺上。
見，古甸切，上臨下，又視之。胡甸切，下朝上，又示之。
告，古禄切，下白上。古報切，上布下。
養，餘兩切，上育下。餘亮切，下奉上。
共，九容切，上賦下。九用切，下奉上。
遺，以追切，有所忘。羊季切，有所與。
施，式支切，設之，羊至切，及之。
更，古衡切，因故而改。古孟切，捨故而作。
去，羌與切，除之。丘据切，自離。
畜，敕六切，聚謂之。許六切，養謂之。
喪，息郎切，死亡也。息浪切，失忘也。
忘，無方切，遺意。無放切，意昏。
巧，苦絞切，善功。苦教切，僞功。
恐，丘隴切，懼之急。丘用切，緩也。
還，音旋，又音全，複之速。户關切，緩也。

射，神亦切，命中也。神夜切，以禮也。
取，七與切，制師從己。七句切，屈己事師。
仰，魚亮切，上委下。語兩切，下瞻上。
大，徒蓋切，凡廣也。他蓋切，其極也。
少，施沼切，凡微也。施詔切，其降也。
焉，於乾切，何也，常居語辭。於乾切，已也，常居語末。
會，胡沛切，相合。吉内切，聚合也。
披，鋪卑切，開謂之。鋪彼切，分謂之。
播，補我切，揚謂之。補過切，布謂之。
降，古巷切，下謂之。户江切，伏謂之。
覆，甫六切，傾也。敷救切，蓋也。
樂，五角切，聲和也。力各切，志和也。
朝，陟遥切，旦日也。直遥切，旦見也。
食，時力切，餐謂之。音寺，餉謂之。
涕，他禮、膚啓二切，又音弟，目汁也。他計切，鼻汁也。
刺，七亦切，剚謂之。七賜切，傷謂之。

奉，扶勇切，承也。音捧，拱也。
父，音甫，人之美稱。扶雨切，家之尊稱。
被，音披，著謂之。平義切，覆謂之。
合，古盍切，牽和也。胡閤切，自和也。

字音疑混辨

上，時亮切，居高定體。時掌切，自下而升。
下，胡賈切，居卑定體。胡嫁切，自上而降。
夏，胡賈切，四方廣大。胡嫁切，萬物盛大。
後，胡苟切，居其後。胡姤切，從其後。
近，巨穩切，相隣也。巨刃切，相親也。
被，部委切，所以覆者。部僞切，所以覆之。
右「在」字、「后」字、「坐」字、「聚」字若此類，字書皆有上、去二聲，雖爲疑混，而釋文義無他別，不覆載之。

假借序 夾漈鄭樵

六書之難明者，爲假借之難明也。六書無傳，惟藉《説文》。然許氏惟得象形、諧聲二書以成書，牽于會意，復爲假借所擾，故所得者亦不能守焉。學者之患，在于識有義之義，而不識無義之義。假借者，無義之義也。假借者本非己有，因他所授，故于己爲無義。然就假借而言之，有有義之假借，有無義之假借，不可不别也。曰同音借義，曰協音借義，曰因義借音，曰因借而借，此爲有義之假借。曰借同音不借義，曰借協音不借義，曰語辭之借，曰五音之借，曰三詩之借，曰十日之借，曰十二辰之借，曰方言之借，此爲無義之假借。先儒所以顛沛淪胥於經籍之中，如汎一葦于溟渤，靡所底止，皆爲假借之所魅也。嗚呼，六書明則六經如指諸掌，假借明則六書如指掌。

同音借義

初，裁衣之始，而爲凡物之始。

基，築土之本，而爲凡物之本。

始，女子之初，而爲凡物之初。
本，木之基，而爲凡物之基。
小，水之微也，凡微者皆言小。
永，水之長也，凡長者皆言永。
牛，爲牝牡，而牝牡通于畜獸。
佳，爲雌雄，而雌雄通于鳥雀。
狀，本犬之形，而爲凡物之狀。
物，本牛之事，而爲凡事之物。
落木曰落，而爲墮落之落。
零雨曰零，而爲飄零之零。
英，本英華之英，而爲飾物之英。
苦，本苦良之苦，而爲滋味之苦。
蔓，本藤蔓之蔓，而爲蔓衍之蔓。
爻，乃交疏之爻，而爲爻象之爻。
希，乃疎巾之希，而爲希少之希。
柞，本柞木之柞，而爲芟柞之柞。

鑿，本金鑿之鑿，而爲疏鑿之鑿。
旋，反旋也，而爲回旋之旋。
戲，兵交也，而爲嬉戲之戲。
平，气之平也，而爲均平之平。
封，爵土之封也，而爲封殖之封。
戚，斧也，而爲親戚之戚。
壥，土也，而爲壥積之壥。
賢，多材也，而爲賢良之賢。
妃，嘉偶也，而爲后妃之妃。
純，絲也，而爲純全之純。
茸，草也，而爲龙茸之茸。
珣，夷玉也，而玉器亦謂之珣。
蘆，葦也，而薺根亦謂之蘆。
饒，食之餘也，而爲饒衍之饒。
約，絲之束也，而爲儉約之約。
凡此之類並同音借義者也。

右三十五

借同音不借義

汝，水也，而爲爾汝之汝。

爾，花盛也，《詩》：「彼爾維何，維常之華。」而爲爾汝之爾。

示，旗也，而爲神示之示。

業，大版也，而爲事業之業。

牢，牛圈也，而爲牢固之牢。

畜，田畜也，而爲畜聚之畜。

它，蛇屬也，而爲它人之它。

蚤，虱類也，而爲蚤夜之蚤。

爲，母猴也，而爲作爲之爲。

率，鳥畢也，而爲率循之率。

來，麥也，而爲來往之來。

易，蟲屬也，而爲變易之易。

能，熊類也，而爲賢能之能。
黽，鼃也，而爲黽勉之黽。
翁，毛也，而爲翁老之翁。
題，額也，而爲題名之題。
薄，本林薄之薄，而爲凉薄之薄。
茀，本茀茂之茀，而爲茀禄之茀。
登，豆也，而爲升登之登。
干，盾也，而爲干犯之干。
革，皮也，而爲更革之革。
鞠，革囊也，而爲鞠養之鞠。
難，禽也，而爲難易之難。
雍，禽也，而爲雍和之雍。
溱，水也，而爲「室家溱溱」之溱。
棣，栘也，而爲「威儀棣棣」之棣。
丁，當也，而爲「椓之丁丁」之丁。
薨，卒也，而爲「度之薨薨」之薨。

胥，蟹醢也，而爲相胥之胥。
方，並舟也，而爲方所之方。
節，竹目也，而爲節操之節。
管，竹箫也，而爲主管之管。
韋，相違也，而爲皮韋之韋。
貿，相易也，而爲眊矇之貿。《禮》：貿貿然來。
休，憩也，而爲休美之休。
財，貨也，而爲財成之財。《易》：財成天地之道。
齎，財之齎，而爲齎咨之齎。《易》：「齎咨涕洟。」
時，辰之時，而爲時是之時。
晋，光明也，而爲晋國之晋。
夢，寐也，而爲雲夢之夢。
風，虫之風，而爲吹噓之風。
字，養之字，而爲文字之字。
勿，州里之旗也，而爲勿不之勿。
出，花英也，而爲出入之出。

久，距也，而爲久遠之久。

凡此之類，並同音不借義者也。

右四十五

協音借義

旁之爲去聲。

中之爲去聲。

上之爲時掌切。

下之爲胡嫁切。

分之爲去聲。

少之爲去聲。

歸之爲音饋。

遺之爲惟季切，與也。

御之爲迓，爲禦。

行之爲下孟切，户浪切。

數，色主切。之爲尸故切、色角切。
趨之爲七六切、側九切。《春秋傳》：「賓將趨。」鄭康成讀咽之爲音燕，又一結切。
蕃，音蕃，樊也。之爲音煩。
蕪之爲亡甫切。
徹，通也。之爲直列切。
斂之爲去聲。
蔓，藤也。之爲莫于切，蔓菁。
吹之爲去聲。
呼之爲去聲。又呼賀切。《春秋傳》：呼役夫。
噍，才笑切，嚼也。之爲音焦。《禮》：志微噍殺之音。又子流切。《禮》：燕雀啁噍之頃。
否之爲音鄙，臧否。部鄙切，否泰。
喧之爲上聲。《詩》云：「赫兮喧兮。」
趣之爲平聲。又七口切。《周官》有「趣馬」。
幾，居希切，之爲音冀。《春秋傳》：「庸可幾乎？」又渠希切，近也。
樂之爲五教切。又音洛。
華今作花，之爲音譁，榮也。又去聲，聚也。

酇，作管切，聚也。之爲音贊，南陽縣名。在河切，沛縣名。

空，之爲音孔，窟也。又苦貢切。《詩》：「不宜空我師。」

放之爲上聲。

從之爲才用切。又七容切，從容閒暇也。

比，毗至切，之爲音皮，和也。上聲，方也。蒲必切，次也。音芘，朋也。

敖音遨。之爲音傲，背脊也。之爲音佩，違也。

衡，横木。之爲音横。

笥之爲私閏切，笥輿也。

塞之爲去聲，塞垣。

奇之爲居宜切，奇偶。

嘉之爲户嫁切。《春秋傳》：「公賦嘉樂。」

枝之爲音岐。

裁之爲音在，築也。

回，古文雷字。之爲亦作迴，繞也。

暴，步卜切，灼也。之爲去聲，虐也。

粢，稷屬，之爲才細切。《禮》：「粢醍在堂。」元音咨。

鹽之爲去聲。
定之爲丁佞切。《詩》：「定之方中。」
仰之爲去聲。
并之爲去聲。
伏之爲去聲。《禮》：「羽者嫗伏，毛者孕育。」
裨，補之切。之爲婢支切，副也。
厭之爲去聲。
辟必益切，君也。之爲蒲益切，法也。
覺之爲古孝切，夢覺也。
騶之爲仕救切。
麗之爲力之切。《詩》云：「魚麗於罶。」
靡之爲平聲。
間之爲去聲。
援之爲平聲，引也。
折，之列切。之爲士列切。
女之爲尼句切。

妻之爲去聲。

姓之爲音生。《春秋傳》：「蔡公孫歸姓。」

孫之爲音遜。

純之爲之尹切，緣也。

總之爲子公切。《詩》：「素絲五總。」

織之爲雙吏切，徽也。《詩》：「織文鳥章。」

土之爲音杜。《詩》：「徹彼桑土。」

壞之爲音怪。

錢之爲上聲。《詩》：「庤乃錢鎛。」

鍼，音針。之爲其兼切。

親之爲去聲。婚媾相謂。

賓之爲去聲。客以禮會曰賓。

衣之爲去聲。

冠之爲去聲。

枕之爲去聲。

飲之爲去聲。

食之爲時吏切。

膏之爲旨到切。《詩》：「羔裘如膏。」

熏之爲去聲。

陰之爲去聲。

輕之爲去聲。《春秋傳》：「戎輕而不整。」

離之爲去聲。

兩之爲去聲。《詩》：「葛屨五兩。」

沈之爲去聲。

量之爲去聲。

三之爲去聲。《論語》：「三思而後行。」

左，上聲。之爲音佐。

右，上聲。之爲音佑。

先之爲去聲。

後之爲去聲。

遠之爲去聲。

近之爲去聲。

復之爲扶又切。

重，平聲。之爲去聲。

度之爲徒洛切。

長之爲去聲。

廣之爲去聲。

染之爲去聲。

縫之爲去聲。

別，彼列切。之爲皮列切。

斷，都管切。之爲徒管切。

盡，即忍切。之爲慈忍切。

解之爲胡買切，通也。

相之爲息亮切。

走之爲去聲。《書》：「矧咸奔走。」

奔之爲逋悶切。

散之爲去聲。

和之爲去聲。

凝之爲去聲。
冰之爲彼憑切。
彊之爲其亮切。
箸之爲陟畧切。直畧切。
施之爲式豉切。以豉切。
寘之爲去聲。
煎之爲去聲。
炙之爲之夜切。
收之爲式救切。
當之爲去聲。
悔之爲去聲。
應，平聲。之爲去聲。
帥之爲所類切。
監之爲去聲。
使之爲去聲。
守之爲去聲。

任之爲平聲。
勝之爲平聲。
争之爲去聲。
迎之爲去聲。
選之爲去聲。
聽之爲平聲。
論之爲平聲。
知之爲音智。
思之爲去聲。
便之爲平聲。
好之爲去聲。
令之爲平聲。
教之爲平聲。
語之爲去聲。
怨之爲平聲。
衆之爲平聲。

雨之爲去聲。
種之爲去聲。
緣之爲去聲。
張之爲去聲。
藏之爲去聲。
處之爲去聲。
乘之爲去聲。
卷之爲上聲。
祝之爲之又切。
傳之爲去聲。
聞之爲去聲。
稱之爲平聲。
譽之爲平聲。
勞之爲去聲。
興之爲去聲。
與之爲去聲。

繫之爲古詣切。
遲之爲去聲。
屬之爲章玉切。
含之爲去聲。
遺之爲去聲。禮有「遺奠」。
引，以忍切。之爲余刃切。
臨之爲去聲。
假之爲古訝切。《春秋》：「不以禮假人。」
借之爲入聲。
貸之爲入聲。
敗之爲音拜。
見之爲胡甸切。
告之爲古禄切。《禮》：「出必告。」
養之爲去聲。
共之爲音恭。
去之爲上聲。

喪之爲去聲。
忘之爲去聲。
恐之爲丘用切。
射之爲食亦切。
取之爲七句切。《禮》：「聞取于人。」
大之爲音泰。
焉之爲於乾切。
會之爲音檜。
披之爲上聲。
降之爲户江切。
覆之爲甫六切。
朝之爲直遥切。
刺之爲入聲。
奉之爲音捧。
父，扶雨切。之爲音甫。
子之爲將吏切。《禮》：「子庶民也。」

凡此之類，並協音而借義者也。

借協音不借義

荷之爲胡可切，負也。

茹，茹藘切，茅蒐也。之爲去聲，度也。

鮮之爲上聲，少也。

燕之爲平聲。

薄之爲必各切，迫也。

菑，側其切，田也。之爲音災。

苴，七余切，麻也。之爲子余切，苞苴。

竟之爲音境。

旁之爲補彭切。《詩》：「駟介旁旁。」

屯之爲徒門切。

莫，音暮，之爲模各切。又音陌。《春秋傳》：「德正應和曰莫。」

个之爲音介，副也。《明堂》：「左右个。」又音幹。《禮》：「梓人爲侯。」「上兩个與其身三。」

召之爲音邵。

番，附袁切，獸足。之爲音翻，次也。音波，番番，勇也。

句之爲古侯切。又候翻切。《詩》：「敦弓既句。」

台，音怡，我也。之爲音胎，星名。又音臺。《春秋》：「季孫宿救台。」范甯讀。

咽之爲音淵。《詩》：「伐鼓咽咽。」

調之爲徒吊切，品調。又陟留切。《詩》云：「惄如調饑。」

登之爲音得。《春秋》：「登來。」

正，音征，射侯之正也。之爲去聲。

邪，琅邪，地名；之爲邪正之邪。

追之爲丁回切，追琢也。

徼，古堯切。之爲古吊切，邊徼。

訏之爲栩。《詩》：「川澤訏訏。」

説之爲音悦。

識之爲音志。

信之爲音伸。

樊之爲音盤，樊纓。
革之爲紀力切，急也。
殺之爲去聲，降殺。
占之爲去聲。
甫之爲音圃，甫田。
省，昔井切。之爲所景切。
雅，今作鴉，之爲上聲。
瞿，九遇切，驚也。之爲平聲，戟類。
鳥之爲音島。
脩，脯也。之爲音卣，中尊。
肺之爲音沛。《詩》：「其葉肺肺。」
脱之爲音退。《詩》：「舒而脱脱兮。」
創，音瘡，傷也。之爲去聲。
予之爲音與。
委之爲于僞切，委積。
女之爲音汝。

削之爲音肖，刀室。
箾，音簫。之爲音朔。象箾以舞。
簿，蠶曲。之爲簿書。
平之爲辨年切。
盛，音成。之爲去聲。
索之爲生革切。
稽之爲音啓，稽首。
鄉之爲音嚮。
昭之爲音韶。
游之爲音流，旌旗之旒也。
旋之爲音選，鐘縣。
盟之爲音孟，盟津。
貫之爲古患切，習也。
栗之爲音裂，菑栗也。
齊之爲音咨，齊衰。
冒之爲莫比切，貪也。

俾之爲普計切,俾倪。

北,音佩。之爲入聲,方也。

屏之爲上聲。

兄之爲怳。《詩》:「倉兄填兮。」

弁之爲蒲官切。《詩·小弁》。

縣,平聲。之爲去聲。

驕之爲許喬切。《詩》:「載獫歇驕。」

薦之爲音荐。《詩》:「天方薦瘥。」

麋,麐也。之爲丘隕切,衆也。

扃之爲上聲。《春秋傳》:「我心扃扃。」

閒之爲音閑。

耿,工迥切,光也。之爲古幸切,耿耿,憂也。

拒之爲音矩。招拒白帝。

振之爲平聲。《詩》:「振振公子。」

揖之爲子入切。《詩》:「螽斯羽,揖揖兮。」

蟄之爲尺十切。《詩》:「宜爾子孫,蟄蟄兮。」

紀之爲起。《詩》：「有紀有堂。」
縱之爲平聲。
絜之爲敕慮切。《禮》：「毋絜羹。」
繆之爲音穆，謚也。
絀，音屈。之爲音詘。
軒之爲音憲。《禮》：「野豕爲軒。」
隊之爲音墜。
斤之爲紀覲切，斤斤，明也。
險之爲音儉。《春秋傳》：「險而易行。」
舍之爲音捨。
王，於況切。之爲平聲。
宿之爲思宥切，星也。
要之爲去聲。
風之爲音諷。
夏，胡賈切，中夏也。之爲胡嫁切，冬夏也。
鞠，毬也。之爲音麴。又音芎，鞠藭。

卷之爲音衮。《禮》：「三公一命卷。」又音拳。《禮》：「執女手之卷然。」又起權切，冠武也。

鬻，亦作粥。之爲音育，賣也。居六切。《詩》：「鬻子之閔斯。」

殿，音奠。之爲丁見切。又音店。《詩》：「民之方殿屎。」

將之爲去聲。又七羊切。《詩·將仲子》。

敦之爲都隊切，玉敦。又都回切。《詩》：「敦彼獨宿。」徒本切，渾敦。

肉之爲而救切。《禮》：「寬裕肉好。」之音而注切，豐肉而短。

膴，凶武切，大臠。之爲亡古切。《詩》：「則無膴仕。」又音模。《詩》：「民雖靡膴。」

從，之爲則庸切，從衡。七容切，從容。又音縱。又音總。《禮》：「爾毋從從爾。」

耆之爲音嗜。又音底。

衰，衰絰。之爲楚危切，等衰又衰微。

貉之爲音陌，狄也。又音禡。

辟，必益切，君也。之爲音避。又音弭，止也。又音裨。《禮》：「素帶終辟。」又音僻。《禮》：「負劍辟咡。」

厭，於鹽切。之爲於葉切。《詩》：「厭浥行露。」又音壓。《禮》：「死而不吊曰厭。」於驗切，服也。

率，捕鳥之具。之爲將帥之帥，亦作率。又音律，約也。

凡此之類，並協音不借義者也。

右一百三十三

因義借音

琢，本琢玉之琢，而爲大圭不琢之琢，音篆。

輅，本車輅之輅，而爲「狂狡輅鄭人」之輅，音迓。

惡，以有惡也，故可惡，去聲。

内，以其内也，故可内，音納。

佚，夷質切，縱也，而爲佚宕之佚，音迭。

伯，長也，而爲伯王之伯，音霸。

幬，帳也，而爲覆幬之幬，音燾。《春秋傳》：「如天之無不幬。」

幕，帷也，而爲幕覆之幕，音覓。

蓼，本紅蓼之蓼，而爲「蓼彼蕭斯」之蓼，力竹切。

錞，本金錞之錞，音淳，而爲「厹矛鋈錞」之錞，徒對切。

術，邑中道也，以其所行，故爲鄉術之術，音遂。
嬴，秦姓也，以其所居，故爲嬴水之嬴，音盈。
嘯，嘯呼之嘯，而爲指嘯之嘯，音叱。
跛，跛蹝之跛，彼我切。而爲跛倚之跛，彼義切。
副，普逼切，剖也，而爲副貳之副。
承，奉也，而爲賻承之承，音贈。
甄，吉然切，本甄陶之甄，而爲聲甄之甄，音震。《禮》：「薄聲甄。」
封，本封土之封，而爲封棺之封，音窆。《禮》：「縣棺而封。」
齊，本齊一之齊，而爲齊莊之齊，側皆切。
巡，本巡行之巡，而爲相巡之巡，音緣。《禮》：「終始相巡。」
推，本推與之推，而爲推挽之推，土回切。
摶，本摶攝之摶，徒端切，而爲摶束之摶，除轉切。《禮》：「百羽爲摶。」
獻，本獻享之獻，而爲獻尊之獻，素何切。
衰，本雨衣之衰，素何切，而爲衰絰之衰，音崔。
撬，本音毳，以其義通于橋，故又音橋。
凡此之類，並因義借音。

右二十五

因借而借

難，鳥也，因音借爲艱難之難，因艱難之難借爲險難之難，去聲。

爲，母猴也，因音借爲作爲之爲，因作爲之爲借爲相爲之爲，去聲。

射，本射御之射，因義借爲發射之射，食亦切。因發射之音借爲無射之射，音亦，律名。

斁，本厭斁之斁，羊益切。因義借爲斁敗之斁，多路切。《書》：「彝倫攸斁。」因斁敗之音借爲斁塈之斁，音徒。《書》：「惟其斁塈茨。」

亨，音享，本饗也，因義借爲亨飪之亨。普庚切，因亨飪之音借爲亨嘉之亨。

來，本麥也，因音借爲往來之來，因往來之義借爲勞來之來，音賚。

矜，本矛柄也，因音借爲矜憐之矜，因矜憐之義借爲矜寡之矜，音鰥。

適，往也，因音借爲適責之適，音謫。《詩》：「勿予禍適。」因適責之音借爲適匹之適，音敵。

參，七南切，間厠也，因義借爲參差之參，楚金切。因參差之音借爲參伐之參，所金切。

邪，本琅邪之邪，因音借爲語辭之邪，因語辭之義借爲虚邪之邪，音徐。《詩》：「其虚其邪。」

食，本啖食之食，因義借爲飲食之食，音伺。因飲食之食借爲食其之食，音異。

費，本費用之費，因音借爲費邑之費，音秘。因費邑之義借費氏之費，扶未切。

崔，本「南山崔崔」之崔，子惟切。因義借爲崔嵬之崔，慈回切。因崔嵬之音借爲崔氏之崔，音催。

不，本「鄂不韡韡」之不，音趺。因音借爲可不之不，音否。因可不之義借爲不可之不，音弗。

填，本填塞之填，因義借爲填壓之填，音鎮。因填壓之音借爲填久之填，音塵。《詩》：「倉兄填兮。」

罷，本罷置之罷，因義借爲罷困之罷，音疲。因罷困之音借爲罷辜之罷，鋪逼切。《禮》：「以罷辜祭四方。」

質，本質幣之質，音贄，因義借爲交質之質，音至。因交質之音借爲形質之質。

畜，本田畜之畜，敕六切，因音借爲畜養之畜，許六切。因畜養之義借爲六畜之畜，許又切。

治，平聲，水也，因音借爲治理之治，因治理之義借爲平治之治，去聲。

乞，氣也，因音借爲與人之乞，音氣。因與人之義借爲求人之气，入聲。

能，奴來切，獸也，因義借爲能鼈之能，三足鼈，因能鼈之音借爲能事之能，音耐。又爲三能之能，音台。

凡此之類，並因借而借。

右四十三

語辭之借

《序》曰：書者，象也。凡有形有象者，則可以爲象，故有其書。無形無象者，則不可爲象，故無其書。語辭是也。語辭之用，雖多于主義不立，並從假借。

之，菌也。

也，陰也。

云，雲也。

思，慮也。

邪，琅邪之地。

焉，鳶也。

惟，思也。

既，小食也。

盇，覆也。

而，面毛也。

須，髭也。

蓋，艸覆。

斯，析也。

然，燎也。

以，薏苡實也。

矣，箭鏃也。

爲，母猴也。

居，蹲也。

且，子余切，薦几也。

諸，辨也。《詩》：「日居月諸。」

耳，人耳也。

哉，言之間也。

兮，气也。

爾，華繁也。《詩》：「彼爾維何，維常之華。」
乎，气也。
于，气也。
旃，旆也。《詩》：「舍旃舍旃。」
乃，气也。
於，烏也。
已，几也。
每，本音梅，原田之貌。借爲上聲。
夫，本丈夫也，借音扶。
其，箕也。
豈，鎧也。
員，物數也，音云。《詩》：「聊樂我員。」
與，授也，語辭，借平聲。
承，奉也，音懲，楚人語辭。
唯，本上聲，乃唯諾之唯，借平聲。
害，去聲，災也，借音曷。《詩》：「害澣害否。」

凡語辭惟哉、乎、兮、于、只、乃有義，他並假借。以語辭之類虚言難象，故因音而借焉。

右四十

五音之借

宫，本宫室之宫。
商，本商度之商。
角，本頭角之角。
徵，本徵召之徵。
羽，本羽毛之羽。

右五

三詩之借

風，本風蟲之風。
雅，本烏鴉之鴉。

頌，本顏容之容。

右三

右三詩五音皆聲也，聲不可象，並因音而借焉。

十日之借

甲，本戈甲。

乙，本魚腸。

丙，本魚尾。

丁，本蠆尾。

戊，本武也。

己，本几也。

庚，鬲也。

辛，被罪也。

壬，懷妊也。

癸，草本實也。

十二辰之借

子,人之子也。
丑,手之械也。
寅,臏也。
卯,牖也。
辰,未詳本義。
巳,蛇屬也。
午,未詳本義。
未,木之滋也。
申,持簡也。
酉,卣也。
戌,與戊戚同意。
亥,豕屬也。

右十

右十二

右十日十二辰惟己、亥有義，他並假借，以日辰之類皆虚意難象，故因音而借焉。

方言之借

鮦之爲鮦，音胄。鮦陽，縣名。

歜之爲歜，上聲觸，下徂感切。昌歜也，昌蒲也。

覃之爲覃，上如字，下音剡。《詩》：「以我覃耜。」

羹之爲羹，上如字，下音郎，楚地名。

咎之爲咎，上如字，下音皋，皋陶字。

穀之爲穀，奴走切，楚人謂乳穀。

枹之爲枹，上必茅切，下音桴，鼓桴也。

敦之爲敦，音燾。《禮》：「每敦一几。」又爲敦，音彫。《詩》：「敦弓。」

右九

雙音並義不爲假借

陶，陶冶。皋陶。

鵃，都聊切，隼類。陟交切，鶻鵃，鳴鴰。

駣，徒刀切，馬四歲曰駣。他彫切，馬三歲曰駣。

鷂，以照切。音遙，雉也。

杷，補訝切，枋也。白加切，收麥器。

築，永兵切，桐也。音營，屋築。

枸，音苟，枸杞。音矩，枳枸。

椹，知林切。《禮》：「射甲革。」椹實，食甚切，桑實也。

校，古孝切，木囚也。户教切，木闌也。

幅，音福，布帛之劑。音逼，行縢也。

幓，所銜切，旂幅也。七消切，頭括髮。

襢，音袒，袒裼也。張彦切，后六服有襢衣。

被，部委切，寢衣也。普義切。《春秋傳》：「翠被豹舄。」

衿，居吟切，領也。其鳩切，結也。
褎，音袖，袂也。由救切，盛服也。
凡此之類，皆是也。
右三十。凡此借類，計五百九十八。

論急慢聲諧

急慢聲諧者，慢聲爲二，急聲爲一也。梵書謂二合聲是矣。梵人尚音，有合二、合三、合四成聲者。華人尚文，惟存二合。《詩序》曰：「聲成文謂之音。」知聲有急慢，則發而爲文，抑揚合度，鏗鏘中節，箋釋之家，全不及此。至于語辭，渾而無別，但取言中之義，不問句中之節。故柳宗元極論語辭之義，良繇不知急慢之節，所以辭與句不相當。如慢聲爲「者焉」，急聲爲「旃」，旃爲「者焉」之應。如「者與」之爲「諸」，「而已」之爲「耳」，「之矣」之爲「只」，「者也」之爲「者」，「也者」急聲爲「也」，「嗚呼」之爲「嗚」，「噫嘻」之爲「嘻」，皆相應之辭也。

論高下聲諧音讀附

董正之董，亦爲督察之督者，東、董、涷，督故也。改更之更，亦爲變革之革者，更、梗、更，去聲。革故也。伊之爲已，《大誥》曰：「已，予惟小子。」已之爲億，《易》曰：「億喪貝。」又曰：「億無喪有事。」伊、已、意，億故也。非之爲匪，匪之爲弗，非、匪、沸，弗故也。眅即盼者，攀、眅，盼故也。儆類敬者，京、儆，敬故也。翻之爲反，庸之爲用，邪之爲也，之之爲只者，並此道也。而之爲爾，爾之爲汝，汝之爲若，于之爲于，于之爲與，與之爲與，音譽。亦此道也。是皆一義之所起，而發聲有輕重耳。乃若父雖甫音，讀若輔。道雖杜老切，讀若導。《禮記》：「大昕。」昕音忻，讀若希。《説文》：臑字音懦，讀若檽。甹字特丁切，讀若亭。此爲音讀之别，無非聲之諧也。

論諧聲之惑

左氏曰：「止戈爲武。」武非從止。凡沚、芷、齒、耻之類，從止。武從戈，從亾。從戈見其義，從亾見其聲。古文歌舞之舞作䍁，振撫之撫作㢳，廊廡之廡作庡，古並從亾，今並從無，于篆文亦從亾，則武之從亾，又何疑焉？若曰武有止戈義，又何必曰偃武乎？亾之與止，易得相紊。左氏所見止之訛，武于六書爲諧聲。武，戈類也。武之從亾，亦猶戰之從單，音善。戮之從翏，音六。戢之從咠，音緝。戣之從癸，皆聲之諧也。《禮記》曰：「祖者，且也。」祖非從且。凡置、姐之類從且，徂、祖之類從且，音徂。祖無且義。凡此之類，皆不識諧聲。

論象形之惑

左氏曰：「反正爲乏。」正無義也。正乃射侯之正，音征。象其形焉。正音征。以受矢，乏以藏矢，其義在此。或曰：「反正爲丏。音沔。」丏，蔽矢短牆也。正以受矢，丏以蔽矢，此亦反正爲乏之義。邪正之正無所象，故正用侯正音征。之正，邪用琅邪之邪，並協音而借，是爲假借之書也。韓子曰：「自營爲厶。音私。」厶非自營之義也。厶于篆文作，象男子之勢，故又音鳥。與同，即了字。故厶勢下垂，了狀槌上，並是象形之文。若乃自營之厶與了絶之了，並同音而借，亦爲假借之書。疊，古作疊，祭肉之積在器也。從宜，祭器也；從晶，象積肉之形。疊與豐同意，豐亦俎豆之滿者也。揚雄以疊爲古理官決罪，三日得其宜乃行，故從三日，從宜，此亦爲不識象形者也，何用識奇字之多乎？能，象熊之形。許氏謂「能，熊屬」，則可矣，又曰「賢能之能」，何也？出，象花英之形。許氏謂「象艸木益滋上出」，亦可矣，又曰「出，進」，何也？是皆惑象形于假借者也。三代之前，有左氏、韓子，三代之後，有揚雄、許慎，猶不達六書

之義，况他人乎？

論子母

立類爲母，從類爲子。母主形，子主聲。《説文》眼學，《廣韻》耳學。《説文》主母而役子，《廣韻》主子而率母。《説文》形也、禮也，《廣韻》聲也、樂也。《説文》以母統子，《廣韻》以子該母。《説文》定五百四十類爲字，然母能生，子不能生。今《説文》誤以子爲母者，二百十類。且如句類生拘、鉤，𠧪類生㮚、粟，半類生胖、叛，菐類生僕、䑑。拘當入手類，鉤當入金類，則句爲虚設。㮚當入木類，粟當入米類，則𠧪爲虚設。胖當入肉類，叛當入反類，則半爲虚設。僕當入人類，䑑當入臣類，則菐爲虚設。蓋句、𠧪、半、菐，皆子也。子不能生，是爲虚設。

夾漈作象類書，總三百三十母，爲形之主；八百七十子，爲聲之主。合千二百文而成無窮之字。故去許氏二百十而取其三百三十也。

論變更

對舊作對。漢文以言多非誠，故去口。

隋舊作隨。文帝以周齊不遑寧處，故去辵。

疊舊作曡，新室以三日大盛，改爲三田。

騧舊作騧，宋明以咼音喎類禍，改而爲瓜。

形影之影，舊作景，葛稚川加彡于右。

軍陣之陣，舊作陳，王逸少去東從車。

尼丘之山，《三倉》合而爲𡵪音尼。

章貢之水，後人合而爲贛音紺。

荒昏二義，元次山謚隋煬帝合而爲𦎪音荒。

鄗，火各切，本一名，分而爲高邑者，漢光武也。

鄭嫌近鄭，更爲莫。豳嫌近幽，更而爲邠。此並唐明皇所更也。

論遷革

雅本鴉字，今復有鴉字，遂以雅爲雅頌之雅，後人不知本爲雅字。雇，本九鳸之鳸，借爲雇賃之雇，今復有鳸字，後人不知本爲雇也。

頌本顔容，借爲歌頌之頌，今人見頌知爲歌頌之頌而已，安知本是容。泉本貨錢之錢，故于篆象古刀文，借爲泉水之泉，今人見泉知爲泉水之泉而已，安知本爲錢字。

徐鉉奏俗書譌謬不合六書之體者二十九字

䡇　个　暮　熟　捧　遨　迴　腰　嗚　慾　揀　俸　影　斌　悅　藝　著　墅　蓑
𧡮　釁　麞　池　徘徊　鞦韆　矗

字音正譌用說文切

車，尺遮切。
軻，康我切。
輔，扶雨切。
治，平聲。
濟，子禮切。
洗，蘇典切。
洒，先禮切。

溺，而灼切。
汶，亡運切。
浣，胡玩切。
灑，山豉切。
泌，兵媚切。
漚，烏候切。
湛，宅減切。
沲，徒河切。
儷，平聲。
譔，此緣切。
謾，母官切。
訂，他頂切。
誟，蒲没切。
它，託何切。
柩，巨救切。
恃，時止切。

鋪，普胡切。
錢，即淺切。
蕩，徒朗切。
頃，去營切。
峙，直離切。
婢，便俾切。
婦，房九切。
母，莫后切。
靄，于蓋切。
掃，蘇老切。
在，昨代切。
燠，烏到切。
煖，况袁切。
罷，薄蟹切。
陛，旁禮切。
附，符又切。

酢，倉故切。
醋，在各切。
打，都捉切。
擠，子計切。
挂，古賣切。
摘，他歷切。
搦，尼革切。
唯，以水切。
壽，直繇切。
啞，于革切。
趨，直離切。
料，洛蕭切。
事，鉏史切。
賈，公户切。
號，胡到切。
號，乎刀切。

核，古哀切。
槧，自琰切。
梭，私閏切。
眄，胡計切。
散，蘇旰切。
盼，匹莧切。
腥，蘇佞切。
篰，簿口切。
霸，普伯切。
孛，蒲妹切。
曾，昨稜切。
過，古禾切。
造，七到切。
紹，市沼切。
緯，云貴切。
紂，上聲。

繆，平聲。
館，古玩切。
劾，胡概切。
草，自葆切。
予，余吕切。
能，奴來切。
示，音祈。
豈，苦亥切。
弟，特計切。
探，它含切。
懦，人朱切。
鬌，直追切。
剡，以冉切。
扣，苦后切。
不，方久切。
負，房九切。

旱，乎旰切。
暵，呼旰切。
統，去聲。
篠，徒弔切。
聚，才句切。
噫，于介切。
紊，亡運切。
簟，徒念切。
傒，胡計切。
尿，奴吊切。
嗌，伊昔切。
副，芳逼切。
假，古額切。
泉，古錢切。
創，楚良切，作「瘡」非。
撼，胡感切，作「撼」非。

嫐，奴困切，作「嫩」非。

部位雜記

折，艸部。

卒，衣部。

皁，古草爲皁。

嗟，言部，誊。

於，古文烏字。

苻，合從竹。

朞，即期字。

叩，元扣。

岨，元從山。

服，元從舟。

柴，柴。

拒，本岠字，止部。

糕，《説文》從禾，《玉篇》從禾從示。

莵，《説文》作䖘，虎部。

蒽，《説文》無，《玉篇》有。

妙，本玅，《説文》在弦部，《玉篇》女部。

气，古乞字，借入聲。

點畫譌舛

卜 ⺊

角 ⻆

壺 壷

令 令

玊 玉

王 𤣩

争 争

節 莭

攵	在	旡	毌	梁	倉	軌	西	冦	叚	清	亡	歳	卯	酉	深
支	扗	无	毋	梁	倉	軌	襾	寇	段	淸	亾	嵗	戼	酉	㴱

稽　稽

縣　縣

既　既

為　爲

黍　黍

穀　穀

吳　吳

黄　黄

用　角

之　尒

周　周

殷　殷

哉　哉

廳　廳

朱子《答楊元範》有云：《大有》亨、享二字，據《説文》只是一字，故《易》中多互用。亨，如「王用亨于岐山」，亦當爲「享」，如「王用亨于帝」之云也。字書、音韻是經中淺事，故先儒得其大者，多不留意，然不知如此等處不理會，却枉費了無限辭説牽補，而卒不得其本義，亦甚害事也。非但《易》學，凡經之説，無不如此。獨恨早衰，無精力整頓得耳。

字學

《説文》《爾雅》《字説》《字林》《三蒼》《吴楚音辨》吕靖《韻集》夏侯該《韻略》楊休之《韻略》周思言《音韻》李季節《音譜》杜臺卿《韻略》《玉篇》《唐韻》丁度《集韻》

唐藝文志

音隱　音略　音義　音訓　音鈔　釋音　辨證　辨疑　辨嫌　辨惑　辨字

注辨　論字説　三顧隱客蕭楚字子荆，號清節先生。

象形

日，從口從一，陽數。

月，有盈虧，從日而闕之，從二而反陰，數遡于陽而不得其正也。

田，象四口，十阡陌之制。

卜，象龜兆從横。

𠕁古册，從五畫直下，象其枚數，有聯綴。王氏只以字爲象形，非也。

乃，氣生出之難。《公羊》曰：「乃，難辭也。」

中，象物初出，有枝莖。

指事

直著其事，視而可知也。

人目爲見。　鼻臭爲齅。　兩户相向爲門。　兩手丁爲拜。丁，古下字。

土木示爲社。古社字。矢耳爲联。以矢貫耳。刀耳爲刵。王居門爲閏。

會意

合文以成其義。

言欲其順，故口辛音愆。爲言。辛從二，古上字，從干爲辛，口字爲言。止戈爲武。

力田爲男。女帚爲婦。人言爲信。人爲爲僞。吏于人爲使。

反于后爲司。佑無司則有爲。

諧聲

本一字以定其體，而附他字以諧其聲。

江河鵝鴨。江河左從水，以定其體，而諧聲在右。鵝鴨右從鳥，以定其體，而諧聲在左。

袰裳諧聲在上。

簾箔諧聲在下。

園圃諧聲在内。

徽輿諧聲在外。

徽，三糾繩也，故從糸，從微省聲。

若江河以工可字諧聲者，取其聲之同母字也。及草之類從艸，木之類從木，金之類從金，土之類從土，而附他字，以諧聲者是。

轉注

同意相受，考老字是。此說非也。古之人于文有解釋其意義，謂之轉注者，本一字，更有意義，可轉用也。有一轉爲二聲用者，有再轉爲三聲用者，有至四聲而皆有義者。

長本長久字。長則物莫先焉，故又爲長幼之長。長則有餘，故又爲長物之長。

行本行止字。行則有縱跡，故又爲德行之行。行則有次序，故爲周行之行。又「子路行行」之行，無義也，以聲相近而用之假借也。

齊，整齊也。專一人之意則齊音齋。如，故爲齊戒之齊。齊則適等，無過不及，有調適之意，故爲酒齊刀劍齊之齊。

令，又爲使令之令。

乾，卦名，陽也，故爲乾熯之乾。

數，一二之名，有數則可數，故又爲數往之數。有數則密矣，故又爲疎數之數。又音促，數罟，亦密罟也，亦轉注也。凡此之類皆聲轉而各有義，故曰轉注。

又有本其意，特轉聲用之者，以女爲人妻，謂之妻，以女妻人曰女。指所載之物，統曰載。昨代切。「不輸爾載。」如此類，本皆無其字，時人有是語，故原其意，轉聲而用也。此類字不爲假借者，本其意故也。

假借

本無其事，原他字聲意而借用之，亦有只借聲而用之者。先儒謂令長字是，非也。

能，本獸之軼材者，賢能之能借用之。

豪，本獸之威猛者，豪傑之豪借用之，俗作毫，非。正如碧是碧玉之碧，玉之碧色者，萇弘血化爲碧，故碧從石，用爲碧系之碧，與此正同。皆假借也。

震，辟歷也。動物亦物之所懼，故爲地震之震，又爲「震來虩虩」之震。

須，髭也。鬚無實用，不可無，故爲須待之須，又爲須用之須。

此類并其聲意借用之也。

旃古人止語。思語始卒之辭。旃，旗也，指揮之用也，故旃爲指物之辭。《詩》曰舍旃，舍此也。思屬土，五行成于土，五事成于思，故思爲語始卒之辭。「思樂泮水」，始語也，「不可度思」，卒語也。此類亦當時有是語，故爲文者原其字意，亦因其聲而用之也。不然，旃、旟皆旗，何獨取于旃？思、私同音，何獨取于思？

尊，尊彝也，又爲尊卑之尊，即酒尊字。古者大酋主酒，《周官》用此。後人始有從木從缶，以尊或有瓦木也。如刑鼎，古人亦用刑字，後人始用鉶。

雅，禽也，俗作鴉。又爲風雅之雅。古疋字如此。

象，獸也，又爲彖象之象。此類只借其聲用之也。

以冰爲掤也，所以覆矢，可以飲抑釋冰忌。古人通冰字。

以麋爲湄，「居河之麋」。水草荒穢處。

以來爲䅘，來牟。先儒謂來本瑞麥，天所來，故用往來之來，非也。周以前有來字。

《易》以盍爲合，以羸爲纍。此類亦借其聲而已，于字無義也。

又以定爲頲，「麟之定」。頲、定古人通用。

常爲棠，《棠棣》借爲常。害爲曷，害澣。彭爲旁，匪其彭。居爲其，何居。此類皆古人因其聲相近而借用之，于字亦無義也。所謂六書之體可考見者如此，豈盡是會意，字字可説哉！

《爾雅》飛類謂之雌雄，走類謂之牝牡，故雌雄字從隹，羽族也。鳥短尾，總名隹。牝牡字從牛，毛屬也。

《書》以越字爲始語。《詩》以侯字、維字爲始語。《楚辭》以蹇字、羌字爲始語，《易》以若字、如字爲止語之辭。《詩》以只字、且字爲止語。《楚辭》則些字。又「日居月諸」，「叔善射忌」音既，「聊樂我員」音云，皆當時之語，爲文者借字聲而用之。

今所傳六經之文有異于漢儒所傳之文：

「營營青蠅」，作「謍謍」。

勿拜，作「扒拔」也。

噬肯，作「逝肯」。

衣裳鱸鱸。音楚，五色鮮明。

桃之枖枖。

平𪐲東作。

西伯戡黎。

皋陶。皋。

顛木有甹枿。甹，木再生條也。後人傳寫脱弓字，遂作由。説者云由枿，非也，當作甹。見《説文》。

「我興受其退。」

「旁逑孱功。」

是經文有非漢儒所傳之文，漢儒所傳之文非孔子之文，欲字字而解之，可乎？

而，毛類。《冬官》作其鱗之而，訓如，《孟子》「而未之見」。《左傳》「若而人」，又訓汝。而翁，又爲止語，殆而。

敦五音、五義。音團，聚也。《詩》有「敦瓜」，苦音。彫與弴同，弓也。音對，器也。《左傳》「珠盤玉敦」。又音頓，歲在酉曰困敦。又都昆切，厚也。

思，念也。又爲于思之思桑才切。今作顋，多鬚也。

洚四音一義。音洪，音缸，音閧，音絳，皆水不遵道也。

甗三音一義。音言，又上聲，去聲，皆甑名也。

榖，《書》「方榖」，訓禄。《詩》「榖則異室」，訓生。榖旦，訓善。

薰香草。葷臭。同一音。

古文以赤爲尺，桼爲七，皆是借聲用字。

古《易》「羝羊觸藩」，羸其角，系羸不能進，羸其瓶之義亦然。系羸其瓶，故致傾覆，不能上水。今之説者，未見古本。

又如以盍爲合，彭爲旁，繻爲濡，疑皆傳録之誤。繻有衣袽，當作濡。

一二三四五六七八九十，演而申之，至于不可窮詰。凡天地之運行，四時之代謝，日月星辰之進退，九州萬物之繁夥，果不逃其數，可以窮變化而行鬼神，功用抑大矣。世人皆云蒼頡所造，而曾不究其旨。方伏羲畫卦時，仰則觀天而畫一，俯則觀地而畫二，中則觀人而畫三，觀四方而得四，觀天地之氣交午而得五，以至六七八九十，亦莫不然。始于三畫，分爲八卦，九六藏于其中，則知此十字非伏羲畫卦時爲之不可，蒼頡但能因此而字之，如人之字育，爲之滋長，變出他文。學者當細考之，不可以常字觀。近王荆公留心字學，皆爲之解釋，至此十字却無贊辭。要之如日月星辰、十干十二支、金木水火土、首目口耳手足、山石蟲鳥等正字，非聖人不可作。蒼頡體其意，以從偏傍而字之耳。《雲麓謾鈔》

正始之音畢。

注：出自元程端禮《程氏家塾讀書分年日程》卷三。王柏《正始之音》見載于《金華經籍志》《萬曆金華縣志》及葉由庚《壙志》，明以後散佚不傳，但卻完整保存在程端禮《程氏家塾讀書分年日程》卷三中。程氏《程氏家塾讀書分年日程》卷一自注曰：「有广王魯齋《入韵正始音》一册。」卷三首録端平丙申（一二三六）秋王柏所作《序》，末有「正始之音畢」，可知此爲《正始之音》全本原文。王柏《正始之音》是字音、字形、字義教學的參考書與工具書。王柏認爲倉頡造字有象形、指事、會意、轉注、諧聲、假借六種法，曆經曆代字體變遷，許慎兼采「史、籀、雄、斯作《説文解字》」，至宋代《玉篇》《廣韵》《字説》等雜然紛呈，但是「未有全六義者」。于是他用楷體翻寫《説文解字》，參考李燾《類韵・編部序》、鄭樵《六書略》、賈昌朝《群經音辨》，合爲《正始之音》。先考訂字音之辨，其中「字音輕濁辨」有一六一個字，「彼此異音辨」四十二個字，「字音疑混辨」有五個字。「同音借義」有三十五個字，「借同音不借義」四十五個字，「協音借義」二〇八個字，「借協音不借義」一三三個字，「因義借音」二十五個字，「因借而借」四十三個字，「語辭之借」四十個字，「五音之借」五個字，「三詩之借」三個字，「十日之借」十個字，「十二辰之借」十二個字，「方言之借」九個字，「雙音并義，不爲假借」三十個字。接着考訂字形之辨，舉例講述字形筆畫的變遷，最後總結六義的含義，以及它在經書中的例句表現形式。

附録二　傳記資料

王柏傳

王柏，字會之，婺州金華人。大父崇政殿説書師愈，從楊時受《易》《論語》，既又從朱熹、張栻、吕祖謙遊。父瀚，朝奉郎、主管建昌軍仙都觀，兄弟皆及熹、祖謙之門。

柏少慕諸葛亮爲人，自號長嘯。年逾三十，始知家學之原，捐去俗學，勇于求道。與其友汪開之著《論語通旨》，至「居處恭，執事敬」，惕然歎曰：「長嘯非聖門持敬之道。」亟更以魯齋。

從熹門人游，或語以何基嘗從黄榦得熹之傳，即往從之，授以立志居敬之旨，且作《魯齋箴》勉之。質實堅苦，有疑必從基質之。于《論語》《大學》《中庸》《孟子》《通鑑綱目》標注點校，尤爲精密。作《敬齋箴圖》。夙興見廟，治家嚴飭。當暑閉閤静坐，子弟白事，非衣冠不見也。

少孤，事其伯兄甚恭。季弟早喪，撫其孤，又割田予之。收合宗族，周恤扶持之。開之没，家貧，爲之斂且葬焉。

來學者衆，其教必先之以《大學》。蔡抗、楊棟相繼守婺，趙景緯守台，聘爲麗澤、上蔡兩書院師，鄉之耆德皆執弟子禮。理宗崩，率諸生製服臨于郡。

柏之言曰：「伏羲則《河圖》以畫八卦，文王推八卦以合《河圖》者，先天後天之宗祖也。《河圖》是逐位奇偶之交，後天是統體奇偶之交，惟四生數不動。以四成數而下上之，上偶下奇，莫匪自然。」又曰：「大禹得《洛書》而列九疇，箕子得九疇而傳《洪範》，範圍之數，不期而暗合。《洪範》者，經傳之宗祖乎。『初一曰五行』以下六十五字爲《洪範》，『五皇極』以下六十四字爲皇極經，此帝王相傳之大訓，非箕子之言也。」又曰：「今《詩》三百五篇，豈盡定于夫子之手？所删之詩，容或有存于閭巷浮薄之口，漢儒取于補亡。」乃定《二南》各十有一篇，兩兩相配。退《何彼穠矣》《甘棠》歸之《王風》，削去《野有死麕》，黜鄭、衛淫奔之詩。又作《春秋發揮》。又曰：「《大學》『致知格物章』未嘗亡。」還「知止」章于「聽訟」之上。謂「《中庸》古有二篇，誠明可爲綱，不可爲目」。定《中庸》「誠明」各十一章。其卓識獨見多此類也。

其卒，整衣冠端坐，揮婦人勿近。國子祭酒楊文仲請于朝，謚曰文憲。

所著有《讀易記》《涵古易説》《大象衍義》《涵古圖書》《讀書記》《書疑》《詩辨説》《讀春秋記》《論語衍義》《太極衍義》《伊洛精義》《研幾圖》《魯經章句》《論語通旨》《孟子通旨》《書附傳》《左氏正傳》《續國語》《闖學之書》《文章復古》《文章續古》《濂洛文統》《擬道學志》《朱子指

要》《詩可言》《天文考》《地理考》《墨林考》《大爾雅》《六義字原》《正始之音》《帝王歷數》《江左淵源》《伊洛精義》《雜誌》《周子》《發遣三昧》《文章指南》《朝華集》《紫陽詩類》《家乘》《文集》。

（輯自《宋史》卷四三八《王柏傳》。）

王柏傳

王柏，字會之，金華人。大父崇政殿説書師愈、父朝奉郎瀚俱得伊洛之學。柏少慕諸葛亮爲人，自號「長嘯」。年踰三十，始捐去俗學，勇于求道。與其友汪開之著《論語通旨》，至「居處恭，執事敬」，惕然歎曰：「長嘯非聖門持敬之道。」亟更以魯齋。

以何基嘗從黄榦得熹之傳，即往從之，于《論語》《大學》《中庸》《孟子》《通鑑綱目》標注點校，尤爲精密。作《敬齋箴圖》。夙興見廟，治家嚴飭。當暑閉閤静坐，子弟白事，非衣冠不見也。

來學者衆，其教必先之以《大學》。蔡抗、楊棟相繼守婺，趙景緯守台，聘爲麗澤、上蔡兩書院師，鄉之耆德皆執弟子禮。

柏之言曰：「伏羲則《河圖》以畫八卦，文王推八卦以合《河圖》者，先天後天之宗祖也。《河圖》是逐位奇偶之交，後天是統體奇偶之交，以四成數而下上之，上偶下奇，莫匪自然。」又曰：「《洪範》『初一曰五行』以下六十五字爲《洪範》，『五皇極』以下六十四字爲皇極經，此帝王相傳之大訓，非箕子之言也。」又曰：「今《詩》三百五篇，豈盡定于夫子之手？」乃定《二南》各十有一篇，兩兩相配。退《何彼襛矣》《甘棠》歸之《王風》，削去《野有死麕》，黜鄭、衛淫奔之詩。又曰：「《大學》『致知格物』章未嘗亡。」還「知止」章于「聽訟」之上。謂《中庸》古有二篇，誠明可爲綱，不可爲目。定《中庸》「誠明」各十一章。其卓識獨見多此類也。

其卒，整衣冠端坐，揮婦人勿近。國子祭酒楊文仲請于朝，謚文憲。

所著有《讀易記》《涵古易説》《大象衍義》《涵古圖書》《讀書記》《書疑》《詩辨説》《讀春秋記》《論語衍義》《太極衍義》《伊洛精義》《研幾圖》《魯經章句》《論語通旨》《孟子通旨》《書附傳》《左氏正傳》《續國語》等書。

（輯自明柯維騏撰《宋史新編》卷一六七。）

王柏傳

王柏，金華人。氣稟雄偉，勇于求道，欲以身任天下之重。初號長嘯，一日讀書至「居處恭、執事敬」，惕然曰：「以長嘯自命，此非聖門持敬之道。」乃更號魯齋。德祐間賜謚文憲。有《讀易記》及文集傳于世。

（輯自李賢撰《大明一統志》卷四二。）

王柏傳

王柏，字會之，金華人。大父師愈從楊時授《易》，父瀚及朱子、吕祖謙之門。柏少慕諸葛亮爲人，自號長嘯。年踰三十，始知家學之原。往從何基遊，授以立志居敬之旨，作《敬齋箴圖》。郡守聘爲麗澤書院師，台守又聘主上蔡書院，鄉之耆德皆執弟子禮。柏于《河圖》《洛書》《詩》《大學》《中庸》有卓識獨見，發先儒所未發。外所著書數百卷。及卒，整衣冠端坐。楊文仲請于朝，謚曰文憲。本朝雍正二年，詔從祀孔廟。

（輯自穆彰阿修、潘錫恩纂《大清一統志》卷三百。）

王柏傳

王柏，字會之，婺州金華人。大父崇政殿説書師愈，從楊時受《易》《論語》，既又從朱熹、張栻、吕祖謙游。父瀚，朝奉郎、主管建昌軍仙都觀，兄弟皆及熹、祖謙之門。柏少慕諸葛亮爲人，自號長嘯。年踰三十，始知家學之原，勇于求道。與其友汪開之著《論語通旨》，至「居處恭、執事敬」，惕然歎曰：「長嘯非聖門持敬之道。」更以魯齋。

從熹門人遊，或語以何基嘗從黄榦得熹之傳，即往從焉。基授以立志居敬之旨，且作《魯齊箴》勉之。質實堅苦，有疑必質諸基，于《論語》《大學》《中庸》《孟子》《通鑑綱目》標注點校尤爲精密，作《敬齋箴圖》。

治家嚴飭，當暑閉閤静坐，子弟白事，非衣冠不見也。少孤，事其伯兄甚恭。季弟蚤喪，撫其孤，又割田予之。收合宗族，周恤扶持之。開之歿，家貧，爲之斂且葬焉。

來學者衆，其教必先之以《大學》。蔡抗、楊棟相繼守婺，趙景緯守台，聘爲麗澤、上蔡兩書院師，鄉之耆德皆執弟子禮。

柏之言曰：「伏羲則《河圖》以畫八卦，文王推八卦以合《河圖》者，先天後天之宗祖也。《河圖》是逐位奇偶之交，後天是統體奇偶之交，惟四生數不動。以四成數而下上之，上偶下奇，莫匪自然。」又曰：「《洪範》者，經傳之宗祖乎？『初一曰五行』以下六十五字爲《洪範》，『五皇極』以下六十四字爲皇極經，此帝王相傳之大訓，非箕子之言也。」又曰：「今《詩》三百五篇，豈盡定于夫子之手？所删之詩，容或有存于閭巷浮薄之口，漢儒取于補亡。」乃定二《南》各十有一篇，兩兩相配，退《何彼襛矣》《甘棠》歸之《王風》，削去《野有死麕》，黜鄭、衛淫奔之詩。又作《春秋發揮》。又曰：「《大學》『致知格物』章未嘗亡。」還「知止」章于「聽訟」之上。謂《中庸》古有二篇，誠明可爲綱，不可爲目。定《中庸》「誠明」各十一章，其獨見多此類也。

卒，國子祭酒楊文仲請于朝，謚文憲。

所著有《讀易記》《涵古易説》《大象衍義》《涵古圖書》《讀書記》《書疑》《詩辨説》《讀春秋記》《論語衍義》《太極衍義》《伊洛精義》《研幾圖》《魯經章句》《論語通旨》《孟子通旨》《書附傳》《左氏正傳》《續國語》《闈學之書》《文章復古》《文章續古》《濂洛文統》《擬道學志》《朱子指要》《詩可言》《天文考》《地理考》《墨林考》《大爾雅》《六義字原》《正始之音》《帝王歷數》《江左淵源》《雜誌》《周子》《發遺三昧》《文章指南》《朝華集》《紫陽詩類》《家乘》《文集》。

（輯自《欽定續通志》卷五百五十一《儒林傳》宋十二。）

王柏傳

王柏，字會之，婺州金華人。大父崇政殿説書師愈，從楊時受《易》《論語》，既又從朱熹、張栻、吕祖謙遊。父瀚朝奉郎、主管建昌軍仙都觀，兄弟皆及熹、祖謙之門。

柏少慕諸葛亮爲人，自號長嘯。年踰三十，始知家學之原，遂捐去俗學，勇于求道。與其友汪開之著《論語通旨》，至「居處恭、執事敬」，喟然歎曰：「長嘯非聖門持敬之道。」乃更以魯齋。

從熹門人遊，或語以何基嘗從黄榦得熹之傳，即往從之。得聞立志居敬之旨。柏爲學質實堅苦，有疑必從基質之，于《論語》《大學》《中庸》《孟子》《通鑑綱目》標注點校尤爲精密，作《敬齋箴圖》。夙興見廟，治家嚴飭。當暑閉閤静坐，子弟白事，非衣冠不見也。

少孤，事其伯兄甚恭。季弟蚤喪，撫其孤，又割田予之。收合宗族，周恤扶持之。開之没，家貧，爲之斂且葬焉。

來學者衆，其教必先之以《大學》。蔡抗、楊棟相繼守婺，趙景緯守台，聘爲麗澤、上蔡兩書院師，鄉之耆德皆執弟子禮。理宗崩，率諸生製服臨于郡。

柏之言曰：「伏羲則《河圖》以畫八卦，文王推八卦以合《河圖》者，先天後天之宗祖也。《河圖》是逐位奇偶之交，後天是統體奇偶之交，惟四生數不動。以四成數而下上之，上偶下奇，莫非自然。」又曰：「大禹得《洛書》而列九疇，箕子得九疇而傳《洪範》，範圖之數不期而暗合。《洪範》者，經傳之宗祖乎？『初一曰五行』以下六十五字爲《洪範》，『五皇極』以下六十四字爲皇極經，此帝王相傳之大訓，非箕子之言也。」又曰：「今《詩》三百五篇，豈盡定于夫子之手？所删之詩，容或有存于閭巷浮薄之口，漢儒取于補亡。」乃定二《南》各十有一篇，兩兩相配，退《何彼穠矣》《甘棠》歸之《王風》，削去《野有死麕》，黜鄭衛淫奔之詩，又作《春秋發揮》。又曰《大學》「致知格物」章未嘗亡，還「知止」章于「聽訟」之上。謂《中庸》古有二篇，誠明可爲綱，不可爲目。定《中庸》「誠明」各十一章。其卓識獨見多此類也。

其卒，整衣冠端坐，揮婦人勿近。國子祭酒楊文仲請于朝，謚曰文憲。

所著有《讀易記》《涵古易説》《大象衍義》《涵古圖書》《讀書記》《書疑》《詩辨説》《讀春秋記》《論語衍義》《太極衍義》《伊洛精義》《研幾圖》《魯經章句》《論語通旨》《孟子通旨》《書附傳》《左氏正傳》《續國語》《闡學之書》《文章復古》《文章續古》《濂洛文統》《擬道學志》《朱子指要》《詩可言》《天文考》《地理考》《墨林考》《大爾雅》《六義字原》《正始之音》《帝王曆數》《江左淵源》《伊洛精義》《雜誌》《周子》《發遺三昧》《文章指南》《朝華集》《紫陽詩類》《家乘》《文集》等書。

（輯自孔繼汾撰《闕里文獻考》卷六一。）

王文憲柏

王柏，字會之，婺州金華人。大父崇政殿説書師愈，從楊時受《易》《論語》，既又從朱熹、張栻、吕祖謙游。父瀚，朝奉郎、主管建昌軍仙都觀，兄弟皆及熹、祖謙之門。

柏少慕諸葛亮爲人，自號長嘯。年踰三十，始知家學之原，捐去俗學，勇于求道。與其友汪開之著《論語通旨》，至「居處恭、執事敬」，惕然嘆曰：「長嘯非聖門持敬之道。」亟更以魯齋。

從熹門人遊，或語以何基嘗從黄幹得熹之傳，即往從之，授以立志居敬之旨，且作《魯齋箴》勉之。質實堅苦，有疑必從基質之。于《論語》《大學》《中庸》《孟子》《通鑑綱目》標注點校尤爲精密，作《敬齋箴圖》。夙興見廟，治家嚴飭。當暑閉閤静坐，子弟白事，非衣冠不見也。少孤，其事伯兄甚恭。季弟蚤喪，撫其孤，又割田予之。收合宗族，周恤扶持之。開之没，家貧，爲之斂且葬焉。

來學者甚衆，其教必先之以《大學》。蔡抗、楊棟相繼守婺，趙景緯守台，聘爲麗澤、上蔡兩書院師，鄉之耆德皆執弟子禮。理宗崩，率諸生製服臨于郡。

柏之言曰：「伏羲則《河圖》以畫八卦，文王推八卦以合《河圖》，《河圖》者，先天後天之祖宗也。《河圖》是逐位奇偶之交，後天是體統奇偶之交，惟四生數不動。以四成數而下上之，上偶下奇，莫非自然。」又曰：「大禹得《洛書》而列九疇，箕子得九疇而傳《洪範》。範圍之數，不期而暗合。《洪範》者，經傳之宗祖乎？『初一曰五行』以下六十五字，爲《洪範》。『五皇極』以下六十四字爲皇極經，此帝王相傳之大訓，非箕子之言也。」又曰：「今《詩》三百五篇豈盡定于夫子之手？所删之詩，容或有存于閭巷浮薄之口，漢儒取以補亡。」乃定二《南》，各十有一篇，兩兩相配，退《何彼穠矣》《甘棠》歸之《王風》，削去《野有死麕》，黜鄭、衛淫奔之詩。又作《春秋發揮》。又曰《大學》「知致格物」章未嘗亡，還「知止」章于「聽訟」之上。謂《中庸》古有二篇，誠明可爲綱，不可爲目。定《中庸》「誠明」各十一章。其卓識獨見多此類也。

其卒，整衣冠端坐，揮婦人勿近。國子祭酒楊文仲請于朝，謚曰文憲。

所著有《讀易記》《涵古易説》《大象衍義》《涵古圖》《讀書記》《書疑》《詩辨説》《讀春秋記》《論語衍義》《太極衍義》《伊洛精義》《研幾圖》《魯經章句》《論語通旨》《孟子通旨》《書附傳》《左氏正傳》《續國語》《闡學之書》《文章復古》《文章續古》《濂洛文統》《擬道學志》《朱子指要》《詩可言》《天文考》《地理考》《墨林考》《大爾雅》《六義字原》《正始之音》《帝王曆數》《江左淵源》《伊洛精義》《雜誌》《周子》《發遣三昧》《文章指南》《朝華集》《紫陽詩類》《家乘》《文集》等書。

（輯自《理學宗傳》卷十八《宋儒考》。）

王柏傳

王柏，字會之，金華人。大父崇政殿説書師愈、父朝奉郎瀚俱得伊洛之學。柏少慕諸葛亮爲人，自號長嘯。年踰三十，始捐去俗學，勇于求道。與其友汪開之著《論語通旨》，至「居處恭，執事敬」，惕然歎曰：「長嘯非聖門持敬之道。」亟更以魯齋。

以何基常從黄榦得考亭之傳，即往從之。于《論語》《大學》《中庸》《孟子》《通鑑綱目》標注點校尤爲精密，作《敬齋箴圖》。夙興見廟，治家嚴飭。當暑閉閤静坐，子弟白事，非衣冠不見也。

來學者衆，其教必先之以《大學》。蔡抗、楊棟相繼守婺，趙景緯守台，聘爲麗澤、上蔡兩書院師，鄉之耆德皆執弟子禮。

柏之言曰：「伏羲則《河圖》以畫八卦，文王推八卦以合《河圖》者，先天後天之宗祖也。《河圖》是逐位奇偶之交，後天是統體奇偶之交。以四成數而下上之，上偶下奇，莫匪自然。」又曰：「《洪範》『初一曰五行』以下六十五字，爲《洪範》，『五皇極』以下六十四字爲皇極經，此帝王相傳之大訓，非箕子之言也。」又曰：「今《詩》三百五篇，豈盡定于夫子之手？」乃定二《南》各十有一篇，兩兩相配，退《何彼穠矣》《甘棠》歸之《王風》，削去《野有死麕》，黜鄭衛淫奔之詩。又曰《大學》「致知格物」章未嘗亡，還「知止」章于「聽訟」之上。謂《中庸》古有二篇，誠明可爲綱，不可爲目。定《中庸》「誠明」各十一章，其卓識獨見多此類也。

其卒，整衣冠端坐，揮婦人勿近。國子祭酒楊文仲請于朝，謚文憲。

所著有《讀易記》《涵古易説》《大象衍義》《涵古圖書》《讀書記》《書疑》《詩辨説》《讀春秋記》《論語衍義》《太極衍義》《伊洛精義》《研幾圖》《魯經章句》《論語通旨》《孟子通旨》《書附傳》《左氏正傳》《續國語》等書。

（輯自熊賜履撰《學統》卷四十下。）

王柏傳

王柏，字會之，金華人。大父師愈從楊時學，父瀚又及朱子之門。柏少時慕諸葛亮爲人，自號長嘯。踰三十，始知家學之源，捐去俗學，勇于求道。與其友汪開之著《論語通旨》，至「居處恭，執事敬」，怵然曰：「長嘯非聖門持敬之道也。」更自號爲魯齋。

聞何基嘗從黄榦得朱子之傳，即往事之。基授以立志居敬之旨，爲作《魯齋箴》以勉之。柏高明絶識，弘論英辨。每質問或一事至十往返，于《論語》《大學》《中庸》《孟子》《通鑑綱目》標注考校，尤爲精密。其居家夙興見廟，飭庀諸務，肅然嚴整。當暑，闔閤静坐，子弟白事，非衣冠不見。

少孤，事兄恭。季弟早世，撫其孤，義以慈。收合宗族周恤之。汪開之没，家貧，爲斂且葬。兩爲麗澤、上蔡書院山長，其教必以《大學》爲先。雖鄉之耆德，皆執弟子禮。理宗升遐，率諸生製服，臨于郡。

及病革，整衣冠端坐，揮婦女勿近。卒，國子祭酒楊文仲請于朝，謚文憲。

所著書凡數十種。

論曰：諸葛亮之學，淡泊寧静以爲體，開誠布公以爲用。淡泊則物莫能勝，故公寧静則心不外馳，故誠體與用合，以是卓然爲天民之亞。至史稱其抱膝長嘯，則充然内足之符，而淺者乃目爲睥睨一切之意，誤矣。當其負扆涖政，所自信者，亦曰謹慎而已。此與聖門持敬之説，曷嘗有二旨哉？柏之始而慕亮，既而若有微辭，殆未究觀其本末者耳。然柏之翻然黜俗，一變至道，可謂豪傑之士矣。

（輯自朱軾撰《史傳三編》卷七《名儒傳》六，又見《歷代名儒傳》。）

王柏補傳

王柏，字會之，婺州金華縣人。大父崇政殿説書師愈，從楊時氏受《易》《論語》，既又從朱熹氏、張栻氏、呂祖謙氏遊。父朝奉郎瀚，主管建昌軍仙都觀，瀚兄弟皆及熹、祖謙之門。柏少慕諸葛亮爲人，自號長嘯。年踰三十，始知家學之原，捐去俗學，勇于求道。與其友汪開之著《論語通旨》，至「居處恭，執事敬」，惕然嘆曰：「嘯非聖門持敬之道。」亟更以魯齋。

歷從熹門人遊，或語以何基氏嘗從黄幹氏得熹之傳，即往從之，授以主静居敬之旨，且作《魯齋箴》勉之。以質寔堅苦，有疑必從基質之。于《論語》《大學》《中庸》《孟子》《通鑑綱目》標注點校，尤爲精密。作《敬齋箴圖》。夙興見廟，治家嚴飭。當暑，閉閤静坐，子弟白事，非衣冠不見也。

少孤，事其伯兄甚恭。季弟蚤喪，撫其孤，又割田予之。收合宗族，周卹扶持之。開之没，家貧，爲之斂且葬焉。

來學者衆，其教必先之以《大學》。蔡抗、楊棟相繼守婺，趙景緯守台，禮爲麗澤、上蔡兩書院師，鄉之耆德皆執弟子禮。理宗崩，率諸生製服臨于郡。

柏之言：「伏羲得《河圖》以畫八卦，兼推八卦之合《河圖》。《河圖》者，先天後天之宗祖乎？《河圖》是逐位奇偶之交，後天是統體奇偶之交。惟四生數不動，以四成數而下上之，上偶下奇，莫非自然。」又曰：「大禹得《洛書》而列九疇，箕子得九疇而傳《洪範》。範圍之數，不期而暗合。《洪範》者，經傳之宗祖乎？『初一曰五行』以下六十五字爲《洪範》，『五皇極』以下六十四字爲《皇極》經，此帝王相傳之大訓，非箕子之言也。」又曰：「今《詩》三百五篇，豈盡定于夫子之手？所删之詩，容或有存于閭巷浮薄之口，漢儒取以補亡。」乃定二《南》各十有一篇，兩兩相配，退《何彼穠矣》《甘棠》歸之《王風》，削去《野有死麕》，黜鄭衛淫奔之詩。又作《春秋發揮》。又曰《大學》「致知格物」章未嘗亡，還「知止」章于「聽訟」之上。謂《中庸》古有二篇，誠明可爲綱，不可爲目。定《中庸》「誠明」各十一章。其卓識獨見多此類也。咸淳十年五月，得疾，手書以别其子僞曰：「吾不遠矣。」七月，整衣冠，端坐揮婦人勿近，遂卒。國子祭酒楊文仲請于朝，謚曰文憲。

贊曰：余見國子博士吴師道，知柏之學，一傳金履祥，再傳許謙，謙之學益密矣。師道言柏所著書，有《讀易記》十卷、《涵古易説》一卷、《大象衍義》一卷、《涵古圖書》一卷、《讀書記》十卷、《書疑》九卷、《詩辨説》二卷、《讀春秋記》八卷、《論語衍義》七卷、《太極衍義》一卷、《伊洛精義》一卷、《研幾圖》一卷、《魯經章句》三十卷、《論語通旨》二十卷、《孟子通旨》七卷、《書附傳》三十卷、《左氏正傳》十卷，《讀國語》三十卷、《闔學之書》四卷、《文章讀古》三十卷、《文章續古》七十卷、《濂洛文統》二百卷、《擬道學志》廿卷、《朱子指要》十卷、《詩可言》廿卷、《天文考》一卷、《地理考》二卷、《墨林考》十六卷、《爾雅》五卷、《六義字原》二卷、《正始之音》七卷、《帝王歷數》二卷、《江左淵源》五卷、《伊洛精義》八卷、《禊志》二卷、《周子》一卷、《發遣三昧》廿五卷、《文章指南》一卷、《朝華集》十卷、《紫陽詩類》五卷、《家乘》五十卷、《文集》七十五卷，總之爲七百七十卷。嗚呼！何其博哉，古未嘗有也，而魯經要矣。

（輯自危素《危太僕全集·文續集》卷八。）

王會之先生

王柏，字會之，金華人。祖師愈從楊時受《易》《論語》，後與朱熹、張栻、吕祖謙游。父瀚與其叔季執經朱、吕之門。柏生禀高明，抱身宏偉，少慕諸葛武侯之爲人，自號長嘯。年踰三十，始知家學之原，慨然捐去俗學以求道，與其友汪開之讀四書，取《論》《孟》集義，别以鉛黄朱墨，以求文公去取之意，著《論語通旨》，至「居處恭，執事敬」，惕然歎曰：「長嘯非聖門持敬之道。」亟更以魯齋。

歷造楊船山、劉撝堂而卒業北山焉。北山授以立志居敬之旨，且作《魯齋箴》，勉以質實堅苦之學，有疑必從北山質之，自著《敬齋箴圖》，畫出一「敬」字，爲日用躬行之則。夙興見廟，治家嚴飭。當暑，閉閣静坐，子弟有事，非衣冠不見也。

四方來學者衆，隨其所學淺深，引誘啓迪，以開其適道之門。提綱疏目，折殊會一，未嘗不竭盡無餘。又編《朱子指要》示之。士大夫叩請者，每語之曰：「士生天地間，以萬物皆備之身，而不以古今自任、經綸自期者，皆自遏其躬而已。」郡守趙汝騰、蔡抗、楊棟相繼聘主麗澤講席，台守謝景緯又聘爲上蔡書院師。首講謝子大居敬貴窮理之旨，敷暢瑩白，聽者竦然，意融心服。雖鄉之耆德，亦執弟子禮來謁。既歸，講道于家，學子懷慕，不遠數百里相從弗置。晚年積厚養固，精强清勁，雖少壯勿逮。孜孜述作，殆不知老之將至。咸淳十年七月一夕，無疾而終，年七十有八。其爲人學博而義精，心平而識遠，考訂群書，如干將莫邪，所向肯綮，迎刃而解。凡朱子發端而未竟，疑而未決，與諸儒先闡明之未及者，莫不該攝融會，權衡裁斷，如論《河圖》《洛書》《九疇》《洪範》及《詩》《大學》「格致」章、《中庸》古本，皆卓識獨見。至天文、地志、律曆、井田，旁及文章字學，莫不各有論著，多不備載。國子祭酒楊文仲請于朝，謚曰文憲。

（輯自徐象梅《兩浙名賢録》卷三《理學》。）

王柏傳

王柏，字會之，金華人。祖師愈學于龜山楊時受《易》《論語》，後與朱熹、張栻、吕祖謙遊。父瀚與其叔季于麗澤書院執經于朱熹之門。柏生秉高明，負志閎偉，慕諸葛武侯之爲人，自號長嘯，欲以奇策取關中。年踰三十，始知家學授受之源。一日，與友人汪元思讀四書，至「居處恭、執事敬」，惕然曰：「長嘯非聖門持敬之道。」亟更以魯。

每從楊船山、劉撝堂問業，船山曰：「北山何子恭嘗從黄勉齋得考亭之的傳。」即往從之。基見柏甚喜，曰：「會之真吾友也。」授以立志居敬之旨，爲作《魯齋箴》，勉以質實艱苦之學。柏于是益自奮，有疑必從基就正。每見基歸，充然自得。基恒稱之曰：「會之二十年功夫，勝他人四十年矣。」柏自謂研窮愈深，則義理愈呈露；涵養愈密，則趣味愈無窮。手圖《敬齋箴》，爲日用躬行之則。每日晨起，深衣謁廟，進止有儀，言動有法。綜理家政，統紀斬斬，户庭闃然。御群弟子，色莊詞厲，毅然不可犯。平居酒不濡唇，食雖疏淡必潔。當暑閉閤静坐，子弟白事，非衣冠不見。痛先世遺書零落，整比成編，曰《清風録》，各爲題識。

幼孤，事其伯兄恭敬友愛。中年同處，益盡和孺之樂。季弟早喪，撫其遺孤，一視無間。從子偘弱齡好學，知所尊事，使與同居，一門自爲師友。收合宗族，規模宏遠，懦不自立者扶植之，貧不自給者周恤之。故人汪元思卒，貧無以殮，率朋友殯之，且爲之請于北山以銘之。四方學者至館而食之，日久不厭，隨其淺深，以誘迪之。開其適道之門，提綱疏目，析異會同，叩之無窮，而其出愈新。士大夫之仕其鄉而乞言者，則語之曰：「士生天地間，以萬物皆備之身，而不以古今自任、經綸自期，皆自遏其躬而已。」郡守趙汝騰、蔡抗、楊棟，思復麗澤書院，皆以講席延聘。柏以北山爲辭，請益力，北山亦勉其經始而作成之。乃精生員之選，增養士之田，創製器服，廣置書籍，規畫整然，俾諸生誦習，振作于因仍積弛之後，氣象爲之一新。仍應台守趙景緯之請，主上蔡書院。柏至，首講上蔡大居敬窮理之訓。畧曰：「上蔡先生謂常惺惺正訓敬也，敬則此心光明洞徹，動静語默，酧酢萬變，無不得其當其中。卓然不與之俱往，此敬之效也。故君子必存養于未發之先，省察于將發之際。端莊静一，此敬也；應事接物，亦此敬也。講明道理，非敬則若存若亡；議古論今，非敬則或是或非。以至人倫日用之常，非敬則乖違舛逆，無一中節。故伊洛以來，拈起持敬致知兩下工夫，不可缺一，實相須也。」天台後學，于是始得聞正學傳授之要。雖鄉之耆德，皆執弟子禮來謁。遠近聞風，莫不競勸。理宗皇帝上賓，率諸生製古衰服臨于郡，士于是始識先王之禮爲永式焉。

柏兩主書院，以張維世教爲己任，歸而講道于家，敷揚經旨，精瑩粹白，聽者意融心悦，四方學者不遠數千里而户屨常滿。晚年積厚養邃，精力清强，少壯有所不逮，孜孜作述，不知老之將至。

咸淳甲戌，偶感微疾，自知天命不遠，謂其子曰：「生必有死，天地之常。予無德可紀，不必作墓銘行狀。平生編纂，未經有道訂証，不可流布。」臨歿，整衣端坐，揮婦女出寢門，子姪門人侍，夷然而終。享年七十有八。諸生制經行心喪禮，麗澤山長率生員赴臨。天台諸生衰經爲位聚哭，或踰嶺奔赴，朝野莫不嗟惜。

柏學博義精，心平識遠，考訂群書，該攝融會，權衡裁斷，洞中肯綮。謂《大學》「格物致知」章未嘗亡，還「知止」章于「聽訟」之上；于《詩》則黜鄭衛諸淫奔之詩，謂今之三百篇，豈盡夫子之三百篇乎？所刪之詩，容或有存于閭巷浮薄之口者，漢儒概謂古詩，取以補亡耳。陽明亦有此論。正恐未見《左傳》魯昭十六年，鄭六卿餞韓起于郊，各賦詩，嬰齊賦《野有蔓草》，子産賦《羔裘》，子大叔賦《褰裳》，子游賦《風雨》，子旗賦《有女同車》，子柳賦《蘀兮》。宣子喜曰：鄭其庶乎！六卿所賦《羔裘》之外，皆紫陽所謂淫詩也，而已見于《左傳》，謂漢儒補亡可乎？于《春秋》則謂吾夫子以大公至正之心立百王之大法千五百年，爲諸儒刻鏤幾碎，朱子于諸經縷析毫分，獨于《春秋》，以渾然得夫子之心。其他勘政，未易悉數。

所著文集七十五卷，《讀易記》《讀書記》《讀詩記》各十卷，《讀春秋記》八卷，《論語衍義》七卷，《太極衍義》一卷，《伊洛精義》一卷，《研幾圖》一卷，《魯經章句》三十卷，《論語通旨》二十卷，《孟子通旨》七卷，《上蔡講義》一卷，《書附傳》四十卷，《左氏正傳》十卷，《續國語》四十卷，《閩學之書》四卷，《文章續古》三十五卷，《文章復古》七十卷，《濂洛文統》一百卷，《擬道學志》二十卷，《朱子指要》十卷，《詩可言》二十卷，《天文考》一卷，《地理考》二卷，《墨林類考》二十卷，《大爾雅》五卷，《六義字原》二卷，《正始之音》七卷，《帝王歷數》二卷，《江左淵源》五卷，《伊洛指南》八卷，《雜志》二卷，《周子》二卷，《發遣三昧》三十五卷，《文章指南》十卷，《朝華集》十卷，《紫陽詩類》五卷，《家乘》五十卷。以國子祭酒楊文仲請，謚曰文憲。

論曰：魯齋之學，爲考亭嫡傳，至其論經，多與朱子相迕異，世或以此議之，而不知其非也。弟子之于師，如子之肖父，但得其一點真骨血，其餘長短肥瘦、鬚眉髮膚之間，不必皆似也。精血之不傳，而徒求肖于長短肥瘦、鬚眉髮膚之間，則必埏塑木雕而後可也。曾之繼孔，思之繼曾，孟之繼思，其言論豈必一一皆同哉？而其精髓脉絡之相傳，則一毫不差。今之尊紫陽者屑屑焉細求之語言文字之間，嗚呼！其形雖在，其精已亡矣。

（輯自王崇炳《金華徵獻略》卷五《儒學傳》二。）

王柏傳

王柏，字會之，金華人。大父師愈崇政殿説書，父瀚，朝奉郎、主管仙都觀。柏少知家學淵源，捐去俗學，勇于求道。與其友汪開之著《論語通旨》，至「居處恭，執事敬」，惕然而歎，更號「魯齋」。何基作《魯齋箴》勉之。柏質實堅苦，有疑必質，于《學》《庸》《語》《孟》《綱目》諸書標注點校，尤爲精密。作《敬齋箴圖》。夙興謁祖廟，治家嚴飭。當暑閉閤静坐，子弟白事，非衣冠不見。

其事伯兄甚恭。撫季弟之孤，割田養贍，收合宗族，周恤扶持。開之没，貧無斂葬，悉力爲之。諸生來學者衆，必先教以《大學》。蔡抗、楊棟相繼守婺，趙景緯守台，聘爲麗澤、上蔡兩書院師，鄉之耆德皆執弟子禮。理宗崩，率諸生製服哭臨。卒之日，整衣冠端坐，揮婦人勿近。楊文仲請謚文憲。德祐元年，贈承事郎。

所著述甚多。有《讀易記》《涵古易説》《大象衍義》《涵古圖書》《讀書記》《書疑》《詩辨説》《讀春秋記》《論語》《太極衍義》《伊洛精義》《研幾圖》《魯經章句》《論孟通旨》《書附傳》《左氏正傳》《續國語》《文章復古》《續古》《濂洛文統》《擬道學志》《朱子指要》《詩天文地理考》《墨林考》《爾雅》《六義字原》《帝王歷數》《江左淵源》《襍志》《周子》《發遣》《文章指南》《朝華集》《紫陽詩類》《家乘》《文集》。

（輯自邵經邦《弘簡録》卷一七八。）

王柏傳記

王柏，字會之，金華人。祖師愈從楊時受《易》《論語》，後與朱熹、張栻、吕祖謙游。父翰，與其叔季執經朱、吕之門。柏生稟高明，抱負宏偉，少慕諸葛武侯之爲人，自號長嘯。年逾三十，始知家學之原，慨然捐去俗學以求道。與其友汪開之讀《四書》，取《論》《孟》集義，别以鉛黄朱墨，以求文公去取之意，著《論語通旨》。至「居處恭，執事敬」，惕然歎曰「長嘯非聖門持敬之道」，亟更以魯齊。

歷造楊船山、劉撝堂，而卒業北山焉。北山授以立志居敬之旨，且作《魯齋箴》勉以質實堅苦之學。有疑必從北山質之。自著《敬齋箴圖》，書出一敬字，爲日用躬行之則。夙興見廟，治家嚴飭。當暑閉閣静坐，子弟白事，非衣冠不見也。

少孤，事其伯兄甚恭。季弟蚤喪，撫其孤，又割田予之。從子佖力學有雅趣，通財遜畔，進與比居一門。佖卒，哭之慟，收合宗族，周恤扶持之。汪開之殁，爲之斂且葬焉。

四方來學者衆，隨其所學淺深，引誘啓迪，以開其適道之門。提綱疏目，折殊會一，未嘗不竭盡無餘。又編《朱子指要》示之。士大夫扣請者，每語之曰：「士生天地間，以萬物皆備之身，而不以古今自任、經綸自期者，皆自遏其躬而已。」先生愛人以德，大率類此。郡守趙汝騰、蔡抗、楊棟相繼守婺，聘主麗澤講席，台守趙景緯，又聘爲上蔡書院師。首講謝子大居敬貴躬理之旨，敷暢瑩白，聽者竦然，意融心服。雖鄉之耆德，亦執弟子禮來謁。既歸，講道于家。學子懷慕，不遠數百里相從弗置。晚年積厚養固，精强清勁，雖少壯勿逮，孜孜述作，殆不知老之將至也。咸淳十年七月一夕，方與江西來學者論學，俄倦就寢，戒弟子勿强以藥。

垂歿，整冠端坐，揮婦女出寢門，惟子姪門人侍，夷然而終。年七十有八。

其爲人，學博而義精，心平而識遠，考訂群書，如干將莫邪，所向肯綮，迎刃而解。凡朱子發端而未竟，疑而未決，與諸儒先闡明之未及者，莫不該攝融會，權衡裁斷。如論《河圖》《洛書》《九疇》《洪範》及《詩》，《大學》「格致」章、《中庸》古本，皆卓識獨見。外至天文地志、律曆井田，旁及文章字學，莫不各有論著。

所著有《讀易記》《涵古易説》《大象衍義》《涵古圖書》《讀書記》《書疑》《書附傳》《詩辨》《讀春秋記》《春秋發揮》《論語衍義》《通旨》《魯經章句》《孟子通旨》《左氏正傳》《續國語》《帝王曆數》《太極衍義》《周子伊洛指南》《朱子指要》《擬道學志》《研幾圖》《閩學之書》《文章復古》《文章續古》《濂洛文統》《文章指南》《詩可言》《紫陽詩類》《天文考》《地理考》《墨林類考》《大爾雅》《六義字原》《正始之音》《江左淵源》《雜志》《朝華集》《文集》，總數百卷。國子監祭酒楊文仲請於朝，謚曰文憲。

（輯自《萬曆金華府志》卷之十六《人物二》。）

王柏傳

王柏，字會之，瀚子也。初慕諸葛亮，自號長嘯，既而與其友汪開之著《論語通旨》，至「居處恭，執事敬」，惕然曰：「長嘯非聖門持敬之道。」亟更以魯齋。

從朱子門人遊，或告以何基嘗從黄榦得朱之傳，即往從之。基授以立志居敬之旨，且作《魯齋箴》勉以質實堅苦。柏復自作《敬齋箴圖》，一敬字日用躬行焉。夙興見廟，治家嚴飭。當暑，閉閤静坐，子弟白事，不衣冠不見也。讀書有疑，必從基質之。于《論語》《大學》《中庸》《孟子》《通鑑綱目》標注點校，尤爲精密。

少孤，事其伯兄甚恭。季弟蚤喪，撫其孤，又割田予之。從子侶力學，其卒也，哭之慟。收合宗族，周恤扶持之。汪開之没，爲之斂且葬焉。

四方來學者，必隨其所學淺深，引誘啓迪，以開其適道之門，然後提綱疏目，析殊會一，竭盡其餘，又編《朱子指要》示之。士大夫叩請者，亦語之曰：「士生天地間，以萬物皆備之身而不以古今自任、經綸自期者，皆自遏其躬而已。」郡守趙汝騰、蔡抗、楊棟相繼聘主麗澤講席，台守趙景緯復聘爲上蔡書院師。首講謝子大居敬貴窮理之旨，敷暢瑩白，聽者竦然，意融心服。雖鄉之耆德，亦執弟子禮來謁。既歸，講道于家，學子懷慕，不遠數百里相從弗置。理宗崩，率諸生製古縗服，臨于郡。

其爲人，學博而義精，心平而識遠。考訂群書，如干將莫邪，所向肯綮，迎刃而解。凡朱子發端而未竟，疑而未決，與諸儒先闡明之未及者，莫不該攝融會，權衡裁斷。其所著書不下數十種，如曰：「伏羲則《河圖》以畫八卦，文王推八卦以合《河圖》。河圖者，先天後天之宗祖也。《河圖》是逐位奇偶之交，後天是統體奇偶之交。惟四生數不動，以四成數而上下之，上偶下奇，莫非自然。」又曰：「大禹得《洛書》而列《九疇》，箕子得《九疇》而傳《洪範》。範圖之數，不期而暗合。《洪範》者，經傳之宗祖乎？『初一曰五行』以下六十五字，爲《洪範》經，『五皇極』以下六十四字爲皇極經，此帝王相傳之大訓，非箕子之言也。」又曰：「今《詩》三百五篇，豈盡定于夫子手所删之詩，容或有存于閭巷浮薄之口，漢儒取于補亡。」乃定二《南》各十有一篇，兩兩相配。退《何彼襛矣》《甘棠》歸之《王風》，削去《野有死麕》，黜鄭、衛淫奔之詩。又曰《大學》「致知格物」章未嘗亡，還「知止」章于「聽訟」之上。謂《中庸》古有二篇，誠明可爲綱，不可爲目。定《中庸》「誠明」各十一章。其卓識獨見，多此類也。

（輯自《光緒金華縣志》卷八。）

王柏傳

王柏，字會之，金華人。從何基得朱熹之傳，趙景緯守台聘爲上蔡書院師。鄉之耆德，皆執弟子禮。（《宋史·儒林傳》）

著《上蔡書院講義》，首以程門涵養須用敬，進學則在致知兩言立説。復舉上蔡所云「敬只是常惺惺法」與「夫窮理只是尋個是處」等語，開發後進。車若水、黄超然、周敬孫、陳天瑞、

楊珏、楊琦等皆出其門。（《台學源流》）

時有張頴，字達善，其先蜀之導江人。蜀亡，僑寓江左，以王柏得朱子三傳之學講道于台之上蔡書院，頴從而從業焉。潛心玩索，究極根抵，南北之士鮮能及之。（《元史·儒學傳》）

（輯自《民國台州府志》卷九九《寓賢録》。）

文憲公史傳

王柏，字會之，金華人。少慕諸葛亮爲人，自號長嘯。年逾三十，始捐去俗學，勇于求道。與其友汪開之著《論語通旨》，至「居處恭，執事敬」，惕然歎曰：「長嘯非聖門持敬之道。」亟更以魯齋。

從熹門人游，或語以何基嘗從黄榦得熹之傳，即往從之。開之没，家貧，爲之斂葬。蔡抗、楊棟相繼守婺，趙景緯守台，聘爲麗澤、上蔡兩書院師。鄉之耆德，皆執弟子禮。理宗崩，率諸生制服臨于郡。

柏之言曰：「伏羲則《河圖》以畫八卦，文王推八卦以合《河圖》者，先天後天之宗祖也。惟四生數不動。以四成數而下上之，上偶下奇，莫匪自然。」又曰：「大禹得《洛書》而列《九疇》，箕子得《九疇》而傳《洪範》。範圍之數，不期而暗合。」「『初一曰五行』以下六十五字爲《洪範》，『五皇極』以下六十四字爲皇極經，此帝王相傳大訓，非箕子之言也。」又曰：「今《詩》三百五篇，豈盡定于夫子之手？所删之詩，容或有存于閭巷浮薄之口，漢儒取于補亡。」乃定二《南》各十有一篇，兩兩相配。退《何彼穠矣》《甘棠》歸之《王風》，削去《野有死麕》，黜鄭、衛淫奔之詩。其卒，整衣冠端坐，揮婦人勿近。謚文憲。

（輯自《義烏鳳林王氏僉祠總譜》卷廿四。）

王柏傳

王柏，字會之，家族第十世，行百六八，享壽七十有八。葬于縣之婺女鄉金山塢之原。後六世孫諱迪提刑按察司簽事立碑于墓曰：文憲公之墓。配婁氏，東陽系進士諱詬之女，與夫合葬。生一子，名忕。一女，名九娘，適處州迪功郎録事參軍康道元。

（輯自《太原王氏族譜》卷二。）

王柏特贈承事郎誥

敕某，朕惟正學不明，士習頹靡，人心陷溺，稔成艱危。是用崇奬宿儒，使聞風興起。爾祖爲淳熙名流，爾遠世其家，文獻淵源，博以諸老之琢磨，養粹德深，卷道不試。從臣有請，追賁京秩。當孔棘之時，所以張四維扶世教也。詔于幽扃，服享殊渥。可。

按：柏大父師愈受學楊時，父瀚世游朱、吕之門。柏少號長嘯，年三十，始知家學之源。以長嘯非持敬之道，更號魯齋。聞何基得黄幹之傳，遂往受業。于朱熹著述，致力以求其極，律身以敬，治家以嚴，動默皆可師也。

（輯自王應麟《四明文獻集》卷五。）

王柏傳

王柏，字會之，金華人。少負志節，慕諸葛武侯之爲人，自號長嘯，思以奇策取關中。年踰三十，始知家學源緒。一日，與友汪元思讀四書，至「居處恭，執事敬」，惕然曰：「長嘯非聖門持敬之道。」亟更以魯。

每從楊船山、劉撝堂問業，船山曰北山何子恭實從黄勉齋得考亭的傳，即往受業。北山見柏喜曰：「會之真吾友也。」授以立志居敬之旨，爲作《魯齋箴》，勉以質實堅苦之學。柏自此益奮，有疑必從北山就正。每見北山歸，充然自得。北山恒稱之曰：「會之二十年工夫，勝他人四十年矣。」

（輯自何基《何北山先生遺集》卷四。）

王柏傳

王柏，字會之，金華人。氣稟雄偉，勇于求道，欲以身任天下之重。初號長嘯，一日讀書至「居處恭，執事敬」，愓然曰：「以長嘯自命，此非聖門持敬之道。」乃更號魯齋。德祐間，賜謚文憲。有《讀易記》及文集傳于世。

（輯自《古今萬姓統譜》卷四四。）

王柏傳

王柏，字會之，婺州金華人。柏號魯齋，以何基嘗從黄榦得熹正傳，即往從之，獲聞立志居敬之旨。趙景緯守台，聘爲上蔡書院師，鄉之耆德，皆執子弟禮，卒謚文獻。所著有《讀易記》《古易説》《大象衍義》《涵古圖書》《讀書記》《書疑》《書辨説》《讀春秋記》《論語衍義》《太極衍義》《伊洛精義》《研幾圖》《魯經章句》《論語通旨》《孟子通旨》《書附傳》《左氏正傳》《續國語》《濂洛文統》。

（輯自《續文獻通考》卷二〇四《道統考》。）

王柏傳

王柏，字會之，金華人。初號長嘯，後更號魯齋。受業何北山之門，郡守蔡抗、楊棟，台守趙景緯相繼聘麗澤、上蔡兩書院。四方從學者日衆。咸淳十年卒，賜謚文獻。有集。

（輯自《兩宋名賢小集》卷二百十三《魯齋詩集》前小傳，又見《宋詩紀事》卷七三。）

王柏傳

王柏，字會之，金華人。其祖師愈，先受業于龜山，復從考亭、南軒諸公遊，淵源有素。柏少慕諸葛亮，自號長嘯。年踰三十，始知家學之原，更以魯齋。聞同邑何基從黄幹得朱熹之傳，即往從之，授以立志居敬之旨，其學日粹。于是當路聘爲麗澤、上蔡兩書院師。鄉之耆德，皆執弟子禮。其卒，整衣冠端坐，弗少亂也。國子祭酒楊文仲請于朝，謚曰文憲。

（輯自《宋元詩會》卷五十。）

王柏傳

王柏，字會之，婺州金華人。號長嘯，更魯齋。嘗從黄幹得朱熹之傳，聘爲麗澤、上蔡兩書院師。謚曰文憲。

魯齋梅竹之妙不妄與人，世罕知之。

（輯自《御定佩文齋書畫譜》卷五一《畫家傳》七。）

王柏傳

王子柏，字會之，婺州金華人。氣稟雄偉，勇于求道，欲以身任天下之重。少慕諸葛亮爲人，自號長嘯。一日讀《論語》，至「居處恭，執事敬」，惕然曰：「長嘯非聖門持敬之道。」乃更號魯齋。

聞何基常從黄榦得朱熹之傳，即往從之，得聞立志居敬之旨。柏爲學堅實堅苦，有疑必從基質之。于《論語》《大學》《中庸》《孟子》《通鑑綱目》標注點校，尤爲精密。卒謚文憲。所著有《讀易記》《涵古易説》《大象衍義》《涵古圖書》《讀書記》《書疑》《詩辨説》《讀春秋記》《論語衍義》《伊洛精義》《研幾圖》《書經章句》《論語通旨》《孟子通旨》《書附傳》《左氏正傳》《續國語》《闡學之書》《文章復古》《文章續古》《濂洛文統》《擬道學志》《朱子指要》《詩可言》《天文考》《地理考》《墨林考》《大爾雅》《六義字源》《正始之音》《帝王歷數》《江左淵源》《伊洛精義》《裸誌》《周子》《發遺三昧》《文章指南》《朝華集》《紫陽詩類》《家乘》《文集》等書。國朝雍正二年，奉旨從祀，稱先儒王子，東廡第五十六位。

（輯自顧湘舟《聖廟祀典圖考》卷二。）

王魯齋先生壙誌

先生諱柏，字會之，姓王氏。大父諱師愈，事龜山先生，受《易》《論語》，後與朱文公、張宣公、吕成公三先生遊。文公謂其有本有文，德望隱然爲東州之重。簡知阜陵，親擢崇政講官，以直焕章閣致仕。父諱瀚，與其叔季執經問難考亭、麗澤之門，克世其學，官終朝奉郎，主管建昌軍仙都觀。先生其仲子也，生于慶元丁巳八月庚寅，州里世系，已見文公所作焕章墓碑，玆不著。

先生生稟高明，抱負閎偉，慕諸葛武侯之爲人，自號長嘯，欲以天下用其身。年逾三十，始知家學授受之原，慨然捐去俗學以求道。與其友人汪開之元思同讀四書，取《論孟集義》，別以鉛黄朱墨，以求文公去取之意。勉齋先生《通釋》尚闕《論語》，乃輯録精要足之，名曰《通旨》。一日讀至「居處恭，執事敬」，惕然曰：「長嘯名義非聖明持敬之道。」亟更以魯。

歷造考亭門人船山楊公、撝堂劉公而請問焉，船山語以北山何子恭父嘗從勉齋得考亭之的傳，即往從之。北山一見，曰：「會之真吾友也。」授以立志居敬之旨，且作《魯齋箴》，勉以質實堅苦之學。自是發憤奮厲，致人百己千之功。有見有疑，必從北山就正；弗明弗措，問答累數百帖。每見北山以歸，充然自得。北山每稱之，曰：「會之二十年工夫，勝他人四十年矣。」先生自謂研窮愈刻深，則義理愈呈露；涵養愈細密，則趣味愈無窮。無一書一集，不加標注，于《四書》《通鑑綱目》精之又精。一言之題，一點之訂，辭不加費而義已著明，無非發本書之精體，開後學之耳目。手圖《敬齋箴》，晝出一「敬」字，爲日用躬行之則。夙興而起，深衣見廟，進止有儀，言動有法，綜理家政，統紀斬斬，户庭闃然。御群子弟，色莊辭確，毅然不可犯。平居，酒不濡脣，食雖疏淡必潔。當暑，閉閤静坐，子弟白事，非衣冠不見也。痛先世遺書流落，多方搜拾，整比成編，曰《清風録》，各爲之題識。

幼孤，事伯兄恭敬友愛，惟恐少咈其意。中年同處，益盡和孺之樂。季氏早喪，孤寡來聚，綱維教育，一視無間，至割膏腴之田與之。從子佖剛仲力學，有雅趣，知所尊事，通財遜畔，進與比居，一門自爲師友，共學交遊，蓋甚樂也。先十年卒，先生哭之慟。收宗合族，規模宏遠，懦不自立者扶植之，貧不自立者周恤之。施于朋友亦然。元思死，率朋友斂之，欲遂葬焉，其父不從。越十餘年，父死，始得與同窆，具述其志行，請銘于北山以不朽之。見義勇爲，不計有無，今人以爲難，先生則以爲常也。四方學者，至即館之，久而不厭，隨其所學淺深，引誘啓迪，以開其適道之門。提綱疏目，析殊會一，未嘗不竭盡無餘而與之，言叩者無窮，其出愈新。又編《朱子指要》示之，不以義理之精微，爲之嚮望，欲先其近易而達乎遠大。又舉文公曰：「《大學》分明聖賢已是八字打開，今人卻向外面狂走。」此先生教人之大要法也。士大夫之仕其鄉叩請者，亦語之曰：「士生天地間，以萬物皆備之身，而不以古今自任，經綸自期者，皆自遏其躬而已。」先生愛人以德，人人皆可造大學門户。此編如千蹊萬徑，廣立堠子，使大率類此。庸齋趙公汝騰、久軒蔡公抗、平舟楊公棟來爲郡，嘆曰：「麗澤之有書院久矣，設而不作師，師之恥也。」皆以講習延聘先生，以北山未出，辭。既而部使者踵二先生之門請益力，北山亦勉先生，經始而作成之。乃精生員之選，增養士之田，條例規畫，創製器服，廣置書籍，俾諸生誦習作興于因仍積弛之後，氣象煥然一新。上蔡書院落成，台守星渚趙公景緯介平舟以書幣來聘，且俾鄉守趙公崇絢勸之駕。先生首講謝子大居敬貴窮理之訓，天台後學始得聞正學傳授之要。敷揚經旨，精粹瑩白，聽者竦然，意融心服。雖鄉之耆德，亦執弟子禮來謁，遠近聞風，莫不競勸。

理宗皇帝上賓，率諸生製古衰服，臨于郡，見者始識先生之禮，爲永式焉。先生兩正堂席，以維張世教爲重，乖逢久速，一不以累其心。歸而講道于家，書堂學子懷慕不已，不遠數百里，面講書請，往來不置。晚年積厚養固，精强清勁，雖少壯有所不逮，孳孳述作，不知老之將至。今年夏五月，感微恙，瘳已逾月，忽謂子怤曰：「吾大命不遠矣。」手書曰：有生必有死，天地之常。予已大幸，年過祖父，無德可紀，不必作墓銘行狀，平生所編述，未經有道訂正，不可輕以示人。一夕與江西學者論學，俄以倦就睡，戒子弟：弗强我藥。自是不語不食者幾旬。垂没，整衣端坐，揮婦女出寢門，惟子姪門人侍，夷然而終。時咸淳甲戌七月九日也，享年七十有八。諸生制經，行心喪禮。麗澤山長率生員赴臨天台書堂，諸生或衰絰爲位聚哭，或踰嶺阻奔赴，朝野莫不嗟惜，傷吾道之不幸也。

先生學博而義精，心平而識遠，考訂群書如干將莫邪，所向肯綮，迎刃自解。凡文公發其端而未竟，致其疑而未決，與夫諸儒先開明之所未及者，莫不該攝融會，權衡裁斷，以復經傳之舊。于《易》，則謂伏羲則《河圖》以畫八卦，文王推八卦以合《河圖》。《河圖》者，先天後天之宗祖也。《河圖》是逐位奇偶之交也，後天是統體奇偶之交也，惟四生數不動。以四成數而下上之，上偶下奇，莫匪自然。于是後天之義始明。大象者，夫子之經也。漢儒冠于爻辭之前，而後無所屬，尾于彖傳之後，而前不相承，乃倫比象經，次于彖爻二經之下。古之册書，作上下兩列，故《易》有上下經，非以上下各自爲先後，合而觀之，自有精義。夫子作十翼，不應自著。「子曰」字其亦《中庸》之「子曰」乎？是殆子思參考夫子之言而著爲二書。于書則謂大禹得《洛書》而列九疇，箕子得九疇而傳《洪範》。範圖之數，不期而暗合。《洪範》者，古今經傳之宗祖乎？定「初一曰五行」以下六十五字爲《洪範》經，「五皇極」以下八十四字，爲皇極經。先儒謂此乃帝王相傳之大訓，非箕子之言是也。于《詩》，則謂今之三百篇，豈盡天子之三百篇乎？所删之詩，容或有存于閭巷浮薄之口者，漢儒概謂古詩，取以補亡耳。乃定二《南》各十有一篇，還兩兩相配之舊，退《何彼穠矣》《甘棠》歸之《王風》，削去《野有死麕》。若風、若雅、若頌，亦必辨其正變，次其先後，黜鄭、衛諸淫奔之詩，定爲經傳若干篇。于《春秋》，則謂文公雖無成書，而門人纂記，固已一洗歷代穿鑿之陋，乃輯爲《發揮》，以明《春秋》大義。于魯經，則謂聖人之言行，萬世之大經也。曰語曰子，不得與二帝三王之書並列。理宗皇帝命陞《論語》爲經，前是時講官毅齋徐公請錫名《魯經》，詔國子監奉行，與六經並，宰相指爲迂闊，不行。先生上承理皇光闡斯文之盛意，屬辭聯事，集爲《魯經章句》，以《大學》《中庸》《孟子》爲之傳，且訂《大學》「致知格物」章之未嘗亡，還「知止」章于「聽訟」之上。謂《中庸》古有二篇，誠明可爲綱，不可爲目，定《中庸》「誠明」各十一章。其他正錯簡、明舊旨，未易悉數。《通鑑綱目》書法凡例不傳，極力搜訪，得諸天台趙氏，鋟之梓。又考《通鑑》之初語，即《外傳》之終語，知司馬公未嘗不拳拳于《外傳》，增加本末，附之論辯。首以魯經，終于五代，爲《續國語》。外至天文地志、律曆井田，旁及文章字學，莫不各有論著，沿流溯源，會歸至理。所著述有《文集》七十五卷、《讀易記》《讀書記》《讀詩記》各十卷、《讀春秋記》八卷、《論語衍義》七卷、《太極衍義》一卷、《伊洛精義》一卷、《研幾圖》一卷、《魯經章句》三十卷、《論語通旨》二十卷、《孟子通旨》七卷、《書附傳》四十卷、《左氏正傳》十卷、《續國語》四十卷、《閫學之書》四卷、《文章續古》三十五卷、《文章復古》七十卷、《濂洛文統》二百卷、《擬道學志》二十卷、《朱子指要》十卷、《詩可言》二十卷、《天文考》一卷、《地理考》二卷、《墨林類考》十六卷、《大爾雅》五卷、《六義字原》二卷、《正始之音》七卷、《帝王曆數》二卷、《江左淵源》五卷、《伊洛指南》八卷、《雜志》二卷、《周子》二卷、《發遺三昧》三十五卷、《文章指南》十卷、《朝華集》十卷、《紫陽詩類》五卷、《家乘》五十卷。

嗚呼，證古難也，復古尤難也；明道難也，任道尤難也。朱、張、吕三先生同生于一時，皆以承濂洛之統爲身任者也。張、吕不得其壽，僅及終身，經綸未展，論著靡竟，獨文公立朝之時少，居閑之日多，大肆其力于聖經賢傳，刊黜《詩》《書》之小序，紹復《易》《春秋》之元經，定著《論語》《孟子》《中庸》《大學》之章句，以立萬世之法程。北山、魯齋二先生同生于一鄉，亦皆以續考亭之傳爲身任者也。北山深潛沖澹，精體默融，志在尚行，訒于立言。魯齋通睿絶識，足以窮聖賢之精藴；雄詞偉論，足以發理象之微著。稔于北山講貫之素，精于有體有用之學，進有可行之具，退有可藏之資。倘得時達道，則陳善閉邪，正心立極，豈不足以表儒效之卓！顧乃僅正麗澤聖則之皋比，陋巷堅坐，名聞益彰。近臣列其行義于朝，朝下郡守録所著書來上，先生不以出。迨嗣皇訪落，方有倚重耆碩之議，而先生已不及聞矣。一時之勳業有限，萬世之道學無窮。先生憫聖經之寖湮，憂聖學之無傳，上自羲畫，下逮魯經，莫不索隱精訂，以還遺經之舊，以承考亭之志，確乎其任道之勇也！或者乃謂經以講解辯訂而明，亦以釐析類合而陋。吁，是何言也！昔吾夫子之于詩書禮樂也，以其殘缺散逸之餘，經之綸之，然後各得其所，若但踵故襲訛，一無沿革，則亦無事于删之正之矣。矧先生一更一定，皆有授證，一析一合，不添隻字，秩秩乎其舊經之完也，炳炳乎其本旨之明也，而亦何陋之有哉！先生題《春秋發揮》曰：「吾夫子以大公至正之心，立百王之大法，千五百年爲諸儒刻鏤幾碎，至是始完且明，豈非天乎？朱子于諸經縷析毫分，殆無遺義，獨于《春秋》以渾然得夫子之心，是亦天也。」即先生之言可以知先生之心，後之君子因其詳于訂而未輕于復，取而約之，勒成一代之巨典，以垂萬世之成憲。唐、虞、夏、商、洙泗之書至我朝而大完；堯、舜、禹、湯、文、武、周、孔之道至我朝而大明，溯其所自，先生之功偉矣。則摭其言行以詔方來，詎可略歟？其配樓氏，先二十七年卒，葬金華縣婺女鄉金村之懷原。至是始定同兆，圖其主向廣狹淺深之宜，就其子恷貽書其友葉由庚曰：「今秋欲營藏身之所。」誦「百年同逆旅，一壑我平生」之句，深有感焉。此地得之天賜，日者皆不許，亦任之耳。非人著力得，未祝順天所命，以保耆壽，實訣友絶筆也。甫届秋而先生夢奠矣，其誠精明達蓋如此。恷遵遺戒，以其終之年十有一月甲申，奉先生之柩合葬樓夫人之壙。一子，即岱，一女，適迪功郎處州録事參軍康道元，及期而嫠，秉志弗渝。岱以治命，不求誌銘，俾由庚叙次歲月梗概。由庚登門受教不爲不久，未能得其遠者大者，何足以表章盛德。門人謂先生進而不獲施之于時，退而所以傳之于後者，或無考焉，是則吾黨之罪焉耳。矧子四十年從游，知之爲深，其何可辭。乃爲具論言行本末，大致如此，而不自知其昧于識壙之體也。請刻而納諸幽，留其副于家，以俟異日太史氏之採擇云。

（輯自《金華叢書》本《魯齋集》附録。）

附録三　相關評論

祭魯齋先生文

金履祥

維咸淳十年歲次甲戌，十一月癸酉朔，越十日壬午，門人金履祥謹以清酌庶羞之奠，昭告于先師魯齋先生堂長聘君王公之靈，曰：

文運重明，鼎盛乾淳，集厥大成，越維考亭。考亭之亡，道散四方，鼇峰之傳，北山之陽。猗歟先生，世際淵源，考亭上有，一二編參。卒于北山，師資就正，有的其傳，立志居敬。方其少年，英邁無前，議取秦關，俯視中原。及既聞道，悉斂豪英，克己似顔，弘毅似曾。攻堅鈎深，高視旁通，即事即物，無理不窮。論定諸經，決詖放淫；辨析群言，折衷聖人。究其分殊，萬變俱融，會諸理一，天然有中。見其全體，靡所不具，庶其大用，隨其舉措。表裡輝映，動止準繩，山立時行，肅然衆人。日晶霜潔，玉栗金精，内明外齋，閨門朝廷。遇事理棼，神運權稱，如有用我，風飛雷興。出其緒餘，施諸造成，皐比所至，鳶魚高深。孰是人斯，而不用世，晚益油然，行藏無意。廟堂群賢，明揚薦聞，元祐訪洛，伊川弓旌。如何昊天，不相斯文！如何先生，乃夢奠楹！隱居求志，行義達道，有如先生，乃隱弗耀。嗚呼哀哉！履祥登門，今二十春，轉迷起弱，弘偏矯輕。進之北山，館我歲寒，施及其徒，鱗次朋升。昔我大故，貧不克葬，先生賙之，復視其壙。引義返正，師訓有嚴，始拘謬忩，卒踐師言。瀰養拓充，雖未克稱，環堵飧蔬，罔敢越隕。勉我力學，以大發揮，方其卒業，遠遊來歸。時夏請益，至已微疾，爲我坐言，不踰其則。謂喜介寧，竟聞淵冰，哀我兹今，有問無徵。我思儀則，儼其如在，豈聞先生，而容有改！九二剛中，而不見龍，我懷先生，亦哀道窮。斯文不磨，先生不亡，侑奠以辭，監我哀恫。嗚呼哀哉，尚饗！

（輯自《仁山集》卷三。）

奉焚黄告魯齋文

金履祥

維德祐元年七月庚午朔，越十日戊子，門人金履祥等，敢昭告于先師魯齋先生特贈承事王公之靈：

朝廷以外患孔棘，叛降接踵，棄君親而遁者，雖宰執、侍從，自負崛强，或不免焉。是謂正學之故，思得先生剛明正大之賢，挽回世道。而不可復作，是用追贈京秩，以寓求賢不及之意，使聞風者莫不興起也。節惠異數，次第舉矣。諸公以履祥逮事先生，俾奉燎黄，致告几筵。先生不亡，其體朝廷所爲表章風厲之意，尚歆受之。謹告。

（輯自《仁山集》卷三。）

又率諸生祭魯齋先生文

金履祥

維咸淳十年歲次甲戌，十一月癸酉朔，越十日壬午，門人金履祥等請以清酌庶羞，敬祖奠于先師魯齋先生王公之靈，曰：

嗚呼！天其以殿斯文之傳也歟？而吾益有感于世道之變也。蓋其禀剛大之氣，高明之資，固一世之偉人，寧百年之幾見也。方其抱膝長嘯，熟窺天下之大勢，南北之治亂，議將因蜀取秦，以俯拾中原，如建瓴之便也，惜也而不獲用于竇、紹、端平之旦也。及其中年，斂邁世之豪，慕曾子之貫，窮格事物，會一于萬，勇詣旁搜，巨細無間。意其經世綜物，必雷行而日焕也。迨其晚年，德成而意精，養至而仁慣。有不動聲色而措諸事業，有潛移而默轉者。然慨其憂世之心，已不勝悠然樂天之分矣。雖譽望之日高，與群公之交薦，于先生了無與焉，獨可憐夫信者之尼，與忌者之訕也。肆今天子之訪落，視見大夫而若憾之。疇咨于公府，起先生以講勸，而不知翛然長往，已不疾而夢奠也。嗚呼！望其人，如泰山之巖巖，如秋霜烈日，不可狎玩也。讀其書如日月之爲光，雷霆之爲威，如霜風之爲勁也。孰局天地之至寶，而終藏深山大澤之畔也！吁，此吾所以深嗟痛哭，有感于世道之變也歟。然自朱、黄之日遐，屬北山其浸遠，歸靈光之獨存，耿晨杓其明峻，天以爲斯文之殿矣，何一朝而遽殞邪？噫！是殆未可以近論也。蓋自儒先猶有未竟之言，而近年浸有不一之見。先生執明睿之高標，以義理而剛斷；開圖書之妙機，辯風雅之淫攙；析群言之糾紛，分諸書之經傳。信大業之規模，駭里耳之聞聽。聖賢復起，不易吾言，又安知其非天之所建也？嗚呼遠矣！始自履祥之登門，繼率朋從而旅見，涵古歲寒之清幽，耳濡目浹之觀感，蓋均蒙追琢之盛心，亦俱恨卒業之猶晚也。今也先生，不可復見矣！曾歲月之幾何，又靈車之將擲也。兹諸生之畢來，敬祖庭以侑奠，非敢獨哭其私，而於世道斯文爲是慟哭而永嘆也。悠悠斯世，知德者鮮矣，惟神魄之陟降，尚回翔其一監也。嗚呼哀哉，尚享！

（輯自《仁山集》卷三。）

告魯齋先生謚文

金履祥

維歲次己丑十月辛亥，門人金履祥等，敢昭告于故贈承事魯齋先生文憲王公：

竊惟先王之制，生有爵以攄其德，歿有謚以表其行。是皆命于天子，而太史定其賜，小史讀其誄。幼而不誄長，賤而不得誄貴，諸侯不得私相爲謚。至春秋之世，則國自謚矣，然卿大夫之謚，猶命于其國之君。若夫生不能用，死而誄之，子貢猶譏其非禮。下至漢、晉、隋、唐，德或不見用，爵或不稱德，于是清議在下，而朋友門人始私謚其師，若陳文範、陶靖節、王文中、孟德曜之倫是也。横渠子張子之喪，關中學者欲以「明誠中子」謚之，而温公以爲非古。然則上遵朝廷已定之命，而下伸門人清議之公，此豈非古今之通義，而禮意之兼得者乎？伏惟先生稟剛明高大之操，躬格致服行之學，真傳的緒，高視旁通。其功力宏拓，足以濟世綜物；其著述規爲，足以解棼立度。雖道足經綸，而遠厭進取；雖名播縉紳，而安老陋巷。咸淳癸酉，侍從有列薦之章，迨至甲戌，先朝有特詔之義。先生固未必起也，而適不幸以卒，朝野惜之。于是國子祭酒楊公文仲等，列請于朝，乞謚北山何先生，追贈先生，仍乞一體賜謚。公朝敷奏，特贈承事郎，仍同賜謚。事下太常，以一德一心、踐行不爽，謚北山曰「定」；以廣聞多能、行善可記，謚先生曰「憲」。事上得可，以劄付其家照應矣。然北山生有累命之爵，故謚告即下；先生歿有始贈之命，誥贈先下。又以一字之謚，乃七先生節一之例，而文公師生上自羅、李，下迨黄、陳，例從二謚，上悉連文，所以明一原，盡聚美也，故再加北山曰「文定」，已形告詞，再加先生曰「文憲」，將頒後命。而警告日急，大勢阽危，禮文之事未遑，變故之來已極。自爾以後十餘年，故舊凋零，生徒散佚，大懼某等一旦淪胥，上未能竟先朝之再命，下無以表清議之同尊，鬱而弗彰，無補世道。夫以先生盛德，追崇之禮，異世同符，固非有待。然近代門人私謚其師，初非有待于請也，况有前朝之遺命乎？謹依省劄謚「憲」之明文，述朝旨加「文」之餘意，敬謚先生曰「文憲」，改題墓道之碑，式昭崇德，允終節惠，興起方來，永遠無斁。惟先生之神，尚歆受之。敢告。

（輯自《仁山集》卷三。）

魯齋先生文集目後題

金履祥

右魯齋先生《王文憲公文集》，今所編次其第録如上。初，公之大父焕章公，與朱、張、吕三先生爲友，父仙都公早從麗澤，又以通家子登滄洲之門。公天資超卓，未及接聞淵源之論而早孤。年長以壯,謂科舉之學不足爲也,而更爲文章偶儷之文;又以偶儷之文不足爲也,而從學于古文詩律之學,工力所到,隨習輒精。今存于《長嘯醉語》者,蓋存而未盡去也。公意不謂然,因閲家書而得師友淵源之緒叙,間從撝堂先生劉公、船山先生楊公、克齋先生陳公考問朱門傳授之端,而于楊公得聞北山何子恭父之名,于是尋訪盤溪之上,盡棄所學而學焉。黜浮就實,攻堅研深,間因述所考編以求訂證,謂之《就正編》。迨至端平甲午,學成德進,粹然一出于正。自是以來,一年一集,以自考其所進之淺深、所論之精麤。自甲午至癸卯,凡五卷,謂之《甲午稿》。其後類述倣此:《甲辰稿》二十五卷、《甲寅稿》二十五卷、《甲子稿》二十五卷。其雜著成編者:《論語衍義》七卷、《涵古圖書》一卷、《研幾圖》一卷、《詩辯説》二卷、《書疑》九卷、《涵古易説》一卷、《大象衍義》一卷、《太極衍義》一卷。其餘編集不在此數也。其程課交際、出處事爲、著述前後,則見于《日記》。履祥又嘗集公與北山先生來往問答之詞爲《私淑編》。咸淳甲戌七月九日,公殁。書藏于家,後又分藏他所。丙子以後,散失幾亡。某切獨惟念,自淳祐乙酉得侍函丈,自是以來,無日不陪書册几杖之右。凡有詩歌,間得次和;及有論著,首得披觀。故于諸書具得本末。一時多事,不料散逸。比年以來,收訪裒録,未之多得。迨己丑、庚寅之間,天相斯文,募得諸稿之全,其他著述,雖間逸亡而未盡喪也。于是與同門之士,相與紬繹諸稿,各以類聚,其他雜著卷帙少者,用《朱子大全集》例,亦各附入。《就正編》《大象衍義》,北山先生亦俱有答語,與履祥所集《私淑編》,當依《延平師友問答》之例，别爲一書。但「大象」乃公所拈出，謂爲夫子一經，故其《衍義》亦自入集。《講義》雖嘗刊于天台而未盡聞，其再講者，今皆入集。古者有圖有書，自《易大傳》以後，書存而圖亡。公嘗因《先天圖》之出與《太極圖》之作，謂圖學中興，故公建圖亦多，今亦立門編入云。

（輯自《仁山集》卷三。）

華之高壽魯齋先生七十

金履祥

華之高，美王子也。于是子王子七十而獻是詩也。

金華之高，其色蒼蒼。維華降神，生何及王。維王及何，文公孫子。天子是師，斯文之紀。翼翼王子，教行于東。思樂東州，舞雩之風。東人之子，其來秩秩。是追是琢，是進是服。有車班班，有來自東。子曰予耄，落此新宫。新宫巖巖，佩玉翩翩。毋曰予耄，而將閉關。自古在昔，聖賢有作。七十之齡，德烈方恪。于時阿衡，一德之書。于時尚父，猶蟠之居。于時宣尼，從心不踰。六籍是正，三千其徒。百里何爲，亦顯其君。武公九十，懿戒維新。屹屹王子，三壽作朋。視彼霸侯，曾是足論。嵬嵬王子，我人所宗。維北有斗，維岱在東。亹亹王子，毋遏來學。是潔是進，亦審亦度。毋信其言，省其退私。毋晦其明，而左右咨。明明天子，宅此四國。瘖寐幽人，旌旄幣帛。北山之陽，其及王子。毋然遁思，孤我帝祉。帝心孔翼，帝民孔棘。盍濬其源，而沛其澤。穆穆王子，毋靳爾猷。以永斯文，邦家之休。吉甫作頌，其詩孔陋。相彼兕觥，以介眉壽。

（輯自《仁山集》卷一。）

魯齋箴

何基

王子會之名其齋曰「魯」，既爲記以自警，復俾其友人何基仲恭父作箴揭之。基謂王子非魯者也，而自以爲魯，豈不以昔者曾子之在孔子，見謂爲魯，而一貫之妙獨參得之，蓋將從事于篤實堅苦之學，以收曾氏之功也與？其志可謂遠矣。乃爲之箴曰：

惟人之生，均稟太極。萬理森然，成其物則。知覺虚靈，是謂明德。或蔽而昏，則由氣質。曷開其明？曷去其塞？復其本然，惟學之力。昔者子輿，萬世標的。始病于魯，竟以魯得。匪得于魯，實學之績。確固深純，精察嚴密。稽其用功，有始有卒。履薄臨深，是警是飭。日省者三，猶懼或失。講辨聖門，是纖是悉。戰戰兢兢，寸累銖積。誠明兩進，敬義偕立。一唯領會，萬理融液。彼達如賜，乃弗能及。孰謂參魯，收功反亟。卓哉王子，追蹤在昔。有扁斯名，朝警夕惕。勿病于魯，謂質難易。勿安于魯，謂思無益。由魯入道，有曾可式。氣質之偏，則懲則克。義理之微，則辯則析。知行兼盡，内外交迪。確乎其志，前哲是述。人十己千，明乃可必。從而上達，則在不息。滅裂鹵莽，乃吾自賊。歸咎于魯，豈不大惑？我作斯箴，侑坐是勒。勿貳爾心，服膺無斁。

（輯自《何北山先生遺集》卷一。）

魯齋像贊

范　幹

學貫天人，道原洙泗。得北山之正傳，寔考亭之嫡嗣。折衷百家之言，發揮千古之秘。辨義利似是之非，析物理秋毫之細。周旋禮法之中，步趨高明之地。著書滿家，師表百世。堂堂乎雄偉之姿，浩浩乎剛大之氣。身雖終于隱淪，志則存乎經濟。顧末學之晚生，緬淵源之所自。敬仰德容，載惕載厲。洪武癸亥臘月既望，范幹齋沐謹贊。

（輯自《金華叢書》本《魯齋集》卷十《補遺》。）

節録何王二先生行實寄史局諸公

吴師道

魯齋先生王柏，字會之，婺州金華人。大父崇政殿説書師愈，從楊文靖公受《易》《論語》，既又從朱文公、張宣公、吕成公遊。父朝奉郎主管建昌軍仙都觀瀚，兄弟皆及朱、吕之門。朱子銘崇政公墓，又有《寧庵記》，瀚請爲公墓、祠作也。先生少慕諸葛亮，自號「長嘯」。年逾三十，始知家學之原。與其友汪開之同讀《四書》，取《論》《孟》集義，别以鉛黄朱墨，求朱子去取之意。以勉齊黄公《通釋》尚缺答語，約《語録》精要足之，名曰《通旨》。一日，讀「居處恭，執事敬」章，惕然曰「長嘯非持敬之道」，亟更以「魯」。歷從朱子門人游，獨楊公與立告以北山何基子恭學于勉齋，得朱子傳，宜往從之。既見，授以立志居敬之旨，爲作《魯齋箴》。自是發憤奮厲，諸書無不摽抹點校，《四書》《通鑑綱目》則尤著者也。嘗謂古人左圖右書，後世圖學幾絶，作《研幾》七十餘圖，《敬齋箴》，以日用從事。夙興見廟，治家嚴飭，閉閤清坐，子弟白事，非衣冠不見也。幼孤，事伯兄甚恭。季弟早喪，撫其孤，割腴田與之。愛從子佖賢，與共學並居。開之死，爲斂其葬。凡宗族交友，恩意周盡。四方來學者，隨其淺深啓誘之，尤以《大學》爲首教。蔡公抗、楊公棟相繼守婺，趙公景緯守台，禮爲麗澤、上蔡兩書院師，鄉之耆碩皆執弟子禮。理宗崩，率諸生制服，臨于郡。既歸，講道于家，著撰益精富。作《易圖》，推明《河》《洛》先、後天之秘。曰：「伏羲則《河圖》，推一陰一陽之義，畫出奇偶，皆因自然之勢而生八卦。文王則《河圖》，卻因已定之卦，推其交合，乃求畫之圖而易位置。《河圖》者，先、後天之祖宗乎！」「大禹得《洛書》而别九疇，箕子得九疇而傳《洪範》。《洛書》之數四十有五，而《洪範》之經，推其事五十有五，與《河圖》之數不期而暗合。箕子之傳，又推而倍大衍之數。《洪範》者，經傳之祖宗乎！」又曰：「《洛書》之所以則《河圖》者，何也？《洛書》以《河圖》生成之數並位，此其大意也；以二四易置于東西，以七九易置于西南，此其妙機也。惟如此，而後縱横相對皆十，于是陽居正而陰居偏矣。後天之所以則《河圖》者，《河圖》是逐位奇偶互交，後天是統體奇偶之交，惟四生數不動。以四成數而下上之，則偶在上而奇在下矣。」「『初一曰五行』以下六十五字，《洪範》經也；『五皇極』以下六十四字，皇極經也。此帝王相傳之大訓也，非箕子之言也。《洪範》『五皇極』居中，一六、二七、三八、四九相並，有並義焉；一九、三七、二八、四六相對，有對義焉。箕子所陳，事證相感，舉一隅也；今三從一衡取義，亦舉一隅也。」于《詩》則謂：「今三百五篇，豈盡夫子之舊？漢初諸儒，各出所見足之。夫子所删，容有存于閭巷浮薄之口者。」乃以二《南》各十有一篇，兩兩相配，退《何彼穠矣》《甘棠》于《王風》，而削去《野有死麕》。鄭、衛淫奔諸篇，皆當在所削也。于《春秋》「元年春王正月」，則曰：「杜征南注：『隱公之元年，周王之正月。』明白有典則矣。豈有魯國之史，不用周正，而用夏正？

是不奉正朔也。聖人義精理明，無其位而輒改正朔，悖莫甚焉。二百四十二年之間，四時之序常紊，聖人欲行夏之時，正以此也。先儒謂周正非春，是矣；謂假天時以立義，則非也。」又謂「《大學》『致知』章未嘗亡」，還「知止」章于「聽訟」之上。謂「《中庸》古有二篇，《誠明》可爲綱，而不可爲目。」于《論語》則謂：「聖人言行，萬世大經，曰語曰子，顧不得與帝王之書並。」理宗時，講官徐僑膽嘗請錫名《魯經》，有詔奉行，時議迂之而止。于是爲《魯經章句》，以《大學》《中庸》《孟子》爲之傳。其獨見卓識，多此類也。咸淳十年五月，微疾，手書付其子，忒曰：「吾不遠矣。」七月某甲子，整衣冠端坐而逝，年七十有八。國子祭酒楊公文仲請于朝，贈承事郎，賜謚文憲。傳其學者，仁山金履祥、導江張頦也。宋季，近臣嘗言其學行于朝，下郡録所著書，先生不以出。有《讀易記》《讀書記》《讀詩記》各十卷，《讀春秋記》八卷、《論語衍義》七卷、《太極圖衍義》一卷、《伊洛精義》一卷、《研幾圖》一卷、《魯經章句》三十卷、《論語通旨》二十卷、《孟子通旨》七卷、《書附傳》四十卷、《左氏正傳》十卷、《績國語》四十卷、《闖學之書》四卷、《文章續古》三十卷、《文章復古》七十卷、《濂洛文統》二百卷、《擬道學志》二十卷、《朱子指要》十卷、《詩可言》二十卷、《天文考》一卷、《地理考》二卷、《墨林考》十六卷、《大爾雅》五卷、《六義字原》二卷、《正始之音》七卷、《帝王歷數》二卷、《江左淵源》五卷、《伊洛指南》八卷、《涵古圖書》一卷、《詩辯説》二卷、《書疑》九卷、《涵古易説》一卷、《大象衍義》一卷、《雜志》二卷、《周子》一卷、《發遣三昧》二十五卷、《文章指南》一卷、《朝華集》十卷、《紫陽詩類》五卷、

《文集》七十五卷、《家乘》五十卷。又有親校刊刻諸書，無不精善。比年婁屢燬，散落已多，存者或秘而不傳，然其磊落光明者，固已足于世矣。

（輯自吴師道《禮部集》卷二十。）

王魯齋先生父仙都公瀚所書碩畫後題

吴師道

古人之用天下，其考觀成敗得失毫髮不差，而圖畫之方，設施之序，未嘗不豫定于胸中，不然則不能以有成矣。魯齋先生之父仙都公嘗手書武侯見先主下至寇萊公出師澶淵八九條，名之曰《碩畫》，皆南北分隔之時，攻取制勝之策。公自有所見，非後學所能識也。嘗聞魯齋早慕武侯，熟窺天下之勢，議因蜀取秦，以俯拾中原。今此《畫》首武侯，是亦家庭講聞之一驗，惜乎其俱不得試也。所謂攷觀而定素者，徒見于此而已。揚雄《諫止單于朝書》有「石畫」字，鄧展云「石，大也」，則與碩通。公當是取此。

（輯自吴師道《禮部集》卷十七。）

仙都碩畫

魯齋先生之父仙都公嘗手書武侯見先主及寇萊公出師澶淵共九條，名曰《碩畫》。魯齋自題識于後，吾鄉諸名賢俱有跋語。許白雲云：可見公之父子抱經濟之具而不及施。吴師道云：嘗聞魯齋早慕武侯，熟窺天下之勢，因蜀取秦，以俯拾中原，是亦家庭講論之一驗，惜乎俱不得試也。

（輯自康熙《金華縣志》卷七。）

仙都公所與子書魯齋公時方七歲

吴師道

魯齋先生之學，世有自來矣。先生大父崇政講書、直煥章閣致仕諱師愈，早事龜山楊公，後又從朱、張、吕三公遊，朱子誌墓，稱其有本、有文者也。父朝奉郎、主管仙都觀諱瀚，執經朱、吕之門，克世其學。此其所與子書，莫非小學書《少儀》、外傅之旨也。先生生慶元丁巳，嘉定辛未甫及大學之年，而仙都公卒，所謂「未及聞《詩》、《禮》之訓」者，指此也。先生負才英偉，少即欲以天下用其身，年逾三十，始知家學授受之原。一日，讀《論語》「居處恭，執事敬」而有警，歷叩考亭門第，卒得北山爲之歸焉。夫其養蒙于涵濡之素，而就正于一變之餘，則賢父兄、嚴師友之功，豈可少哉！輒因是帖，妄論先生德業之所以成，庶幾學者知所慕效云爾。

（輯自吴師道《禮部集》卷十七。）

可言集考

方回

《可言集》前後二十卷，金華魯齋王公柏字會之之所著也。魯齋生慶元當年丁巳。祖師愈，嘗登龜山之門，後與朱、張、吕三先生交，仕至中奉大夫直焕章閣，爲乾淳名卿，文公銘墓。父瀚，師吕，亦逮事朱，仕至朝奉郎，主管建昌軍仙都觀。魯齋年十五喪父，初自號長嘯，其詩文曰《長嘯醉語》。紹定己丑，年三十三矣，始棄科舉之學，見撝堂劉公炎。端平甲午，以長嘯爲非持敬之道，改號「魯齋」。二年乙未，見船山楊公與立，始聞北山何公基之名而見焉。基字子恭，勉齋黄公高弟，遂北面師之。平生著述精確峻潔，鑽研文公諸書良苦，足爲勉齋嫡孫無忝也。咸淳甲戌九月九日卒，年七十八。

此集專以評詩，故曰《可言》。前集七卷：一二三卷，取文公文集、語録等所論三百五篇之所以作，及詩之教、之體、之學而及于騷。四五六七卷，取文公所論漢以來至宋及題跋近世諸公詩，皆顛撲不破之説也。後集十三卷，各專一類，而論其詩者二十三人：曰濂溪、曰横渠、龜山、羅豫章、李延平、徐逸平、胡文定、致堂、五峰、朱韋齋、劉屏山、潘默成、吕紫微、曾文清、文公、宣公、成公、黄穀城、黄勉齋、程蒙齋、徐毅齋、劉篁嶸、劉漫塘。附見者五人：曰劉静春、曾景建、趙章泉、方伯謨、李果州。其第十五卷本是續集一卷，專取漢唐山夫人房中樂，然則其立論可謂嚴矣。予嘗私評章泉詩當在漫堂上，欲出其精者别出示人，近人能無及者，顧此亦未足泥。

文公、成公于「思無邪」各爲一説，前輩謂之未了公案。「《詩》三百，一言以蔽之，曰『思無邪』」，自古及今，皆謂作詩者思無邪，文公獨不謂然。《論語集注》謂「凡詩之言善者可以感發人之善心，惡者可以懲創人之逸志」。觀此固已謂詩之言有善有惡，作詩之人不皆思無邪矣，猶未太痛快也。文集第七十卷《讀東萊詩紀》乃有云：「孔子之稱思無邪也，以爲《詩》三百篇勸善懲惡，雖其要歸無不出于正，然未有若此言之約而盡者耳。非以作詩之人所思皆無邪也。」今考東萊所説，見《桑中》詩後，謂詩人以無邪之思作之，學者當以無邪之思讀之。文公則辨之曰：「彼雖以有邪之思作之，而我以無邪之思讀之。」二公之説不同如此。又雅鄭二字，文公謂《桑中》《溱洧》即是鄭聲、衛樂，二雅乃雅也。成公謂《桑中》《溱洧》亦是雅聲，彼桑間濮上已放之矣。予嘗詳録二先生異説于思無邪章。今魯齋但紀文公之説，而不紀成公之説。雖引成公《讀詩記》所説十有三條，而《桑中》詩後一條不録，無乃以文公之説爲是耶？别見魯齋詩説，則謂：今之三百五篇，非盡夫子之三百五篇乎？秦法嚴密，詩豈獨全？竊意删去之詩，容有存于里巷浮薄之口，漢儒病其亡逸，槩謂古詩，取以足數。小序又文以他辭，而後儒不敢議。欲削去淫奔之詩三十有二，以合聖人放淫之大訓。予晚進，未敢據從。竊謂《桑中》《溱洧》，非淫奔者自爲之詩，彼淫奔者有此事，而旁觀之人有羞惡之心，故形爲歌咏，以刺譏其醜。譬如今鄙俚，如賺，如令，連篇累牘，形容猥邪之語，無所不至，豈淫者自爲之乎？旁觀者爲之也。文公以淫奔之詩出于淫奔者之口，故不惟不信小序，而大序「止乎禮義」之言，亦致疑焉。蓋謂《桑中》《溱洧》等作，未嘗止乎禮義也。予妄意以爲採詩觀風，詩亦史也。鄭衛之淫風盛矣，其國豈無君子者與？好事者察見其人情狀，故從而歌咏之。其所以歌咏之，蓋將以揚其惡，雖近乎戲狎，而實亦足以爲戒也。文公以爲淫奔者自爲是詩，則其人亦至不肖，太無恥矣，惡人之尤也，聖人何録焉？成公謂：詩，雅樂也，祭祀朝聘之所用也；桑間濮上之音，鄭衛之樂也，世俗之所用也。《桑中》《溱洧》諸篇，作于周道之衰，雖已煩促，猶止于中聲。孔子嘗欲放鄭聲，豈有删詩示萬世，乃收鄭聲以備六藝乎？此説不爲無理。而文公則謂：《鄭風》《衛風》若干篇，即是鄭衛；《大雅》《小雅》若干篇，即是雅。二《南》正風，房中之樂也，鄉樂也。二《雅》之正，朝廷之樂也。商周之《頌》，宗廟之樂也。變雅無施于事，變詩特里巷之歌謠，必曰三百篇皆祭祀朝聘之所用，則未知《桑中》《溱洧》之屬，當以薦何等之鬼神，接何等之賓客耶？予謂此二説者，内翰尚書王公應麟與予屢商略之矣。作詩不必皆思無邪，讀詩則當思無邪，文公之説也。做詩之人、讀詩之人兩皆思無邪，成公之説也。因是遂辨雅鄭二字，而及于三百篇，或用爲樂，或不用爲樂，三節不同，所以謂之未了公案，學者不可不細考也。予考十家所裒詩話，始于胡苕溪，博也；終于王魯齋，約也。欲學詩者觀是足矣。

（輯自方回撰《桐江集》卷七。）

王文憲公

公諱柏，字會之，號魯齋，金華人。祖崇政殿説書師愈，從楊龜山受《易》《論語》，後與朱子、張南軒、吕東萊游。父瀚，字伯海，朝奉郎，與弟治漢皆及朱子之門，克世其學。公生稟高明，抱負閎偉，少慕諸葛武侯爲人，號長嘯。年踰三十，始知家學授受之源，捐去俗學以求道。讀《論語》至「居處恭，執事敬」，惕然曰：「長嘯非聖門持敬之道。」急更以魯。楊船山語以何北山從黄勉齋受朱子之學，即往從之。北山授以立志居敬之旨，作《魯齋箴》以勉之。發憤奮厲，致人一己百之功，有疑必就北山質之。自謂研窮愈刻深，則義理愈呈露，涵養愈細密，則趣味愈無窮。于《論語》《大學》《中庸》《孟子》《通鑑綱目》標注點校精之又精，作《敬齋箴圖》，畫出一敬字，爲日用躬行之則。夙興而起，深衣見廟，進止有儀，言動有法，御群弟子色莊詞確，子弟白事，非衣冠不見。痛先世遺書流落，多方搜拾，整比成編，曰《清風録》。

幼事伯兄友愛備至，季氏早喪，撫育孤寡，一視無閒。收宗合族，懦者植之，貧者恤之，施于朋友亦然。四方學者至，即館之，引誘啓迪，叩者無窮，而其出愈新。又編《朱子指要》示之，先其近易而達乎遠大。士大夫仕其鄉叩請者，亦告之以古今自任、經綸自期。郡守趙公汝騰、蔡公抗、楊公棟，皆聘主麗澤講席。先生以北山未出，辭，北山敦勉之，乃應聘，而麗澤氣象一新。仍應台州守趙公景緯之請，主上蔡書院。天台後學始聞正學授受之要，雖鄉之耆德，亦執弟子禮來謁。理宗上賓，率諸生製古衰服臨于郡，見者始知先王之禮爲永式焉。晚年積厚養固，精强清勁，孜孜述作，不知老之將至。咸淳十年甲戌卒，年七十八。其卒，整衣端坐，揮婦人勿近，夷然而逝。門人制經行心喪禮，麗澤生徒、天台諸生皆赴臨，朝野莫不嗟惜。所著有文集七十五卷，《讀易記》《讀詩記》《讀書記》各十卷，《讀春秋記》八卷，《論語衍義》七卷，《太極衍義》一卷，《伊洛精義》一卷，《研幾圖》一卷，《魯經章句》三十卷，《論語通旨》二十卷，《孟子通旨》七卷，《書附傳》四十卷，《左氏正傳》十卷，《續國語》四十卷，《閫學之書》四卷，《文章續古》三十五卷，《文章復古》七十卷，《濂洛文統》二百卷，《擬道學志》二十卷，《朱子摘要》十卷，《詩可言》二十卷，《天文考》一卷，《地理考》二卷，《墨林類考》十六卷，《大爾雅》五卷，《六藝字原》二卷，《正始之音》七卷，《帝王歷數》二卷，《江左淵源》五卷，《伊洛指南》八卷，《雜志》二卷，《發遣三昧》三十五卷，《文章指南》十卷，《朝華録》十卷，《紫陽詩類》五卷，

《家乘》五十卷。以國子監楊文仲請，謚文憲。

國朝雍正三年，從祀孔子廟廷。

《簡明目録》評云：《魯齋集》二十卷，王柏撰。柏好爲高論，改竄六經，其詩豪邁雄偉而一軌于理，在宋末諸作者之閒，最爲挺出。

何北山《魯齋箴》曰：唯人之生，均稟太極。萬理森然，成其物則。知覺虚靈，是爲明德。或蔽而昏，則由氣質。曷開其明，曷去其塞。復其本然，惟學之力。昔者子輿，萬世標的。始病于魯，竟以魯得。匪得于魯，實學之績。確固深純，精察嚴密。稽其功用，有始有卒。履薄臨深，是警是飭。日省者三，猶懼或失。講辨聖門，是纖是悉。戰戰兢兢，寸累銖積。誠明兩進，敬義皆立。一唯領會，萬理融液。彼達如賜，乃弗能及。孰謂參魯，收功反亟。卓哉王子，追蹤在昔。有扁斯銘，朝警夕惕。勿病于魯，謂質難易，勿安于魯，謂思無益。由魯入道，有曾可式。氣質之偏，則懲而克。義利之分，則辨而析。知行兼盡，内外交迪。確乎其志，前哲是述。人十己千，明乃可必。從而上達，則在不息。滅裂鹵莽，乃吾自賊。歸咎于魯，豈不大惑。我作斯箴，侑坐自勒。勿貳爾心，服膺無斁。

北山謂先生曰：治經當謹守精玩，不必多起疑端。有欲爲後學言者，謹之又謹可也。

先生曰：伏羲則《河圖》以畫八卦，文王推八卦以合《河圖》。《河圖》者，先天後天之宗祖也。《河圖》是逐位奇耦之交，後天是統體奇耦之交，惟四生數不動。以四成數，而上下之，上耦下奇，莫非自然，于是後天之義始明。

又曰：大象者，夫子之經也。漢儒冠于周公爻辭之前，而後無所屬；尾于文王彖辭之後，而前不相承，乃倫比象經，次于彖爻二經之下，庶幾三聖之序不紊，經傳之別益明。又聖人視《易》如雲行水流，初無定相，肆筆成文，從心所欲，亘萬古而不可易，知其所以爲易，又知其所以不可易，斯知易矣。

又曰：大禹得《洛書》而列《九疇》，箕子得《九疇》而傳《洪範》，範圍之數，不期而暗合。《洪範》者，古今經傳之宗祖乎！定「初一曰」以下六十五字爲《洪範》經，「五皇極」以下六十四字爲皇極經。此帝王相傳之大訓，非箕子之言也。

又曰：今《詩》三百五篇，豈盡夫子之三百篇乎？所删之詩，容或有存乎閭巷浮薄之口，漢儒取以補亡耳。

又曰：《春秋》一書，吾夫子以大公至正之心，立百王之大法。千五百年，諸儒刻鏤幾碎，朱子于諸經縷晰毫分，獨于《春秋》以渾然得夫子之心，豈非天乎？

又曰：《魯論》一書，皆聖人之言行、萬世之大經也。乃屬辭聯事，集爲《魯論章句》，以《學》《庸》《孟子》爲之傳。

又曰：一貫之旨，惟子貢、曾子聞之。子貢天資敏悟而工夫却疏，曾子天資遲純而工夫却密。子貢少夫子三十一歲，夫子卒時，子貢年四十二。曾子少夫子四十六歲，夫子卒時，曾子年才二十七。聞一貫之旨，言下即悟，即發出忠恕二字來。此聖門末後親傳密旨，曾子聞道之早乃如此。

又曰：楊朱、墨翟之徒，老聃、瞿曇之學，顯然畔道，固不足言。吾儒之出經入史，記誦如流者，恃其才氣，虚聲頡頏，凡天命民彝，大經大本，日用當行之道，一切掃去，自棄于禮之外，謂之不畔道，可乎？朱子博文約禮，《集注》曰：博學矣又能守禮，而由于規矩，則亦可以弗畔道矣。頓挫悠揚，含無限意味。

又曰：《大學》一書，格物是知之始，誠意是行之始，節目雖詳，工夫至約。「誠意」二字，實横貫乎十章之内，而「慎獨」二字，尤此章之要括也。

又曰：自昔諸儒如《中庸》只是成篇玩誦而已，朱子析爲三十三章，然後枝枝相對，葉葉相當，文勢若斷而血脉實貫通，義理甚廣而歸宿實縝密。綱内有目，目内有綱，非此則後世道學失其傳矣。

又曰：《中庸》終之以誠，《通書》首之以誠，妄謂《太極圖》是天命之謂性以上道理，《通書》是續《中庸》以後道理。向疑《中庸序》上説二程，不説《周子》，蓋《中庸》書許多年埋没，至程子方表章出來，故説其所顯之由，是以不及《周子》。其實《通書》是續《中庸》者，此正是聖學絶續交接處。向所謂要知統緒之正者，此也。

又曰：温公《通鑑》託始于三晋之侯者，蓋公不敢上續《春秋》，而乃下承《左氏傳》。傳以趙喪智伯終，《通鑑》以智伯立後始。然智伯之事陋矣，不足以爲一千三百六十二年之綱，于是提三侯之命，而追原智伯于其下，復著其述作造端之意，傷周室名分之大壞。有典有則，正大激昂，所以扶天倫，奠民極，示萬世帝王之軌範也。

又曰：《大傳》曰：「易有太極，是生兩儀。」周子曰：「無極而太極。」夫子所謂有謂有，此太極之理；周子所謂無謂無，此太極之形。夫子發太極之言，以推勘伏羲之圖之妙；周子圖太極之妙，以推夫子之言之旨。周子本欲釋後學有字之疑，而後學反啓無字之惑。以爲「無極」二字不見于吾儒之書，而見于道家者流，以爲果傳于陳摶也。此朱、張二子所以極力闡揚，謂其不由師傳默契道體者也。先生《答葉誠甫書》曰：數之爲學，固不可謂之無此理。自是天地間一秘，惜底物事不可將來治國平天下，若一一定之于數，則正道可廢，世教可息，三綱五常不必扶持，亂臣賊子不必誅戮，曰其數當如是也。以二程與康節如此密熟，甚欲傳與二程，二程不肯承當。但渠精于數，因用心推得天地萬物之理，于吾道無悖，是以程朱以來推尊之而不敢非也。

《上蔡書院講義》曰：程子曰涵養須用敬，進學則在致知。其高弟上蔡謝先生則曰：是以君子大居敬而貴窮理也。大居敬者如居處乎此敬之中，大莫大乎此也；貴窮理者必窮極其理之所至，貴莫貴乎此也。歷考魯鄒伊洛傳心之妙，其指要綱領莫不若合符契，而上蔡先生顧以一言舉之，明白端的，了無滲漏，是豈非百世學者造道入德之指南乎！

又曰：朱子初見延平，延平語以理一分殊之旨。延平得于羅仲素，仲素得于楊龜山，龜山，程門弟子也。程子初以理一分殊答龜山《西銘》之義，龜山初亦未甚釋。然晚年則曰：知其理一，所以爲仁；知其分殊，所以爲義。于理一分殊之下著仁義兩字，拈貼出來，尤覺分明。理一分殊者，仁貫乎義也。分殊理一者，義涵乎仁也。朱子亦曰《西銘》是句句理一分殊，故曰周子之言理一分殊之宗祖也。夫子之傳一貫，乃合而言之，是萬爲一，所謂分殊而理一也。周子之圖《太極》，是分而言之，雖一實萬，所謂理一而分殊也。夫子之言，如千流萬派而悉歸于滄海之中；周子之言，如一幹之木而爲千條萬葉之茂。聖人于天下之理，幽明巨細，無一物之不知，故能于日用之間，應事接物，動容周旋，無一理之不當。學者苟未能究其分之殊，又安能識其理之一哉？

又曰：天開吾道之光明，生朱子于濂洛之後，窮深極微，以會于一，毫分縷晰，以辨其殊。其用功于四書也，訂訛補亡，糾分別異，搜采諸家之精腴，戛刮磨礪，疏洗緝織，句句字字從權衡中稱停過，高高下下，輕輕重重，無一毫不得其當。其用心勤苦如此！

又曰：朱子匯百川而歸大海，域萬殊而歸一本，其甄陶鎔鑄之妙，與天地同一橐籥。非研究于四書者不知之，真集厥大成，爲千萬世不刊之書。以朱子竭一生之力，方成此書，後生亦曾竭一生之力與之看是書乎？看是書者，曾與之句句字字求其義乎？

又曰：朋友之于四倫，其勢之相爲綱維者，若可輕，而其所關于大典者，實爲甚重。其分之相爲聯絡者，若可疏，而其所係于人道者，實爲甚密。其職之相爲管攝者，若可緩，而其所切于學問者，實爲甚急。人之所以爲學，父子、君臣、夫婦、長幼之間，各盡其道而已。非朋友明辨熟講于人欲未動之先，則人道何由而叙；非朋友扶持開導于天理或虧之餘，則人道何由而立。此所以並列于大倫而五之，果不可以須臾離也。

又曰：《説命》曰學于古訓，曰惟學遜志務時敏，曰念終始典于學。學之次第曲折亦已盡矣，然猶未也。《論語》一書，門弟子記夫子之言行，莫詳乎此。曰學而時習之，此一書之第一句也，而學字又一句之第一字也。豈不以爲入道之樞機，進德之門户乎？程子曰：古之學者一，今之學者三，而異端不與焉。一曰文章之學，二曰訓詁之學，三曰儒者之學。欲趨道，舍儒者之學不可。尹和靖曰：學者所以學爲人也，學而至于聖人，亦盡爲人之道而已。朱子則直指學之要歸而爲之訓曰：學之爲言效也，人性皆善，而覺有先後。後覺者必效先覺之所爲，乃可以明善而復其初也。吁！精矣密矣。自《説命》以來，言學者無以加于此矣。愚嘗求明善二字之源，亦夫子所已言。子思發之于《中庸》之書，孟子著之于七篇之内，周子始以純粹至善爲誠之源。程子曰以其義理精微之極，姑以至善目之，若爲初學言之，明善即是明理，此理至純至粹，故謂之善。今之學者欲明乎善，亦曰精讀聖人之書，反之于身，而實有之于己。故曰不明乎善，不誠乎身矣。誠乎身，即所謂復其初也。今之讀書者何必然：晨窗向白，執編而長哦，夜鐙欲涸，掩卷而紬繹，無非科舉之學而已。書非不讀，而讀非其書，及其一第，神疲力瘁于簿書期會之中，心飛夢繞于富貴榮華之地，善何時而明，初何時而復乎？

先生《史斷跋》曰：橫渠先生曰「觀書且勿觀史」，非史之不可觀，實非易觀也。史非易觀，而豈易斷哉？寶鑑明而後妍醜可見，此心明而後是非可決。欲知妍醜，先磨此鑑；欲決是非，先治此心。治心之法無他，亦沈潛涵養乎聖經賢傳之中，收斂齊肅而無放肆馳騖之病，則此心明矣。德夫以少年時《史斷》見示，遂推其斷史之原本授之，非獨可以斷史也。立身之道，亦不外是。

葉通齋曰：朱、張、吕三先生同生于一時，皆以成濂洛之統爲身任，張、吕不得其壽，經綸未展，論著靡竟，獨文公立朝之時少，閒居之日多，大肆力于聖經賢傳，以立萬世之法程。北山、魯齋同生一鄉，皆以續考亭之傳爲身任者也。

又曰：先生學博而義精，心平而識遠，考訂群書，如干將莫邪，所向肯綮，迎刃而解。

又曰：先生通睿絶識，足以窮聖賢之精藴，雄辭偉論，足以發理象之淵微。稔于北山講貫之素，精于有體有用之學，進有可行之實，退有可藏之資。上自羲畫，下遞魯經，莫不索隱精訂，以還遺經之舊，以承考亭之志，確乎其任道之勇也。

金仁山《題魯齋文集目録後》曰：王文憲公初爲文章偶儷之文，又從事于古文詩律之學，及師北山何子，盡棄其學而學焉。黜浮就實，攻堅研深，閒因述所考編，以求訂正，謂之《就正編》。迨至端平甲午，學成德進，粹然一出于正。自是以來，十年一集，以自考其所進之淺深，所論之精粗。自甲午至癸卯，凡五卷，謂之《甲午稿》。其後類述倣此：《甲辰稿》二十五卷，《甲寅稿》二十五卷，《甲子稿》二十五卷。其雜著成編者：《論語衍義》七卷，《涵古圖書》一卷，《研幾圖》一卷，《詩辨説》二卷，《書疑》九卷，《涵古易説》一卷，《大象衍義》一卷，《太極衍義》一卷。其餘編集，不在此數也。其程課交際、出處事爲、著述前後，則見于《日記》。履祥又嘗輯公與北山先生來往問答之辭爲《私淑編》。公没後，因與同門之士相與繹紬諸稿，各以類聚，其他雜著卷帙少者，用《朱子大全集》例，亦各附入。《就正編》《大象衍義》，北山先生亦俱有《答語》，與《私淑編》，當依《延平師友問答》之例，别爲一書。但「大象」乃公所拈出，謂爲夫子一經，故其《衍義》亦自入集。講義雖嘗刊于天台，而未盡聞，亦有再講者，今皆入集。古者有圖有書，自《易大傳》以後，書存而圖亡。公嘗因《先天圖》之出與《太極圖》之作，謂圖學中興，故公建圖亦多，今亦立門編入云。

仁山祭先生文曰：文運重明，鼎盛乾淳，集厥大成，曰惟考亭。考亭之亡，道散四方，鰲峰之傳，北山之陽。猗歟先生，世溯淵源，考亭遺書，力探精研。卒于北山，師資就正，有的其傳，立志居敬。方其少年，英邁無前，議取秦關，俯視中原。及既聞道，斂厥豪英，克己似顔，宏毅似曾。攻堅鉤深，高視旁通，即事即物，無理不窮。論定諸經，決訛放淫。辨析群言，折衷聖人。究其分殊，萬變俱融。歸于一理，天然有中。見其全體，靡所不具。庶其大用，隨擧而措，表裏輝映，動止準繩。山立時行，肅然襲人。日晶霜潔，玉栗金精。内明外齊，闔門朝廷。遇事理棼，神運權稱。如有用我，風飛雷興，出其緒餘，施諸造成。皋比所至，鳶魚高深。如何孰是人斯，而不用世。晚益油然，行藏無意。廟堂群賢，明揚薦聞。元祐訪落，伊川弓旌。如何先生，乃夢奠楹。隱居求志，行義達道，有如先生，乃隱勿耀。履祥登門，今二十春，轉迷起弱，宏褊矯輕。進之北山，館我歲寒，施及其徒，鱗次朋升。謂喜介甯，竟聞淵冰，哀我兹今，有問無徵。九二剛中，而不見龍，我懷先生，亦哀道窮。斯文不磨，先生不忘，侑奠以辭，鑑我哀恫。

仁山率諸生祭先生文曰：惟公稟剛大之氣，高明之資，固一世之偉人，寧百年之幾見也。方其抱膝長嘯，熟視天下之大勢，南北之治亂，議將因蜀取秦，以俯拾中原，如見建瓴之便也，惜也而不獲用于寶、紹、端平之旦也。及其中年，斂邁世之豪，慕曾子之貫，窮格事物，會一于萬，勇詣旁通，巨細無間。意其經世綜物，必雷行而日焕也。迨其晚年，德成而義精，養至而仁慣，不動聲色而措諸事業，有潛移而默轉者。然慨其憂世之心，已不勝悠然樂天之分矣。然譽望之日高，與群公之交薦，于先生了無與焉，獨可憐夫信者之尼與忌者之詘也。肆今天子之訪落，起先生以講勸，而不知其翛然長往，已不疾而夢奠也。自朱、黄之日遐，屬北山其寖遠，巋然靈光之獨存，耿晨杓其明峻。天若以義理而剛斷，開圖書之妙機，辨風雅之淫竄，析群言之糾紛，分諸書之經傳，信大業之規模，駭里耳之聞聽，又安知其非天之所建耶？兹諸生之畢來，敬祖庭以侑奠，非敢獨哭其私，而于世道斯文，爲是慟哭而永歎也。

江案：魯齋先生盛年時議欲規取秦隴，以俯瞰中原。其豪邁無前之氣，直與横渠張子之欲結客以取洮西地者同。既而以長嘯非聖門持敬之旨，急名齋以魯，而折節北山以致其百倍之功，又何其與勇撤皋比者同有得于宏毅之學也。北山之語魯齋也，有曰治經不必多起疑端，有欲爲後學言者當謹之又謹，非所以抑鋒斂鍔，納之于大中至正之歸者乎？故雖通睿絶識，所向如干將莫邪，迎刃而解，卒能循循于規矩準繩中，而上承朱學嫡傳者，廓如也，且純如也。蓋非魯齋不能盡觀天下之理，非北山不能持之不變以待其定。盤溪之授受，獨有千古矣！程子嘗謂張子厚才高，其學從雜駁中過來，蓋又于魯齋見之。

（輯自戴殿江《金華理學粹編》卷二。）

北山門人文憲王魯齋先生柏

王柏，字會之，金華人。雲濠案：先生之祖師愈，爲龜山弟子。父瀚，東萊弟子。少慕諸葛孔明，自號長嘯。年踰三十，與其友汪開之同讀《四書》，取《論》《孟》集義，別以鉛黄朱墨，求朱子去取之意。以黄勉齋《通釋》尚缺答問，乃約《語録》精要足之，名之曰《通旨》。一日讀「居處恭，執事敬」章，惕然曰：「長嘯非持敬之道。」更以魯齋。已遇楊與立，告以何北山基學于黄勉齋榦，得朱氏之傳，即往從之。北山授以立志居敬之旨，且作《魯齋箴》勉之。自是發憤奮勵，讀書精密，標抹點檢，旨趣自見，謂：「古人左圖右書，後世圖學幾絶。」作《研幾》七十餘圖，又作

《敬齋箴圖》。以日用從事，夙興見廟，閉閤静坐，子弟白事，非衣冠不見也。來學者衆，其教必先之以《大學》。蔡抗、楊棟守婺，趙景緯守台，聘爲麗澤、上蔡兩書院師。理宗崩，率諸生製服臨于郡。咸淳十年卒，年七十有八。國子祭酒楊文仲請于朝，謚文憲。雲濠案：《四庫書目》收録先生《書疑》九卷、《詩疑》二卷、《詩目》四卷。

魯齋要語

三代以下所甚急者，富國强兵而已。富國强兵，必以理財爲本，而儒者不屑爲。夫理財而不用儒者，其害不可勝言矣。

世衰道微，學絶教舛，士氣不振，風俗不淑，以士大夫體不立而急于用，借濟時行道之言，以蓋其富貴利欲之私心。梓材謹案：此下有二條，一移入《濂溪學案》，一移入《南湖學案》。

蘇氏以爲管仲智有餘而德不足，亦過矣。當是之時，利欲汨没，人心已亡，其所謂知，亦即知得利欲一路，而于天理民彝，未嘗知也。愚方病其不足，安得謂之有餘！

陳恒弑其君，蘇氏謂：「齊不與者半。以魯之衆，加齊之半，可克也。」此是以戰國縱横之士待聖人也。聖人以大義告其君，豈以利害動其聽哉！

尋樂之説，似覺求上達之意多，于下學之意少。竊謂，苟無下學之功，決無上達之理。朱子于此一段公案，固曰：「學者但當從事于博文約禮，以至于欲罷不能，而既竭吾才，則庶乎有以得之。」吁！此千古不易之教，而傳之無弊者也。

孟子之所謂自得，欲自然得于深造之餘，而無强探力索之病，非有脱落先儒之説，必有超然獨立之見也。舉世誤認自得之意，紛紛新奇之論，爲害不少。且《集注》之書，雖曰開示後學爲甚明，其間包含無窮之味，蓋深求之于言意之内，尚未能得其彷彿，而欲求于言意之外乎？修道，指其當行之路也。明誠，指其當知之路也。知而後能行，行固不先于知也。

原其繼善成性之初，理與氣未嘗相離也。推其極本窮源之義，理與氣不可相雜也。于不可相雜之中，要見未嘗相離之實；于未嘗相離之中，要知其不可相雜之意，方謂純粹峻潔，不悖厥旨。夫氣者，性之所寄也；性者，氣之所體也。舜之命禹曰人心，曰道心，此分理氣而並言。《湯誥》曰降衷，劉子曰受中，此于性中獨提理言，所謂性即理也。告子曰食色，曰生之謂性，此于性中獨提氣言，故曰不識性也。子思曰天命，則理氣混然在中；曰喜怒哀樂，本乎氣者也，特以其未發無所偏倚，故謂之中，此氣而合理也。發而中節，亦氣也，有理以帥乎其中，故發而能中節矣。古今之遠，四海之大，人生消息變化之無窮，推其所以相生相克者，止于五行。五行，氣也。五行之神，則仁義禮智之性也。性即天賦之理也，君子修之吉，小人悖之凶，此常理也。君子修之亦有時而不吉，小人悖之亦有時而不凶，此非常理也，變也。氣之不齊也，故氣有時而變，理則一定而不可易。學者當循其常而安其變，秉其彜而御其氣，使理常爲主，而氣常聽命焉，雖富貴貧賤夭壽之不同，而仁義禮智之在我者皆不得而泯，此自昔聖賢教人之要法。

自伏羲則《河圖》，推一陰一陽之義，畫出奇耦，皆因自然之勢而生八卦。文王則《河圖》，卻因已定之卦，推其交合，乃求未畫之圖而易位置。《河圖》者，先後天之宗祖乎！大禹得《洛書》而列九疇，箕子得九疇而傳《洪範》。《洛書》之數四十有五，而《洪範》之經推其事五十有五，與《河圖》之數不期而暗合。箕子之傳，又推而倍大衍之數。《洪範》者，經傳之宗祖乎！

《洛書》之所以則《河圖》者，何也？《洛書》以《河圖》生成之數並位，此其大意也。以二四易置于東南，以七九易置于西北，此其妙機也。惟如是而後縱横相對皆十，于是陽居正而陰居偏矣。後天之所以則《河圖》者，《河圖》是逐位奇耦之交，後天是統體奇耦之交，惟四生數不動，以四成數而下上之，則耦在上而奇在下矣。「初一曰五行」以下六十五字，《洪範》也；「五皇極」以下六十四字，皇極經也。此帝王相傳之大訓，非箕子之言也。《洪範》五皇極居中，一六、二七、三八、四九相並，有並義焉；一九、三七、二八、四六相對，有對義焉。箕子所陳，事徵相感，舉一隅也；今三從一衡取義，亦舉一隅焉。

《詩》三百五篇，豈盡夫子之舊？漢初諸儒，各出所記足之。夫子所刪，容有存于閭巷浮薄之口者。乃以《二南》各十有一篇，兩兩相配，退《何彼穠矣》《甘棠》于《王風》，而削去《野有死麕》。鄭、衛淫奔諸詩，皆所當删也。

杜征南注：「隱公之元年，周王之正月。」明白有典矣。豈有魯國之史，不用周正，而用夏正?是不奉正朔也。聖人義精理明,無其位而輒改正朔,悖莫甚焉。二百四十二年之間,四時之序常違,聖人欲行夏之時,正以此也。先儒謂周正非春,是矣。謂假天時以立義,則非也。謂以周正記事,無位不敢自專,是矣。謂以夏時冠月爲垂法後世,則非也。

《中庸》古有二篇,誠明可爲綱而不可爲目。梓材謹案:此下有一條,移爲附録于後。

百家謹案:魯齋之宗信紫陽,可謂篤矣,而于《大學》則以爲格致之傳不亡,無待于補;于《中庸》則以爲《漢志》有《中庸説》二篇,當分誠明以下别爲一篇;于《太極圖説》則以爲無極一句當就圖上説,不以無極爲無形、太極爲有理也;其于《詩》《書》,莫不有所更定,豈有心與紫陽異哉!歐陽子曰:「經非一世之書,傳之謬,非一人之失,刊正補緝,非一人之能也。學者各極其所見,而明者擇焉,以俟聖人之復生也。後世之宗紫陽者,不能入郛廓,寧守注而背經,而昧其所以爲説,苟有一言之異,則以爲攻紫陽矣。然則,魯齋亦攻紫陽者乎?甚矣,今人之不學也!」

附録

理宗時,講官徐僑請錫命《論語》爲魯經,有詔奉行,時議迂之而止。先生以爲,聖人言行,萬世大經,曰語曰子,顧不得與帝王之書並,可乎!乃爲《魯經章句》,以《大學》《中庸》《孟子》爲之傳。

(輯自《宋元學案》卷八二《北山四先生學案》。)

之象。

金華王魯齋精《易》，專主象數。解吉凶二字云：吉字有老陽出土之象，凶字有老陰入地之象。

（輯自李日華《六研齋筆記》卷四。）

王柏字會之，號魯齋，金華人。事朱氏之學，不求聞達。梅竹之妙，不妄與人。世罕知之。

（輯自朱謀垔《畫史會要》卷三。）

論王柏書疑疑古文有見解特不應並疑今文

皮錫瑞

王柏《書疑》與《詩疑》，皆爲人詬病。王氏失在並今文而疑之耳，疑古文，不得謂其失也。其疑僞孔《尚書序》曰，其一曰：《三墳》之書言大道，《五典》之書言常道。所謂《三墳》《五典》《八索》《九邱》者，古人固有此書，歷代相傳，至夫子時已删而去之，則其不足取以爲後世法，可知矣。序者欲誇人所不知，遂敢放言以斷之曰：此言大道，此言常道也。使其果有聖人經世治民之道，登載于簡籍之中，正夫子之所願幸，必爲之發揮紀述，傳之方來，必不芟夷退黜，使堙没于後世。夫天下之論，至孔子而定，帝王之書，至《堯典》而始。上古風氣質樸，隨時致治，史官未必得纂紀之要，故夫子定《書》，所以斷自唐虞者，以其立政有綱，制事有法，可以爲萬世帝王之軌范也。唐虞之下，且有存有亡，有脱有誤；唐虞之上，千百年之前，孰得其全而傳之，孰得其要而詳之？予嘗爲之説曰：凡帝王之事，不出于聖人之經者，皆妄也。學者不當信其説，反引以證聖人之經也。其二曰：孔壁之書，皆科斗文字。予嘗求科斗之書體，茫昧恍惚，不知其法，後世所傳夏商龢鬲盤匜之類，舉無所謂科斗之形。或謂科斗者，顓頊之時書也。序者之言，不過欲耀孔壁所藏之古耳，謂科斗始于顓帝者，亦不過因序者之言，實以世代之遠而傅會之。且曰科斗書廢已久，時人無能知者，又不知何以參伍點畫，考驗偏傍，而更爲隸古哉？于是遂遁其詞曰：以所聞伏生之書，考論文義，定其可知者。則是古文之書，初無補于今文，反賴今文而成書，本欲尊古文，而不知實陋古文也。

錫瑞案：王氏辨孔《序》二條，皆有見解。知《尚書》以孔子所定爲斷，則鄭樵信三墳，王應麟輯「三皇五帝書」愛奇炫博，皆可不必。知古文科斗之無據，則非惟僞孔《序》不足信，即鄭君《書贊》曰「書初出屋壁，皆周時象形，今所謂科斗書。以形言之爲科斗，指體即周之古文」亦未可信。晉王隱謂「科斗文者，其字頭粗尾細，似科斗之蟲，故俗名之爲」。段玉裁據此，以科斗文乃晋人里語，孔叙《尚書》乃有科斗文字之稱，其僞顯然。考鄭君《書贊》，已云科斗書，則段説未確。案鐘鼎文無頭粗尾細之形，王氏已明言之。《説文》所列古文，亦不似科斗。然則古文科斗之説，乃東漢古文家自相矜炫，鄭君信其説而著之《書贊》，僞孔又信鄭説而著之《書序》也。王氏知古文之僞，不知今文之真，其並疑今文，在誤以宋儒之義理，準古人之義理；以後世之文字，繩古人之文字。蘇軾疑《顧命》不當陳設吉禮，趙汝談疑《洪範》非箕子作，晁以道疑《堯典》《禹貢》《洪範》《吕刑》《甘誓》《盤庚》《酒誥》《費誓》諸篇。《容齊三筆》。《書疑》多本前人，亦非王氏獨創。特王氏于《尚書》篇篇獻疑，金履祥等從而和之，故其書在當時盛行，而受後世之掊擊最甚。平心而論，疑經改經，宋儒通弊，非止王氏，皆由不信經爲聖人手定。王氏《詩疑》，删鄭衛詩，竄改《雅》《頌》，僭妄太甚，《書疑》猶可節取。

（輯自皮錫瑞《經學通論·書經》。）

王氏魯齋改本

毛奇齡

王魯齋柏謂：《大學》錯簡或有之，然未嘗闕也，安事補矣。遂就本文略作移易，而其義已備，因有王氏改本。相傳董氏槐、葉氏夢鼎、吴氏澄皆説與之同，而王氏本獨著。其後車氏清臣嘗爲書，以昌明其説。吴江徐師曾作《禮記集注》，則并收其文入《禮記》中。蕺山劉子又復依其説，作《大學考義》一卷。此皆從朱子改本而僅去其補傳，以自爲説者。至蔡氏清則又從而小變其文，别有改本，并見于後。

（輯自毛奇齡《大學證文》卷四。）

古文尚書折中之論

姚永樸

王柏曰：孟子引堯舜，今皆載于《舜典》，有以證孟子所讀未嘗分也。孔壁之分，以册書舒卷之長分之，無他義也。自姚方興以二十八字加于慎徽五典之上，然後典分爲二，勢不得合矣。且「元德」二字，六經無此語，此莊老之言，晋宋所尚，愚知非本語。

（輯自姚永樸《尚書誼略·叙録》。）

王柏删詩辯

錢維城

宋儒之狂，妄無忌憚，未有如王柏之甚者也。柏之論《詩》曰：桑間濮上，孔子所斥，而

《國風》仍列鄭衛，其他類鄭衛者亦不少，此皆漢儒所增入，因併删之，且及二《南》。嗟乎！《詩》三百篇，孔子所自言也。删之則所謂三百者，何謂也？孔子以爲無邪而存之，柏以爲淫而去之，何孔子之好淫而柏之惡邪也？且所謂漢儒增入者，尤無理。五經惟《易》與《詩》不遭秦火之厄，爲完書，故説者從無異辭，漢儒何由而增入之耶？《春秋》三傳，自昔已有牴牾，《書》則今古文之辨，迄無定論，《禮記》本多出漢儒之手，然皆並立學官。老師宿儒，白首鑽研其間而不能究，未有敢起而詆呵之者，况敢從而删削之乎？乃以數千百年出離水火，幸而僅完之書，而索垢求瘢，不遺餘力。歐陽修則以《十翼》爲僞，王柏則欲取《詩》之類男女之言者盡删之。其後遂有言：《國風》不宜進講者，毋乃張祖龍之焰而助之虐乎？且柏所謂淫詩，非詩之淫也，朱子淫之耳。假使以《卷耳》《死麕》置之《邶》《鄘》以下，吾不知朱子云何也？夫人之自作聰明，高自位置者，往往敢于疑先聖之説，而蔑師儒之傳。劉知幾之于《春秋》，司馬光之于《孟子》，皆是也。且惟《詩》未嘗亡，故其説皆有所受，而不可改，不獨《木瓜》《子衿》《風雨》旁見側出于他書也。嘗讀《邱中有麻》曰「子國子嗟」，夫人雖至妄，未有强名人之父子者。且其爲父子于詩義無關，其所以相傳而不廢者，蓋實有其人而不可誣也，况小序所云有關于一詩之大旨者哉。朱子特以言貴有徵而病小序之鑿，故雖力矯毛鄭，而時時亦頗採其言，見于他説，以見吾之未嘗偏廢。然而安有自命大儒，方將進退群言，折衷一是，以乖諸天下萬世，而顧首鼠兩端、一二三其説乎？孟子曰：固哉，高叟之爲詩也。朱子惟過于慎，故寧爲固而不敢流于穿鑿，而孰知一再傳之後，其徒之肆無忌憚，乃至于此也。老莊之學流爲申韓，李斯燒書，禍由荀況，此固朱子之所不及料，而亦不得辭其責也夫。

（輯自錢維城《茶山文鈔》卷八《論説》。）

王魯齋詩

魯齋王先生既録天台陳南塘柏茂卿《夙興夜寐箴》，遺其友葉通齋，復載其《懷友》詩云：「攜書入空山，幾若與世絶。俯仰一室間，頗見古人别。良朋令人思，思君意彌切。食芹差自甘，那得共君啜。」又有《盛雪巢》一詩云：「皋夔不著書，周召不決科。端坐廟堂上，四海臻泰和。吾道固如是，後來文藝多。嗒然空山中，獨抱明良歌。」皆知道者之言也。

（輯自吴師道《吴禮部詩話》。）

王魯齋迷道詩

魯齋先生往拜楊船山，至大安迷道，作詩云：「未識大安道，行行多路岐。人言訛近遠，山路倍嶔巇。自有康莊處，多因便捷移。我今知堠子，萬里不須疑。」北山先生和云：「審問方知道，冥行易失岐。每因貪徑捷，多致落嵌巇。浪謂途言惑，先繇已意移。知津要端底，直造始無疑。」按：魯齋嘗編《朱子指要》以示學者曰：《大學》分明聖賢已是八字打開，今人却向外面狂走。此編如千蹊萬徑，廣立堠子，使人人皆可造《大學》門户。此先生教人之大要法也。士大夫之仕其鄉，有叩請者，語之曰：士生天地間，以萬物皆備之身，而不以古今自任、經綸自期者，皆自遏其躬而已。噫！至論也。

（輯自葉廷秀《詩譚》卷八。）

大安失道

魯齋先生嘗訪道于船山楊與立，至大安中途迷道，因作詩自警云：「未識大安道，行行多路岐。人言訛近遠，山路倍嶔巇。自有康莊處，多因便捷移。我今知堠子，萬里不須疑。」北山何先生次韻云：「審問方知道，冥行多失歧。每因貪徑捷，多致落嵌巇。浪謂途言惑，先由己意移。知津要端的，直造始無疑。」又倪公武亦和云：「着脚争些子，公私只兩岐。正塗元自穩，捷徑不勝巇。見透行須透，心移境亦移。前人須指點，進步莫遲疑。」

（輯自康熙《金華縣志》卷七。）

王魯齋于六經四子之書論説最富，詩則有《讀詩記》十卷，《詩可言》二十卷，《詩辨説》二卷，見吴禮部《正傳節録行實》中。今所傳《詩疑》，殆即《詩辨説》，因魯齋于《書》有《書疑》，遂比而同之耳。夫《詩》分《南》《風》，《雅》《頌》用之鄉人，用之邦國，秩然不可稍紊。自朱子去序言《詩》，指鄭、衛諸篇爲淫奔之作，三傳而至魯齋，遂删去其三十二篇，且以二《南》各十有一篇，兩兩相配爲圖，而削去《野有死麕》一篇，退《何彼襛矣》《甘棠》于《王風》。夫以孔子所不敢删者，而魯齋删之，以孔子所不敢變易者，而魯齋變易之。世儒猶以其淵源于朱子而不敢議，此竹垞所以嗤爲無是非之心也。按何文定嘗語魯齋曰：諸經既經朱子訂定，且當謹守，不必又多起疑論。有欲爲後學言者，謹之又謹可也。乃魯齋守朱子説，至于變亂經文，絶無顧忌，固非朱子之志，亦豈所以善承師訓哉？

（輯自成僎《詩説考略》卷二。）

嘗讀《召南》至《野有死麕》詩，以其類淫奔而疑之。然以晦庵先生之所傳注，不敢妄生異議也。近觀王魯齋二《南》相配圖，乃知古人先得我心之所同然矣。蓋魯齋以二《南》篇名各十一篇，《召南》之《甘棠》爲後人思召伯而作，《何彼襛矣》爲《王風》之錯簡，《野有死麕》爲淫詩，皆不足以與此。其大意以爲今《詩》三百五篇，豈盡定于夫子之手？其所删者，容或有存于里巷浮薄之口，漢儒取以補亡耳。于是配以爲圖，其見亦卓矣。使魯齋生于晦庵之時，得與商確，能不是其言乎？《甘棠》《何彼穠矣》二篇，則非予識所能到也。

（輯自陸容《菽園雜記》卷十。）

和王魯齋詩

王柏，字會之，號魯齋，金華人。少慕孔明爲人，自號長嘯，隱居教授，卒年七十八，以國子祭酒楊文仲請謚文憲。

長嘯無殊抱膝時，臥龍高致少能師。自從宗指聞居敬，更向源頭善質疑。河洛闡微精識見，衣冠白事肅威儀。北山遺範沿閩嶠，一髮千鈞世教垂。

（輯自羅惇衍《義軒咏史詩鈔》卷四十七。）

過王魯齋先生墓

衰草何颯颯，清風何蕭蕭。言尋魯齋公，遺墓山之腰。念公慕諸葛，長嘯凌烟霄。一從北山遊，肅爾忘矜驕。户外屨常滿，獨處情無囂。理由該貫悟，神與迹象超。我昔讀遺編，偉論如剥蕉。天地及萬物，纖悉窮根苗。始知志聖賢，研窮非一朝。華表高嵬嵬，碑版猶孤標。

愧泛杯酒奠，歸途首聘翹。

（輯自鄭祖芳《樂清軒詩鈔》卷十七。）

跋宋儒王魯齋故友帖跋語後

季彭山

宋儒金華王魯齋先生彙故友帖爲一帖，存友誼也。魯齋師同邑何北山氏，而其友十一人亦從遊焉。同門同志，常以德業相規，有直諒多聞之益，而皆先傾逝。魯齋輯其所存書，以時辰覽觀，其自序追憶之情可見矣。時北山尚無恙，感其言之真切，特跋數語于後。其餘名賫，亦各以其意爲之跋，其所發明友道又何加焉？十一人之中有倪孟陽氏與諸友帖皆不存，存者惟諸跋語，而孟陽之二兄孟容仲德亦與有跋焉。倪氏之裔孫仁卿者以先世同聲之言爲足寶也，顧其真蹟在魯齋家不可得，乃即而録之，别爲一帙。其亦思繼魯齋之遺風者歟？殆無忝于先德矣。夫北山之學，出于朱子之門人黄勉齋，朱子一傳而爲勉齋，再傳而爲北山，三傳而爲魯齋，皆承真派，故後儒稱爲朱子世嫡，此豈有取于空言哉？陸象山謂朱子之學爲支離，故人不能無疑于朱子。然其可疑者以恕求忠，而不以忠出恕，分析文義，似涉多岐，而不知此乃始學未合一時之事，其于本原工夫未嘗廢也。故北山初見勉齋，告以必有真實心地、刻苦工夫而後可及。北山授魯齋亦以立志居敬之旨,此非朱子之以誠敬爲入門,踐履爲實地之教乎?故魯齋由此擴充,終成高明剛正之德。識者擬之謝上蔡,即其輯故友帖一節,亦可以見其脚根之所立矣。仁卿以是而求魯齋,則進德有基,何所不至。所以慰先人于九原者,蓋在此。此豈徒録其遺言而已乎!

(輯自《季彭山集》卷四。)

跋王魯齋晋唐法帖

解　縉

古文獻舊邦必有金石文字之傳,往時《臨江戲堂帖》乃劉次莊以淳化官帖刻之,今在新淦縣南溪水中。絳帖已逸其半,間有存者,皆模糊。帖近歸秘府,人間皆不可得見矣。此晋唐雜帖數紙,淳化官本之外,金華齋一百年前石刻也。石久已不在,獨此拓本有魯齋先生題識,其後人文英寶藏之,以示予。豈惟字畫之工與紙筆之精好,其一時文獻,猶可因是想見也。

(輯自解縉《解學士集》卷十六。)

詩疑序

王魯齋先生之學淵源朱子，而説《詩》獨與朱子異。朱子所攻駁者小序耳，于本經未嘗輕置一議也。先生黜陟《風》《雅》，竄易篇次，非惟排詆漢儒，且幾幾乎欲奪宣聖删定之權而伸其私説。其自信之堅，抑何過哉！雖然讀書固貴于善信，尤貴于喜疑，使妄挾所疑而蔑視古人之説，以爲概不足信者，其失也誣。然絶不知疑而抱殘守闕，甘受古人之愚者，其失也又陋。是書設論新奇，雖不盡歸允當，而本其心所獨得，發爲議論，自成一家，俾世之讀其書者足以開拓心胸，增廣識見，引而伸之，觸類而長之，未始非卓犖觀書之一助也。先生余同郡人，屬有《金華叢書》之刻，爰從《通志堂經解》中鈔出，手校付梓，以廣厥傳。同治八年同郡後學胡鳳丹月樵甫謹序。

（輯自《金華文粹》本《詩疑》卷首。）

書疑序

士必通經，尚矣。顧經義浩如淵海，貴于善信，尤貴于善疑。余序公所著《詩疑》，亦即詳論之矣。夫可疑者，不獨《詩》也，惟《書》亦然。孟子曰「盡信《書》，則不如無《書》」，就《武成》一册而類推之，可疑者不知凡幾，視讀書者之會心何如耳。自漢以下，注《書》者無慮數十百家，乃箋釋愈繁而辭意愈晦者，何哉？孔壁所藏，即非完帙；伏生所授，又苦聱牙不濬，以論古之識而穿鑿附會，以求其通，是滋之惑也。王文憲公嘗謂《書》有三變：秦火，一變也；傳言之訛，再變也；以意屬讀，三變也。惟解此三變，然後可用。我疑亦惟解此三變，斯可用；我疑以堅我信。自《書疑》九卷出，而學者遂昭若发矇。世有泥官禮以誤蒼生者，讀此可以悟矣。同治八年冬十一月同郡後學胡鳳丹月樵甫謹序。

（輯自《金華文粹》本《書疑》卷首。）

重刻金華正學編序

魯齋先生著述不下八百餘卷，即其文集亦有七十五卷，今所傳僅十三卷而已。先生舊有《上蔡書院講義》一册，原集祇載其《開宗明義》一篇。予于其族孫處得閱全文，反覆玩繹，歎其闡義精醇，真能恪守考亭家法，而議論克拓，足以啓發後人。因爲訂其訛誤，鈔而藏諸篋笥，欲俟訪求四賢全書彙梓以傳，俾海内共知朱門世嫡一脈相承，不同僞種竊附，庶幾識所宗主，以上溯濂洛關閩之傳者，實在乎是。而仁山賢裔孔翁志切表章，前既刻其乃祖遺書，並白雲許先生集，至是更取前明所鐫《金華正學編》而重梓之。屬余參校，商以先生《講義》增入。余謂是編採輯六君子精言，義存正學，非有關于道源教本者，悉從割愛，而《講義》一書，固皆根極理要之言，以入此編，似爲允當。遂取鈔本付之，爲述數言，誌所緣起，非敢云序先生之書也。若夫集内編載北山先生之文，尤甚簡約。當徐俟訪得其全而增入之，庶更無遺憾云。

乾隆十年歲在乙丑夏五月里後學趙祖聖謹識。

（輯自《金華王魯齋先生正學編》卷首。）

魯齋集序

南郡楊溥

孔子曰：「禮云禮云，玉帛云乎哉？樂云樂云，鐘鼓云乎哉？」文之爲文，關乎道也。古之聖賢，得時行道。若堯、舜、禹、湯、文、武之爲君，皋、夔、稷、契、伊、傅、周、召之爲臣，善政嘉謨，載之方册，夫是之謂文。或聖賢之徒，不見用于時，窮極天人之理，攷古帝王經世之道。若孔子而下，顏、曾、思、孟删定著述，開示後世，夫是之謂文。是皆不倚于物，而能與天地日月同悠久者，係乎道也。下逮戰國能言之士，各以所見立爲議論，或戾乎聖賢之道者，君子有所擇焉。

漢唐以下，代有作者，揆之于道，醇乎醇者，殆亦鮮矣。宋濂洛關閩諸君子出，然後性理之學天開日朗。學者有所依據，文章議論一歸于正道之明也，辭則存乎人也。

金華王文憲公，天資高爽，學力精至，以其實見發爲文章，足以明道德，使其見用，足以建事功，而卒老于丘園。惜哉！若其詩歌，又其餘事也。六世孫四川按察僉事迪哀而成帙，義烏縣正廬陵劉同、丞鄱陽劉傑政有餘力，用鋟諸梓，其亦知所用心者哉。

（輯自四庫本《魯齋集》。）

魯齋集提要

《魯齋集》二十卷，宋王柏撰。柏好妄逞私臆，竄亂古經。《詩》三百篇，重爲删定。《書》之《周誥》《殷盤》皆昌言排擊，無所忌憚，殊不可以爲訓。其詩文雖亦豪邁雄肆，然大旨乃一軌于理。

《宋史・儒林傳》稱其少慕諸葛亮之爲人，自號長嘯，年踰三十始知家學之原。案柏之祖師愈受業于楊時，其父瀚亦及朱子、吕祖謙之門，故史文云然。與其友汪開之著《論語通旨》，至「居處恭，執事敬」，惕然嘆曰：「長嘯非聖門持敬之道！」亟更以魯齋。蓋其天資卓犖，本一桀驁不馴之才，後雖折節學問以鎔鍊其氣質，而好高務異之意仍時時不能自遏。故當其挺而横决，至于敢攻孔子手定之經。其詩文雖刻意收斂，務使比附于理，而强就繩尺，時露有心牽綴之迹，終不似濂溪諸儒深醇和粹自然合道也。特其勇于淬礪，檢束客氣，使縱横者一出于正，爲足取耳。集中第一卷有《壽賈秋壑詩》，極稱其援鄂之功，諛頌備至，是亦白璧之瑕。然核檢諸書，均不載其有依附權門之事，不知何以有此作。其集乃明正統間，柏六世孫四川按察司僉事迪所重編，又不知何以載之集中，畧無所諱，均不可解，疑以傳疑，存而不論可矣。乾隆四十五年二月恭校上。

（輯自《四庫全書總目提要》卷一六四。）

魯齋集序

元吳師道撰《王文憲公行述》稱《王文憲公集》七十五卷。按：原書久佚，各家書目均未載。《四庫》二十卷本外間罕見，清康熙間馮如京所刻名《遺集》，爲十三世孫承秀重輯，凡十三卷，家刻。《金華叢書》本十卷，卷九以上及卷十一編次與馮刻同，惟以《研幾圖》爲單行本，及卷十二與馮刻異，後有補遺八篇，亦較馮刻多四篇。此二十卷本乃江安傅沅叔先生所藏明初精槧，每葉二十八行，行二十五字。余續刻《叢書》，行皆二十六字，欲依原書行款，故此刻特變異以存其真。其卷九之第八葉，卷十一第十一葉、第十二葉，卷十八之第二葉，皆闕，余從《四庫》本抄補，餘亦間有譌奪，僭撰《考異》一卷坿後。季樵胡宗楙。

（輯自《續金華叢書》本《魯齋集》。）

重刻魯齋遺集序

《魯齋遺集》有宋婺州文憲王先生所遺著述之一斑也。婺夙稱小鄒魯，鬬其源者，則自考亭朱文公、南軒張宣公、東萊吕成公與先生之大父煥章公胥倡理學于麗澤書院始，而其尊人諸父相與執經于考亭之門，家學遠遠，固有所自也。史稱先生挺上智之資，肩千秋之重，少抱負閎偉，慕武侯之爲人，自號長嘯。後讀《論語》，至「居處恭，執事敬」，乃惕然省曰：「長嘯非聖門持敬之道。」更曰魯齋。因師事北山文定公，授以朱子正脈，獨得心傳。繼先生之傳者則仁山金文安公、白雲許文恪公，所謂金華四先生云。先生讀書攻苦，自謂研究愈深則義理愈透，涵養愈邃則趣味愈長。發憤奮勵，致人百己千之功，力闡六經，羽翼聖傳，即天文地理，旁及稗史，靡不精究，著述不下八百餘卷，文集亦有七十五卷，今僅存一十三卷，蓋鳳毛麟角也。其尤耑精者，惟《魯論》一書。曰：此吾夫子一生言行爲世大經大法，乃釐曰語曰子，不得與典謨共列，誠缺典也。緣是宋講官毅齋徐公曾上其議于朝，請錫名《魯經》，詔令國子監頒行，與六經並。宰相指爲迂闊，格而不行。先生上承理宗光闡斯文盛意，屬詞聯事，集爲《魯經章句》，而以《學》《庸》《孟子》爲之傳。此等卓識，誠足以度越百家，超冠今古，豈僅與修辭家掞葩摛藻，如書肆説鈴同年而語哉？余弱冠雅嗜濂洛宗旨，雖能誦説而見聞未廣，比承乏分藩于婺，考麗澤之遺蹤，蒐正學之的派，得先生孫裔王週以遺集眎余。喜而讀之，洋洋乎，灑灑乎，若揭日月而奠江河，發先儒所未發，作後學之津梁，繼往開來，厥功偉矣。第遺文雖存而梨棗散佚，余懼文獻之或墜也，亟謀捐梓以永其傳。别有《石笥清風録》十卷，殊有裨于世教。余將輯而嗣刻之，庶不負余髫年嚮往濂洛之志云。順治甲午孟秋欽差分守金衢嚴道右參政古晋後學馮如京頓首撰。

（輯自馮如京本《魯齋集》。）

王文憲公集序

嘗考魯齋先生著述之富，有文集七十五卷，《讀易記》《讀書記》各十卷，《讀春秋記》八卷，《論語衍義》七卷，《太極衍義》一卷，《伊洛精義》一卷，《研幾圖》一卷，《魯經章句》三十卷，《論語通旨》二十卷，《孟子通旨》七卷，《上蔡講義》一卷，《書附傳》四十卷，《左氏正傳》十卷，《續國語》四十卷，《閫學之書》四卷，《文章續古》三十五卷，《文章復古》七十卷，《濂洛文統》一百卷，《擬道學志》二十卷，《朱子指要》十卷，《詩可言》二十卷，《天文考》一卷，《地理考》二卷，《墨林類考》二十卷，《大爾雅》五卷，《六義字原》二卷，《正始之音》七卷，《帝王曆數》二卷，《江左淵源》五卷，《伊洛指南》八卷，《雜志》二卷，《周子》二卷，《發遣三昧》三十五卷，《文章指南》十卷，《朝華集》十卷，《紫陽詩類》五卷，《家乘》五十卷。殺青兼兩，懸楮充庭，皆穎敏適于安世，博物過于茂先之事。而先生所自號則曰魯，曰吾以學曾氏也。夫曾氏之魯，首自命曰弘毅，所立格曰任重道遠，此其托想甚摯而結顧甚超，浩如百川不可禦，凝如嵩嶽不可動，以是魯也。而宋之爲詁者曰鈍也，氣質之偏也，遲而久之，説在《易》之《漸》矣。然則精衛之填海也，愚公之移山也，不漸乎？萬古之猶故山海也，則漸漸之效不效，已大可覩矣。吾所謂魯者不然。長河之過龍門、經砥柱，大江之瀉瞿塘、下洞庭也，非一日之積也。然其間吞天浴日，蕩九州、接五嶽之奇，隨在具一海若，以故一曲千里，一匯七澤，不必驗之山下之蒙，以至尾閭之洩，而後知其遠也。故夫楊子之尚白，柳子之愚溪，彼此爲名也，非能安其魯也。湯武之爲君，伊周之爲臣，或曰敷政優優，或曰所其無逸，優焉遊焉，日與美達者從事而不遽舍去，寧不以漸哉！然其綱張目舉，苞鴻取深，遇大事，處大變，充如其素，蕩乎以解，寔意盎然，如秋成而萬寶溢，誠能安其魯以全其爲魯也。今之不善學曾氏者，掩掩抑抑，寬衣矩領，緩步詳視，務爲闒茸無氣、擁腫不仁之態。偶有言議，如秋蟬乍鳴、寒雀忽嘶，以是而號于人，曰守約也。偶有舉動，如無病而呻，不歡而噱，以是號于人，曰强恕也。則魯之害道也亦已甚矣。吾生也晚，不獲承先生之行蹟，竊嘗誦其遺言矣。凡有所標示，爍兮若牛渚之燃犀，而不欲相覆也。其有所評騭，侃侃兮若相如之倚柱，曹劌之登壇，而不可但已也。其中多所駮剌，森兮慄兮，謞謞兮若法吏之持牘、直士之補衮，正襟説而不敢自引避也。幼負英邁之氣，欲窺秦關以取中原。年至强仕，幡然有悟，始束脩北山之門，晦明風雨，永矢勿諼。人或問北山何以教學者，則曰北山不曾開門授徒，不曾立題目汲引後進。至北山許之，則曰「會之二十年勝人四十年」。師弟間如是而已矣。嗚呼，誠安其爲魯也！誠安其爲魯，故得全乎其爲魯也。厥後太常論定，而以廣聞多能，爲善可記，謚曰「憲」。門人復推而進之曰「文」。世之陋學，聞此必曰：是非魯之實也。不知道也者，將斡旋兩儀而鼓舞萬象。其端甚肆，其指甚遠。惟魯者無回互，無取舍，能與之相循，與之相涵，以遊于無際。故魯也者，非木石之謂也。自世以木石爲魯，而曾氏之學所謂三省爲一貫者，幾如僵柳之人立、頑石之點頭，以爲是漸極而能頓也。嗟乎，吾斯之未能信也。因刻《魯齋先生集》而聊記其説。崇禎壬申仲春望日，滇中後學阮元聲書于婺州李署。同郡後學徐興參書。

（輯自崇禎阮元聲本《魯齋集》。）

題文憲公集後

予嘗考宋儒理學如楊龜山時、蔡西山元定輩得從文廟祀者，亦其師説承傳，見諸著述，足以翼經闡道，垂教淑人，否則不在此列也。先文憲魯齋公生于宋名賢麗澤之鄉而趾其後，祖焕章公師愈常從龜山受《易》，父朝奉公瀚又執經侍朱、吕講習，家學淵源既有其自，尤勇于求道，師侍同邑北山何先生基，得聞立志居敬之旨，以質實堅苦自勵，吾鄉理學遂大暢焉。甌守趙景緯常聘爲上蔡書院師，學士大夫翕然宗之。瀫江仁山金先生履祥受鉢於門，相與維持道脈，闡繹聖真，應不啻桴鼓，而元儒白雲許先生謙又北面仁山，盡傳其學。迄今推原統緒，必告以吾鄉諸名賢爲考亭嫡派者，則先文憲振起之力也。吕、何之薪得先文憲而續，金、許之燈得先文憲而傳。以紹以開，爲守爲待，則先文憲較四先生爲尤烈耳。生平博覽群書，參徵抉奥，往往發前人所未發。當時著述八百餘卷，其目存而失傳者亡論，即《研幾圖》、《大學沿革》及《原命論》《誠明》等篇，靡不從聖經傳，躬行力索，以致其極，垂淑之功，當不在楊、蔡諸儒之下也。今遺編具在，俎豆未從，豈建白無人乎？然先是按察僉事辛公訪、給事章公僑、都御史錢公學孔已屢疏請祀矣。而未得請者，夫亦副墨之藏，尚在石室。則安得如季通其人，一開發之，流傳宇内，俾師世者知先文憲生而有功于聖門，殁而分文廡之片席，食報無窮，良不忝也。則遺編之輯，容緩計乎？予歸田既暇，寓目青箱，有志剞劂，但恐崦嵫之日暮而未遑，則冀我後人嗣成吾志焉耳。萬曆辛卯清和月上浣十三世孫三錫謹書于娱晚亭。

（輯自崇禎阮元聲本《魯齋集》。）

黄俞邰問《杜氏釋例》，亦云未嘗見。云王魯齋有《論語考證》，馮名雲驤之尊公宦于金華，有其抄本，又曾刻《魯齋集》。

（輯自陸隴其《三魚堂日記》卷六。）

圖書在版編目(CIP)數據

書疑:外三種:魯齋王文憲公文集 /(宋) 王柏撰;黄靈庚,李聖華主編;宋清秀,李鳳立,方媛整理. —上海:上海古籍出版社,2022.12

(北山四先生全書)

ISBN 978-7-5732-0557-5

Ⅰ.①書…　Ⅱ.①王…②黄…③李…④宋…⑤李…⑥方…　Ⅲ.①《尚書》—研究　Ⅳ.①K221.04

中國版本圖書館 CIP 數據核字(2022)第 222654 號

北山四先生全書

書疑(外三種)

魯齋王文憲公文集

(全二册)

〔宋〕王柏　撰

黄靈庚　李聖華　主編

宋清秀　李鳳立　方媛　整理

上海古籍出版社出版發行

(上海市閔行區號景路 159 弄 1-5 號 A 座 5F　郵政編碼 201101)

(1) 網址:www.guji.com.cn

(2) E-mail:guji1@guji.com.cn

(3) 易文網網址:www.ewen.co

上海展强印刷有限公司印刷

開本 890×1240　1/32　印張 35.25　插頁 10　字數 704,000

2022 年 12 月第 1 版　2022 年 12 月第 1 次印刷

印數 1-1,500

ISBN 978-7-5732-0557-5

B.1297　定價:178.00 元

如有質量問題,請與承印公司聯繫

電話:021-66366565